LA FILIÈRE

Philippe Sands

LA FILIÈRE

Traduit de l'anglais
par Astrid von Busekist

Albin Michel

Ouvrage publié sous la direction
d'Hélène Monsacré

Édition originale parue sous le titre :
The Ratline : Love, Lies and Justice on the Trail of a Nazi Fugitive
chez Weidenfeld & Nicolson, Orion Publishing Group, Londres, 2020

Pour Allan, Marc et Leo,
pères et fils

et

à la mémoire de Lisa Jardine

De leurs arcs ils abattront les jeunes gens,
Et ils seront sans pitié pour le fruit des entrailles :
Leur œil n'épargnera point les enfants.

Ésaïe, 13,18

Il est plus important de comprendre le bourreau que la victime.

Javier Cercas

Note au lecteur

L'histoire de ce livre se déroule à un moment où les frontières, les gouvernements et le nom des lieux changeaient souvent. La ville connue aujourd'hui sous le nom de Lviv s'appelait au XIXe siècle Lemberg; elle était située sur les marches orientales de l'Empire austro-hongrois. Peu de temps après la Première Guerre, elle fut incorporée à la Pologne indépendante et devint Lwów, jusqu'à ce que les Soviétiques l'occupent au début de la Deuxième Guerre mondiale et l'appellent Lvov. De manière inattendue, ce sont les Allemands qui l'ont conquise en juillet 1941 et en ont fait la capitale du Distrikt Galizien au sein du Gouvernement général. La ville retrouva alors son nom, Lemberg.

Après la victoire de l'Armée rouge sur les nazis en été 1944, Lemberg fut intégrée à l'Ukraine et redevint Lviv; c'est ainsi que l'on s'y réfère généralement aujourd'hui. Lemberg, Lviv, Lvov et Lwów, il s'agit de la même ville.

Comment nommer cette ville qui changea tant de fois d'appellation? Dans les pages qui suivent, j'ai décidé d'utiliser le nom qui lui fut donné par les forces d'occupation au moment du récit.

Personnages principaux

Famille Wächter

Famille d'Otto

Josef Wächter, né le 29 décembre 1863 à Hawran, père
Martha (Pfob) Wächter, née le 23 septembre 1874 à Vienne, mère
Hertha (Wächter) Chaterny, née en 1898, sœur
Ilse (Wächter) von Böheim-Heldensinn, née en 1900, sœur
Otto Gustav, né en 1901
Marié à Charlotte (Bleckmann) Wächter, née en 1908
Otto Richard, né en 1933, père de
Otto, né en 1961, neveu de Horst
Lieselotte (Liesl), née en 1934, mère de
Dario, né en 1969, neveu de Horst
Waltraut, née en 1937
Horst Arthur, né en 1939
Heidegund (Heide), née en 1940
Sieglinde (Linde), née en 1944

Famille de Charlotte

August von Scheindler, né en 1852, grand-père
Henriette (Schwippel) von Scheindler, née en 1856, grand-mère

Carl Walther Bleckmann, né en 1868, père
Margarete (Meta) (von Scheindler) Bleckmann, née en 1878, mère
Hanne (Sterz) Bleckmann, née en 1902, sœur
Helene (Küfferle) Bleckmann, née en 1903, sœur
Heinrich Bleckmann, né en 1904, frère
Charlotte (Wächter) Bleckmann, née en 1908
Wolfgang Bleckmann, né en 1909, frère
Richard Bleckmann, né en 1914, frère

Famille de Horst
Marié à Jacqueline (Ollèn) Wächter, née en 1951
Magdalena Wächter, née en 1977, fille
Mariée à Gernot Galib Stanfel, né en 1968

Les camarades d'Otto (1930-1945)

Otto Bauer, directeur adjoint du service d'Otto, Lemberg, 1942-1944
Hanns Blaschke, *Deutsche Klub*, putschiste de juillet, maire de Vienne, 1943-1945
Martin Bormann, secrétaire privé d'Adolf Hitler, 1943-1945
Josef Bühler, secrétaire général, Gouvernement général de la Pologne occupée, 1939-1945
Josef Bürckel, Gauleiter de Vienne, 1939-1940
Eugen Dollmann, diplomate allemand, membre de la SS, ambassadeur auprès du Saint-Siège, 1939
Georg von Ettingshausen, avocat viennois, membre du parti
Helga Ettingshausen, sa femme
Hans Fischböck, Reichsminister pour les Pays-Bas, 1940-1945
Trudl Fischböck, sa femme, amie de Charlotte
Ludwig Fischer, gouverneur de Varsovie, 1941-1945
Hans Frank, Gouverneur général de la Pologne occupée, 1939-1945
Brigitte Frank, femme de Hans Frank
Niklas Frank, fils de Brigitte et Hans Frank, né en 1939
Alfred Frauenfeld, putschiste de juillet, Gauleiter de Vienne, 1930

Odilo Globočnik (Globus), Gauleiter de Vienne, 1938, chef de la police et de la SS, 1939-1943
Reinhard Heydrich, chef de la Gestapo, 1934-1939, directeur du service principal de la sécurité du Reich, 1939-1942
Heinrich Himmler, Reichsführer SS et chef de la police, 1933-1945
Wilhelm Höttl, SS-Sturmbannführer et officier des renseignements, collègue d'Otto en Italie
Ernst Kaltenbrunner, *Deutsche Klub*, responsable de la SS en Autriche, directeur du bureau principal de la sécurité du Reich, 1943-1945
Friedrich (Fritz) Katzmann, chef de la police SS, Lemberg
Albert Kesselring, Generalfeldmarschall, Luftwaffe
Erich Koch, Reichskommissar pour l'Ukraine, 1941-1944
Friedrich-Wilhelm Krüger, SS de haut rang, chef supérieur de la police dans le Gouvernement général de la Pologne occupée, 1939-1943
Karl Lasch, gouverneur du district de Galicie, 1941-1942
Ludwig Losacker, chef de service d'Otto, Lemberg
Kajetan Mühlmann, historien d'art et officier SS
Hermann Neubacher, maire de Vienne, 1938-1940
Rudolf Pavlu, putschiste de juillet, ami et collègue d'Otto, maire de Cracovie, 1941-1943
Walter Rafelsberger, responsable SS et collègue d'Otto au commissariat d'État de Vienne, 1938-1940
Burkhardt (Buko) Rathmann, 24e Division de montagne des SS Karstjäger, 1943-1945
Walter Rauff, officier SS, service principal de la sécurité du Reich, chef de la police secrète (Italie), 1943-1945
Alfred Reinhardt, ingénieur, membre du parti
Baldur von Schirach, responsable des Jeunesses hitlériennes, 1931-1940, gouverneur du Reich pour l'Autriche, 1940-1945
Albert Schnez, officier de la Wehrmacht
Arthur Seyss-Inquart, chancelier d'Autriche, 1938, Reichskommissar pour les Pays-Bas 1940-1945, parrain de Horst
Karl Wolff, SS-Obergruppenführer, commandant de la SS et des forces de police en Italie, 1943-1945

Les contacts d'Otto

Stefan Brassloff, professeur d'Otto à l'Université de Vienne, 1925
Emmanuel (Manni) Braunegg, ami proche d'Otto, Vienne
Engelbert Dollfuss, chancelier d'Autriche, 1932-1934
Luise Ebner, amie d'Otto, Bolzano
Reinhard Gehlen, officier des renseignements SS
Friedensreich Hundertwasser, l'artiste pour qui travailla Horst
Josef Hupka, professeur d'Otto à l'Université de Vienne, 1925
Herbert Kappler, responsable SS de la police, Rome, 1940-1944
Georg Lippert, architecte, Vienne
Nora Oberrauch von Hösslin, amie d'Otto, Bolzano
Ferdinand Pawlikowski, évêque, ami de la famille Bleckmann
Erich Priebke, officier SS, Rome, a bénéficié de la filière d'exfiltration pour fuir en Argentine
Dr Franz Rehrl, gouverneur de Salzbourg, propriétaire d'une maison à Thumersbach
Franz Hieronymus Riedl, journaliste, Sud-Tyrol
Lothar Rübelt, photographe, Vienne
Franz Stangl, commandant de Treblinka, a bénéficié de la filière d'exfiltration pour fuir au Brésil
Hansjakob Stehle, historien et auteur, connaissance de Charlotte
Josef Thorak, sculpteur, voisin des Wächter, Thumersbach
Melitta Wiedemann, journaliste
Simon Wiesenthal, chasseur de nazis
Karl-Gustav Wollenweber, diplomate allemand à Rome, 1940-1944

PROLOGUE

Hôpital Santo Spirito, Rome (salle Lancisi)[1], 1950.

Rome, 13 juillet 1949

L'état de l'homme dans le lit numéro 9 était critique. Brûlant de fièvre, souffrant d'une pathologie aiguë du foie, il était incapable de se nourrir ; l'ambition et le désir qui avaient toujours été les ressorts de sa vie l'avaient abandonné.

Les indications au pied du lit n'offraient que des informations lacunaires, largement inexactes. « Le patient Reinhardt a été admis le 9 juillet 1949[2]. » La date était bonne, le nom ne l'était pas. Le patient s'appelait Wächter, mais le mentionner aurait alerté les autorités : il était recherché pour meurtres de masse. « Reinhardt » était un nazi de haut rang. Il avait été l'adjoint de Hans Frank, le Gouverneur général de la Pologne occupée, pendu trois ans plus tôt à Nuremberg pour avoir ordonné l'assassinat de quatre millions d'êtres humains. Wächter était aussi accusé de meurtres de masse et soupçonné d'avoir fait tuer et exécuter plus de cent mille individus : une estimation basse.

« Reinhardt » était en fuite et se cachait à Rome. Accusé de « crimes contre l'humanité » et de « génocide », il pensait que les Américains, les Polonais, les Soviétiques et les Juifs étaient à ses trousses. Il espérait pouvoir rejoindre l'Amérique du Sud.

La fiche accrochée au pied du lit précisait que le père s'appelait « Josef », ce qui était exact, mais elle ne mentionnait pas le prénom du patient. « Reinhardt » lui-même le dissimulait : pour tous ceux qui le côtoyaient, Otto était Alfredo.

Sous la rubrique métier, il était écrit « écrivain ». Ce n'était pas tout à fait faux : Otto Wächter écrivait en effet des lettres à sa femme et il tenait un journal dont les entrées, il est vrai, étaient clairsemées et – j'allais l'apprendre plus tard – rédigées en sténographie ou dans un code qui les rendait difficiles à déchiffrer. Il écrivait également des poèmes et, depuis peu, pour occuper le temps d'un homme qui a besoin de se distraire, un scénario et un manifeste sur l'avenir de l'Allemagne intitulé *Quo vadis Germania ?*

Quand il était un homme de pouvoir et un homme libre, le patient avait en effet signé des documents susceptibles de déclencher aujourd'hui une chasse à l'homme. Son nom apparaissait en bas de lettres et de décrets importants ; à Vienne, il avait mis fin à la carrière de milliers d'individus, dont deux avaient été ses professeurs d'université ; à Cracovie, il avait autorisé la construction du ghetto ; à Lemberg, il avait rédigé une missive interdisant aux Juifs de travailler. Il serait donc plus juste de dire que le patient était un juriste, un gouverneur ou encore un commandant de brigade SS.

Au cours des quatre dernières années, Wächter avait consacré son temps à survivre. Il fuyait, il se cachait, et il pensait avoir réussi à échapper à ses poursuivants.

La fiche précisait qu'il avait quarante-cinq ans. En réalité, il en avait trois de plus, il venait de fêter son anniversaire. Elle disait aussi qu'il était célibataire, ce qui était inexact : il était marié à Charlotte Bleckmann – Lotte ou Lo, comme il la nommait dans ses lettres. Elle-même, dans leur correspondance, l'appelait affectueusement Hümmchen ou Hümmi. Ils avaient six enfants, ils auraient pu en avoir davantage.

La fiche ne mentionnait pas son adresse à Rome. De fait, il vivait reclus dans une cellule de moine, au dernier étage du monastère de Vigna Pia dans la banlieue de Rome, sur les bords du Tibre. Il aimait nager. La fiche ne mentionnait pas non plus que le patient avait été admis à l'hôpital par deux moines qui résidaient à Vigna Pia. Voici ce qu'elle disait de son état de santé :

> Le patient rapporte qu'il a été incapable de manger depuis le 1er juillet ; qu'il a eu une forte fièvre le 2 juillet et qu'il a développé des symptômes de jaunisse le 7 juillet. Le patient est diabétique, et l'examen clinique a révélé une maladie du foie : une atrophie hépatique aiguë *(icterus gravis)*[3].

Par des sources différentes, nous apprenons que trois autres personnes ont rendu visite à « Reinhardt » durant son séjour à l'hôpital Santo Spirito. Un évêque, autrefois proche de Pie XII ; un médecin employé par l'ambassade d'Allemagne à Rome pendant la guerre ; une Prussienne, épouse d'un universitaire italien, mère de deux enfants. Celle-ci était venue plusieurs fois : le dimanche, lendemain de son admission, le lundi (deux fois), le mardi (une fois), le mercredi 13 juillet. Lors de chacune de ses visites, elle avait apporté un petit cadeau, une babiole, un fruit ou un peu de sucre comme l'avait suggéré le médecin.

La visiteuse prussienne n'accédait pas facilement à la Sala Baglivi où le patient était hospitalisé. Lors de sa première visite, elle avait été questionnée par le garde. « Vous ne me donnez pas assez de détails », avait-il dit. Soyez discrète, l'avait-on prévenue, dites seulement que vous êtes une amie de l'Église[4]. Elle avait répété ces mots, et le gardien s'était radouci. Lors de la cinquième visite, il l'avait reconnue.

Elle était impressionnée par la taille de la Sala Baglivi. « C'est comme une église », dira-t-elle plus tard à la femme du patient qui, selon la notice, n'existait pas. Elle appréciait la fraîcheur de cet espace immense, un véritable refuge à l'abri de la chaleur extérieure. Elle y parvenait après avoir traversé la place des Quirites, cette place où se trouve la fontaine aux quatre femmes nues – dont Mussolini disait qu'elles ne devraient jamais être exposées dans un parc.

Lorsqu'elle arrivait à la Sala Baglivi, après avoir contourné la petite chapelle sur sa droite, elle s'approchait du lit du patient. Elle le saluait, prononçait quelques mots, le rafraîchissait avec un tissu humide et changeait sa chemise. Elle prenait un tabouret placé sous le lit, s'asseyait, lui faisait la conversation. Elle s'attardait. C'était pour « Reinhardt » un moment de réconfort, mais il fallait être discret : un nouveau patient occupait le lit contigu et la visiteuse devait être attentive au choix de ses mots.

« Reinhardt » avait lui-même peu de choses à dire. Des injections intraveineuses de pénicilline faisaient baisser sa fièvre, mais son infection le laissait faible. Les médecins lui ordonnaient de manger peu, de prendre du café au lait, quelques gouttes de jus d'orange avec une cuiller à café de dextrose. Il devait ménager son estomac.

La visiteuse constatait des changements lors de chacune de ses visites. Le lundi, il était faible et parlait peu. Le mardi, il paraissait plus frais et plus bavard : il s'inquiétait des lettres qu'il attendait, espérait que son fils aîné – il s'appelait aussi Otto – viendrait le voir avant la fin de l'été.

Le corps était affaibli, mais le ton était parfois plus assuré. « Ça va de mieux en mieux », dit-il un jour ; son esprit était alerte, ses yeux étaient clairs. La visiteuse lui donna une cuiller à café de jus d'orange, le patient s'exprima plus longuement : « Il importe peu que Lo ne puisse pas venir maintenant, je me suis senti si proche d'elle ces dernières nuits, et je suis heureux que nous soyons si proches l'un de l'autre. Elle me comprend parfaitement, et tout s'est déroulé exactement comme il se doit[5]. »

Il se consumait de l'intérieur, mais il n'éprouvait aucune douleur. Il semblait apaisé, il tenait la main de la dame, tranquillement. Elle lui raconta sa journée, la vie à Rome, les enfants. Avant de partir, elle caressa son front, doucement. À la fin de la visite, il dit ces mots : « Je suis entre de bonnes mains, je vous verrai demain[6]. » À cinq heures et demie, la visiteuse prussienne dit adieu au patient connu sous le nom de « Reinhardt ». Elle savait que la fin était proche.

Plus tard, le même soir, le patient reçut la visite de l'évêque. Dans ses ultimes moments, le patient prononça, dans les bras de son visiteur, ses derniers mots. Il avait alors confié avoir été délibérément empoisonné et il aurait désigné le coupable. Il a fallu cependant attendre de nombreuses années avant que ces dernières paroles, recueillies par l'évêque, et par lui seul, soient connues.

Le patient ne survécut pas à la nuit.

Quelques jours plus tard, la visiteuse écrivit à Charlotte Wächter, veuve du patient. Dix pages manuscrites relatent comment elle avait rencontré Wächter peu après son arrivée à Rome, quelques semaines plus tôt. « C'est lui qui m'a parlé de vous, des enfants, de tout ce qui lui était cher[7]. » « Reinhardt » avait évoqué avec elle son travail avant et pendant la guerre, mais aussi les années d'après-guerre qu'il avait passées dans la haute montagne. La lettre mentionne son état de fébrilité et fait allusion à une excursion pendant un week-end hors de Rome. Mais elle ne précise pas le nom du lieu, ni celui de la personne qu'il avait rencontrée.

La lettre donne des précisions sur le diagnostic – le médecin pensait que la mort avait été causée par une « pathologie aiguë du foie », une forme d'« empoisonnement interne », peut-être provoqué par la nourriture ou par l'eau – et se termine par des mots d'encouragement pour l'avenir : Charlotte allait regretter « son camarade optimiste et amical », mais elle devait penser d'abord aux enfants qui avaient besoin d'une mère courageuse et heureuse. « C'est justement votre gaieté vaillante et votre esprit terre-à-terre que votre mari aimait tant chez vous[8]. » La lettre passe sous silence le véritable nom du patient.

Datée du 25 juillet 1949, elle fut envoyée de Rome à Salzbourg, au domicile de Charlotte Wächter et de ses six enfants.

Charlotte la garda trente-six ans. Après sa mort, en 1985, la lettre fut conservée avec d'autres papiers personnels par son fils aîné, Otto junior. Après la mort de ce dernier en 1997, elle parvint à Horst, le quatrième enfant. Celui-ci vit dans un château magnifique, immense et délabré, à Hagenberg, un village autrefois situé en Autriche, entre Vienne et Brno, aujourd'hui en République tchèque. La lettre est restée enfouie toutes ces années dans l'obscurité du château.

Deux décennies plus tard, un jour où il faisait très froid, j'ai rendu visite à Horst dans son château. Je l'avais rencontré plusieurs années auparavant et je savais que les papiers personnels de sa mère comptaient des milliers de pages. Il m'a demandé si je voulais prendre connaissance de la lettre de la visiteuse prussienne. Oui. Il est sorti de la cuisine, a monté les escaliers de pierre du château, a rejoint sa chambre. La lettre était conservée dans un petit meuble en bois aux portes vitrées qui se trouvait à côté de son lit, non loin de la photographie de son père en uniforme SS. Il est descendu, a posé la lettre sur la vieille table de cuisine en bois et l'a lue à haute voix.

Sa voix s'est brisée, il a versé quelques larmes.

« Ce n'est pas vrai.

– Qu'est ce qui n'est pas vrai ?

– Que mon père est mort d'une maladie. »

On entendait le bruit des bûches qui crépitaient dans le feu, et je voyais la buée s'échapper de sa bouche.

Je connaissais Horst depuis cinq ans, mais c'est alors qu'il m'a confié son secret. Il pensait que son père avait été assassiné.

« Où est la vérité ? »

Autriche-Hongrie, 1901.

I.

AMOUR

Otto et Charlotte von Wächter skiant en Autriche, 1930.

« Je n'ai pas connu le vieux Vienne d'avant-guerre, son glamour et son charme facile, bercé par la musique de Strauss… »

Graham Greene, *Le Troisième Homme*, 1949

1.
Hagenberg, 2012

Tout a commencé par une visite à Horst Wächter au printemps 2012, lorsque le quatrième enfant d'Otto et de Charlotte Wächter m'a invité chez lui. J'ai traversé les douves asséchées et je suis entré par les grandes portes en bois du Schloss Hagenberg, accueilli par une odeur de moisi et de bois brûlé qui imbibait chaque fibre des vêtements de Horst. Nous avons pris le thé, j'ai rencontré sa femme Jacqueline, il m'a parlé de sa fille Magdalena, de ses cinq frère et sœurs. J'ai appris ce jour-là l'existence des papiers de sa mère, mais j'ai dû attendre encore plusieurs années pour les voir dans leur intégralité.

La visite à Hagenberg était imprévue. Dix-huit mois plus tôt, j'avais fait un voyage à Lviv en Ukraine où j'avais prononcé une conférence sur les « crimes contre l'humanité » et le « génocide ». J'avais bien sûr visité la faculté de droit de l'Université de Lviv, mais je voulais surtout retrouver la maison où était né mon grand-père. En 1904, la ville de Leon Buchholz était connue sous le nom de Lemberg, la capitale régionale de l'Empire austro-hongrois.

J'espérais combler les lacunes de l'histoire de la vie de Leon, connaître le destin de sa famille ; il avait toujours gardé un silence discret sur son passé. Je voulais découvrir son identité, mais aussi la mienne. J'ai retrouvé la maison de Leon, j'ai aussi découvert que l'origine des concepts de « génocide » et de « crimes contre l'humanité », ces qualifications légales forgées en 1945, se situe dans la ville de naissance de mon grand-père. Ce voyage a donné lieu à un livre, *Retour à Lemberg*, le récit de quatre destins croisés : Leon, dont toute la famille, originaire de Lemberg et de ses environs, a été anéantie par la Shoah ; Hersch Lauterpacht et Rafael Lemkin, deux juristes également originaires de Lemberg, à qui le tribunal de Nuremberg et le droit international ont emprunté les notions de « crime contre l'humanité » et de « génocide » ; Hans Frank, le Gouverneur général de la Pologne occupée, arrivé à Lemberg en août 1942 et auteur d'un discours qui a conduit à l'extermination des Juifs de cette région, la Galicie. Frank a été déclaré coupable et pendu à Nuremberg pour avoir provoqué la mort de quatre millions d'individus, dont les familles de Leon, de Lauterpacht et de Lemkin.

Au cours de mes recherches, j'ai découvert un livre remarquable écrit par Niklas Frank sur son père, *Der Vater* [Le Père]. Je suis parti à la recherche de Niklas, nous nous sommes vus un jour sur la terrasse d'un hôtel luxueux près de Hambourg. Connaissant mon intérêt pour Lemberg, il a mentionné le nom de Horst Wächter au cours de l'une de nos conversations. Gouverneur nazi de Lemberg de 1942 à 1944, Otto Wächter avait été l'un des adjoints de son père, et Niklas connaissait l'un de ses fils, Horst. Comme je m'intéressais à Lemberg et que c'est dans cette ville que la famille de Léon avait péri, Niklas m'a proposé de nous présenter. Il m'a cependant mis en garde : contrairement à lui, qui avait une piètre estime pour son père – « je suis contre la peine de mort sauf dans le cas de mon père », m'a-t-il confié alors que nous parlions depuis moins d'une heure –, Horst avait une vision plus positive du sien. « Mais vous l'apprécierez », dit Niklas en souriant.

Horst accepta de me rencontrer. Je pris l'avion de Londres à Vienne, puis louai une voiture pour rejoindre le minuscule village de Hagenberg par le nord, de l'autre côté du Danube ; les paysages étaient vallonnés et plantés de vignes, et la radio diffusait « Take This Waltz »[1]. Je ressentis une certaine angoisse pendant le voyage : Otto Wächter avait certainement joué un rôle dans le sort de la famille de Leon, exterminée sous son règne à Lemberg et dans ses environs, mais son nom semblait avoir été gommé de l'histoire de cette période. J'avais appris, en glanant des informations, qu'il était Autrichien, marié et père de famille, avocat de métier et nazi de haut rang. En 1934, il avait été impliqué dans l'assassinat du chancelier autrichien Engelbert Dollfuss. Après l'Anschluss et l'arrivée des nazis en Autriche en 1938, il avait occupé un poste dans le nouveau gouvernement de Vienne où vivaient alors mes grands-parents. Il avait ensuite été nommé gouverneur de Cracovie occupée par les nazis, puis, en 1942, gouverneur de Lemberg. Après la guerre, il n'avait plus donné signe de vie. Je voulais savoir ce qui lui était arrivé, si justice avait été faite. Pour le découvrir, j'étais prêt à retourner chaque pierre. Ce fut le début du voyage.

Je n'aurais pas dû m'inquiéter de l'accueil de Horst, il me salua chaleureusement. Grand, séduisant, chaussé de Birkenstocks roses, c'était un homme à l'allure sympathique, avec une étincelle dans les yeux et une voix gutturale, chaleureuse, hésitante et douce. Il était ravi que j'aie fait le chemin jusqu'à sa maison, un château baroque délabré, une bâtisse construite autour d'une cour intérieure, imposante et carrée, haute de quatre étages, dotée de murs de pierre épais et de douves envahies de broussailles.

Accompagné d'un cinéaste italien, un comédien célèbre venait de lui rendre visite, me dit-il avec entrain, « deux lauréats d'un Oscar dans mon château ! ». Ils avaient tourné *The Best Offer*, une histoire d'amour et de crime à travers l'Europe, de Vienne à Trieste, en passant par Bolzano et Rome. Je ne pouvais soupçonner l'importance que les Wächter attachaient à ces lieux.

Accompagnés d'un chat, nous sommes entrés dans le solide Schloss qui avait connu des jours meilleurs. Nous sommes passés devant un atelier, encombré d'outils et de matériels divers, de fruits en train de sécher, de pommes de terre et d'autres légumes ; nous avons croisé le chien. Horst avait découvert dans les années 1960 le château qui abritait alors une colonie d'artistes. C'était un lieu de « festivités privées », m'expliqua-t-il ; il l'avait acheté vingt ans plus tard grâce à un petit héritage de Charlotte, sa mère.

J'appris lors de cette rencontre qu'il était né le 14 avril 1939[2] à Vienne et qu'il devait son nom au « Horst Wessel Lied », l'hymne nazi. Arthur, son deuxième prénom, avait été choisi par ses parents en l'honneur de son parrain, Arthur Seyss-Inquart[3], camarade et ami de son père. Seyss-Inquart était un juriste aux lunettes d'écaille, très proche d'Hitler, brièvement chancelier d'Autriche après l'Anschluss, puis gouverneur de l'Ostmark, le nom de l'Autriche après son incorporation dans le Reich. Peu de temps après la naissance de Horst, Seyss-Inquart avait été nommé ministre sans portefeuille dans le cabinet d'Hitler, avant de devenir gouverneur de la Hollande occupée. Dans ses dernières volontés, consignées dans son testament de 1945, Hitler faisait de Seyss-Inquart le ministre des Affaires étrangères du Reich. Celui qui avait été avocat et parrain de Horst fut rattrapé en quelques mois, condamné et pendu à Nuremberg pour les crimes qu'il avait commis.

Je fus donc un peu surpris de voir une petite photo en noir et blanc de Seyss-Inquart sur la table de chevet de Horst, glissée dans le cadre où apparaissait son père, Otto, photographié devant le portrait de son grand-père, le général Josef Wächter, qui avait servi dans l'armée impériale pendant la Première Guerre mondiale. Une photo de Charlotte, prise en 1942, ornait un autre mur de la chambre à coucher. Horst dormait parmi les siens.

Il me présenta sa femme Jacqueline (Ollèn), d'origine suédoise. Leurs chambres au rez-de-chaussée du château, chauffées au poêle à bois, étaient douillettes. En revanche, leur relation semblait moins tendre. Horst prépara du thé et parla de ses parents avec plus d'affection que ne le fit Jacqueline. Ils occupaient, à l'évidence, une place importante dans son cœur. Il semblait particulièrement proche de sa mère, dont il s'était occupé durant ses dernières années ; j'appris que Horst était son favori. Les relations entre Charlotte et les quatre sœurs de Horst étaient plus difficiles : à l'âge adulte, trois d'entre elles avaient déménagé aux États-Unis.

Lors de cette première visite, Horst insista sur le fait qu'il n'avait guère connu son père. Souvent absent pendant les années de guerre, celui-ci avait occupé des postes dans des terres lointaines : à Cracovie, à Lemberg, en Italie ou à Berlin, loin de sa famille qui résidait en Autriche. J'appris aussi qu'Otto était un « homme à femmes », qu'il avait disparu après la guerre, et qu'il était mort à Rome.

C'est tout ce que me confia Horst lors de cette première visite. De manière indirecte, il me dit cependant que le château était un cadeau d'Otto, un lieu de refuge et de réconfort. Il ajouta également qu'il avait « quitté la normalité » à trente ans. Il l'avait fait à cause de l'histoire de son père, espérant trouver sa voie ailleurs.

En réalité, pour Horst, la normalité s'était arrêtée en 1945 avec la défaite allemande, il avait alors six ans. « J'ai été élevé comme un jeune nazi, puis, d'un jour à l'autre, tout a disparu. » L'effondrement du régime avait été un traumatisme, national et personnel ; la vie de la famille et son enfance heureuse avaient alors pris fin. Il évoqua, lors de notre rencontre, le souvenir de son anniversaire, en avril 1945 : les convives étaient assis dans le jardin de la maison de la famille à Thumersbach, et observaient le lac de Zell. « J'étais seul et je savais que je devais me souvenir de ce moment toute ma vie. » Sa voix douce se brisa lorsqu'il se rappela comment les bombardiers britanniques et américains avaient lâché leurs bombes dans l'eau du lac. « La maison a commencé à trembler, oui, je me souviens... », sa voix s'éteignit, je vis ses yeux humides, je ressentis le tremblement. Pendant un bref instant, il pleura doucement.

Plus tard, Horst m'a fait visiter le château, ses nombreuses pièces, petites et grandes. Nous nous sommes installés dans sa chambre à coucher au premier étage, sous le regard de Josef, d'Otto, de Charlotte et du parrain Arthur. Il a sorti les albums photo de Charlotte et nous les avons regardés ensemble, assis côte à côte, les albums perchés sur nos genoux. Il a fait allusion aux volumineuses archives familiales, aux journaux de sa mère et à des mémoires qu'elle avait rédigés pour ses enfants, pour la postérité. Il ne m'a pas montré ses archives ce jour-là, mais leur évocation m'a intrigué.

J'ai bien vu quelques pages de l'un des journaux, daté de 1942, un tout petit volume noirci de l'écriture nerveuse de Charlotte. Je voulais m'arrêter sur l'entrée du 1er août, le jour où Hans Frank avait rendu visite aux Wächter à Lemberg et où il avait prononcé le discours annonçant la mise en œuvre de la Solution finale dans le district de Galicie, qui allait signer l'arrêt de mort de centaines de milliers d'êtres humains. L'entrée du journal indique que, ce jour-là, Frank avait joué aux échecs avec Charlotte.

Otto nage dans le lac de Zell, *c.* 1944.

Nous nous sommes replongés dans les albums qui content l'histoire de la vie d'une famille, celle des enfants, des grands-parents, des fêtes et des vacances à la montagne. Les Wächter, réunis, une famille heureuse. Il y a des lacs, et une photo d'Otto en train de nager, la seule de ce genre que j'ai vue. « Mon père adorait nager », dit Horst. Sur la page opposée, une photo de 1931 montre un homme souriant qui grave un swastika sur un mur. Un autre cliché représente un homme à l'extérieur d'un immeuble, salué par un alignement de bras levés faisant le salut nazi. La légende indique *Dr Goebbels*[4]. Sur une photo, trois hommes conversent dans une cour couverte. Sous le cliché, Otto, de son écriture anguleuse, a inscrit deux lettres : *A. H.* J'appris qu'il s'agissait d'Adolf Hitler ; à ses côtés, son photographe Heinrich Hoffmann et un troisième homme. « Ce n'est pas mon père », dit Horst. « Peut-être Baldur von Schirach[5]. » Schirach dirigeait les Jeunesses hitlériennes ; il a aussi été condamné à Nuremberg ; son petit-fils Ferdinand est un bon écrivain.

Nous avons continué de tourner les pages de l'album. Vienne, automne 1938, Otto dans son bureau de la Hofburg en uniforme SS tout à fait reconnaissable. Pologne, automne 1939, un bâtiment mangé par les flammes, des réfugiés. La foule dans une rue, les gens habillés chaudement pour résister au froid, une vieille dame avec un foulard et un brassard blanc. Un Juif dans le ghetto de Varsovie, photographié par Charlotte. Une photo de Horst avec trois de ses quatre sœurs. « Mars 1943, Lemberg », indique

Horst et ses trois sœurs, Lemberg, 1943.

l'écriture de Charlotte. Une belle journée ensoleillée avec des ombres longues. Un mot de Horst à Otto. « Cher papa, j'ai cueilli quelques fleurs pour toi, bisous, ton Horsti-Borsti[6]. » Il a alors cinq ans, nous sommes en 1944.

Nous avons abordé des sujets plus délicats. Horst m'a interrogé sur mon grand-père, il m'a écouté en silence. Je l'ai questionné sur ses parents, sur leur relation. « Ma mère était convaincue que mon père avait raison, qu'il faisait ce qu'il fallait faire. » Elle ne disait jamais du mal de lui, surtout en présence de Horst. Celui-ci avait cependant fini par comprendre que son père avait aussi une face sombre : « Bien sûr, je me sentais coupable pour mon père. » Il n'ignorait pas que le régime avait commis des « actes horribles », mais leur vie quotidienne en avait été longtemps protégée. La période de l'après-guerre était l'époque du silence. En Autriche, personne ne voulait parler des événements, et c'était encore vrai. Horst a fait allusion à des problèmes au sein de la famille, avec ses neveux et ses nièces, mais il ne m'en a pas dit davantage.

Nous sommes passés à d'autres sujets. Charlotte voulait que son fils fasse, comme Otto, une carrière d'avocat ; Horst a choisi une autre vie : « Plus d'études », a-t-il dit à sa mère. Il a disparu dans les bois : « Au revoir mère ». Charlotte avait été profondément déçue qu'il vole de ses propres ailes.

Au début des années 1970, à Vienne, on le présenta à un peintre, Friedensreich Hundertwasser[7] ; les deux hommes s'étaient accordés. « Je savais que Hundertwasser aurait besoin de moi et que nous nous comprendrions ; c'était un homme timide, comme moi. » Horst était devenu l'assistant de l'artiste, et le skipper de son bateau, le *Regentag* [Jour de pluie] qu'il avait emmené de Venise en Nouvelle-Zélande, accompagné de sa nouvelle femme, Jacqueline. Leur seul enfant, une fille, Magdalena, était né durant ce voyage.

« Que Hundertwasser fût juif était, d'une certaine manière, bon pour moi » ; « peut-être aussi le fait que tu sois juif, toi, Philippe, est, d'une certaine manière, attrayant pour moi », me dit Horst. Il évoqua la mère de l'artiste, qui avait peur de lui : « Elle connaissait le nom de mon père, elle savait qui il était, avec son expérience de la guerre, courant partout avec une étoile de David... » Lorsqu'elle parlait, ses doigts dansaient autour de son bras comme pour figurer le brassard qu'elle avait porté.

La responsabilité historique de son père était cependant pour Horst une affaire complexe. Otto était contre les théories raciales, il ne voyait pas les Allemands comme des surhommes, et tous les autres comme des *Untermenschen*. « Il voulait faire quelque chose de bien, il voulait que les choses bougent, trouver une solution aux problèmes engendrés par la Première Guerre. »

Ainsi pensait Horst : son père était un homme convenable, un optimiste qui tentait de faire le bien, mais qui s'était trouvé pris dans les horreurs commises par d'autres. Je l'ai écouté patiemment, je ne voulais pas gâcher l'atmosphère de notre première rencontre.

De retour à Londres, j'ai reçu, quelques jours plus tard, une lettre de Horst : « J'ai apprécié votre visite à Hagenberg, et que vous vous soyez confié sur l'histoire tragique de la famille de votre grand-père à Lemberg. » Il me donnait l'adresse d'un homme, un Juif polonais originaire de Lemberg dont son père aurait sauvé la vie, et il ajoutait qu'à cette époque la « situation déplorable des Juifs était généralement acceptée comme *"Schicksal"* ». Le mot signifie destin. Ma visite, disait-il, avait soulagé sa solitude. D'autres membres de sa famille, au contraire, ne souhaitaient pas parler du passé, et condamnaient sa démarche. Ils ne voulaient pas que la vie d'Otto Wächter fût dévoilée.

Je suis sorti de cette première rencontre curieux d'en savoir plus et déjà captivé. Je ne pouvais m'empêcher d'apprécier Horst, doux et ouvert, n'ayant en apparence rien à cacher mais réticent à admettre la responsabilité d'Otto Wächter dans les événements terribles qui s'étaient produits sur le territoire qu'il avait administré. C'était un fils qui cherchait le bien chez son père. Je voulais en savoir plus sur ses parents ; ce sont les détails qui comptent.

2.

Otto, 1901

Otto Gustav Wächter est né à Vienne le 8 juillet 1901. Son père, Josef Wächter, est un monarchiste passionné, officier de l'armée impériale austro-hongroise de François-Joseph. Tchèque mais germanophone, il est originaire de la petite ville de Havran au nord de Prague, située dans les Sudètes, aux marges de l'empire. C'est également un nationaliste et un antisémite virulent. Il épouse Martha Pfob, l'une des trois enfants d'une famille viennoise fortunée.

Otto a deux sœurs aînées, Hertha, née en 1898, et Ilse, née en 1900. Petit dernier, il est aimé comme un enfant unique. Sur une photo de famille prise par un photographe impérial et royal[1], on le voit, âgé de quelques mois à peine, avec Martha et Josef. Josef est en uniforme, il arbore une imposante moustache et tient son fils fièrement. C'est un portrait solennel, à l'image d'une vie vouée à la monarchie et à l'empire.

Otto avec ses parents et ses sœurs, 1901.

Otto passe les premières années de sa vie à Vienne[2] ; dans ces moments de prospérité et de créativité intellectuelle, la ville est au faîte de son pouvoir. Gustav Mahler dirige l'opéra, Sigmund Freud développe ses nouvelles idées sur la psychanalyse, Josef Hoffmann et Koloman Moser sont à la tête d'une communauté d'artistes et de créateurs progressistes, les Ateliers viennois *(Wiener Werkstätte)*. Le maire, Karl Lueger, un antisémite convaincu, administre sa ville d'une main de fer. Otto fréquente l'école primaire locale située à Albertgasse dans le 8e arrondissement de Vienne. Ses bulletins indiquent qu'il fait de « très bons » progrès.

Otto enfant, *c.* 1908.

Otto a sept ans lorsque sa famille déménage à Trieste sur la côte adriatique. Inscrit à l'école primaire allemande *(Deutsche Volksschule)* de la via della Fontana, non loin de la gare centrale, il apprend l'italien, manifeste un certain talent pour les langues et fait des progrès « louables », sauf en orthographe, matière que ses professeurs notent comme seulement « satisfaisante ». Il fait sa première communion, entre au lycée et apprend à nager à l'école militaire de natation *(Militärschwimmschule)*. Il est déterminé et confiant, déjà à l'aise en uniforme.

La famille vit à Trieste lorsque la guerre éclate en 1914. Commandant dans l'armée impériale et royale[3] *(kaiserlich und königlich [k. u. k.])*, Josef est envoyé en Galicie où il prend bientôt le commandement du 88e régiment d'infanterie posté près de Lemberg. Otto passe ensuite une année à Krumau, puis s'installe avec sa mère et ses sœurs à Budweis, une ville proche située en Bohême du Sud, aujourd'hui en République tchèque. En histoire, il étudie César et la guerre des Gaules ; ses cours d'éducation physique sont consacrés à l'acquisition des bases du combat avec et sans arme.

L'empereur François-Joseph meurt en 1916 après avoir régné près de soixante-huit ans. La guerre s'achève deux ans plus tard ; après quatre siècles de souveraineté habsbourgeoise, l'Autriche conserve peu de choses de sa gloire passée. Les temps sont difficiles pour les Wächter. Appauvris – Josef a investi la fortune familiale dans des obligations souveraines qui ont perdu toute valeur après la débâcle financière de l'après-guerre –, ils reviennent à Trieste. La guerre apporte toutefois à Josef une reconnaissance : décoré de l'ordre de Marie-Thérèse pour son courage[4], il est promu au rang de gentilhomme. Filmé pour la postérité – j'ai donc pu voir le moment où il devint membre de la noblesse –, cet honneur lui permet, et à Otto plus tard, d'arborer le titre de *Freiherr*, baron. Désormais, les hommes de la famille Wächter sont des von Wächter.

Otto passe son baccalauréat au cours de l'été 1919 et entre, le 18 octobre suivant, à la faculté de droit de l'Université de Vienne. La fin de l'Empire et la Révolution russe plongent le pays dans une période d'instabilité. Nombreux sont les réfugiés qui arrivent depuis les marches de l'Est de l'ancien empire : parmi eux, Hersch Lauterpacht[5]. Il vient de Lemberg et s'inscrit à la faculté de droit ; un quart de siècle plus tard, il forgera la notion de « crimes contre l'humanité » qui entraînera la chute de son condisciple[6].

Sur la carte d'étudiant d'Otto, on voit un jeune homme déterminé au profil aquilin et à la chevelure abondante ; il porte un large nœud papillon. Il passera neuf semestres à la faculté de droit, suivant les cours de professeurs renommés : Hans Kelsen[7] qui enseigne le droit constitutionnel et Alexander Hold-Ferneck[8], un fervent nationaliste convaincu qu'un véritable droit international ne pourra pas naître avant un million d'années ; Stephan Brassloff[9], spécialiste de droit romain, et Josef Hupka[10], expert en droit des échanges commerciaux, figurent parmi ses professeurs juifs.

Carte d'étudiant d'Otto, Université de Vienne, 1919.

Bon athlète, Otto rejoint le *Donauhort*, le club d'aviron de Vienne, situé sur les bords du Danube, et devient champion d'Autriche par équipe à huit; dans une brochure éditée en 1917 pour la célébration du 150e anniversaire du club, Otto apparaît comme un « membre très performant et très populaire[11] ». Il fait aussi de l'escalade en montagne et passe ses week-ends dans une station de ski proche de Vienne. Il est entouré d'un vaste cercle d'amis; les femmes apprécient son énergie et ses manières caressantes.

À l'école de droit, Otto épouse la cause nationaliste et le combat des Sudètes germanophones. Il suit ainsi les traces de son père, lui-même membre du *Deutsche Klub*, une association pangermaniste exclusivement masculine qui s'oppose à l'arrivée des Juifs et des autres réfugiés des anciennes provinces de l'empire. « Achetez aryen[12] ! » clame le bulletin de l'association.

En mars 1921, peu de temps après que son père a été nommé ministre de la Défense, Otto participe à une marche de protestation antijuive dans le centre de Vienne. À l'appel de l'*Antisemitenbund*[13], créé deux ans plus tôt, quarante mille participants réclament l'abolition des droits fondamentaux de citoyenneté et de propriété des Juifs, ainsi que l'expulsion de tous les Juifs arrivés après septembre 1914. Les commerces juifs et les usagers juifs des transports publics viennois sont attaqués[14]. Otto est arrêté, condamné et jugé par la cour du district de Vienne[15]; il passe quatorze jours en prison et écope d'une peine d'un an avec sursis. La presse le qualifie de « monarchiste ». Il n'a pas encore vingt ans et il vient, pour la première fois, de franchir la ligne de la criminalité.

Cette expérience suscite chez Otto un certain goût pour la politique. J'ai trouvé la copie de sa carte de membre du parti national-socialiste autrichien[16] dans les archives de Vienne; son adhésion date de 1923. À vingt-deux ans, Otto est un supporteur précoce d'Adolf Hitler, ancien résident de Vienne lui-même. Antimarxiste, antisémite et ambitieux, ce jeune étudiant en droit rejoint la branche autrichienne du parti, et noue un lien avec l'Allemagne. Un an plus tard, Otto est diplômé de la faculté de droit, il est sans le sou, mais il possède un titre. Sa carte de visite au nom de Dr Otto Freiherr von Wächter lui donne accès à des stages dans les différentes branches du droit; c'est là qu'il affûte ses qualités d'avocat et parfait ses talents d'orateur dans les salles d'audience. En décembre 1925[17], la cour d'appel de Vienne certifie sa pratique, sa connaissance du droit et son « comportement impeccable ».

Après la mort brutale de sa mère, Otto s'installe, en 1926, dans un petit appartement au centre de Vienne, au numéro 3 de la Bräunerstrasse, non loin de la cathédrale Saint-Étienne. Il conçoit un nouvel en-tête, un W majuscule doré surmonté d'une couronne de *Freiherr*, la marque de l'appartenance à la noblesse, et commence une série de stages en droit commercial. Au printemps 1929, installé dans un bâtiment du XIXe siècle dans le 4e arrondissement de Vienne, il travaille pour un certain Dr Völkert. Le samedi 6 avril, le juriste stagiaire, champion national d'aviron, politiquement actif et socialement engagé, se rend au Südbahnhof de Vienne : il part pour un week-end à la neige au Schneeberg. Accompagné d'un homme et d'une femme, il prend le train vers Puchberg, entre dans un compartiment et prend place. Assise en face de lui, une jeune femme attrayante à la chevelure brune.

C'est alors qu'il découvre un monde nouveau, celui des affaires, de l'argent, d'une ambition plus grande encore.

3.

Charlotte, 1908

La jeune femme brune s'appelle Charlotte Bleckmann. Elle est étudiante en histoire de l'art et revient d'un séjour d'un an en Angleterre ; elle a vingt ans. Elle va aussi à la montagne, et elle est à la recherche d'un prétendant.

De sept ans la cadette d'Otto, Charlotte est née en 1908 à Mürzzuschlag. Située à une centaine de kilomètres au sud-ouest de Vienne, nichée dans les basses Alpes de la Styrie, au cœur de la vallée de la douce rivière de Mürz, la petite ville marque alors le terminus de la ligne de Semmering[1], la première ligne de chemins de fer de montagne, inaugurée au milieu du XIXe siècle. Johannes Brahms y a composé sa première symphonie, Elfriede Jelinek, lauréate du prix Nobel de littérature, y est née, mais aujourd'hui la ville n'est guère connue.

Charlotte est le quatrième des six enfants de Walther Bleckmann, protestant évangélique fortuné, et de Meta, sa femme de confession catholique. La famille possède alors une aciérie connue pour la qualité de ses produits, la manufacture d'outils et de fines lames, fondée par le grand-père de Charlotte. L'aciérie emploie deux mille personnes, le quart de la population de la ville.

Un siècle plus tard, il ne reste aucune trace, ou presque, des Bleckmann. L'aciérie ne leur appartient plus, et le Herrenhaus [la seigneurie], la belle villa où Charlotte est née et a grandi avec ses cinq frères et sœurs, ainsi que les jardins donnant sur l'aciérie ont disparu. Non loin de la Villa Luisa[2] où habitaient ses cousins, se trouve désormais un lycée qui porte le nom de Hertha Reich, l'une des vingt-neuf résidentes juives chassées de Mürzzuschlag après la prise du pouvoir par les nazis en 1938. Les photos de l'album de Charlotte donnent une idée de ce monde et de ce qui a disparu : chambres lambrissées, mobilier fait main, tableaux et livres, un cheval en bois et l'immense maison de poupée de Charlotte.

Une photo de février 1914 montre la famille Bleckmann après la naissance du sixième et dernier enfant. Charlotte, six ans, est au premier plan et a l'air d'une fille sûre d'elle ; droite et nonchalante, un nœud dans les cheveux. L'austère Walther et la douce Meta adorent cette enfant à la volonté de fer. Les Bleckmann sont alors sur le point de faire fortune : la guerre exige davantage d'acier et de main-d'œuvre pour l'armement et les machines à vapeur destinées aux lignes locales. En 1916, l'entreprise Orenstein & Koppel[3] construit la Lotte – une locomotive nommée ainsi en l'honneur de Charlotte –, qui doit emprunter l'étroite voie ferrée reliant les usines de Mürzzuschlag et de Hönigsberg.

Charlotte avec ses parents et ses frères et sœurs, *c.* 1914.

En novembre 1918, le chancelier Karl Renner annonce au Parlement autrichien la défaite de l'Empire austro-hongrois[4]. Il constate l'humiliation et la débâcle économique ; redoutant la soumission du pays au capitalisme étranger, il suggère une union avec l'Allemagne. Mais le traité de Saint-Germain[5], signé en septembre 1919, impose à l'Autriche à la fois l'indépendance et des frontières immuables. Bolzano et le Sud-Tyrol sont transférés à l'Italie, la région des Sudètes à la Tchécoslovaquie, et de larges territoires de la Styrie et de la Carinthie à la Yougoslavie. Mürzzuschlag se retrouve ainsi aux confins orientaux d'une Autriche minuscule, voisine d'une nouvelle monarchie unissant Slovènes et Croates.

Esquisse de Charlotte, « Gala Peter », 1925.

La vie quotidienne continue dans le chaos politique. Le jour de son treizième anniversaire, sa tante Auguste offre un carnet à Charlotte, un *Stammbuch*, dit-elle, la généalogie de la tribu. Charlotte le gardera toute sa vie et y consignera les événements du quotidien : inscriptions, chansonnettes, dessins et souvenirs de sa famille et de ses amis. Les entrées révèlent un univers où rien ne manque, une vie partagée entre l'appartement de la famille à Vienne, situé Belvederegasse, et Mürzzuschlag, et ponctuée par de nombreux séjours en Europe. Un ami de la famille, un radiologue réputé, lui a offert une esquisse à l'encre noire qui la représente dans une publicité pour « Gala Peter[6] », le chocolat au lait suisse qu'elle aime tant. Un prétendant anglais lui a envoyé un vers du poète Robert Browning : *« all's love, yet all's law »* [« tout est amour et pourtant tout est loi »][7]. Un autre admirateur l'a dessinée dans une robe jaune clair, tenant délicatement un bouquet de renoncules d'un rouge profond. Un dernier lui a proposé une excursion en train.

Fille de parents stricts mais justes, propriétaires de l'aciérie, Charlotte jouit d'une enfance heureuse et prospère. Après avoir bénéficié à la maison des enseignements d'un précepteur privé, elle rejoint le lycée catholique de la Wiedner Hauptstrasse. Timide mais sociable, Charlotte est une amie sûre et loyale : la plupart de ceux qu'elle rencontre dans ses années de jeunesse lui resteront fidèles jusqu'à la fin de sa vie.

Elle est proche de son grand-père paternel, August von Scheindler, inspecteur des écoles, spécialiste de philologie classique[8] qui a rédigé des manuels de latin et traduit en allemand l'*Iliade* et l'*Odyssée* d'Homère. August aime se promener dans les jardins du Belvédère avec sa petite-fille. Elle dira des années plus tard que « cet homme âgé, retraité, grand de taille bien que légèrement voûté[9], mains derrière le dos, marchait fièrement à côté de ma grand-mère… il était ponctuel comme une horloge». Les jardins du Belvédère étaient aussi le lieu de rendez-vous avec les jeunes prétendants.

À dix-sept ans, Charlotte emménage avec sa tante Auguste à Vienne; ses parents espèrent que cette chanteuse lyrique pourra adoucir le caractère quelque peu rebelle de leur fille. C'est alors que Charlotte commence son journal, le 1er janvier 1925 précisément, avec une première entrée: la fête du réveillon en compagnie de ses parents. Elle va tenir ce journal pendant un quart de siècle, enregistrer sa vie au lycée, ses déjeuners, ses leçons d'anglais, ses rendez-vous, le piano, ses visites à l'opéra, ses excursions à la campagne avec ses amies, Vera ou Pussi, ses vacances à Zell-am-See, ses activités sportives, à la montagne ou sur un court de tennis. Une vie aisée: Charlotte est l'une des premières femmes de Mürzzuschlag à conduire une voiture.

En septembre 1925, elle fait un voyage en Angleterre avec ses parents et son frère Heini. La monotonie du voyage à travers l'Europe, «incroyablement ennuyeux», n'est rompue que par des flirts occasionnels. «Échangé des regards avec un Juif assez renversant[10]», confie-t-elle à son journal dans le train entre Nuremberg et Francfort. Ses parents l'inscrivent à Granville House à Eastbourne[11], un internat pour jeunes femmes de bonne famille. Elle passe l'année scolaire dans le lycée local et améliore son anglais, la matière est enseignée par la directrice de l'établissement, Mrs Ida Foley, sœur d'Arthur Conan Doyle[12], le créateur de Sherlock Holmes. Charlotte l'appelle Fido, elles se lient d'amitié.

À Granville House, Charlotte joue au hockey et devient une cavalière accomplie. Les lettres qu'elle envoie à ses parents indiquent qu'elle va à la messe, prend des leçons d'élocution et apprécie ses visites au théâtre. Elle a vu *Jules César* («Brutus était assez bon, mais pas plus que cela») et *Le Marchand de Venise* («excitant»). Elle se passionne pour l'opéra – Wagner et Tchaïkovski en particulier – et goûte la poésie de Rupert Brooke et de William Wordsworth. Les cours de photographie éveillent son intérêt pour les galeries d'art; elle passe la plus grande partie des vacances de Noël à Londres où elle visite les musées – la National Portrait Gallery («magnifique»), le Tate Museum («fabuleux»), la National Gallery («Je ne m'en lassais pas»). Au British Museum, elle adore la bibliothèque du rez-de-chaussée.

Charlotte est extrêmement sociable, c'est une bonne observatrice («Thé sur le Strand, vu un homme magnifique») et une grande flâneuse qui aime parcourir les rues de la ville («formidable»). Elle teste les coiffeurs[13], va aux bals (masqués ou non), au cinéma, au théâtre et à l'opéra (*Le Cavalier à la rose*, *Carmen*, *Le Vaisseau fantôme*, *Tristan et Isolde*, tout cela en un mois). Au printemps 1926, elle fait le tour du Sud de l'Angleterre en voiture avec son amie Lieselotte Lorenz, sans chaperon. Elle sait que ses parents n'approuveraient pas ce périple et elle se passe de leur autorisation. «J'étais vraiment une enfant terrible», confessera-t-elle plus tard. Les deux jeunes femmes vont à Dorchester, Exeter et Totness, puis dans les Cornouailles, avant de rentrer à Eastbourne par Oxford. Un deuxième voyage, à Paris, est annulé à cause de la grève générale[14].

Les noms de ses nombreux amis anglais sont consignés dans son *Stammbuch* – Cynthia Cottrell, Joyce Smith, Bette Clarke, Ruth Bennett. Il y a aussi quelques amis allemands, Mizzi Getreuer par exemple[15] – j'ai trouvé son nom sur une liste de déportés –, morte moins de deux décennies plus tard au camp de concentration de Stutthof en Pologne.

À la fin du mois de juillet, son séjour en Angleterre touche à sa fin. Elle a plaisir à déjeuner une dernière fois avec Fido, puis prend un bateau pour le Danemark. Elle se tient sur le pont, triste, «jusqu'à ce que les lumières de ma très chère Angleterre disparaissent». «J'aurais pu pleurer, écrit-elle, mais je ne l'ai pas fait[16].»

Revenue en automne à Vienne, Charlotte s'installe dans l'appartement familial de la Belvederegasse et s'inscrit à la *Wiener Frauenakademie und Schule für freie und angewandte Kunst* [l'Académie et l'école viennoise des arts et arts appliqués pour femmes][17], située dans la Siegelgasse, au cœur du 3e arrondissement de la ville. Des artistes renommés, majoritairement des hommes, donnent des cours de dessin aux trois cents élèves de l'établissement. Au contact de Josef Hoffmann[18], le créateur des *Wiener Werkstätte*, l'œil de Charlotte devient plus sûr.

En dehors de ses études, elle entretient ses amitiés, se promène autour de Vienne avec son grand-père August, va aux concerts de la

Philharmonie de Vienne, passe des vacances à Mürzzuschlag, fait du ski et de l'escalade dans les montagnes toutes proches. En mai 1927, au Herrenhaus, la famille célèbre les noces d'or de ses grands-parents maternels, les Scheindler. La cérémonie est bénie par un dignitaire local ami de la famille, l'évêque Ferdinand Pawlikowski, un homme puissant qui entretient d'excellentes relations avec le Vatican.

Charlotte ne manifeste aucun signe d'engagement politique. Elle est occupée par une tâche vitale : trouver un mari honorable.

4.

Vienne, 1929

Le matin du samedi 6 avril, Charlotte se réveille dans la maison familiale de Belvederegasse. L'horloge de l'église de Sainte-Élisabeth marque huit heures lorsque le téléphone sonne : au bout du fil, un ami lui propose de passer un week-end au Schneeberg, une station de ski des environs. Charlotte est une skieuse accomplie, férue de compétition, mais elle hésite. Elle accepte lorsqu'elle apprend qu'Herma Szabo, championne de patinage artistique et médaillée d'or aux Jeux olympiques, les rejoindra. Herma est une cousine lointaine[1] et elle est toujours entourée de jeunes hommes séduisants.

Charlotte n'accorde aucun intérêt aux huit compagnons d'Herma qu'elle retrouve au Südbahnhof et décide de faire le voyage pour Puchberg dans un compartiment séparé. Elle est rejointe par trois beaux jeunes gens : une femme et deux hommes. « J'ai particulièrement aimé le grand blond », se rappelle-t-elle ; comme il est accompagné, elle décide de l'ignorer. On lui présente le grand blond, il s'agit du « baron Wächter ». Une conversation aimable et futile s'engage entre elle et Otto von Wächter.

Au cours du voyage, Charlotte apprend que la jeune femme n'est autre que la sœur d'Otto, Hertha. Ses réserves tombent : « Mon "nouveau" baron est grand, mince et athlétique, avec des traits délicats et de très belles mains », confie-t-elle à son journal. « Il porte une bague de diamants au petit doigt de la main droite, son allure est noble, n'importe quelle jeune femme aurait remarqué ce port altier[2]. » Charlotte passe le week-end avec le groupe et partage sa chambre avec Hertha. Elle retrouve Otto sur les pistes, le taquine lorsqu'il farte ses skis – « aucun gentleman n'avait jamais fait cela pour moi[3] » –, déjeune avec lui à la Fischerhütte. Chaque heure qui passe rend plus vive son attirance pour Otto.

Emmanuel – Manni – Braunegg, l'ami le plus proche et le camarade d'université d'Otto, les rejoint ; il parle à Charlotte de ce champion d'aviron qui veut devenir un avocat célèbre. À leur arrivée à Vienne, Otto promet de l'appeler mais, par précaution, elle lui demande son numéro de téléphone. Le même soir, elle confie son nom à son journal et le souligne. Baron Wächter. Des années plus tard, elle se souviendra : « Ce fut le jour où je suis tombée amoureuse du beau et joyeux Otto[4]. »

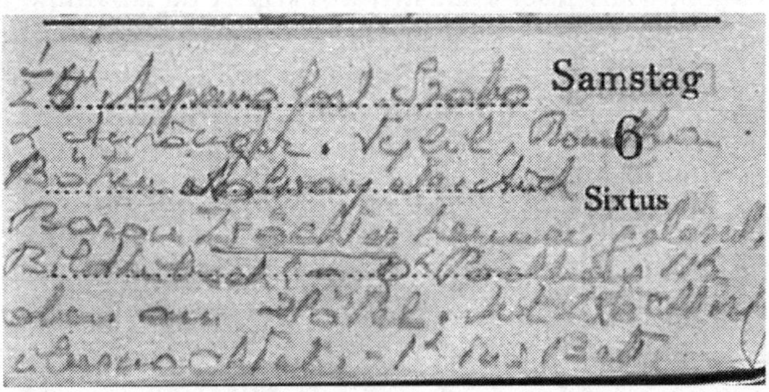

Entrée du journal de Charlotte, 6 avril 1929.

Charlotte ne note pas le détail de leurs conversations. Ont-ils parlé des études d'art de Charlotte, des activités politiques d'Otto, de sa condamnation ou de son adhésion au parti nazi en 1923 ? Nous ne le savons pas.

Deux semaines s'écoulent sans le moindre contact entre eux. Charlotte est victime d'une collision avec une calèche, c'est le prétexte parfait pour contacter un avocat. Otto lui rend visite à son école le lendemain et la conseille. Ils se revoient trois semaines plus tard – après son retour de vacances en Italie. Elle lui avait envoyé une carte postale de Rome le 4 mai, une vue du Castel Sant'Angelo, tout près de l'hôpital Santo Spirito, le dôme de la Basilique Saint-Pierre du Vatican à l'arrière-plan. « Je tiens toujours mes promesses », écrit-elle, « retour lundi », sans lui faire part de son inquiétude. « Qui sait quelle autre fille séduira Otto pendant mon absence[5] », note-t-elle dans son journal. Cette peur la poursuivra pendant des années.

Deux semaines plus tard, ils sortent danser. Otto la raccompagne et tente de l'embrasser. Elle ne s'y oppose pas, mais il lui présente ses excuses le lendemain et lui demande : « Au fait, voulez-vous m'épouser ? » Elle rit et décline : parce qu'elle ne sait pas s'il est sérieux, parce qu'elle tient à ses études d'art et n'a aucune envie de devenir une femme au foyer à la vie terne. En réalité, elle est enchantée. « Ce jeune amour bourgeonnant est un tel bonheur, comme j'étais heureuse[6] ! »

Elle en apprend davantage sur l'ambitieux Otto, ce séducteur joyeux et plein d'humour. Il était fier de son père Josef, triste de la mort soudaine de sa mère, membre d'une famille viennoise prospère, les Pfob. Mais Josef avait investi l'argent de la famille dans des bons gouvernementaux après guerre, par « amour de la patrie », lui explique-t-il, et cet argent avait été perdu. Otto avait peut-être un titre, mais pas la fortune qui va avec.

Ils se parlent souvent au cours de ce premier long été, ils se promènent dans le parc de la ville, visitent le Prater, fréquentent les bancs publics et font du bateau à Tulln. Le jour de son vingt-huitième anniversaire, elle assiste à une compétition d'aviron à laquelle participe ce « coquin de rameur » sur le Danube : il est devenu une petite célébrité qui gagne régulièrement les courses. Elle ne dit rien d'Otto à ses parents, car il est souvent entouré d'autres femmes et flirte avec elles en sa présence. Elle remarque en effet qu'il est excessivement tactile, qu'il aime étreindre et toucher les gens autour de lui ; le petit grain de jalousie est semé, il va s'enraciner profondément en Charlotte. Elle boude lorsqu'il offre une rose à son amie Anita, décide de ne pas fermer la porte à d'autres soupirants, répond aux sollicitations de l'étranger rencontré à bord d'un train. Elle autorise même Viktor Klarwill[7] – Zybil, comme on l'appelle –, cet homme qu'elle décrit comme un *halb Jude* (« demi-Juif »), à poursuivre sa cour pourtant sans espoir.

Durant l'été, Charlotte et sa mère font un périple en voiture à travers l'Europe, accompagnées de l'évêque Pawlikowski et de son ami monseigneur Allmer, un homme rondelet d'un certain âge qui aime flirter avec elle. Ils passent par la Suisse et la France pour rejoindre l'Espagne. Lourdes lui laisse « une impression terrible » avec ces centaines de pèlerins appuyés sur leurs béquilles, qui avancent, comme dans une procession, vers la grande place. À Barcelone, ils visitent l'Exposition universelle[8], boivent du vin doux, admirent la Sagrada Familia, assistent à une corrida à Castell del Mar et contemplent les « montagnes romantiques » de Montserrat. À Figueres, elle fait pipi dans sa culotte en entendant les blagues puériles de monseigneur Allmer.

Avec Otto, qui fait alors du canoë sur le Rhône, Charlotte échange cartes postales et lettres, toutes ont été conservées. À la fin de l'été, Otto se rend à Mürzzuschlag, mais leur relation demeure secrète. « Je l'aimais, mais je ne pouvais dévoiler mes sentiments à mes parents. » Mutti, c'est ainsi que Charlotte appelle sa mère, aurait pourtant été épatée de savoir qu'elle fréquentait un fringant baron. À l'automne, lorsque l'école reprend[9], Charlotte rejoint Otto ; elle l'appelle désormais « Tschaps », une variation de l'anglais « chap* », et assiste à toutes ses audiences. Il n'aime pas vraiment les concerts et les opéras, ils vont donc au cinéma. Pour fêter la réussite d'Otto à l'examen du barreau, Charlotte façonne un vase en terre cuite incrusté d'images représentant leurs activités communes.

À Noël, Otto fait du ski à Kitzbühel, sans Charlotte. Son père, intransigeant, a refusé de la laisser partir. Retenue à la maison, elle est « très triste ». Ils se parlent quotidiennement au téléphone ; une fois, écrit-elle, leur conversation a duré une heure et neuf minutes – un coût énorme.

1930. De nouveaux soupirants tournent autour de Charlotte, Otto souffle le chaud et le froid. Ils vont au bal en janvier – elle, magnifique dans une robe de soirée jaune à volants en crêpe de Chine –, ils dansent ensemble toute la nuit ; Charlotte espère une demande en mariage, mais Otto ne se manifeste plus pendant trois jours. Viennent

* Terme familier, « gars, mec, type » *(NdT).*

un autre bal, une excursion au Schneeberg, une compétition de ski à Altenmarkt. Mais il semble qu'Otto s'intéresse davantage à Melita, une ancienne chérie ; il reste plusieurs jours silencieux. « Je ne pouvais jamais être complètement sûre de lui », se rappelle Charlotte. « Cette manière d'enlacer les filles dès qu'il les rencontrait m'a fait douter encore et encore : était-il sérieux avec moi[10] ? »

Les choses semblent s'accélérer à la fin du printemps. Charlotte et Otto font une randonnée dans la montagne : ascension à pied, descente à ski. Ils entament un jour leur escalade à quatre heures du matin pour rejoindre un refuge doté d'une vue magnifique sur la Königsspitze. Ils sont témoins de plusieurs avalanches, entendent des bruits assourdissants. « Inoubliable », écrit Charlotte. Ils continuent vers la Schöntaufspitze à 3 000 mètres d'altitude et s'étreignent. Après trois heures d'ascension et dix minutes de descente, ils atteignent un château avec une vue imprenable sur Bolzano. Dans cette ville, ils partagent une nuit d'intimité ; Charlotte cependant ne se donne pas complètement à Otto.

Tandis que leur relation se noue, plus lentement qu'elle l'aurait souhaité, la carrière de Charlotte décolle. Elle crée des motifs pour tissu dans l'atelier qu'elle installe dans la maison familiale, et ses créations commencent à se vendre (« 1 350 schillings la première année, c'est beaucoup pour une débutante[11] »). Ses voyages à Dresde et à Hanovre, les bras chargés de catalogues de motifs, lui assurent des ventes ; elle a quelques flirts, mais elle reste fidèle à Otto.

LOTTE BLECKMANN
ATELIER
WIEN IV.
BELVEDEREGASSE 10
TELEPHON U 40-4-62

Papier à lettres à en-tête de Charlotte, 1932.

À l'automne, Charlotte (qui n'a pas averti ses parents) et Otto partent en vacances en Italie, accompagnés de Manni Braunegg. Pour ce séjour de trois semaines ils ont emporté des canoës, un matelas gonflable un peu mou et trois tentes. À l'opéra de Vérone, ils voient *Boris Godounov* de Modeste Moussorgski, et à Sirmione, sur les bords du lac de Garde, ils dorment dans un champ d'oliviers. De « belles *signorine* » tournent autour d'Otto ; Charlotte se demande si elle s'habituera un jour à ces attentions féminines. Ils passent une nuit dans un hôtel sur le Grand Canal à Venise ; leur peau, enduite d'huile d'olive, est à ce point bronzée qu'on les qualifie de *Negri*, de « Nègres ». « Les meilleures vacances de ma vie », écrit Charlotte, « d'une insouciance totale, enivrée de notre jeune amour ».

De retour à Vienne, Charlotte souffre d'une jaunisse. Otto lui rend visite ; elle espère une proposition en mariage qui ne vient pas. Je n'ai pas envie d'épouser une jeune femme riche, lui dit-il. Charlotte nourrit de nouveaux espoirs à Noël. « Je lui appartenais sincèrement et je l'aimais plus que tout. » Cet homme lui impose sa volonté ; « j'aimais cela[12] », écrit Charlotte, et aussi le fait qu'il avait toujours raison.

C'est à cette époque qu'Otto rejoint le parti nazi. Numéro d'adhérent : 301 093.

L'année 1931 est assombrie par la mort, des suites d'une pneumonie, du grand-père adoré de Charlotte, le Dr Scheindler, inspecteur des écoles. Il était le seul à connaître le secret de sa petite-fille, son amour et son espoir d'un mariage avec Otto. « Épouse-le et fais-lui dix enfants[13] », avait conseillé le grand-père.

Sa vie est faite de routine. L'école d'art, les compétitions de slalom sur le Schneeberg, les soirées avec ses vieux amis, les nouvelles relations – avec les Fischböck[14], Hans et Trudl par exemple. L'intérêt qu'Otto porte aux autres femmes – à l'époque sa cousine Paula, petite blonde aux « lèvres de négresse » – irrite et peine Charlotte. Pendant quarante ans, ce sentiment ne faiblira pas. Charlotte aura raison de Paula, comme de toutes les autres compétitrices, au ski. Un jour, Otto et elle ne mettent pas plus de quatre heures pour escalader, à l'aide d'une simple corde et d'une pioche, le Zuckerhütl, 3 505 mètres de glaçage au sucre*.

Sensible à l'époque et aux intérêts d'Otto, Charlotte lui offre en mars 1931 *Mein Kampf* d'Adolf Hitler, un exemplaire à la couverture noire, sans titre, orné d'un aigle sur un swastika. « Dans le combat et l'amour, jusqu'à la fin[15] », écrit-elle sur la page de garde. J'ai retrouvé le livre par hasard, dissimulé sur l'un des rayonnages de la biblio-

* De *Zuckerhut* qui signifie littéralement « chapeau de sucre » *(NdT)*.

thèque de Horst. « Je ne savais pas que je l'avais ! » s'est exclamé Horst, excité et ravi. Il avait perdu l'exemplaire que son parrain, Arthur Seyss-Inquart, lui avait offert.

Deux mois après, Charlotte rejoint elle-même le parti. Le 28 mai 1931 précisément[16], numéro d'adhésion 510 379. Son journal ne mentionne guère les activités politiques d'Otto[17], il ne fait pas allusion à l'adhésion de ce dernier au parti nazi et ne dit rien de son accession à la sphère dirigeante de la section viennoise. Désormais chef de district du parti nazi de Vienne[18], Otto suit les traces de son père et adhère au *Deutsche Klub*. Il devient, en janvier 1932, membre du comité directeur. C'est là qu'il rencontre les hommes qui joueront un rôle significatif dans sa vie : l'écrivain Franz Hieronymus Riedl[19], les juristes Hans Fischböck, Arthur Seyss-Inquart et Ernst Kaltenbrunner[20], ainsi que Hanns Blaschke[21], le futur maire de Vienne. Wilhelm Höttl et le frère de Charlotte, Heinrich Bleckmann[22], adhèrent également au *Klub*, qui propose des séminaires et des concerts dans ses locaux de la Hofburg. C'est le haut lieu où les nazis autrichiens ourdissent intrigues et conspirations. En janvier 1931, Hans Frank, l'avocat d'Hitler, vient spécialement d'Allemagne pour donner une conférence exceptionnelle très suivie.

Durant l'été 1931, Otto passe cinq semaines[23] à la Reichsführerschule à Munich, l'école d'été des aspirants nazis. « Je ne m'arrête jamais », écrit-il à Charlotte ; il est « élu rapporteur » d'un groupe de quatre-vingt-dix personnes unies par un « sentiment merveilleux de camaraderie ». La journée est organisée de manière militaire – « réveil, gymnastique du matin, bain, petit déjeuner, séminaire 1, séminaire 2, repas, etc. » –, et ponctuée par des marches et des exercices dans la journée, des chants et des jeux le soir. « L'ensemble est très intéressant et instructif – nous assistons aux présentations des pointures du parti, Hitler lui-même est venu nous parler, c'était extraordinaire[24]. »

Otto revient avec des photos qui vont alimenter l'album de famille ; parmi elles, celle que Horst m'a montrée lors de ma première visite. La photo célèbre que j'ai retrouvée ailleurs, celle qui représente les participants à l'école d'été, ne se trouve cependant pas dans l'album. Sur ce cliché pris par Heinrich Hoffmann[25], le photographe d'Hitler, on voit Otto au deuxième rang, à gauche derrière le futur chancelier.

École d'été du Führer, Munich, avec Adolf Hitler, 30 août 1931.

« Tschapsli a de nouveau téléphoné après cinq semaines », note Charlotte dans son journal, où se trouvent désormais des notes sur les développements politiques récents : deux semaines après le retour d'Otto, elle griffonne « *Heimwehr Putsch* ». La tentative de coup d'État d'un groupe nationaliste vient d'échouer ; Otto et de nombreux autres membres impliqués rallieront bientôt le national-socialisme[26].

En septembre, Charlotte est à Mürzzuschlag. Elle travaille sur ses tissus, profite de la montagne et reçoit des amis. Tout est « tellement agréable » loin de Vienne, où « tous ces Juifs qui sont partout me désespèrent absolument ». Si son radicalisme devait évoluer, dit-elle en prévenant Otto, elle « se promènerait bientôt avec un poignard »[27]. Parmi ses visiteurs figure Alfred Frauenfeld, nommé depuis peu Gauleiter de Vienne ; il lui propose de lui présenter Hitler et de l'accompagner dans ses déplacements. « Tu dis toujours que l'Angleterre est très importante et que nous devrions faire autant de propagande là-bas qu'ici », écrit-elle à Otto. Frauenfeld lui redonne la confiance en elle qu'Otto avait contribué à « émousser », taquine-t-elle, pleine de sous-entendus.

En octobre, elle se rend en Angleterre pour vendre des échantillons de ses tissus. Pendant la traversée, elle parle avec un Français et défend l'idée de l'Anschluss – l'« union » – avec l'Allemagne. Elle ajoute qu'une alliance avec la France est impossible et que tout ce charabia sur la coopération internationale relève d'un « complot juif[28] ». Ravie d'être de retour à Londres, elle se rend au concert à l'ambassade d'Autriche et fête son anniversaire avec son frère Heini, le représentant local de l'aciérie familiale. À Manchester, on lui présente Mr Caswell de l'Association des imprimeurs Calico[29] qui lui achète des échantillons pour une belle somme, tombe amoureux d'elle et l'invite à Paris. Elle refuse son invitation, car il est marié et père de deux fils.

Sa visite coïncide à la fois avec la campagne pour les élections générales au Royaume-Uni et avec son propre éveil à la politique. Elle apprécie l'état d'esprit de cette nation qui refuse d'acheter de l'acier à l'étranger, y compris celui de son frère Heini. Même si les Britanniques ne parviennent pas à « prendre la question juive » au sérieux, « on respire dans ce pays où tout le monde, à quelques individus près, nourrit des sentiments nationalistes », écrit-elle à Otto. Parmi les gens qu'elle rencontre, beaucoup accueillent favorablement les idées national-socialistes[30] ; elle fait donc « passer le message ».

Les élections britanniques sont remportées par un gouvernement d'union nationale, conduit par les conservateurs et soutenu par les travaillistes et les libéraux. Le 28 octobre, elle informe Otto que « tout le monde croit à un futur meilleur porté par le nationalisme » et qu'avec un peu de chance les Allemands suivront les Britanniques et mettront de côté leurs différends pour « se donner la main sous le drapeau hissé par A. Hitler »[31]. Ceux qui trouvent ces idées irréalistes devraient venir en Angleterre, ajoute-t-elle. Elle doit retourner en Autriche une semaine plus tard, *via* Munich. « Tu pourrais venir me chercher là-bas, mon amour, et combiner le voyage avec ta visite à Hitler[32]. »

Le voyage en Angleterre a été un succès ; avec l'argent qu'elle y a gagné, plus de 100 000 schillings, elle achète une petite maison entourée d'un jardin avec une jolie vue sur le Danube ; elle est située à Klosterneuburg Weidling, au 5 Anzengrubergasse, sur une colline de la banlieue viennoise. La maison sert d'atelier et de lieu de réception ; Charlotte y organise des goûters d'enfants où elle offre des cadeaux « sous le patronage du swastika[33] ». Le national-socialisme fait désormais pleinement partie de sa vie quotidienne. Le journal évoque une réunion où elle se rend avec Otto, l'entrée est accompagnée d'un dessin de swastika qui danse sur le papier.

L'année 1932 s'ouvre, Charlotte n'a toujours pas reçu de demande en mariage. Elle voyage à travers l'Allemagne puis retourne en Angleterre pour vendre une nouvelle série de tissus. Otto, qui a terminé son stage, ouvre son propre cabinet. Il s'installe avec son associé, le Dr Georg Freiherr von Ettingshausen[34], ami et camarade de parti, au 47 Margarethenstrasse dans le 4e arrondissement de Vienne. Il s'occupe avant tout de droit commercial. Le premier mois, son cabinet fait 8 000 schillings de chiffre d'affaires – mieux que Charlotte, dont les revenus annuels se sont élevés, en 1931, à 14 000 schillings. Les affaires dont il s'occupe sont assez diverses ; l'une d'entre elles, plaidée devant la cour régionale de Vienne, porte sur un dossier de propriété intellectuelle. Otto représente le photographe Lothar Rübelt[35] qui reproche à Karl Kraus d'avoir reproduit, dans une publication satirique et non autorisée[36], *Die Fackel*, une de ses photos représentant le baron Alfons von Rothschild.

Otto a d'autres activités : fidèle à ses engagements politiques, il donne des conseils juridiques aux membres du parti en difficulté ainsi qu'au parti lui-même. En avril 1932, sous le matricule SS 235 368, il rejoint la *Shutzstaffel* (la SS)[37], organisation paramilitaire et unité d'élite chargée de la protection d'Adolf Hitler. Membre du *Verband deutsch-arischer Rechtsanwälte Österreichs* (l'Association des avocats germano-aryens d'Autriche)[38], il passe de plus en plus de temps au siège du *Deutsche Klub* où Charlotte vient souvent le chercher.

Durant leurs vacances de printemps, ils font du bateau. En juin, ils s'adonnent à la voile sur le Neusiedler See. En été, Charlotte retourne en Angleterre où elle fait la connaissance de la belle et riche fiancée de son frère Heini – mais le père refusera de donner la main de sa fille à un Autrichien. À Dublin enfin, en compagnie de sa mère et de l'évêque Pawlikowski, elle assiste au Congrès international eucharistique[39] qui célèbre, à Phoenix Park, le 1500e anniversaire de l'arrivée de saint Patrick en Irlande.

De retour à Vienne le 8 juillet, les deux jeunes gens fêtent l'anniversaire d'Otto dans son petit appartement avec du vin, du Schnaps et de l'amour. Après trois années de « réserve persistante et tenace », incapable de résister, Charlotte s'offre entièrement à lui. C'est lors de cette nuit qu'elle lui révèle son « plus grand secret[40] », comme elle le dit.

Le silence d'Otto accroît son inquiétude. Elle s'inquiète de sa personnalité fermée et prudente, de sa timidité, de la manière « puérile » qu'il a de se comporter. Il est ambitieux et incapable de montrer ses sentiments. Elle l'aime.

Un mois plus tard, après une promenade en canoë, elle ne se sent pas bien. Le médecin confirme qu'elle est enceinte. Elle annonce aussitôt la nouvelle à Otto dans un petit café proche de son cabinet d'avocat, sur la Margarethenstrasse, mais il ne lui propose toujours pas de l'épouser. La soirée est triste ; seule, elle pleure.

Deux jours plus tard, Otto cède sous la pression de Manni Braunegg. Il veut une cérémonie rapide et lui offre la bague de mariage qui avait appartenu à sa mère. Ils font le voyage à Mürzzuschlag pour annoncer la nouvelle aux parents de Charlotte qui donnent immédiatement leur accord. Fière d'avoir un baron pour gendre, Mutti ne les interroge pas sur le caractère précipité du mariage. Le lendemain, le couple se rend à l'hôtel Straubinger, à Bad Gastein où Josef Wächter prend les eaux. Le général la prend dans ses bras et lui donne sa bénédiction ; il manque s'évanouir lorsqu'il apprend la nouvelle, se souvient Charlotte.

Le mariage est célébré le dimanche 11 septembre dans la basilique de Mariazell. L'office est assuré par l'évêque Pawlikowski ; Heini, le frère de Charlotte, et Manni Braunegg sont témoins. Otto a souhaité une cérémonie discrète, avec peu de convives : un petit événement. Charlotte porte une robe traditionnelle, un Dirndl, pour cacher sa grossesse, Otto arbore un costume styrien sur mesure. « J'avais hâte que la cérémonie se termine », se souvient Charlotte, « une mouche posée sur mon bras me démangeait »[41].

Après le festin, les jeunes mariés passent leur nuit de noces dans une petite auberge de Leopoldstein ; ils sont le lendemain matin à Vienne où Otto a une audience. Le journal de Charlotte n'indique pas si l'affaire était commerciale ou si Otto représentait le parti.

5.
Hagenberg, 2013

Après ma première visite à Hagenberg, Horst et moi avons continué d'échanger des courriels amicaux. Horst m'instruisit sur son château[1], construit par un Templier, Heinrich von Hakkenberg, qui avait participé à la croisade allemande vers la Terre sainte au XIIIe siècle. Il m'expliqua que le plan au sol reprenait des éléments du Temple de Salomon et que l'intérieur avait été reconstruit au XVIIe siècle, à l'époque où les jardins furent transformés. On avait ajouté une salle principale haute de deux étages, un temple en l'honneur d'Hermès Trismégiste[2] – Hermès trois fois grand, l'auteur présumé des textes sacrés de l'hermétisme. Horst aimait évoquer le nom illustre et ce lien.

Il me fit part de ses réflexions sur ses parents et m'envoya des extraits d'articles de la presse autrichienne. Une photo montrait, comme le disait Horst, une « manifestation de belles jeunes filles de la division SS que mon père avait créée en Galicie » : la Division SS Galicie[3], formée par Otto au printemps 1943. Il me rassura : son père n'était responsable d'aucun crime ; il était un « hérétique en danger » au sein du système national-socialiste, opposé aux actions racistes et discriminatoires en vigueur dans les territoires occupés par les Allemands en Pologne et en Ukraine.

Déchirée entre la Russie et l'Union européenne, l'Ukraine faisait à nouveau les gros titres[4]. L'histoire tourne apparemment en rond :

un siècle plus tôt, en septembre 1914[5], l'armée du tsar Nicolas II avait occupé Lemberg, une ville que Horst disait vouloir découvrir. Cela m'a incité à lui consacrer une tribune dans le *Financial Times* ; accompagné d'un photographe, je suis donc retourné à Hagenberg, au milieu de l'hiver par un froid mordant.

Horst nous a accueillis vêtu d'un grand manteau, coiffé d'un chapeau en laine rouge vif. Nous avons passé deux jours tantôt devant la cheminée de la salle principale du château, tantôt dans sa chambre à coucher à peine chauffée par un grand poêle à bois dont les briques autrefois blanches avaient été noircies par des décennies d'utilisation. Les flammes dansaient comme pour accompagner les récits de Horst qui tentait de me persuader du comportement honorable de son père, alors que je le poussais à adopter une posture plus critique. Nous jouions à un double jeu de défense, un jeu qui s'est poursuivi pendant plusieurs années.

Horst Wächter, Hagenberg, 2013.

Assis dans un grand fauteuil, Horst regardait les albums de famille. De temps en temps, il allait chercher dans une autre chambre un papier de la succession de Charlotte. Il voyait bien que je jetais des regards furtifs au portrait du grand-père Josef, aux photos d'Otto et de Seyss-Inquart, ou à la gravure représentant Cracovie autrefois. « C'est peut-être ma mère qui a volé la gravure », me dit-il. Il m'expliqua qu'il avait tenté de rendre un certain nombre d'objets à la Pologne, mais sans succès. Il abordait librement tous les sujets.

Nous avons parlé de son enfance, mais il ne s'en souvenait pas vraiment. Sa mémoire était marquée par les albums de famille ou par les films amateurs de Charlotte qu'il avait égarés. C'était « terriblement ennuyeux », mais il espérait les retrouver, peut-être dans la cave de sa belle-sœur. Il reprochait à son frère Otto, mort plusieurs années auparavant, d'être responsable de la « débâcle », d'avoir voulu garder le secret du père et de la famille, de s'être installé dans une « clandestinité craintive ». Son neveu Otto, le fils d'Otto junior, avait conseillé à Horst de ne pas me parler. « Ils ne veulent rien savoir », me dit-il.

La vie de famille ne lui avait jamais été facile. Jadis, il dînait deux fois : une première fois tôt avec sa mère, une seconde fois avec sa femme. Et lorsque Charlotte était tombée malade, il s'était occupé d'elle. Irritée par cette présence, Jacqueline était partie ; elle n'était revenue qu'après la mort de Charlotte en 1985.

Grande et délicate, forte et d'une intelligence vive, Jacqueline a grandi dans une famille « progressiste » – son père était un journaliste réputé en Suède – qui n'avait aucune sympathie pour le nazisme. Elle me l'a dit un jour, alors que nous prenions ensemble un thé noir : l'attachement de Horst pour sa mère était excessif, elle avait voulu divorcer. « Nous ne nous sommes retrouvés qu'après son décès », m'a-t-elle confié, et elle a chuchoté : « elle est restée nazie jusqu'au jour de sa mort ». Alors que nous quittions le château, elle a dit la même chose au photographe qui m'accompagnait.

Horst a évoqué le souvenir de sa dernière rencontre avec Otto, en 1948, dans la maison familiale de Salzbourg où l'on fêtait Noël. Il ne s'était pas rendu compte que l'homme à la moustache qui était venu le voir dans sa chambre était son père. Charlotte lui avait dit qu'il s'agissait d'un parent lointain, il ne savait pas alors qu'il était en fuite, ni même qu'il était en vie. Il ne savait rien de son père. Il ne se souvenait ni d'un quelconque lien qui les aurait unis, ni de conversations qu'ils auraient échangées dans son enfance. « Je n'aimais pas mon père », me dit-il brutalement, « notre relation était limitée ». Et pourtant la réputation d'Otto l'avait poursuivi toute sa vie.

Horst se souvenait que sa famille avait été ostracisée à Salzbourg après la guerre. « Mon père était-il vraiment un criminel ? » se demandait-il. Sous l'influence de sa mère, qui était convaincue de l'innocence de son mari, il avait pour lui une certaine indulgence. Il faisait une différence entre son père, l'individu, et son père, simple rouage d'un système criminel puissant. Horst ne niait pas les horreurs d'un holocauste de millions d'individus assassinés. Cela s'était passé, et c'était mal, point. « Je sais que le système était criminel, que mon père en faisait partie, mais je ne pense pas à lui comme à un criminel. »

D'autres n'avaient que du bien à dire d'Otto : bon mari, bon père de famille, homme respectable et responsable. Il est vrai qu'il obéissait aux ordres et respectait son serment prêté à Hitler, mais il était aussi un idéaliste, un homme honorable qui croyait que le système pouvait être amélioré et qui tentait lui-même de le faire. Il ne pouvait sortir du système, m'a expliqué Horst, et il a sauvé des Juifs, il ne les a pas assassinés. Lorsque je lui ai demandé des noms ou des détails, il a mentionné Erwin Axer, le metteur en scène polonais réputé qui lui avait adressé une lettre, en allemand. « Je n'ai jamais rencontré votre père », lui avait-il écrit, mais il s'était souvenu aussi d'avoir débloqué une boîte pour la baronne Charlotte lorsqu'il était serrurier. Il avait ajouté : « Je n'ai jamais oublié Stasny, l'adjudant d'Otto, il a contribué à me sauver la vie[6]. »

Je l'ai compris, Horst reportait de manière contrariée sur Otto l'amour qu'il avait pour Charlotte et pour Josef. « Je ne peux pas dire que j'aime mon père, mais j'aimais mon grand-père » – son portrait était en effet accroché au-dessus de son lit. L'amour des proches était pour lui un devoir. « J'ai une responsabilité envers lui, je dois savoir ce qui s'est réellement passé, raconter la vérité, et faire ce que je peux pour lui. » Horst a invoqué plus d'une fois le quatrième commandement – « Honore ton père et ta mère », selon la traduction de Martin Buber. Il ne suffisait pas de condamner, il fallait aussi considérer les aspects positifs. Des choses terribles avaient eu lieu, mais d'autres en étaient responsables, le Gouvernement général, les SS, Himmler. Horst concédait la responsabilité indirecte d'Otto, mais il le faisait avec une certaine inquiétude ; les mots lui faisaient monter les larmes aux yeux.

Lors de cette deuxième visite, Horst m'a ouvert un peu plus l'accès aux papiers de Charlotte. Pour la première fois, il m'a parlé de la mort d'Otto à l'été 1949, une mort inattendue. Il n'en a pas dit plus, il n'a pas donné de détails.

Dans les semaines suivantes, il m'a souvent écrit. Il ne mettait pas en doute la rectitude de ma démarche, et il reconnaissait que son père avait été « un rouage important de cette machine effrayante qui a causé tant de morts et de souffrances[7] », mais il s'inquiétait aussi des conséquences de l'article que j'allais écrire. Il y avait beaucoup de « fanatiques » qui n'attendaient que cela : prendre leur revanche sur les criminels nazis et leurs descendants. Il ajoutait qu'il « me faisait confiance pour ne jamais l'incriminer d'une quelconque manière », que je finirais par admettre la « situation » réelle de son père et la probité fondamentale d'un homme qui avait fait de son mieux dans des circonstances éprouvantes.

Horst était un bon avocat. Il m'a indiqué les passages[8], accompagnés de la traduction anglaise, des mémoires du Dr Ludwig Losacker, l'un des collègues de son père à Lemberg, qui montraient Otto sous un jour favorable. Peut-être devrions-nous aller voir la veuve du Dr Losacker ? Un article d'un historien renommé, publié il y a une vingtaine d'années dans *Die Zeit*, remet cependant les choses en perspective : Losacker était un antisémite notoire et « un acteur central dans l'assassinat des Juifs du district de Galicie[9] ».

Dans une autre lettre – mentionnant l'anniversaire d'Hitler –, Horst avançait une théorie différente sur l'innocence de son père. Le Gouvernement général était divisé : l'une des branches, la partie civile, était dirigée par Hans Frank, tandis que l'autre partie relevait du commandement de la SS, de Heinrich Himmler et de ses sous-fifres. Deux gouvernements parallèles, deux types de responsabilités. Otto n'avait aucune responsabilité dans les « actions maniaques » du gouvernement SS. À Lemberg, le véritable coupable, m'expliquait Horst, était le SS-Obergruppenführer Fritz Katzmann[10], le dirigeant local des SS. Oui, son père était au courant des horreurs, il connaissait l'existence des « camps de la mort », et cela faisait peser sur lui une « pression considérable », mais il n'avait jamais visité un tel « camp ». Il savait, Charlotte le lui avait dit, que son père ne pouvait rien faire, qu'il ne pouvait aider personne.

J'ai poursuivi à Washington mes recherches sur le profil esquissé par Horst. Je me suis rendu au ministère de la Justice où j'avais déposé une demande de consultation d'archives. Les chercheurs du département m'ont transmis trois documents qui prouvaient, selon eux, son implication. Deux d'entre eux, datant de 1942, portent sur la relocalisation et l'emploi des Juifs ; l'un est signé de la main de Wächter. Le troisième document, une lettre datée du 25 août 1942[11], indique qu'Otto souhaitait être maintenu dans son poste en Pologne occupée et poursuivre son travail, ne pas rentrer à Vienne. J'ai montré ces documents à Horst. Oui, me dit-il, ils faisaient référence à de « tristes » mesures « restrictives » à l'égard des Juifs de Lemberg, mais ils ne mentionnaient pas explicitement des « extinctions » ou des meurtres, et ils ne pouvaient servir de preuve contre son père. Une autre lettre à Charlotte, écrite le 16 août 1942, confirmait d'ailleurs qu'il ne pouvait pas être responsable. Horst m'a dit qu'il me l'enverrait et que je devais garder en tête qu'Otto savait que ses lettres étaient surveillées par les SS, qu'il faisait donc attention à ce qu'il écrivait.

J'ai ainsi reconstitué le profil que Horst traçait de son père. Le *Financial Times* a publié mon article en 2013 sous le titre : « Mon père, le bon nazi[12] ». Il était accompagné d'une photo de Horst, en gabardine et chapeau rouge, sereinement assis dans son grand hall d'entrée.

L'article a provoqué une série de réactions. L'ambassadeur d'Autriche à Londres[13] souligna que la bienveillance de Horst à l'égard de son père ne reflétait pas l'opinion autrichienne ; d'autres saluèrent le courage de Horst, sa volonté de trouver le bien dans la personnalité de son père. Un lecteur trouva que l'attitude de Horst « avait une certaine noblesse », et témoignait d'un amour filial.

Horst n'a pas aimé l'article. Il ne m'en a pas fait part, mais il a laissé un commentaire sur le site du journal : « Je n'aime pas vraiment votre article[14]. » J'avais en effet omis un certain nombre d'éléments, en particulier l'estime que les habitants de Lviv portent aujourd'hui à Otto, qu'il s'agisse de Polonais, d'Ukrainiens ou de Juifs. Jacqueline pensait, de son côté, que l'article donnait de son mari l'image d'un fou, aveugle aux faits pourtant avérés. Pourtant, notre rencontre, me dit Horst, l'avait laissé calme et le cœur vaillant.

J'ai pensé que cet épisode mettrait un terme à notre relation. À tort : Horst a continué de me tenir au courant des réactions des uns et des autres. Son neveu Otto lui avait reproché d'accepter notre entrevue sans réfléchir aux conséquences qu'elle pouvait avoir sur sa carrière – celle d'un avocat autrichien employé dans un cabinet new-yorkais aux côtés de nombreux collègues juifs. « Peut-être devriez-vous lui parler ? » m'a suggéré Horst, « j'ai le droit légal de reconstituer l'histoire de mon père. S'il avait vécu jusqu'à la guerre froide, il aurait pu devenir une figure importante de l'Occident ».

Avec le temps, la déception de Horst s'est dissipée. « J'ai en réalité beaucoup bénéficié de votre travail », m'a-t-il écrit quelques mois après la parution de l'article. Il comprenait et acceptait mon point de vue ; certains lui avaient même dit leur approbation. Ces « vagues de gratitude » pourraient même contribuer aux efforts de restauration du château. Je veux être optimiste, ajoutait-il, « pour comprendre le passé, ce qui s'est passé et pourquoi ».

Horst voulait me convaincre : Otto était un homme honorable, il n'avait pas été impliqué dans des affaires justifiant des condamnations criminelles. Mes craintes n'étaient pas fondées : nos échanges n'ont pas faibli ; une graine avait été semée deux ans plus tôt et notre relation prenait une nouvelle direction, nourrie par un flot continu d'informations et de détails inattendus.

6.

Vienne, 1933

La véritable personnalité d'Otto fut sur le point d'être mise à l'épreuve en 1933, quelques mois après son mariage. Le 30 janvier, les nazis prirent le pouvoir, Adolf Hitler accéda aux fonctions de chancelier d'Allemagne – ce fut la *Machtergreifung*. En Autriche, où l'opinion sur la politique du IIIe Reich était jusqu'alors profondément divisée, le parti nazi changea de statut[1]. L'évêque Pawlikowski, qui avait exprimé son opposition à la doctrine nazie, fit circuler la lettre pastorale d'un collègue, en tous points opposée à l'idéologie raciale nazie, « totalement irréconciliable avec le christianisme ». Bafouer, haïr ou persécuter les Juifs en raison de leur foi est « inhumain et antichrétien »[2], dit la lettre. Pourtant, la suite du texte demandait à tout chrétien sincèrement croyant de combattre l'influence néfaste de ceux qui se sont éloignés de Dieu, de lutter contre « l'esprit juif cosmopolite » qui a engendré un « capitalisme monumental » et s'est fait l'« apôtre » du socialisme et du communisme, précurseurs du bolchevisme.

L'évolution de la politique en Allemagne incita Otto à militer avec encore plus d'enthousiasme au sein du « parti interdit », à passer encore plus de temps au *Deutsche Klub* où il conspirait avec ses camarades nazis pendant que Charlotte l'attendait patiemment à la maison, où, en bonne « fantassin enceinte », elle s'occupait en brodant des swastikas sur les vêtements.

« J'ai toujours été un peu révolutionnaire[3] », un soutien inconditionnel du « mouvement », vivant dans l'espoir que les nazis apporteraient du calme et la fin au chaos en Autriche et en Europe, confia-t-elle à son journal. Le 5 mars, les nazis gagnèrent les élections générales en Allemagne ; Charlotte marqua l'événement en envoyant à son amie Helga Ettingshausen une carte postale représentant un Führer souriant. Le 21 mars, Otto se rendit à Potsdam[4] pour l'ouverture du nouveau Reichstag (l'ancien bâtiment avait été détruit par le feu) ; selon Charlotte, c'est à cette occasion qu'il rencontra personnellement Hitler pour la première fois. Deux jours plus tard, le nouveau chancelier fit voter la loi qui lui donnait les pleins pouvoirs.

Quelques jours après le retour de son mari de Postdam, le travail de Charlotte commença. Tôt, le matin du 2 avril, elle se rendit seule à la clinique du Rudolfinerhaus où elle donna naissance à Otto junior. Otto vint la voir, penaud, avec un bouquet de fleurs – il était resté au lit, à la maison, « désemparé », se souvint Charlotte ; il ne supportait pas les hôpitaux et l'odeur des désinfectants. Dix jours plus tard, Charlotte rentra à la maison, Otto junior fut baptisé par monseigneur Allmer.

En mai, le chancelier autrichien Dollfuss interdit plusieurs partis politiques, dont le parti national-socialiste[5]. Activement soutenu par Charlotte et par son père, Otto se fit politiquement discret, mais il fut rattrapé par les problèmes. En été, le journal *Abend* parla d'un raid sur une « base nazie secrète » soupçonnée d'abriter un service de presse centre-européen clandestin. Du matériel de propagande a été confisqué, dit l'article, vingt-cinq personnes ont été arrêtées dont « Otto Wächter, l'avocat nazi »[6]. Il était visé par une enquête de la police pour « activités continues » avec les nazis, pourtant interdits, et pour avoir maintenu des contacts illégaux avec ses homologues allemands.

Une fois de plus, ces démêlés avec la loi ne firent que consolider les convictions politiques d'Otto et accroître les encouragements que Charlotte lui prodiguait. En septembre, le couple se rendit au Lido de Venise où se tenait un meeting des membres officiels du parti d'Allemagne et d'Autriche organisé par son père Josef. Parmi les participants se trouvait Rudolf Weydenhammer[7], un industriel allemand qui complotait pour la prise de pouvoir des nazis en Autriche.

En octobre, Otto défendit Rudolf Dertil, membre du parti et ancien soldat de l'armée autrichienne, accusé d'avoir tenté d'assassiner le chancelier Dollfuss. Dertil fut condamné à cinq ans de réclusion[8].

En décembre, Charlotte retourna à Londres avec l'espoir de développer son commerce de tissus. Elle s'installa au Bonnington Hotel sur Southampton Row, mais son séjour fut moins réussi que les précédents : si elle rencontra bien des gens de « valeur », elle rentra pourtant à peine dans ses frais. D'anciennes connaissances lui dirent qu'elle était « éblouissante », elles ne remarquèrent cependant pas sa bague de mariée : « J'étais toujours mademoiselle Bleckmann[9]. » Elle était de nouveau enceinte, et le voyage n'était pas de tout repos.

En 1934, Charlotte entama un nouveau journal, intitulé « Notes d'une femme au foyer ». « J'aime tout ce que tu fais », écrivit-elle à Otto. Si tu es fidèle, et si tu continues de l'être, si nous nous regardons dans les yeux, je te fais confiance comme tu me fais confiance[10]. » Au printemps, Otto se rendit à Berlin où il rejoignit Theodor Habicht[11], la cheville ouvrière d'Hitler en Autriche, expulsé de Vienne un an plus tôt. C'est lors de cette visite qu'il rencontra, pour la deuxième fois semble-t-il, Hitler.

Je ne tiens pas cette information de Horst, je ne l'ai pas trouvée dans les papiers de Charlotte, mais dans un article universitaire qui reproduit une photo sur papier grenu d'Otto en uniforme. On le voit entre le Führer et Alfred Frauenfeld, son camarade viennois qui avait un faible pour Charlotte. Otto avait été invité à rendre compte au ministère des Affaires étrangères du Reich de la situation en Autriche. Une note d'un fonctionnaire de carrière, Gerhard Köpke[12], livre quelques informations sur cette rencontre : « L'avocat autrichien baron Wächter est venu me voir pour transmettre ses bons vœux », c'est « un jeune homme plein de fraîcheur, doué d'un jugement clair, fort d'un caractère structuré, déterminé et énergique ».

Otto a fait un compte rendu « plus sombre et plus sérieux » que les rapports précédents sur la situation en Autriche où les nazis autrichiens se livrent à des actes de terreur. Il est inquiet de la perte de contrôle de la situation par la *Sturmabteilung* – la SA – et pense que les nazis autrichiens manquent d'un leadership plus efficace : « Nous avons besoin d'un changement. » Otto espère une intervention d'Hitler, poursuit la note, et il sollicite une entrevue avec lui. Ses observations ont été transmises au nouveau ministre des Affaires étrangères, Konstantin von Neurath, lui répond Köpke.

Le compte rendu de Köpke a dormi dans un classeur berlinois pendant plusieurs années avant de réapparaître en 1945[13], au procès de Nuremberg, où il a été versé au dossier de l'accusation. J'ai moi-même trouvé une photo de cette époque[14] sur laquelle on voit Hitler serrer la main d'Alfred Frauenfeld. Otto, en uniforme, se tient entre les deux hommes.

Otto avec Hitler, Berlin, mai 1934.

En juin, Otto rencontra, à Zurich, Habicht, Fridolin Glass[15] (le leader de la SS Vienne Standard 89, dont il était le conseiller juridique) et Rudolf Weydenhammer, le contact de son père. Ce rendez-vous clandestin devait préparer le renversement de Dollfuss. Les trois hommes se répartirent les tâches : Otto devait s'occuper de la mobilisation politique, Glass de la partie militaire, et Weydenhammer assurer la liaison entre Otto et Glass. Anton Rintelen, l'ambassadeur d'Autriche en Italie[16], devait occuper le poste de chancelier après le renversement de Dollfuss.

Ce mois-là, Charlotte accoucha de leur deuxième enfant, une fille, Lieselotte Hertha Margarete Marta. Charlotte fut victime d'une thrombose veineuse ; très malade, elle était encore à l'hôpital lorsque sa sœur accoucha d'un garçon. Plus important, c'est ce jour-là, le 25 juillet 1934, alors que Charlotte était hospitalisée, que fut enclenché le putsch des nazis autrichiens, dirigé par Otto. Le putsch de juillet débuta avec la prise de la chancellerie sur la Ballhausplatz, le siège du gouvernement, par un groupe d'hommes armés. Alors que les hommes tentaient d'accéder au bureau du chancelier, l'opération devint rapidement incontrôlable[17]. Oskar Planetta, un sergent militaire déchu, tira sur Dollfuss et le tua. On ne sait pas si le geste était intentionnel ou s'il s'agissait d'un accident, et l'on ignore l'implication d'Hitler et de Berlin dans cette affaire. « Demandez à Mussolini de s'occuper de ma femme et de mes enfants[18] », furent les derniers mots du chancelier mourant.

Le putsch échoua. Une partie des participants furent arrêtés[19], mis en examen, condamnés à mort et pendus. Rintelen fut accusé de trahison et condamné à une peine de prison à perpétuité. Les autres s'enfuirent ; Otto, qui n'avait jamais atteint le bureau de Dollfuss, disparut. Certaines sources[20] disaient qu'il était retenu à l'Hôtel Imperial, d'autres affirmaient qu'il s'était échappé. Une conversation avec le photographe Lothar Rübelt, un ancien client d'Otto que Leni Riefenstahl avait engagé pour son film *L'Ivresse blanche*[21], permit à Charlotte de reconstituer les événements de cette journée. Averti du projet de putsch, Rübelt avait espéré photographier l'événement, mais il était arrivé trop tard. Il déjeunait avec sa mère lorsque Otto était arrivé de manière impromptue.

Otto était très agité, craignait d'être arrêté et cherchait un lieu pour se cacher. Il déjeuna avec les Rübelt, passa un coup de fil, puis fut recueilli par un inconnu. Rübelt ne lui posa pas de question, mais selon certaines rumeurs il s'était réfugié dans un appartement dont le propriétaire n'était autre que l'ambassadeur d'Allemagne. Rübelt ne revit Otto qu'en 1936 : leurs chemins se croisèrent lors des Jeux olympiques de Berlin.

Lorsqu'elle fut rétablie, Charlotte fut interrogée par les forces de l'ordre qui étaient en faction devant la porte de sa chambre à l'hôpital. Elle leur dit qu'elle ne savait rien. Oui, Otto lui avait rendu visite la veille de la tentative de putsch, mais elle se sentait alors si mal qu'elle ne se souvenait pas de leur conversation. Elle n'avait rien remarqué d'inhabituel dans son comportement, mais elle l'aurait soutenu si elle avait su ce qu'il projetait. Après tout, Dollfuss faisait pendre les nazis autrichiens.

Des décennies plus tard, elle raconta à l'historien Hansjakob Stehle[22] qu'Otto n'était pas l'instigateur du putsch de juillet et que celui-ci avait été planifié par des membres de la SS autrichienne, incompétents et sans leadership véritable. Otto aurait tenté de pénétrer dans le Ballhaus à trois reprises, mais sans succès. À sa tante, Lola Matsek, Charlotte fit un récit différent. Oui, Otto était « impliqué » dans le complot, mais une série de circonstances malheureuses l'avaient empêché d'atteindre le Ballhaus. La mort de Dollfuss était un accident. « Si vous avez un pistolet et que vous voyez quelqu'un courir, vous tirez[23]. »

Otto avait donc franchi la ligne rouge de la criminalité pour la troisième fois. Proscrit, inculpé pour haute trahison par l'État autrichien, il disparut et abandonna Charlotte et ses deux jeunes enfants.

7.

Berlin, 1934

Épouse d'un homme en fuite, Charlotte fut placée sous haute surveillance à Vienne. Après le putsch de juillet, elle demeura à l'hôpital quelques jours encore et fut questionnée par la police à plusieurs reprises. Dans les interrogatoires formels, elle était habile et distante. « Je ne sais rien », disait-elle aux autorités, apprenant à ses dépens ce que signifiait être « illégal », ou être une *persona non grata*. La police avait saisi la maison à Klosterneuburg[1], une voiture, des vêtements, son passeport et 5 000 schillings en espèces.

Elle apprit par des voies détournées qu'Otto était en sécurité. Après plusieurs jours sans nouvelles, des informations arrivèrent : il était en Allemagne. Elle se renseigna et apprit qu'il s'était caché sur les bords du Danube et avait embarqué, déguisé en marinier, sur une péniche transportant du charbon qui se dirigeait vers Budapest où il était arrivé le 28 juillet.

Il fut accueilli en Hongrie par un journaliste à l'allure négligée, arborant un monocle, Herr Kornhuber[2], qui l'aida à passer en Allemagne[3]. Une nouvelle vie l'attendait. Le gouvernement ainsi que le parti offrirent leur assistance à ce SS en fuite. Au cours des quatre années suivantes, il fit son service militaire, occupa un « emploi spécial », obtint la citoyenneté du Reich et sa qualification comme avocat allemand. Il grimpa rapidement les échelons de la SS[4], fut promu Hauptscharführer, puis Untersturmführer et, enfin, Obersturmführer.

Il apprit alors à être un fugitif, à être méfiant. Ses lettres à Charlotte la renseignaient en termes codés sur ses besoins – vêtements et linge – ainsi que sur la gravité de sa situation et sur les dangers qui la guettaient. « Il semble que tu sois observée, ou plutôt qu'on espionne le quartier[5]. » Il envoyait des dessins à l'encre aux enfants, des histoires sans paroles.

Dessin d'Otto, Berlin, 1934.

Horst m'a montré des photos de cette époque que Charlotte avait collées dans l'album de famille. Otto sur fond de baraquements militaires, à l'entraînement. Otto dans un uniforme SS noir. Otto dans une rue résidentielle tranquille, arborant un brassard avec un swastika. Otto devant sa nouvelle maison, une villa des années 1930 dans la banlieue de Berlin. Otto en costume foncé et coiffé d'un chapeau, dans une pose nonchalante, adossé à sa voiture, une « bonne Steyr », confiant et fier.

Ces images ne donnaient pas vraiment l'impression d'un homme en fuite. Un conservateur, membre du parti social-chrétien, Kurt von Schuschnigg, avait succédé à Dollfuss[6]. Fermement attaché à l'indépendance de l'Autriche vis-à-vis de l'Allemagne et partisan de la peine de mort[7] pour des hommes comme Otto, il était un antinazi virulent qui maintenait l'interdiction du parti nazi dans son pays.

Charlotte se rétablit pendant l'absence d'Otto ; elle quitta l'hôpital et alla à Mürzzuschlag avec Otto junior et Liesl. Comme ses parents séjournaient à Vienne la plupart du temps, elle se contenta de deux pièces au rez-de-chaussée de la maison familiale, le Herrenhaus. Depuis que son père avait pris sa retraite, la famille avait moins d'argent ; elle disposait cependant d'une voiture avec chauffeur et d'une bonne qui pouvait aider Charlotte. C'était dans ses souvenirs une période de fatigue et de désespoir, de contacts très limités et secrets avec Otto. Son journal parle de conversations furtives, en termes codés. C'est alors qu'elle avait appris à ruser, confia-t-elle plus tard à ses enfants. Une qualité qui lui serait très utile à l'avenir.

Lors de la Première Guerre mondiale, Mutti avait acquis une certaine expérience de la guerre dans le centre de réadaptation pour soldats blessés qu'elle dirigeait à Mürzzuschlag : elle fut pour sa fille une bouée de sauvetage. Vers la fin de l'année 1934, Charlotte put récupérer la maison de Klosterneuburg ainsi que son passeport qui lui permit, à Noël, de retrouver Otto à Davos, la station de ski suisse. Ils utilisèrent un faux nom, « Wartenberg », durant ce séjour clandestin où ils retrouvèrent le couple Ettingshausen qui avait également fui l'Autriche et vivait à Munich.

Sa « jambe [atteinte de] thrombose » empêchait Charlotte de skier ; elle se plaignait qu'Otto ne lui prête pas assez d'attention jusqu'à ce que lui-même se blesse sur les pistes. De Davos ils allèrent à Berlin, puis vers le sud. Le 12 janvier 1935, Charlotte enregistra « Soirée à Berchtesgaden[8] » dans son journal. C'est dans cette petite ville, près de la frontière autrichienne, qu'Hitler avait acheté, avec les recettes de *Mein Kampf*, un refuge, le Berghof. Otto rentra à Munich ; Charlotte, de son côté, passa par Salzbourg, puis par Vienne avant de rejoindre Mürzzuschlag. Elle y retrouva les enfants, joua aux échecs, reçut des amis, notamment les Fischböck. On lui demandait de se présenter régulièrement au commissariat de Vienne. Elle assista au procès d'Anton Rintelen ainsi qu'à celui de Hanns Blaschke, un autre camarade. Au cours de ce procès, le rôle d'Otto dans la tentative de putsch fut mis en évidence. « Je n'ai aucun doute sur la personnalité du Dr Wächter », dit Blaschke au juge, « je n'ai à aucun moment pu soupçonner la tentative de putsch »[9].

Les lois de Nuremberg[10] furent adoptées pour protéger la pureté de la race aryenne, priver les Juifs de leur citoyenneté et de leur droit d'exercer les métiers de médecin, d'avocat ou de journaliste. Volontaire pour un entraînement militaire, Otto servit à Dachau : sur des photos que j'ai consultées dans l'album de famille, on le voit posant devant les baraques.

À Noël, le couple se retrouva en Tchécoslovaquie, dans un hôtel sur la Schneekoppe, le point culminant du pays. Charlotte fut enregistrée sous son nom de jeune fille, Bleckmann ; Otto sous celui de

Wartenberg. Kornhuber, le journaliste au monocle, et son amie les rejoignirent ; ceux-ci prétendaient qu'ils étaient mariés, ceux-là disaient qu'ils ne l'étaient pas, ce qui amusait beaucoup Charlotte. « Un temps merveilleux », se souvint-elle, un temps qui est passé trop vite. Elle décida que l'année suivante, en 1936, la famille serait à nouveau réunie.

Au début de l'année nouvelle, Otto et Charlotte se retrouvèrent à Garmisch, aux Jeux olympiques d'hiver, pour planifier les détails du déménagement. « Saut à ski avec Hitler[11] », écrivit Charlotte dans son journal le 13 février. En mars, elle nota l'occupation allemande de la Rhénanie, puis une « sortie au cinéma ». Ils décidèrent qu'elle déménagerait à Berlin en automne, dès qu'Otto aurait terminé son service au sein de la Wehrmacht.

Charlotte maintint le contact avec les amis et les camarades d'Otto. Elle vit Rudolf Pavlu[12] à sa sortie de prison – il avait été condamné pour sa participation au putsch de juillet –, et le revit jusqu'à sa prise de fonction à Berlin au sein de l'agence du parti pour les réfugiés, le *Flüchtlingshilfswerk* – mis en place par Rudolf Hess, l'adjoint d'Hitler, pour secourir les nazis persécutés. Elle rencontra Arthur Seyss-Inquart et Theodor Habicht qui servaient d'intermédiaires entre elle-même et Otto, ainsi que Manni Braunegg, le meilleur ami d'Otto. J'ai appris, grâce à son journal, que celui-ci habitait Obere Donaustrasse, dans l'arrondissement de Leopoldstadt. Le nom de la rue m'est familier : Amalia Buchholz, mon arrière-grand-mère, y a brièvement séjourné en 1939, après avoir été expulsée de sa maison ; c'était un lieu de transit sur le chemin de Treblinka où elle allait être assassinée trois ans plus tard.

Le chancelier von Schuschnigg signa un accord avec Hitler en été. Ce fut l'occasion de faire entrer au gouvernement autrichien un autre collègue d'Otto, Edmund Glaise-Horstenau[13], et de confier à Arthur Seyss-Inquart un rôle de liaison entre les nazis autrichiens bannis et le chancelier.

En automne, Otto termina son service militaire à Freising, à côté de Dachau. Il postula auprès de la SS, faisant valoir son expérience en Autriche et dans le Reich, en indiquant que la SS était le garant de l'unité et de la force du parti, un élément crucial dans la politique étrangère de l'Allemagne. « J'ai eu des liens très étroits avec la SS depuis les débuts de la lutte », écrivit-il dans sa lettre de candidature, et « j'ai toujours mis ces liens au-dessus de mes devoirs d'avocat »[14]. Le directeur de l'agence des réfugiés nazis soutint sa demande, déclarant qu'il s'agissait d'un « parfait national-socialiste ». Un autre appui, ancien collègue de la SS viennoise, souligna que son travail de conseiller juridique pour le 11e Standard de la SS autrichienne avait été effectué avec diligence, loyauté et énergie. À de multiples occasions[15], Otto avait risqué sa réputation en plaçant son attachement à la SS au-dessus de ses devoirs professionnels et éthiques.

En automne, après deux ans de séparation, Charlotte installa enfin sa famille à Berlin. Elle avait, avec les enfants, retrouvé Otto à Freising ; tous ensemble, ils avaient pris la route pour la capitale où ils emménagèrent au 12, Höhenweg, dans la banlieue ouest de la ville, à l'étage d'une villa louée par une propriétaire « qui aimait s'amuser ». Ils avaient trois chambres et un jardin qui donnait sur le lac Havel. « La famille est enfin réunie[16] », nota Charlotte dans son journal.

On offrit un travail à Otto au sein du *Hauptamt* (le bureau principal) du *Sicherheitsdienst des Reichsführers-SS*, plus connu sous le nom de SD, l'agence de renseignements de la SS. Les dossiers font mention d'une personnalité ouverte et intelligente[17], parfaitement adaptée aux tâches de « l'agence d'espionnage et de surveillance[18] », comme l'appelait Charlotte. Il était affecté à la division criminelle de la SD[19], située au 8, Prinz-Albert Strasse, dans un bâtiment où se trouvaient aussi la Gestapo et la SS.

C'est là qu'Otto fut remarqué par Reinhard Heydrich[20], le directeur de la SD, et par Heinrich Himmler[21], récemment nommé par Hitler au poste de chef de la police allemande. À la SD travaillaient des individus distingués et hautement qualifiés que l'on destinait aux échelons supérieurs du pouvoir dans les territoires occupés par le Reich. J'ai trouvé dans les archives fédérales de Berlin[22] l'annuaire des employés du bureau principal de la SD en janvier 1937 : le nom d'Otto y est mentionné en bonne place. Dans ce petit cercle fermé et hautement organisé figuraient le SS-Hauptscharführer Adolf Eichmann[23] et le SS-Unterscharführer Karl Hass[24].

Charlotte et Otto à la montagne, *c.* 1936.

Plus tard, Charlotte écrivit qu'Otto n'avait jamais vraiment aimé ce travail où il était certainement témoin « de choses qu'il ne pouvait changer et de décisions qui allaient à l'encontre de ses principes[25] », mais tout semble indiquer qu'il était ravi de travailler au sein de la SD. Contradictoire comme souvent, Charlotte dit par ailleurs que cette période avait été la plus heureuse et la plus harmonieuse de sa vie : une sorte de combinaison parfaite entre la vie d'une famille à nouveau réunie, la maîtrise des affaires par les nazis, et Berlin qui prenait une place croissante dans la politique mondiale. Il restait même du temps pour des voyages à la montagne.

La période n'était pourtant pas entièrement dépourvue de tensions ; Charlotte découvrit en effet qu'Otto avait une liaison avec une jeune femme allemande, une certaine Traute. Ce n'était pas la première fois qu'il la trompait, et ce n'était pas la dernière non plus. De nouveau enceinte, elle réagit de manière féroce, imposa la fin de la liaison et, déterminée à punir Otto, eut recours à un avortement. La décision avait été douloureuse à prendre, mais nécessaire pour éviter de perdre son mari, conclut-elle.

Au début de la nouvelle année 1937, Otto, qui avait été nommé SS-Obersturmbannführer, prit les initiatives nécessaires pour s'assurer l'accès au premier rang des puissants. J'ai pu lire, dans son dossier personnel de la SS, une lettre datant d'avril où il se voue entièrement au service du Führer – « Je déclare par la présente que j'ai quitté l'Église catholique romaine le 15 mars de cette année » – et signe « Heil Hitler ! Wächter »[26]. Il se déclara certes *gottgläubig* (croyant en Dieu)[27] et s'engagea à vivre une vie de piété et de moralité, mais sans affiliation à une Église formellement reconnue. Initiée par Heinrich Himmler, une telle démarche exprimait le dévouement total aux idées de la SD, de la SS et du Führer.

Otto passa quelques mois à la division criminelle de la SD ; il rejoignit ensuite l'agence pour les réfugiés nazis où il travailla avec Rudolf Pavlu[28]. Cela lui permit de voyager en Europe : à Belgrade, Dubrovnik et Venise notamment, où il noua des contacts utiles pour l'avenir. Il réussit l'examen d'État du barreau. Son dossier personnel le décrit comme un homme de la SS à la personnalité « droite et ouverte », bien éduqué, plein de bon sens, et aux « caractéristiques raciales » parfaites : « grand, mince, aux allures nordiques »[29].

La famille se prépara à un séjour prolongé à Berlin. Charlotte fit de brefs déplacements en Autriche, à Mürzzuschlag et à Vienne, vendit la maison de Klosterneuburg et récupéra d'autres propriétés qui avaient été confisquées après le putsch de juillet. De retour à Berlin, elle tomba de nouveau enceinte et décida de garder l'enfant. En novembre 1937, elle fut admise à l'hôpital où elle donna naissance à leur troisième enfant, une fille, à la grande déception d'Otto, qui voulait avoir six garçons. Elle insista pour que l'enfant fût appelée Traute, en l'honneur de sa dernière aventure. « Cela devrait te plaire[30] », lui écrivit-elle. Ce n'était pas la première fois qu'elle l'agaçait ainsi.

Lorsque les relations entre l'Allemagne et l'Autriche se dégradèrent – le chancelier Schuschnigg avait déclaré qu'il y avait un « abîme » entre l'Autriche et le nazisme[31] –, Charlotte se mit à la recherche d'une maison ; elle découpa des annonces et les colla dans son journal. En janvier 1938, Otto fut promu par Himmler SS-Standartenführer. On commanda des portraits officiels : Otto au téléphone, lisant des journaux, parlant avec des collègues. Les images évoquaient le pouvoir et l'autorité : l'uniforme SS noir foncé, les traits aquilins éclairés pour mettre en valeur ses pommettes fines, la casquette légèrement inclinée, désormais ornée d'un *Totenkopf*[32], la « tête de mort » nazie qui le désignait comme un SS important.

Portrait officiel d'Otto, 1937.

Charlotte trouva une maison dans le quartier de Kleinmachnow, près de

Potsdam. Le prix était raisonnable, la taille convenait, l'acquisition fut donc rapide. Le couple possédait désormais un bien avec quatre chambres et une bibliothèque ; une maison « plutôt éclatante », avec un toit de chaume, des placards intégrés et un joli jardin où il fallait « beaucoup élaguer ». « Nous étions absolument ravis », nota Charlotte. Ils projetaient d'emménager en mai[33].

Le déménagement n'eut jamais lieu. Le 12 février 1938, le chancelier autrichien Kurt von Schuschnigg fut reçu par Adolf Hitler au Berghof à Berchtesgaden[34]. Peu après seize heures, les diplomates communiquèrent un projet d'accord à Schuschnigg. Rédigé par les Allemands, il imposait plusieurs mesures à l'Autriche : la libre propagation des idées nazies, la libération des nazis emprisonnés en Autriche, leur réintégration dans leurs postes de fonctionnaires. Deux dirigeants nazis, tous deux proches d'Otto, devaient entrer dans le gouvernement autrichien : Arthur Seyss-Inquart, ministre de l'Intérieur (« un bon ami du *Deutsche Klub* à Vienne », selon le journal de Charlotte), et le Dr Hans Fischböck, commissaire fédéral.

Soumis à une pression intense, von Schuschnigg signa l'accord. De retour à Vienne, il prit les mesures nécessaires à sa mise en œuvre et annonça un référendum national sur l'indépendance de l'Autriche et le rejet de l'union avec l'Allemagne. Hitler ordonna l'annulation du référendum et, lorsque Schuschnigg lui résista, lui demanda sa démission immédiate. Schuschnigg capitula sous la menace d'une intervention armée allemande. Le 11 mars, Seyss-Inquart, l'ami d'Otto, devint chancelier d'Autriche[35].

Photographie personnelle d'Otto, 1938.

Le lendemain matin, 12 mars, les troupes allemandes envahirent l'Autriche. L'histoire retiendra ce moment comme celui de l'Anschluss[36], la prise de contrôle de l'Autriche par les nazis, une combinaison singulière d'annexion, de fusion et d'occupation. Charlotte avait sa propre interprétation : Seyss-Inquart avait été nommé gouverneur d'Autriche, puis avait demandé à Hitler d'occuper le pays, « le gouvernement autrichien a donc en quelque sorte demandé à notre Führer de prendre le pouvoir[37] ».

L'événement transforma les vies d'Otto et de Charlotte. Après des années dans l'Autriche inhospitalière, ils pouvaient enfin goûter au pouvoir absolu.

II.

POUVOIR

Entrée du journal de Charlotte avec un swastika,
12 septembre 1931.

« Dîner avec Wächter, gouverneur de Cracovie, nommé aujourd'hui gouverneur de Lemberg. Sa femme nous reçoit. Jolie. Wächter aussi est Viennois… »

Curzio Malaparte, *Journal*, 1942

8.
Vienne, 1938

Ils ne s'attendaient pas à un retour à Vienne aussi rapide, se souvint Charlotte. « Puis un unique événement a tout bouleversé, et nos rêves les plus fous, qu'on ne pensait jamais pouvoir réaliser, sont soudainement devenus réels[1]. »

Elle écrivit un long compte rendu des événements de mars 1938 – l'entrée du Führer en Autriche et l'occupation du pays. Ses mots furent rédigés quarante ans après les faits, et je les ai moi-même lus quarante ans après leur rédaction. Ils sont comme contaminés par une joie palpable.

> Les nazis étaient tellement enchantés par ce miracle que nous nous embrassions les uns les autres[2]. Oui, c'était un des moments les plus décisifs de notre vie, et de la vie des centaines de milliers de personnes qui avaient fui vers l'Allemagne et y vivaient une vie d'« illégaux ». Ils avaient été expulsés de leur patrie, certains séparés de leurs familles, et vivaient comme des proscrits dans ce pays qui n'était pas loin de leur patrie, mais où tout était hors d'atteinte pour ceux qui étaient partis discrètement. Oui, j'avais le mal du pays, de tous ceux qui m'étaient chers, des montagnes, des plaines, et des forêts, bien que je pusse toujours, pour ma part, traverser la frontière. L'arrivée de Trautchen m'a apaisée. Otto, en revanche, ne pouvait pas risquer de revenir en Autriche.
>
> Ce grand événement, le Führer au sommet d'un grand Reich, nous a brusquement fait oublier tous nos plans de « construction d'une vie pour

nous-mêmes à Berlin». Nous avons appelé nos amis et nos connaissances. Au début, régnait un certain chaos, pas seulement dans nos esprits, mais aussi parmi tous ceux qui avaient dédié leurs vies à ce «rêve», qui avaient quitté leurs familles et, dans une certaine mesure, tout abandonné.

Des amis avaient décidé de faire en voiture le parcours entre l'Allemagne et Vienne, Charlotte les accompagna. Ils partirent le matin du 10 mars – un voyage «plein d'effervescence autour de ce grand événement qui avait eu lieu dans notre patrie[3]» – et arrivèrent à Vienne le soir même, dans la Belvederegasse où habitaient ses parents et ses frères et sœurs.

Le lendemain de notre arrivée j'ai couru comme une folle d'un lieu à un autre pour chercher les vieux amis d'Otto restés en Autriche, ou plutôt à Vienne, et qui pourraient sommer Otto de revenir de Berlin[4]. Ce n'était pas si facile. Seyss-Inquart n'était pas là, il était en route pour rencontrer Hitler, soit à la frontière, soit à Linz. Personne ne savait rien. C'était un chaos incroyable, même les portiers ignoraient qui se trouvait dans quel bâtiment, quel bureau, ou à quel poste de travail. Au *Bundeskanzleramt* [la chancellerie], le gouvernement se disloquait, le chef de la police avait démissionné, et personne n'avait été nommé pour le remplacer. Tout n'était que stupeur et tremblements.

Puis j'ai entendu dire que Globočnik [Globus], qui nous avait servi de contact durant la période illégale, était dans le bâtiment de sécurité de la cour. Je m'y suis précipitée et, après avoir fouillé l'immeuble de fond en comble, je l'ai trouvé dans une pièce au deuxième étage (je crois), trônant derrière son bureau. Il m'a immédiatement reconnue et m'a demandé ce que je voulais. Je lui ai demandé d'appeler Berlin, de contacter Otto et de lui ordonner de rentrer à Vienne pour pouvoir assister à la parade du Heldenplatz le 13 mars 1938, au moment où le Führer ferait son entrée dans la ville. Globus qui était plutôt lent et retors répondit: «Ce n'est pas possible! Toutes les lignes de téléphone sont bloquées, comment puis-je mettre la main sur lui et comment puis-je lui ordonner quoi que ce soit sans consulter…»

J'ai tapé du poing sur le bureau, ce qui l'a fait sursauter, et lui ai dit: «Otto a tout sacrifié pour le parti dont il est membre depuis 1923. Il a risqué sa vie, il a tout perdu. Et il n'assisterait pas à l'événement du 13 mars?! Mais où avez-vous la tête, Herr Globus? Si c'est cela notre récompense, qu'il ne puisse être présent pour le plus grand jour de l'histoire, alors plus rien n'a de sens!»

« Que voulez-vous que je fasse ? demanda Globus. C'est une situation difficile et il ne reste qu'un jour.

– Donnez-moi l'ordre, à moi. Dites-moi que vous seriez heureux qu'Otto vienne, m'exclamai-je.

– Si vous arrivez à transmettre cet ordre, je vous en prie, faites, dit-il.

– Puis-je vous prendre au mot ? demandai-je.

– Oui, je vous ordonne de le lui faire savoir », dit Globus.

C'est ainsi que je courus chez mes parents, Belvederegasse, le cœur léger et rempli de gratitude. J'ai immédiatement pris le téléphone et, bien que toutes les lignes fussent bloquées, j'ai appelé Berlin. Je m'en souviens encore, le coup de fil dura trois minutes et coûta 90 schillings, une grosse somme, mais elle les valait. En quelques heures j'ai pu le joindre dans le bureau de l'Obergruppenfüher Rodenbucher, le plus haut gradé parmi les responsables des « réfugiés ». [...] Otto a pris le téléphone et, remplie de joie et de fierté, je lui ai dit : « Au nom de Globočnik, je vous ordonne de partir immédiatement pour Vienne afin d'être présent lorsque le Führer fera son entrée à Vienne. »

Voilà qui le surprit ! Il me demanda plusieurs fois si cela pouvait être vrai. Je le rassurai, c'était bien vrai, et lui dis que j'espérais qu'il serait de retour à Vienne à temps. J'étais tellement heureuse – je savais que c'était un petit miracle d'avoir pu le joindre. J'étais persuadée que Globus pensait que je n'arriverais jamais à le contacter aussi vite. Il aurait dû y réfléchir à deux fois.

Et puis, à sept heures le lendemain matin, il était là, dans l'entrée de la maison de mes parents, en Brigadeführer dans son manteau SS noir aux revers blancs et son uniforme SS. Malgré la tension et la fatigue, il avait une allure splendide. Il s'est lavé, nous avons pris un café, il a passé rapidement un coup de fil, puis est parti en ville sans attendre. Quelle émotion il a dû ressentir de revoir sa ville natale après ces quatre longues années d'angoisse ! Il est revenu à midi avec deux tickets pour le balcon du Heldenplatz. Il ne restait plus que quelques heures avant le grand événement, nous étions donc très excités.

Le 13 mars 1938, nous sommes allés en ville dans la grande Mercedes, puis nous avons cherché la place qui nous avait été attribuée. Les Fischböck, les Lehr et les autres étaient déjà là. Soudain nous avons entendu un grand bruit qui s'est rapidement transformé en une énorme explosion de joie : « Heil Hitler ». Le bourdonnement s'est approché comme une marée humaine géante, de plus en plus proche et de plus en plus bruyante. La route vers le Heldenplatz était remplie de monde : les gens étaient collés les uns aux autres, jusqu'au Rathaus et tout autour du

Ballhausplatz. Il a fallu un certain temps et pas mal d'efforts pour dégager le passage. Le Führer était debout, la main levée, saluant une foule qui l'acclamait... un déchaînement sincère de joie.

Seyss-Inquart, sa femme, ainsi que quelques autres accompagnaient le Führer qui a monté lentement les escaliers de la Hofburg pour rejoindre le balcon. Il se tenait à un mètre de moi, je pouvais parfaitement le voir et l'entendre. Après avoir salué la foule, il a commencé son discours. Il était Autrichien, et il était profondément ému, comme s'il n'arrivait pas à y croire lui-même. Pendant le discours, assez bref, j'ai eu l'impression qu'Otto s'entretenait avec Seyss et saluait tous nos amis.

Pour Charlotte, ce moment avec Hitler sur le balcon du Heldenplatz est resté le « meilleur moment de sa vie[5] ». Alors qu'ils s'apprêtaient à partir, Otto lui demanda, au bas des escaliers de marbre qui descendaient du balcon, si elle préférait qu'il retrouve son cabinet d'avocat et gagne de l'argent ou qu'il rejoigne le service public et accepte un poste dans le nouveau gouvernement. « Fais ce qui t'intéresse le plus, lui répondit-elle, nous aurons toujours assez à manger[6]. » Fort de son feu vert, il lui baisa la main. Le pacte était conclu.

Après son incorporation dans le Reich allemand, l'Autriche est devenue la province de l'Ostmark. Le nouveau gouvernement était dirigé par Seyss-Inquart et comprenait des camarades du *Deutsche Klub*[7]. Ernst Kaltenbrunner, l'ami le plus proche d'Otto au sein de la SS, devint ministre de la Sécurité publique, et rendait compte directement à Himmler. Hans Fischböck fut nommé ministre du Commerce et Odilo Globočnik Gauleiter de Vienne[8]. L'évêque Pawlikowski, qui avait été incarcéré pendant une brève période pour s'être opposé à l'arrestation d'un collègue, fut relâché et rejoignit à son tour le mouvement lorsque l'Église se rallia au nouveau régime[9].

Des hommes sûrs arrivèrent d'Allemagne. Josef Bürckel[10], membre de l'équipe d'Himmler, devint Reichskommissar afin de parfaire l'union avec l'Allemagne, appliquer les lois raciales de Nuremberg, et résoudre la « question juive ». Il créa la *Zentralstelle für jüdische Auswanderung in Wien* (l'Office central de l'émigration juive à Vienne)[11]. Placé sous l'autorité de l'ancien camarade d'Otto à la SD, Adolf Eichmann, l'Office s'installa à l'hôtel Metropol. Rapidement, l'émigration ou l'expulsion des Juifs autrichiens fut organisée : en moins de deux mois, plus de 100 000 Juifs quittèrent le pays. Mon grand-père, Leon Buchholz, était l'un d'entre eux[12]. Dépossédé de son commerce de spiritueux, devenu apatride, il fut, en novembre 1938, expulsé du Reich sur décision administrative.

Très vite, Otto rencontra Seyss-Inquart au Ballhaus, le bâtiment auquel il n'avait pu accéder des années plus tôt lors du putsch de juillet. On lui offrit un poste de commissaire d'État[13], une nomination dont parlèrent les journaux autrichiens, allemands, et même le *New York Times* :

> Le Dr Arthur Seyss-Inquart, gouverneur d'Autriche, a nommé l'un des organisateurs du putsch nazi de juillet 1934, le Dr Otto Wächter, commissaire d'État en charge des ressources humaines. Celui-ci avait fui en Allemagne lorsqu'il avait appris l'échec du putsch[14].

Hitler revint à Vienne un mois plus tard pour célébrer le Jour du Grand Reich allemand[15]. Le 9 avril, Charlotte participa à un rassemblement à la mairie et déjeuna avec Otto chez Meissl & Schaden, le célèbre restaurant sur Neuer Markt. Elle assista ensuite à un concert : « Assise au deuxième rang. Merveilleux[16]. » Le lendemain, les Autrichiens se prononcèrent par référendum sur l'union avec le Reich allemand ; les Juifs et les autres indésirables étaient exclus du vote. On avait fait pression pour que le « oui » l'emportât. Karl Renner, leader du parti social-démocrate[17], ainsi que l'Église avaient participé à la campagne. Peut-être échaudé par son séjour en prison, l'évêque Pawlikowski avait plaidé pour l'unification et soutenu l'appel à la suppression de « l'influence néfaste du judaïsme international[18] ».

« Ai voté tôt », nota Charlotte dans son journal. 99,74 % des Autrichiens dirent « oui » à l'union, entérinant ainsi l'Anschluss. Charlotte pouvait désormais mener une vie mondaine, être invitée à des cocktails, des réceptions et des fêtes réservés aux « sommités ». Elle formait avec Otto un couple en vue : on les aperçut au concert et à l'opéra, ainsi qu'à la première du film de Leni Riefenstahl, *Olympia*, et à la réception qui suivit la projection. Les Seyss-Inquart et les Fischböck devinrent des visiteurs réguliers à Mürzzuschlag.

Otto reçut une autre bonne nouvelle : Himmler l'informa en effet qu'Hitler avait abandonné l'enquête sur les raisons de l'échec du putsch de juillet[19]. Ainsi, on ne pouvait plus l'accuser d'être responsable de cette humiliation, une accusation qu'il avait toujours vigoureusement rejetée. « J'ai suivi la volonté du Führer à la lettre », écrivit-il. Le 8 juillet, Charlotte organisa un dîner somptueux pour le trente-septième anniversaire de son mari. Elle invita Manni Braunegg ainsi que d'autres vieux amis, des camarades du temps du putsch – Pavlu et Blaschke –, des dirigeants politiques – Ernst Kaltenbrunner, chef de la SS et de la police[20], Walter Rafelsberger, commissaire d'État en charge de l'aryanisation de l'Autriche. Hermann Neubacher, le nouveau maire nazi de Vienne[21], fut également convié, ainsi que Norbert Gürke, l'éminent professeur de droit, antisémite notoire[22] qui avait été nommé dans l'*alma mater* d'Otto.

Charlotte se rendit au festival de Salzbourg avec Trudl Fischböck, puis à Bayreuth où l'on donnait le cycle du *Ring* de Wagner. « Merveilleux », écrivit-elle sur une carte postale qui représente le *Haus der Deutschen Erziehung* (Maison de l'éducation allemande) drapé de swastikas ; chaque jour était plus beau que le précédent. « Le Führer est ici, il déjeune avec H, juste au-dessus[23] » – il s'agissait d'Himmler. La veille de la représentation du *Crépuscule des dieux*, « Trude est allée voir Frau Goebbels et le Führer[24] ».

Deux semaines plus tard, Charlotte assista à la représentation du *Falstaff* de Verdi à l'opéra d'État de Vienne, assise à côté d'Arthur Seyss-Inquart. Elle ignorait qu'elle était enceinte de son quatrième enfant, conçu durant les journées enchantées qui avaient suivi l'Anschluss. Neuf mois plus tard, le 14 avril 1939, naquit à Vienne Horst Arthur Wächter. Seyss-Inquart accepta d'être son parrain et offrit un exemplaire de *Mein Kampf* à son filleul. Charlotte était ravie de l'arrivée de ce second fils, à la longue chevelure noire, abondante. Elle reçut des visites dans la véranda de leur nouvelle maison, la Villa Mendl, au milieu d'une splendeur d'azalées de printemps. « J'adorais l'allaiter et il a prospéré, bien qu'il fût fragile et bavât beaucoup[25]. »

9.

Londres, 2014

« J'étais un enfant nazi. » C'est ainsi que s'est décrit Horst lorsque nous nous sommes rencontrés pour la première fois. Je ne connaissais pas alors les détails de sa vie, et ne pouvais évaluer jusqu'à quel point il me disait la vérité. Aujourd'hui, je comprends mieux pourquoi il a apprécié le titre de l'article du *Financial Times*, « Mon père, le bon nazi ».

Dans les mois qui ont suivi cette publication, j'ai souhaité organiser à Londres une conversation publique entre Niklas Frank et Horst Wächter, deux fils qui avaient des visions très différentes de leurs pères. Horst fut d'abord réticent. Il pensait que Niklas, son « frère en malheur », était tout simplement trop négatif, et que l'article du *Financial Times* avait causé des « difficultés » à son neveu, Otto junior, troisième du nom. Je n'ai pas vraiment cru à cette explication, mais je me suis tu.

Pourtant, Horst a rapidement changé d'avis. « J'ai décidé d'accepter votre invitation à Londres », m'a-t-il écrit. Il disait être motivé par un sens du devoir, le désir de faire face aux événements du passé, de s'interroger sur la responsabilité de son père, et sur la sienne, et d'affronter la vérité. Il pourrait ainsi contribuer à un avenir plus humain.

Horst m'a demandé si sa fille Magdalena, une jeune trentenaire, artiste, pouvait se joindre à nous. Bien sûr, lui ai-je répondu. Mais, ajouta-t-il, elle porte un foulard, elle vient de se convertir à l'islam.

Je l'ai rassuré : personne ne s'en offusquerait, sa crainte était déplacée. Nous nous sommes donc retrouvés, en février 2014, au Southbank Centre à Londres. Magdalena est venue, ainsi que Franziska, la fille de Niklas. La soirée affichait complet. Elle coïncidait avec la manifestation organisée à Kiev, place Maïdan, contre la Russie qui tentait d'empêcher la signature d'un accord entre l'Ukraine et l'Union Européenne : « Tous à Kiev ! Soutenons Maïdan[1] », nota alors l'écrivain Andreï Kourkov dans son journal. À ce moment, nous étions réunis dans l'atmosphère feutrée des boiseries de la salle Purcell.

J'étais assis entre les deux septuagénaires. À ma droite Horst, à ma gauche Niklas. Pendant la conversation, des photos en noir en blanc de leurs pères respectifs furent projetées sur l'écran au-dessus de nous. Hans Frank avec Adolf Hitler, 1928. Otto Wächter avec Heinrich Himmler, 1942. Deux couples, les Frank et les Wächter au château de Wawel, 1942. Les familles en Bavière, dans la maison de campagne des Frank, 1943. Frank au banc des accusés de la salle d'audience 600 à Nuremberg, 1945. Le corps de Frank, pendu, 1946. Charlotte avec Horst et ses frère et sœurs, une photo qu'elle avait envoyée à Frau Frank, 1948.

Horst, avec Charlotte, Otto
et Traute, gare de Zell-am-See, 1944.

Horst avait demandé que l'on projette en particulier une photo, « celle où mon père se tient derrière moi, en 1944, à la gare de Zell-am-See ». Otto en uniforme SS, casquette inclinée, avec, à ses côtés, Charlotte, Traute, et Horst en chaussettes blanches.

David Evans et son équipe étaient présents dans la salle. Le cinéaste avait lu l'article du *Financial Times* et s'était dit que le sujet – la mémoire et l'ombre de la responsabilité – ferait un documentaire intéressant. Nous avions déjà filmé Niklas en

Bavière et Horst à Hagenberg lors de ma troisième visite au Schloss, le château.

La conversation dura bien plus longtemps que les quatre-vingt-dix minutes initialement prévues. Le public, attentif et silencieux, était composé de plusieurs centaines de Londoniens qui écoutaient deux versions opposées de l'histoire, de la responsabilité et de la vie de famille. « Électrisant et improvisé », nota un quotidien. Plus difficile à admettre, la version de Horst souleva des questions souvent acerbes, mais sa chaleur, son honnêteté et sa candeur lui assurèrent la sympathie du public[2]. Il était content d'être à Londres, dit-il, on pouvait y parler librement. « Cette qualité d'écoute est impensable en Autriche, nous ne savons rien et nous ne voulons rien savoir. »

Oui, concéda-t-il, son père avait joué un rôle dans les terribles événements qui s'étaient déroulés dans la Pologne occupée pendant la guerre. Mais non, il n'était pas coupable des horreurs commises, et il ne pouvait l'être étant donné sa « personnalité intègre ». Il est vrai qu'il existe des documents à charge de la période où il était gouverneur à Cracovie et à Lemberg, mais ils ne portaient pas la signature d'Otto. Il balaya ma remarque sur les trois lettres que le département de justice à Washington m'avait confiées.

Niklas réagit vivement. « Tu m'as dit un jour que je devrais faire la paix avec mon père », déclara-t-il à Horst, « je suis en paix avec mon père car j'ai reconnu ses crimes ». Pause. « Et toi, tu te bats contre quoi ? Les documents incriminent aussi ton père. » Pause. « Je suis désolé mon cher ami. »

« Je considère la structure de toute cette destruction des Juifs autrement que vous », répondit Horst, confortablement installé dans son fauteuil. À Lemberg, après Vienne et Cracovie, mon père a pu être indépendant et proche des Ukrainiens. « Il voulait faire quelque chose de positif dans cette province autrefois autrichienne. » J'avançai que son père aurait pu partir, mais qu'il avait choisi de rester – je songeais à la lettre qu'Himmler avait envoyée à Berlin, où il apparaît sans ambiguïté qu'Otto avait décliné l'offre de quitter Lemberg pour occuper un poste de bureau à Vienne.

« Parce qu'il se sentait responsable des gens, rétorqua Horst.

– De certaines gens.

– De certaines… tout ce qu'il pouvait faire pour les Juifs était de modifier les ordres, et il l'a fait, pour sauver des travailleurs juifs. »

Les actions des SS l'ont rendu impuissant, et il ne pouvait quitter le système, il s'était trop engagé auprès « des gens ». Horst se référa à des papiers de Charlotte, des documents que je n'avais pas vus. « Si vous lisiez le journal de ma mère, vous sauriez qu'il y avait toujours des Polonais et des Ukrainiens autour de lui qu'il tentait de contacter, et il essayait de leur être agréable. »

Horst préférait se concentrer sur les aspects positifs, il ne cherchait pas à faire la paix avec son père. « Il est de mon devoir de fils de mettre les choses au clair avec mon père, c'est tout », dit-il. Ce sentiment a pu trouver un écho dans une partie du public. Il n'avait rien à cacher après tout, et il voulait être transparent. « Pourtant ma chère famille a été fâchée, elle est toujours fâchée. »

Regrettait-il d'avoir accepté cette conversation publique ?

« Oui, bien sûr », dit-il avec un large sourire, ce qui provoqua une vague de rires nerveux dans la salle et apaisa la tension qui s'était installée.

Lors de la séance de questions, Horst répondit poliment, ignorant tout de l'hostilité de la salle.

Non, le jugement qu'il portait sur son père n'avait pas changé.

Oui, l'histoire d'Otto avait suscité chez lui un intérêt pour la sagesse et la culture juives.

Non, il n'y avait pas d'ordres de tuer signés par son père.

Oui, si on lui montrait un tel document, il condamnerait Otto, mais il ne pouvait imaginer qu'un tel papier existe. « Pour moi, il est impensable qu'il ait fait une chose pareille. »

Non, Otto ne s'était pas rendu après la guerre. Pourquoi ? Parce que s'il l'avait fait, il aurait été livré aux Russes et aurait été exécuté sur-le-champ. « Il n'y aurait pas eu de justice pour lui. »

Non, Otto n'aurait pas été envoyé à Nuremberg. « Il n'y a pas eu d'inculpation après la guerre, il s'est caché pendant quatre ans, il n'y a pas eu d'inculpation, il n'était pas recherché. »

Cette remarque mérite d'être corrigée. Les Polonais l'ont inculpé, le *New York Times* s'en est fait l'écho dans un article[3]. Mais c'était en 1942, bien avant la fin de la guerre, contesta Horst, qui possédait de toute façon un autre document affirmant qu'Otto avait fait tout ce qui était en son pouvoir pour sauver des gens. « Je ne crois pas que les Polonais ou les Ukrainiens l'auraient inculpé. »

Il se fondait sur le contenu de ses archives privées, sur les quelque 800 lettres échangées entre Charlotte et Otto. Ces lettres confirmaient sa vision positive. Certes, la relation entre ses parents n'avait pas toujours été facile. « Mon père était un bel homme, ma mère était jalouse. » Certes, « certaines lettres sont manquantes », sa mère les avait détruites, concéda-t-il. Il ne possédait pas tout ce qu'ils s'étaient écrit, mais ce qui avait été conservé était positif.

Oui, il comprenait pourquoi certains pensaient qu'Otto avait participé aux crimes. « Je ne pourrai jamais accepter le système », ajouta-t-il, mais « j'accepte ce père comme mon père ».

D'autres questions furent posées. Et alors que la soirée touchait à sa fin, Horst me demanda s'il pouvait dire quelques mots de conclusion. Il prit le microphone et s'exprima fermement. « Mon père était vénéré à Lviv et dans l'Ukraine occidentale, il l'était alors, et il l'est toujours, pour sa position ferme contre les Soviétiques et le communisme. »

Voilà ce qu'il dit, et c'est sur ces mots que la soirée se termina.

Horst m'a envoyé un mot de remerciement chaleureux quelques jours plus tard. Il avait été heureux de pouvoir parler pour son père, mais il ajoutait que notre collaboration devait maintenant prendre fin. Lors d'un déjeuner dans un restaurant grec, le lendemain de la conversation publique, j'avais en effet dit en présence de Magdalena que, si Otto avait été arrêté, il aurait été condamné de la même manière que Hans Frank.

Horst n'avait pas apprécié. « Vous avez mis mon père sur le même plan que les exécuteurs de l'Holocauste », ce qui, à ses yeux, était une grave erreur. « Je ne vois pas de sens à poursuivre cet échange. »

Nous avions atteint le bout du chemin.

10.

Vienne, 1938, suite

Son poste de secrétaire d'État procurait pouvoir et avantages à Otto : un bureau dans la Hofburg et un portrait de lui dans le *Völkischer Beobachter*, le plus important quotidien nazi, une nouvelle maison et une nouvelle Mercedes. La propriété que le couple avait achetée peu de temps avant fut vendue, ainsi que la maison de Charlotte à Klosterneuburg. En juillet, ils emménagèrent dans la Villa Mendl, leur nouvelle résidence officielle, devenue disponible grâce à l'aide de l'architecte Georg Lippert, un ami récemment converti à la cause nazie[1]. La villa et son parc étaient situés au 11 Wallmodengasse dans le 19e arrondissement cossu de Vienne. Ils en avaient pris possession grâce à l'expropriation de la famille Mendl, propriétaire de la célèbre boulangerie Ankerbrot[2].

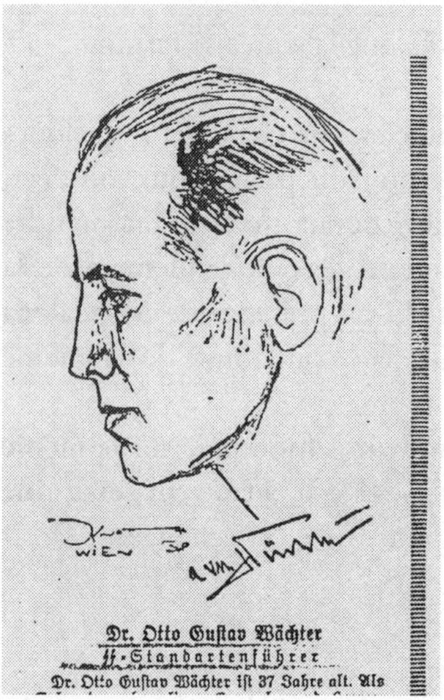

Portrait d'Otto paru dans le *Völkischer Beobachter*, 1938.

Comme il n'y avait pas beaucoup de propriétés sur le marché, Lippert – ce fut la version de Charlotte – « a obtenu que la maison de la juive Mendl nous soit attribuée[3] ». Bettina Mendl, qui avait fait ses études au collège de filles de Cheltenham, dirigeait l'entreprise créée par son père. Excellente cavalière, opposante passionnée aux nazis, elle avait refusé de participer aux Jeux olympiques de Berlin en 1936. Elle avait fui Vienne lorsque les troupes allemandes étaient arrivées et avait fini par s'installer à Sydney en Australie. Les mémoires de sa fille nous apprennent que Lippert était un des meilleurs amis de Bettina, un habitué de la villa où il jouait au tennis, assistait aux concerts et aux fêtes. Afin d'obtenir les bonnes grâces des nazis, il s'était arrangé pour que la propriété soit réquisitionnée et devienne « la résidence du Dr (baron) Gustav Otto von Wächter[4] ». Selon la fille de Bettina, les Wächter ont pillé les trésors de la famille Mendl, notamment leurs œuvres d'art et leur collection de verres anciens en cristal. « Dans les années après la guerre, il y a eu des tentatives pour inculper Wächter pour crimes de guerre, poursuit-elle, mais tous les efforts ont été vains dans la mesure où il avait utilisé le butin de la Villa Mendl et d'autres propriétés pour se cacher dans un lieu sûr[5]. »

La Villa Mendl était sans conteste « très belle », mais Charlotte se plaignait qu'elle fût en mauvais état – une seule aile était habitable – et trop « vieillotte, froide et inconfortable »[6] à son goût. Elle appréciait néanmoins le grand séjour et la belle bibliothèque, ainsi que la véranda qui donnait sur d'élégants jardins où elle pouvait recevoir ses invités. Avec la maison, elle reprit le couple Baumgarten à son service (« de braves gens » qui avaient rapidement retourné leur veste), employa une bonne pour les enfants (un bijou, « douce, chaleureuse et rondelette »), ainsi qu'un cuisinier.

En octobre, Charlotte fêta son anniversaire à la Villa ; Arthur Seyss-Inquart lui offrit à cette occasion un bouquet de dix roses. Le mois passa en concerts et films, *Don Carlos* à l'opéra d'État de Vienne, *Sous les toits de Paris* au cinéma et *Le Chancelier du Tyrol* au théâtre de Josefstadt. Accompagnée des Seyss-Inquart, elle fut présentée, lors de l'une de ses visites à Vienne, au Reichsmarschall Hermann Göring.

Le travail d'Otto l'amena à voyager dans le Reich et en Europe. En septembre, Charlotte et son mari partirent à Nuremberg où se tenait le Xe Congrès national-socialiste, un « rassemblement pour la Grande Allemagne » qui réunit 750 000 personnes : le plus grand, mais aussi le dernier événement de ce type. Charlotte en a noté les thèmes dans son journal : « Vendredi 9, en l'honneur des dirigeants politiques ; Dimanche 11, célébration de la SA ; Lundi 12, éloge de la Wehrmacht. » Le dernier jour, Hitler exprima sa joie de l'Anschluss et souhaita la bienvenue aux « combattants » autrichiens. Il déclara : « Vous êtes aujourd'hui nos *Volksgenossen* et vous êtes citoyens du Reich allemand[7] », vous qui avez « longuement souffert de l'inique traité de Versailles », de la duplicité des « démocraties », des bolcheviks de Moscou, et des parasites juifs qui ont sucé le sang vital de l'Allemagne. En souvenir de ce moment, Charlotte colla dans l'album de famille une photo, prise de nuit.

Le terrain de rassemblement de Nuremberg,
photographie de nuit prise par Charlotte, septembre 1938.

Quelques jours plus tard, elle mentionna dans son journal la crise des Sudètes. « Chamberlain avec Führer, écrit-elle, situation inquiétante[8]. » Seyss-Inquart la rassura, en disant que la guerre serait évitée, mais elle prit la précaution d'acheter des masques à gaz pour la famille.

Otto travaillait beaucoup. Charlotte, de son côté, redoutait qu'il eût une nouvelle liaison extraconjugale, et son humeur se détériora.

Le 8 novembre, elle passa, seule, une détestable soirée. Le 9, elle se rendit au bureau de son mari pour en avoir le cœur net; elle dit de son propre comportement qu'il fut « vilain ». Le soir, elle assista à la première de *Cromwell* au Burgtheater, une nouvelle pièce qui célébrait un « gouvernement fort au service d'une nation unie[9] ». Remarqua-t-elle, en sortant du théâtre, les événements de la Nuit de cristal *(Kristallnacht)* dans les rues de Vienne[10] ? Elle n'en dit rien dans son journal. Les membres du parti parcoururent alors la ville, saccagèrent les commerces juifs, détruisirent les synagogues, rouèrent de coups les Juifs, puis les arrêtèrent.

Le lendemain matin, elle retourna au bureau d'Otto. « J'étais fâchée et à nouveau méchante[11] », écrit-elle après cette nouvelle dispute. De retour à la Villa dans l'après-midi, elle passa son temps à attendre son retour. Leur soirée fut « angoissante ». En l'espace d'une semaine cependant, son humeur s'améliora et le calme revint. Elle assista à des concerts de Mozart et de Beethoven dirigés par Furtwängler et vit une représentation de *La Chauve-Souris*. Ils passèrent le Nouvel An au Volkstheater et assistèrent au Bal de l'Opéra *(Opernball)*. « Suis rentrée après et ai attendu le coup de minuit seule[12] », note-t-elle. 1938 a été néanmoins « une année splendide qui a grandement changé nos vies!... Nous sommes désormais un grand pays, et nous avons le Führer ».

Le travail d'Otto le rapprochait chaque jour davantage du cœur du pouvoir nazi. Il allait souvent à Berlin, généralement avec Seyss-Inquart ou avec son collègue Walter Rafelsberger qui, vers la fin de l'année 1938, avait aryanisé plus de 26 000 petites et moyennes entreprises en expropriant leurs propriétaires.

En tant que secrétaire d'État, Otto occupait un bureau situé dans le Ballhaus; l'album de famille contient les photos de cette époque. « De retour à Vienne! » lit-on, griffonné de sa main, au dos de l'une d'entre elles. Dans l'album encore, des photos de l'intérieur du Ballhaus, l'escalier de la salle des congrès, un portrait d'Otto dans la *Neue Freie Presse*, des photos de son bureau et de celui de Seyss-Inquart, une grande carte de la Ostmark, une salle de réunion, une salle d'attente. « Vue depuis mon bureau pendant le printemps viennois », écrivit-il sur un autre cliché.

Vue du bureau d'Otto, Hofburg, Vienne, 1938.

Son travail consistait à traiter les dernières législations en provenance d'Allemagne. Moins d'une semaine après l'Anschluss, une révision constitutionnelle permit en effet de réformer le corps des fonctionnaires. Une ordonnance spéciale destinée à restructurer le service public autrichien, une *Berufsbeamtenverordnung* ou « BBV », donna à Otto le pouvoir de révoquer tout fonctionnaire de son poste[13]. La section 3 permettait de renvoyer plus ou moins automatiquement tous les Juifs et les *Mischlinge* (« partiellement juifs »). La section 4 lui conféra le pouvoir de suspendre ou de « mettre à la retraite » d'autres individus pour un « comportement politique antécédent » de nature à subvertir la cause nazie. Ses décisions étaient définitives, sans appel.

Il était également habilité à licencier un nombre important d'agents publics, parce qu'ils étaient Juifs ou politiquement suspects. Toutes ses décisions sont enregistrées dans sa correspondance ou dans d'autres dossiers archivés avec soin. Je n'ai pas relevé la moindre trace d'une exception ou d'une preuve de sa mansuétude. En revanche, trouver les noms de ses victimes n'est pas difficile : il a congédié Victor Kraft, professeur de philosophie et bibliothécaire principal de l'Université de Vienne[14], parce qu'il était marié à une Juive et qu'il avait autrefois appartenu au *Wiener Kreis* (Cercle de Vienne)[15] ; il a licencié Friedrich König[16], également employé de la bibliothèque, autrefois engagé volontaire dans l'armée impériale où il avait perdu une jambe et un œil : « parce que vous êtes un *Mischling* de premier degré[17] », lui écrivit Otto le 5 juin 1939.

Le nombre précis de victimes de la *Säuberungsaktion* (action de nettoyage) est difficile à évaluer, un certain nombre de dossiers envoyés à Berlin ayant été perdus. Les archives de Vienne laissent cependant apparaître qu'Otto a licencié au moins 16 237 fonctionnaires, dont 5963 « cadres supérieurs ». 238 travaillaient à la chancellerie fédérale, 3600 dans les services de sécurité, 1035 dans le secteur judiciaire, 2281 dans l'éducation, 651 dans le domaine des finances, 1497 dans les services postaux[18].

Les « actions de nettoyage » d'Otto étaient exécutées avec détermination et avaient de lourdes conséquences. « J'ai souvent tenté de recommander mes vieux camarades à Wächter[19] », rapporte un collègue, « mais je n'ai que très rarement réussi » ; et en effet « ceux qui avaient été frappés ou même effleurés par l'épée d'Otto ne trouvaient plus de travail ». Dans certains cas, son action eut des conséquences fatales. Robert Winterstein, ancien procureur général et ministre de la Justice dans le gouvernement de Schuschnigg[20], reçut ainsi d'Otto une lettre précisant : « En vertu du § 4, 3 de l'Ordonnance de restructuration du service public autrichien du 31 mai 1938, RGBI.I S 607, vous êtes démis de vos fonctions. Cette décision entre en vigueur le jour de sa notification, vous ne pouvez faire appel. *Signé* Wächter[21]. »

L'ancien ministre fut arrêté lors de la Nuit de cristal, au moment même où Charlotte était au Burgtheater. Déporté au camp de concentration de Buchenwald, il mourut au bout de dix-huit mois.

Le professeur Josef Hupka (Université de Vienne).

Otto prit même pour cible certains de ses anciens professeurs de la faculté de droit de l'Université de Vienne. Le professeur Josef Hupka, par exemple, qui enseignait le droit du commerce et avait signé son diplôme, et le professeur Stephan Brassloff, dont il avait suivi trois cours, et notamment celui portant sur le droit pénal romain, figuraient parmi ses victimes. Mis au ban de l'université au cours de l'été 1938, les deux hommes perdirent leurs droits à la retraite six mois plus tard. Déportés, ils sont tous deux morts dans les camps.

Le professeur Stephan Brassloff (Université de Vienne).

Otto était chargé de nettoyer le service public autrichien. Or ce travail, qui ne devait être selon Seyss-Inquart qu'un « emploi temporaire[22] », « n'était pas dépourvu de défis ». « Je me rappelle qu'Otto était très malheureux dans son travail », se souvint Charlotte, mais son journal ne fait aucune mention de ce trouble. Il était forcé de « débarrasser » le service public des « individus qui n'étaient pas nazis ou qui étaient contre les nazis », dit-elle au photographe Lothar Rübelt. En d'autres termes, et pour paraphraser sa pensée, il devait purger le service, mais en réalité il ne le voulait pas[23].

Elle reconnaissait cependant que son statut lui permettait d'exprimer pleinement son amour pour la politique, même si cela suscitait parfois des intrigues et l'exposait à la critique, lorsque les choses se gâtaient. Il était « coincé » dans son travail et s'approchait souvent des « eaux dangereuses ». « Les nazis disaient qu'il n'était pas assez dur ou assez méticuleux, l'opposition se plaignait qu'il était trop strict[24] ! » Il tomba malade, ses dents se gâtèrent. Un des dentistes recommanda l'extraction d'une dizaine de dents ; un autre proposa un traitement des racines, une solution moins draconienne. Telles étaient les douleurs d'Otto Wächter.

De manière inattendue, Seyss-Inquart fut remplacé dans son poste de gouverneur de la Ostmark par Josef Bürckel[25]. « Un Allemand, originaire du Palatinat », note Charlotte, « petit, gros, mal élevé, alcoolique, sans la moindre once de sensibilité ou de tact ». Otto voulut quitter son poste ; le déclenchement de la guerre le sauva. En août 1939, l'Allemagne et l'Union soviétique signèrent le pacte Molotov-Ribbentrop et le protocole secret qui devait diviser l'Europe en « sphères d'influence[26] ». Le matin du vendredi 1er septembre, l'Allemagne usa d'un prétexte pour attaquer la Pologne, ce qui, à la grande déception de Charlotte, incita la France et la Grande-Bretagne à déclarer à leur tour la guerre à l'Allemagne. Deux semaines plus tard, l'Armée rouge entra par l'est en Pologne ; l'Allemagne et l'Union soviétique convinrent de diviser le pays et de créer une nouvelle frontière[27].

Le 8 octobre, Hitler annexa de larges parties de la Pologne occidentale qu'il voulait inclure dans le Grand Reich allemand. Quelques jours plus tard, il créa un Gouvernement général chargé d'administrer la partie du pays occupée par l'Allemagne et fit du Dr Hans Frank son représentant personnel en Pologne[28]. Arthur Seyss-Inquart devint l'adjoint de Frank et Josef Bühler le secrétaire d'État, le numéro trois. Le territoire de la Pologne occupée fut divisé en quatre districts, Cracovie, Lublin, Radom et Varsovie, dirigés par des gouverneurs qui dépendaient directement d'Hitler et du Dr Frank[29].

Recommandé par Seyss-Inquart, Otto fut nommé, le 17 octobre, administrateur en chef du district de Cracovie[30]. Il fut enchanté, Charlotte aussi. « Je suis pleine de joie à l'idée que tu changes de poste, dans l'espoir que tu obtiennes un meilleur travail[31] », nota-t-elle dans son journal.

Il ne dut pas attendre longtemps un poste encore plus prestigieux.

11.

Cracovie, 1939

« La Pologne est conquise, Seyss-Inquart nommé gouverneur de Cracovie[1] », consigne Charlotte dans son journal. Le parrain de Horst fit d'Otto son adjoint, un poste que celui-ci accepta « avec plaisir », car son père avait servi dans la région durant la Première Guerre. Maintenant qu'il avait nettoyé le service public autrichien de ses Juifs, il lui fallait relever un nouveau défi.

Otto prit ses fonctions en octobre 1939. Moins d'un mois plus tard, Seyss-Inquart fut muté et Otto promu à sa place gouverneur du district de Cracovie[2]. C'était un choix sûr. Il installa son bureau dans le palais Potocki, sur la place principale de Cracovie, et marqua l'événement d'un nouvel *ex libris* pour ses livres : un bel assemblage formé de son nom, de l'emblème de la famille, de la tour de la mairie de Cracovie et d'un drapeau flottant orné d'un swastika. La famille resta à Vienne. « Otto rentre rarement », relève Charlotte, mais il écrit souvent. Dans ses lettres, il décrivait le lieu et sa vie à Cracovie ; il encourageait Charlotte et les enfants à le rejoindre dans cette nouvelle aventure, au plus tôt espérait-il.

La famille arriva un an plus tard, à l'hiver 1940 ; les enfants furent inscrits à l'école allemande de Cracovie. Charlotte se réjouissait du nouveau travail de son mari, et de sa manière « humaine et sympathique » d'exercer son pouvoir[3]. D'autres partageaient cette analyse, pensait-elle, les membres de l'intelligentsia polonaise, les professeurs de l'université qui estimaient cet homme « respectable et de bonne composition[4] ». Un architecte, cousin d'Otto, travailla aux plans d'un nouveau « palais » destiné à la famille, de l'autre côté de la Vistule. Dans cette attente, les Wächter occupèrent une grande villa dans la banlieue de Cracovie[5]. Ils employèrent un cuisinier, une fille de cuisine, une femme de chambre, un jardinier, un cocher, un chauffeur, une gouvernante – Helena Scharkow –, et deux gardes du corps pour Otto.

À Cracovie, Otto découvrit qu'il n'était pas toujours facile de travailler avec le Dr Frank ; Charlotte était, de son côté, beaucoup plus positive à son endroit. « Très intelligent », nota-t-elle, « je l'aimais beaucoup car c'était un excellent musicien, et il connaissait bien l'histoire », mais il était également « intuitif, versatile – il avait une personnalité d'artiste »[6]. Elle aimait ses fêtes à Haus Kressendorf, un château du XIXe siècle, réquisitionné pour servir de résidence d'été[7]. Elle devint la confidente de sa femme, Brigitte. Otto allait rarement aux fêtes – il n'en avait ni le temps ni le goût. Charlotte, elle, endossa le rôle de « femme de cour », toujours disponible pour faire la conversation à Frau Frank ou jouer aux échecs avec le Gouverneur général.

« Alors, Frau Wächter », aimait-il à dire, « avez-vous envie de mettre votre chance à l'épreuve ? » Elle ne disait jamais non et gagnait souvent, ce qui ne plaisait guère à son adversaire. Frau Frank, plus âgée que son mari, plus grosse et plus petite que Charlotte, avait un caractère jaloux. « Elle n'avait aucune raison d'être jalouse de moi[8] », confiait Charlotte aux enfants. « Elle savait à quel point j'aimais mon Otto, elle n'était donc jamais jalouse de moi, mais elle me livrait souvent ses pensées et ses expériences les plus intimes. »

Charlotte se souvint en particulier d'un séjour à Kressendorf au printemps de 1940. Alors qu'elle se préparait à rentrer à Cracovie, le dimanche après-midi, le Dr Frank lui demanda si elle avait envie de les accompagner, sa femme et lui-même, à Vienne, à bord d'un « train spécial », d'un wagon-lit. Elle n'était pas vraiment disposée à accepter l'invitation, mais le Gouverneur général insista et Otto l'encouragea ; elle finit donc par dire oui. Dans le train, ils jouèrent aux échecs ; Charlotte gagna, puis se retira dans sa luxueuse cabine couchette. Elle se réveilla à sept heures du matin au moment où le train entrait en gare de Vienne.

« Mon cœur battait de joie à l'idée de me retrouver dans ma ville natale bien-aimée. » Le Gouverneur général lui proposa une promenade dans la ville couverte d'une fine couche de neige fraîche ; Brigitte s'était retirée dans son hôtel. Ce matin d'hiver froid et clair, Frank et Charlotte quittèrent le Ostbahnhof, se rendirent à la cathédrale Saint-Étienne (Stephansdom), visitèrent le palais Schwarzenberg et ses jardins, et admirèrent l'horizon de Vienne avec la grande roue du Prater qui « pointait avec un air de curiosité[9] ».

« Que pourrait-il y avoir de plus charmant que le passé ? » écrivit Charlotte. Ils continuèrent, ensemble, jusqu'à la Karlskirche où ses parents s'étaient mariés mais qu'elle-même n'avait jamais visitée. Frank parlait sur un ton enjoué de design et d'architecture ; sur sa demande insistante, ils allèrent voir les tombes des Habsbourg dans la crypte impériale[10]. « Une longue succession de souverains qui reposent pour l'éternité, un mémorial éphémère qui porte témoignage de leur existence et de leur pouvoir absolu, et nous offre une relation directe au passé[11]. » Ils visitèrent la maison de Beethoven, en face de l'université, puis marchèrent jusqu'à l'hôtel Bristol sur le Kärntner Ring, où ils rejoignirent les parents de Charlotte pour le thé. « Mutti était enchantée et bavardait de manière animée, tout le monde s'entendait à merveille. » Le soir même, ils allèrent à l'opéra voir *Le Chevalier à la rose*, la musique était signée de l'ami de Frank, Richard Strauss. Charlotte rentra seule à Cracovie, à bord du train du Gouverneur général.

Frank resta à Vienne quelques jours, l'esprit occupé par d'autres choses. À son retour à Cracovie, il annonça qu'il en ferait « la ville du Gouvernement général la plus débarrassée de ses Juifs[12] ». Un mois plus tard, les ordres nécessaires furent rédigés et signés ; Otto était chargé de leur exécution. La plupart des Juifs devaient être expulsés ; seul un quart de la population juive, environ 15 000 individus, avait obtenu l'autorisation de rester[13].

Charlotte ne mentionnait pas ce genre de choses dans son journal ou dans ses lettres. Elle faisait occasionnellement référence aux difficultés que son mari rencontrait au travail avec Frank, aux conflits de pouvoir avec le SS-Obergruppenführer Friedrich-Wilhelm Krüger, officier SS et chef de la police du district[14]. Otto avait même dit une fois à Frank et à Krüger – « directement, en face » – que leurs différends ne seraient réglés qu'au moment où ils « seraient en présence de la guillotine »[15].

Lorsqu'ils étaient séparés, les lettres ou les cartes postales que s'envoyaient Otto et Charlotte ne mentionnaient que les événements positifs ; c'était un flux de sentiments chaleureux et aimants. Elles n'évoquaient ni les difficultés personnelles ni le malaise qu'Otto ressentait à son travail. Le dossier SS d'Otto ne mentionne d'ailleurs aucune hésitation dans l'accomplissement de ses tâches. La vie était belle, Otto était sur une trajectoire ascendante.

Charlotte partageait cette vision de la vie. Par la suite, en se remémorant ces instants, elle n'eut qu'un mot pour décrire le travail du gouverneur de Cracovie : « humain ». « Il refusait d'abattre des gens innocents. Il disait toujours : "il faut essayer de comprendre les gens et gouverner avec amour"[16]. »

Charlotte était engagée dans sa propre entreprise de réécriture du passé. La nature du travail d'Otto, quant à elle, se situait ailleurs.

Otto devint gouverneur de Cracovie quelques jours après la tristement célèbre *Sonderaktion Krakau*[17]. Pour fêter le jour de l'indépendance nationale de la Pologne, les habitants avaient placardé des affiches interdites en ville. Otto rapporta les faits au Gouverneur général, Frank ordonna des représailles : dans toutes les maisons qui avaient exhibé une affiche, Otto devait se saisir d'un habitant masculin et l'abattre. Par « mesure de précaution[18] », Otto dressa une liste de 120 « otages » : des professeurs, lecteurs et docteurs furent sommés de se rendre à l'Université Jagellonne où ils furent arrêtés et déportés vers le camp de concentration de Sachsenhausen, près de Berlin, ou vers celui de Dachau, près de Munich. Certains ne sont jamais revenus. L'implication d'Otto dans cette action et son approbation ont façonné l'image que les locaux avaient et ont gardée de lui : celle d'un homme « brutal[19] ».

Ce ne fut pas la seule action de ce style. Le premier jour de son gouvernorat, Otto signa un ordre intitulé « Marquage des Juifs dans le district de Cracovie ». Tout Juif de douze ans ou plus devait arborer un signe visible : une étoile de David bleue sur un brassard blanc, d'une largeur précise de dix centimètres. La mesure entra en vigueur

Der Distriktschef von Krakau

ANORDNUNG

Kennzeichnung der Juden im Distrikt Krakau

Ich ordne an, dass alle Juden im Alter von über 12 Jahren im Distrikt Krakau mit Wirkung vom 1. 12. 1939 ausserhalb ihrer eigenen Wohnung ein sichtbares Kennzeichen zu tragen haben. Dieser Anordnung unterliegen auch nur vorübergehend im Distriktsbereich anwesende Juden für die Dauer ihres Aufenthaltes.

Als Jude im Sinne dieser Anordnung gilt:

1. wer der mosaischen Glaubensgemeinschaft angehört oder angehört hat,
2. jeder, dessen Vater oder Mutter der mosaischen Glaubensgemeinschaft angehört oder angehört hat.

Als Kennzeichen ist am rechten Oberarm der Kleidung und der Überkleidung eine Armbinde zu tragen, die auf weissem Grunde an der Aussenseite einen blauen Zionstern zeigt. Der weisse Grund muss eine Breite von mindestens 10 cm. haben, der Zionstern muss so gross sein, dass dessen gegenüberliegende Spitzen mindestens 8 cm. entfernt sind. Der Balken muss 1 cm. breit sein.

Juden, die dieser Verpflichtung nicht nachkommen, haben strenge Bestrafung zu gewärtigen.

Für die Ausführung dieser Anordnung, insbesondere die Versorgung der Juden mit Kennzeichen, sind die Ältestenräte verantwortlich.

Krakau, den 18. 11. 1939. Wächter

Ordre du « Marquage des Juifs », Cracovie, novembre 1939.

le 1er décembre ; tous ceux qui ne s'y soumettraient pas s'exposaient à une « punition sévère[20] ». Rédigée en allemand et en polonais, elle fut largement diffusée ; elle portait la signature d'Otto : « Wächter, gouverneur ».

C'est à ce moment qu'Otto écrivit une longue lettre à Charlotte. Hanns Blaschke, le maire de Vienne qui avait visité Cracovie peu de temps auparavant, la lui remit personnellement. « Il se passe beaucoup de choses ici », disait Otto. Un certain nombre de camarades importants lui avaient rendu visite, dont Baldur von Schirach, chef des Jeunesses hitlériennes, et Walther Funk, ministre des Affaires économiques[21]. La Philharmonie de Vienne avait par ailleurs donné un concert à Cracovie[22]. « Tout cela fut un grand succès », l'informa-t-il. Frank était « très heureux » de ses progrès et de ses premiers pas de gouverneur de Cracovie.

Il y avait cependant des « choses pas tellement agréables » à signaler. Il mentionna des actes de sabotage et des exécutions, des voitures piégées et une tentative d'assassinat du « G. G. », le Gouverneur général. De tels attentats appelaient une réponse immédiate et brutale. « Demain, je dois faire publiquement exécuter 50 Polonais[23] », écrivit-il à sa femme ; ce n'était donc pas la bonne période pour lui rendre visite. « Te faire prendre des risques serait imprudent. » Il devait rester à Cracovie pour les célébrations du Noël *Volksdeustche*, et serait de retour à Vienne le 22, à temps pour les fêtes en famille. « Avec beaucoup d'amour et de bons vœux pour toi et le "Hunkus". Ton Hümmi ! »

L'exécution des Polonais, premier acte d'une série de représailles en Pologne occupée, est un événement historique, aujourd'hui encore commémoré en Pologne. L'ordre venait directement de Berlin et devait servir d'exemple : il était la réponse à l'attaque par les « Aigles blancs », un groupe de partisans, d'un poste de police à Bochnia, une ville non loin de Cracovie. Deux officiers de police allemands, apparemment d'origine viennoise, avaient été tués ; les deux coupables furent arrêtés et pendus à des réverbères[24].

Le 18 décembre 1939, environ 50 hommes de Bochnia – on ne connaît pas le nombre précis – furent rassemblés. Le matin était froid et clair. Pauvrement vêtus, ils furent emmenés à travers un champ couvert de neige, divisés en petits groupes, obligés d'endurer le froid mordant, puis abattus par 12 soldats allemands alignés et jetés dans une fosse commune creusée par les Juifs du lieu. Un seul homme put s'échapper, dit-on, mais il fut rattrapé. Il survécut à Auschwitz et commença une nouvelle vie en Amérique.

Des comptes rendus que j'ai consultés suggèrent qu'Otto a assisté à cette exécution commise à 40 kilomètres du palais Potocki de Cracovie. Le récit d'un témoin oculaire rapporte cependant qu'il serait intervenu pour sauver 5 hommes. Seyss-Inquart, qui était avec Otto lorsqu'ils avaient traversé le village en voiture, les avait repérés adossés à un puits, affamés et à moitié gelés[25]. Charlotte n'a jamais mentionné cet événement. D'autres informations rapportent que la tuerie avait été photographiée, que les images avaient été rassemblées dans un album reproduit en quatre exemplaires, l'un pour Hitler, l'autre pour le Reichsmarschall Hermann Göring, deux autres pour les veuves des deux Allemands assassinés par les partisans.

Charlotte était maintenant enceinte de son cinquième enfant, mais cela ne l'empêcha pas de skier sur le Schneeberg. Elle tomba et se cassa une jambe – « cinq heures de hurlements, une fracture spiroïde, l'os avait pénétré si profondément dans ma chair que j'entendais les anges chanter[26] ». L'accident nécessita des semaines de convalescence ; une période qu'elle passa dans le corps de ferme nouvellement acquis dans la petite ville de Thumersbach, sur le lac de Zell. La famille connaissait bien la région : le père d'Otto avait en effet projeté d'y acheter une propriété – Schloss Prielau –, mais il avait dû y renoncer après la perte des économies familiales dans les obligations de guerre. Autrefois propriété de la veuve d'Hugo von Hofmannsthal, le librettiste du *Chevalier à la rose* de Richard Strauss, Schloss Prielau[27] était alors habité par Josef Thorak, un sculpteur qui avait les faveurs d'Hitler et d'Albert Speer[28]. Il devint le voisin des Wächter.

La demeure de Thumersbach fut « achetée » avec l'argent de la vente de la maison de Berlin. Ce que Charlotte appelait « une petite maison d'été » était en réalité une propriété de seize hectares avec un bâtiment de ferme, des écuries, et des locataires, la famille Schifferegger. Les propriétés plus grandes et plus attirantes avaient déjà été « chipées ». Elle ne s'attarda pas sur la provenance de la maison, un don du chef de parti local – « un vieux camarade, un gars gentil ». Le propriétaire, le Dr Franz Rehrl, ancien gouverneur de Salzbourg[29], en avait été expulsé par Ernst Kaltenbrunner ; il avait dû échanger sa maison au bord du lac contre un baraquement dans le camp de concentration de Ravensbrück. « Anti-Hitler », se contenta de dire Charlotte nonchalamment après avoir rejeté l'offre de Herr Porsche des usines VW. Ce n'est que plus tard, bien après la guerre, qu'elle fit part de quelques scrupules, vite oubliés, sur la manière dont la propriété avait été acquise : « Comment aurais-je pu quitter Vienne et trouver un peu de paix et de tranquillité[30] » sans cette maison à la campagne ?

Thumersbach était le lieu idéal pour « de bons moments sains et reposants », un lieu « plein de vie et de bonheur »[31]. Pendant qu'elle écrivait ces mots, Otto était en route pour Lemberg, dans la zone occupée par les Soviétiques, pour négocier un échange de réfugiés ; l'arrangement fut contrarié par le désir d'« innombrables » Juifs de retourner dans le territoire du Gouvernement général ou du Reich. (« Nous préférons encore aller dans un camp de concentration dans le Reich plutôt que rester en territoire soviétique », aurait-il entendu de la bouche d'un Juif, car « le Führer a dit qu'il résoudrait aussi la question juive. ») Mais, contrairement à d'autres réfugiés, les Juifs ne furent pas autorisés par Otto à revenir ; les négociations prirent donc fin[32].

Les nazis avançaient sur plusieurs fronts, l'Europe était dans la tourmente. « La Hollande capitule[33] », écrivit Charlotte dans son journal le 14 mai 1940. Trois jours plus tard, elle enregistra « la chute de Bruxelles ». Le 19 mai, elle écrivit : « Seyss [en route pour la] Hollande » – il venait d'être nommé représentant d'Hitler à La Haye. Et le 23 juin : « accord de paix avec la France signé hier », une référence à la capitulation. Ces victoires remplissaient de joie Charlotte et les visiteurs de Thumersbach, dont Josef Wächter et la sœur d'Otto, Ilse von Böheim, une fervente nazie (« une aide précieuse en cuisine, camarade merveilleuse, aimée des enfants, bien que sévère[34] »). Au même moment, la guerre se rapprochait de la patrie ; Charlotte nota que la Royal Air Force avait bombardé Berlin et Hambourg en septembre.

Heidegund, leur cinquième enfant, naquit le 16 octobre à Vienne, une « petite fille douce et intelligente[35] ». Coincé à Cracovie, retenu par la guerre, Otto arriva deux jours après la naissance de son enfant. « On n'en voit pas la fin », dit-il à Charlotte[36]. Mutti et Josef leur rendirent visite, fiers d'être à nouveau grands-parents. Heinrich Himmler envoya un mot de félicitations, ainsi qu'un cadeau. « Le Reichsführer nous a envoyé un très joli chandelier, porcelaine blanche, avec une grande bougie jaune. » Otto fut aux anges et chargea Charlotte de transmettre à Himmler une photo pour remplacer celle de « Horsti léchant son doigt » que lui-même lui avait adressée.

Charlotte au ski, Autriche, 1940.

La guerre se prolongeait. La famille passa Noël à Zakopane dans les montagnes du Tatras. Les membres de la Gestapo y étaient bien représentés. Comme ils étaient accompagnés d'une nounou, Charlotte put skier avec Otto et les autres enfants – Liesl était au côté de sa mère, Otto et Otto junior descendaient « l'un après l'autre ». De retour à Cracovie, ils emménagèrent dans la nouvelle maison qui, malgré les efforts de l'architecte Lippert, ne plut pas à Charlotte. Otto tenta de la rassurer : il projetait d'acheter une quatrième propriété sur les bords de la Vistule, un vaste château avec une magnifique vue sur Cracovie. Il voulait l'appeler Wartenberg, en l'honneur du nom qu'il avait adopté lors de sa fuite en 1934. Il espérait porter un jour le titre d'Otto Wächter von Wartenberg.

Otto se consacrait pleinement à son travail. Il abandonna la particule « von », le titre nobiliaire de son père[37]. Gouverneur, responsable de la population civile, des transports, du logement et de l'approvisionnement, il exécuta avec ferveur la décision de déplacer les dizaines de milliers d'habitants juifs de la ville vers la campagne environnante. En novembre 1940, il signa un ordre interdisant aux Juifs d'entrer dans la ville de Cracovie sans permission spéciale. Tous les autres Juifs devaient être expulsés, ils ne pouvaient emporter avec eux que 25 kg, pas un kilo de plus[38].

Début 1941, Otto passa logiquement à l'étape suivante. Il avait exigé des Juifs qu'ils puissent être identifiés, les avait privés de droits et avait expulsé le plus grand nombre d'entre eux de Cracovie. Il lui fallait maintenant préparer un document obligeant ceux qui étaient encore en ville à se regrouper en un seul lieu. Le 3 mars, il signa le décret portant création du ghetto de Cracovie[39]. À la même époque, lors d'un voyage vers Vienne, Charlotte l'informa qu'elle était traitée pour une « insuffisance cardiaque » et qu'elle devait observer une période de repos. « C'est mon destin d'être mal-

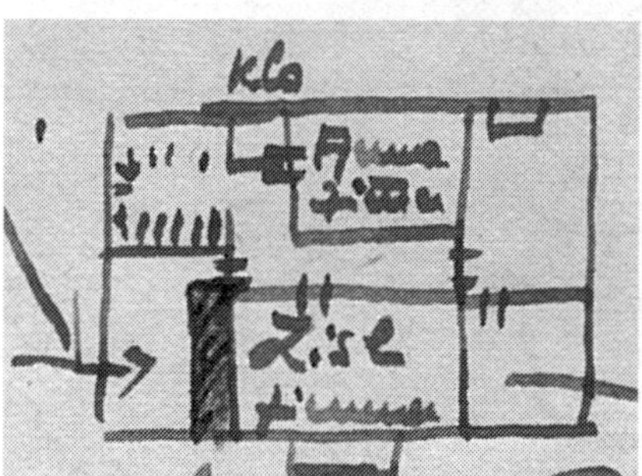

Plan de la maison de Cracovie réalisé par Charlotte, 1940.

heureuse », dit-elle à Otto, dont la vigueur juvénile tranchait avec son propre état de fragilité. Elle envoya des instructions concernant la rénovation de la nouvelle maison : Otto devait entreposer les meubles au grenier, lui faire aménager un vaste dressing pour ses vêtements et son linge, suivre le plan d'aménagement qu'elle lui envoyait. Elle joignit une esquisse.

Selon le décret pris par Otto, tous les Juifs se trouvant à Cracovie devaient intégrer le ghetto sous peine de mort. Des milliers de Juifs furent forcés de quitter leur quartier de Kazimierz, traverser la Vistule, et rejoindre le quartier de Podgorze[40]. Les résidents non juifs de la zone du ghetto furent déplacés. Les fidèles de l'église catholique de Saint-Joseph, qui se trouvait à la lisière du ghetto, protestèrent ; Otto ne tint pas compte de leurs plaintes. Le curé devait s'estimer heureux que l'église ne soit pas à l'intérieur du ghetto, lui dit Otto[41].

Quelques non-Juifs décidèrent de rester dans le périmètre du ghetto. Tadeusz Pankiewicz, par exemple, maintint ouverte sa pharmacie *Apteka Pad Orlem* (« sous l'aigle »), place Zgody. Il fut témoin des conséquences du décret d'Otto : « Déportations inhumaines, crimes monstrueux, dégradation constante de la dignité humaine et du respect de soi des occupants du ghetto[42]. »

Ce récit m'a rappelé un passage du roman de Curzio Malaparte, *Kaputt*, publié en 1944, deux ans après sa visite de la Pologne occupée pour le compte du quotidien italien *Corriere della Sera*. Il aurait alors fait la connaissance des Wächter : « Dîner avec Wächter », écrit-il dans son *Journal* en janvier 1942[43]. « Sa femme nous reçoit » dans une belle maison de campagne, à environ 8 kilomètres de Cracovie, sur une colline. « Jolie. » « Wächter est Viennois aussi, il est allé à l'école à Trieste, il parle italien ». Les termes sont en apparence factuels et évocateurs.

Le style de *Kaputt* est journalistique. Les événements relatés reposent sur une expérience de première main, le *Journal* de Malaparte et les trois articles du *Corriere della Sera* l'attestent : « Le Dr Wächter est Viennois, jeune, élégant et parle italien avec un doux accent de Trieste[44]. » Dans l'une des scènes, il décrit un dîner somptueux au palais Brühl de Varsovie, organisé par Ludwig Fischer, gouverneur de la ville ; Otto et Charlotte figuraient parmi les invités. Au cours du repas, la conversation porta sur les résidents du ghetto créé par Otto ;

Malaparte raconta alors sa rencontre avec deux Juifs, un vieil homme et un jeune garçon de seize ans, tous deux nus. Cette conversation a-t-elle eu lieu ? Est-elle romancée ? Est-ce un mélange des deux ?

Le journaliste devenu romancier narre ensuite le récit édulcoré fait par Otto de l'extraction des Juifs du ghetto par la Gestapo, comment ils se dévêtaient et, puisqu'ils n'en avaient plus l'usage, distribuaient leurs habits à leurs proches. Le narrateur de Malaparte affirme avoir visité lui-même le ghetto, et avoir trouvé l'expérience « très intéressante », provoquant ainsi une réaction de Charlotte.

« Je n'aime pas aller dans le ghetto, dit Frau Wächter. C'est très triste.

– Très triste ? Pourquoi ? demanda le gouverneur Fischer.

– *So schmutzig* [tellement sale] ! dit Frau Brigitte Frank.

– *Ja, so schmutzig*, dit Frau Fischer… »

Il n'y a pas de doute que Malaparte a bien rencontré ces personnes lors de sa visite en Pologne. Qu'il ait correctement rapporté les mots et les sentiments, qu'il ait fidèlement transcrit la réaction de Charlotte, est une autre question.

« Dans le ghetto de Varsovie, dit Wächter, j'ai ordonné que ce soit la famille du mort qui paie les frais des funérailles. Et j'ai obtenu de bons résultats.

– Je suis sûr, dis-je ironiquement, que la mortalité a diminué d'un jour à l'autre !

Tous se mirent à rire en me regardant.

– Vous devinez : elle a diminué ! dit Wächter en riant. »

Le gouverneur Fischer aurait raconté comment on enterrait les Juifs du ghetto : « Une couche de cadavres et une couche de chaux, disait-il, une couche de cadavres et une couche de chaux », comme il eût dit « une tranche de viande et une cuillerée de jus, une tranche de viande et une cuillerée de jus ».

« C'est le système le plus hygiénique, dit Wächter en mangeant. »

Quelques jours plus tard, Malaparte assista à un second dîner, cette fois chez Hans Frank au château du Belvédère à Varsovie, donné en l'honneur de Max Schmeling, le champion du monde de boxe. Charlotte était au nombre des convives. Après le dîner, le groupe alla visiter le ghetto de Varsovie.

« Je montai dans la première voiture avec Frau Fischer, Frau Wächter et le Gouverneur général Frank », écrit Malaparte. Les autres invités suivaient dans des voitures séparées. La voiture s'arrêta devant l'ouverture pratiquée dans le haut mur de briques rouges entourant le ghetto, c'était l'entrée de la « ville interdite », et les convives descendirent.

« À Cracovie, dit Frau Wächter, mon mari a construit autour du ghetto un mur à l'orientale, avec des courbes élégantes et de jolis créneaux. Les Juifs de Cracovie ne peuvent certainement pas se plaindre. Un mur tout à fait élégant, de style juif[45]. »

Tous se mirent à rire, en tapant des pieds sur la neige glacée. Malaparte a-t-il imaginé la présence de Charlotte ? Sa fierté devant le mur érigé par son mari ? Peut-être pas. Dans son propre journal, Charlotte parle d'une visite antérieure au ghetto de Varsovie, le 2 avril 1941 : « terribles chutes de neige, très froid ». Elle avait ensuite fait du shopping, ajoute-t-elle, mais n'avait pas trouvé les chaussures qu'elle voulait. Le soir elle avait assisté à un concert[46].

On dit qu'un fil ténu sépare les faits de la fiction, le réel de l'imaginaire. Le repérer en revanche, comprendre comment il se déplace avec le temps, n'est pas toujours évident.

12.
Bronisława

Pendant que j'écrivais ce livre, j'ai fait plusieurs séjours à Cracovie. Je me souviens bien du jour où je me trouvais devant le fragment du mur du ghetto qui avait subsisté, imaginant Charlotte passer la barrière pour se rendre à l'intérieur.

Une autre fois, j'ai grimpé la colline qui conduit au château de Wawel, le quartier général du Gouvernement général de Pologne. Accompagné de Niklas Frank, j'ai vu *La Dame à l'hermine* de Léonard de Vinci[1]. Plus tard, nous sommes allés sur le balcon qu'il avait connu enfant et nous avons regardé la ville à nos pieds.

Au palais Potocki, où Otto signait ses lettres sur du papier fabriqué par Huber & Lerner à Vienne, j'ai parcouru les couloirs où étaient alignés les classeurs d'époque qui avaient peut-être contenu le papier à lettres personnel et professionnel du gouverneur. Je me suis assis sur un ancien canapé et je suis allé sur le balcon sur lequel donnait son bureau[2].

Un ami m'a présenté Bronisława Horowitz, dite Niusia[3]. Ouvrière employée dans l'une des usines d'Oskar Schindler, c'est la dernière survivante du groupe que Schindler a sauvé. Niusia avait neuf ans lorsque les Allemands s'emparèrent de Cracovie – « panique, avions et sirènes, mais tout le monde avait dit que la guerre allait arriver, nous n'étions donc pas surpris[4] » – et quand Otto a pris le poste de gouverneur.

C'était une enfant, trop jeune pour se souvenir du moment exact ou du nom, Wächter. En revanche, elle se rappelait la visite des Allemands qui leur avaient ordonné de quitter leur appartement. Un détail l'avait frappée. Leurs biens avaient été jetés par la fenêtre – « beaucoup de nos objets étaient mauves, ma mère adorait cette couleur ».

Lorsque j'ai mentionné le décret signé par Otto, celui qui ordonnait aux Juifs de porter le brassard avec l'étoile de David, un autre souvenir lui est revenu. « Je me souviens d'avoir porté le brassard blanc », s'est rappelé Niusia. « Je n'ai rien ressenti en le portant, mais j'avais peur, j'étais petite. » Sa réaction n'était rien au regard de celle de ses parents, mais elle n'avait pas été épargnée par leurs angoisses.

Otto a ordonné la création du ghetto en mars 1941 et Niusia y a vécu dès le premier jour. « Nous avons d'abord vécu au 20 de la rue Limanovski, puis sur Rynek, la place principale, au numéro 1, près du mur. Plus tard, on nous a déplacés dans une seule pièce remplie de gens. » Elle y a passé, avec son frère, plus d'un an. Ses parents ont appris au printemps 1942 la liquidation du ghetto, mais ils ignoraient tout de la « réinstallation » de ses habitants, signée par Rudolf Pavlu quelques semaines après la conférence de Wannsee. Camarade d'Otto – qui l'avait fait venir à Cracovie –, Pavlu était, selon le témoignage de l'un des secrétaires employés dans le gouvernement, *ein Judenhasser*, quelqu'un qui haïssait les Juifs, qui entrait dans une rage déchaînée dès que le mot « Juif » était prononcé en sa présence[5].

Niusia et sa famille purent s'échapper et rejoindre un autre ghetto, à Bochnia, la ville où Otto avait supervisé l'exécution publique des 50 Polonais. Plus tard, ils furent transférés dans le camp de concentration de Płaszów, dirigé par Amon Göth[6], dans la banlieue de Cracovie. Dans ce camp, Nuisia a vu des potences, les ravages de la famine, des actes d'infanticide – des bébés et des jeunes enfants étaient assassinés sur le territoire du gouverneur Wächter. « Les gens arrivaient à bord de camions et de bus, ils essayaient de consoler leurs petits ; en l'espace de quelques minutes on coupait les cheveux des enfants, puis on les jetait dans une large fosse, et on les tuait. » Cela arrivait deux ou trois fois par jour, certains jours cinq fois.

Sa famille travaillait. Nuisia fabriquait des pinceaux, son père trimait dans un entrepôt. Son oncle, musicien, jouait dans la maison d'Amon Göth; c'est là qu'il a rencontré Oskar Schindler qui, par son intervention, a permis à la famille de survivre[7]. Nuisia et les siens ont pu rejoindre les ouvriers de la Deustche Emailwarenfabrik, l'entreprise de Schindler, puis l'Arbeitslager Brünnlitz, à l'est de Prague, où Schindler avait installé sa nouvelle usine[8]. Niusia est l'une des deux cents femmes que ce dernier a sauvées d'Auschwitz.

Niusia a survécu à la guerre, elle est devenue esthéticienne. Elle m'a posé des questions sur Otto, l'homme qui avait signé le décret l'obligeant à porter le brassard et à vivre dans le ghetto, et sur sa famille. Mes réponses semblaient la paralyser. Le traumatisme est toujours là, dit-elle d'une voix lasse. « Il y a la peine, le drame, la souffrance, je ne peux oublier ; le soleil ne peut pas briller, l'été ne peut exister, il y a toujours cette noirceur. » Elle ne pouvait dormir sans l'aide de somnifères.

« Un fragment du mur du ghetto demeure », dit-elle. Nuisia participe tous les ans à une marche qui longe l'ancien ghetto, un acte de mémoire douloureux. « J'y vais car on me demande de participer, mais s'ils ne me le demandaient pas, je n'irais pas – c'est triste, mais c'est trop difficile pour moi. »

Je lui ai fait part de ce que Charlotte a écrit sur le mur, sur son beau style oriental. « Cela n'intéressait vraiment personne », me répondit-elle vivement. « Nous avions faim, nous essayions de survivre. » Et elle ajouta, une lumière dans les yeux : « C'est absurde. »

Détail du mur du ghetto de Cracovie, 1941.

13.

Cracovie, 1941

Otto a-t-il éprouvé des scrupules à Cracovie ? On n'en trouve aucune trace dans les lettres qu'il a envoyées à Charlotte.

Dans l'une de ces lettres, écrite peu de temps après avoir ordonné la construction du ghetto, il confirmait son soutien à la politique de son gouvernement. Il répondait ici à une demande de Josef, son père. La fille d'une connaissance de Josef, Herr Otto Schremmer, était mariée à un Juif, et leur jeune enfant était visé par les lois raciales en vigueur. Otto pouvait-il intervenir pour aider cet enfant qui résidait dans son territoire[1] ?

Otto répondit promptement, affectueusement mais fermement : « Cher Papa ! », l'affaire est « compliquée et désagréable » ; le dossier a été transmis au directeur du ministère de l'Intérieur, Herr Engler, qui l'a étudié et a conclu dans un rapport écrit que la petite-fille de Herr Schremmer était correctement « identifiée comme juive » ; elle ne pouvait prétendre à une carte d'identité normale. « La loi est la loi », écrivit Otto à son père. Il espérait que cette clarification lui serait utile. Ces cas de nationalité et de race étaient « déplaisants », mais il voulait être clair : la loi est peut-être regrettable pour ceux qui sont concernés, mais elle est « nécessaire pour le bien public », pour le bien du groupe.

Il termina sa lettre avec l'expression de son affection filiale. Il espérait que le vieil homme était heureux d'être avec sa belle-fille et ses petits-enfants, « le protégé spécial Horsti[2] » en particulier.

Juin 1941[3]. Charlotte était à La Haye, où elle rendait visite aux Seyss-Inquart, quand Hitler lança l'Opération Barbarossa, l'attaque surprise sur la Pologne occupée par les Soviétiques. La Wehrmacht avança rapidement vers l'Est et, en l'espace de quelques jours, le district de Galicie et sa capitale Lemberg furent incorporés dans le Gouvernement général allemand. Otto eut un nouveau collègue : Karl Lasch, nommé gouverneur du territoire qui venait d'être annexé et placé sous l'autorité de Hans Frank[4].

Le couple traversait alors un moment difficile. Charlotte venait d'apprendre qu'Otto avait une nouvelle liaison : « Otto m'a parlé d'une Waldtraute qu'il a rencontrée et qui est tombée amoureuse de lui[5]. » Ils passèrent, séparés, la plus grande partie de l'été, lui à Cracovie, elle dans la maison de ferme de Thumersbach. La saison fut cependant marquée par des excursions au festival de Salzbourg avec les Frank – le clou fut la représentation de *Der Freischütz* – et par une brève visite d'Otto. Malgré sa colère, Charlotte écrivit qu'elle se sentait « très déprimée » lorsqu'il n'était pas là[6] : « Je suis triste que nous soyons si souvent séparés alors que nous nous aimons tellement. »

Elle se rendit début septembre à Vienne. Deux fois, dans la même semaine, elle nota : « Tout va bien[7]. » Mais, dans deux lettres écrites à Otto – on ne sait si elles ont été envoyées –, elle se montra furieuse et amère. Dans la première, elle lui reprochait de ne pas l'avoir emmenée en voyage à Budapest, un voyage où Hans Frank était accompagné de sa femme. Maintenant que tu as atteint « un certain niveau de succès », écrivit-elle, « il semblerait que tu n'aies plus besoin de moi », je suis un « obstacle », une « idiote ». Je ne veux plus être « ta bonne et ta nounou », et il n'y aura plus d'enfants. Elle le déclara donc affranchi, libre de traîner avec les multiples femmes qui souhaiteraient « posséder » un gouverneur.

Mais, comme souvent, l'humeur de Charlotte s'apaisa en quelques jours. « Je ne me suis pas sentie aussi bien et aussi jeune depuis longtemps[8] », confie-t-elle dans une seconde lettre où elle lui souhaitait beaucoup de réussite dans son travail. Elle maintiendrait ses distances, écrivit-elle, s'il pensait qu'elle-même et les enfants étaient source de souci. Il devrait songer à leur avenir : « Réfléchis-y avec soin. » La lettre, ponctuée d'un « Heil Hitler ! », est signée « Lotte Wächter ».

Charlotte ne pouvait pas rester longtemps distante. Quelques semaines plus tard, la famille, de nouveau réunie, retrouva une certaine harmonie à Cracovie. Le couple mit la dernière main à sa nouvelle maison, splendide avec sa vue sur la Vistule. « Otto a enfoncé le clou final dans une poutre[9] », s'enthousiasma Charlotte lors de la cérémonie de charpente du Schloss Wartenberg célébrée le 15 novembre. La journée se termina par un concert à la Philharmonie de Cracovie où furent jouées la Deuxième symphonie de Brahms et la Septième de Beethoven, avec Elly Ney au piano[10].

Les journées de travail d'Otto commençaient tôt et se terminaient tard, de nombreuses réunions finissaient après minuit. Charlotte note qu'elle « rêve d'une chambre à coucher seule[11] », car son mari se lève de bonne heure : il doit signer des ordres concernant le logement, l'approvisionnement, le transport et la création d'un nouveau ghetto, ou un décret supplémentaire imposant des pénalités draconiennes aux Juifs qui osent quitter leur périmètre ; il doit gérer un conflit sévère entre Frank et le SS-Obergruppenführer Krüger sur la répartition des tâches entre l'administration civile et les SS[12].

Otto participait aux réunions du cabinet au château de Wawel. L'une d'entre elles, qui se tint le 20 octobre, fut plus importante que les autres. Dans son intervention, Otto déclara que, selon lui, « une solution radicale de la *Judenfrage* [question juive] était au fond inévitable[13] ». Quelques semaines plus tard, le 16 décembre, les gouverneurs des cinq districts de la Pologne occupée se réunirent ; Friedrich Katzmann et Odilo Globočnik, respectivement responsables de la SS et de la police de Lublin et de Galicie, étaient également présents. L'objet de la réunion fut la construction d'un camp d'extermination sur le territoire allemand de la Pologne occupée près de Bełżec, une ville dotée d'une excellente connexion ferroviaire avec Lemberg. L'ordre avait été donné par Heinrich Himmler à Globus, qui y travaillait activement[14].

Frank annonça cette nouvelle politique, anticipant ainsi la conférence qui devait avoir lieu en janvier 1942 à Berlin dans une villa au bord du lac Wannsee. « L'élimination totale des Juifs[15] », déclara le Gouverneur général. Toutes les mesures nécessaires devaient être prises dans chacun des districts du Gouvernement général, en coopération avec la SS et la police. Frank encouragea Otto et les autres dirigeants à n'éprouver aucune pitié pour la « grande migration » qui allait débuter. « Nous devons annihiler les Juifs, partout où ils sont, et là où c'est possible », disent les minutes. La décision ne comportait aucune ambiguïté, elle ne rencontra aucun désaccord, ni d'Otto, ni des autres.

Quatre jours après la réunion de cabinet, Otto adressa à Frank ses vœux chaleureux à la fois pour la bonne année et pour la singulière et nouvelle entreprise dans laquelle il était désormais engagé. « Travailler loyalement pour votre projet dans la nouvelle année me procurera une grande joie et une fière satisfaction[16]. »

Un mois plus tard, la conférence de Wannsee arrêta les détails de la « grande migration juive ». Sous la direction du SS-Obergruppenführer Reinhard Heydrich, l'ancien patron d'Otto au sein de la SD à Berlin, les tâches furent attribuées et les responsabilités divisées. Le secrétaire d'État du Gouvernement général, le Dr Josef Bühler, représenta Hans Frank à la conférence[17]. Il proposa que le territoire du Gouvernement général serve de lieu de réception aux Juifs. Le compte rendu de la conférence fut rédigé par Adolf Eichmann, lui aussi ancien camarade de la SD. Le nouvel espace vital allemand devait être purgé de tous les Juifs par des moyens légaux, « l'émigration forcée » imposée à quelque onze millions de Juifs européens, dont un quart vivaient dans le territoire du Gouvernement général[18].

De retour à Cracovie, le Dr Bühler dit au gouverneur Frank : « L'Europe sera passée au peigne fin d'ouest en est[19]. » Les Juifs évacués seraient acheminés vers des ghettos de transit, puis transportés vers l'Est ; la « Solution finale » commencerait sur son territoire, dans le Gouvernement général. Le système de transport était bon, les agences administratives des différents districts prêtes à jouer leur rôle.

La conférence de Wannsee se termina le soir du 20 janvier par une réception. Le lendemain, Otto se rendit à Berlin, puis à Cracovie où il rencontra Frank. Celui-ci lui annonça, le 22 janvier, que le gouverneur de la Galicie, Karl Lasch, avait été démis de ses fonctions, pour une prétendue affaire de corruption. Otto allait être nommé à sa place. Ce soir-là, les Wächter et les Frank dînèrent ensemble au château de Wawel.

Le lendemain, 23 janvier, Otto fut désigné gouverneur du district de Galicie[20]. « Incroyablement ravie », note Charlotte, qui se dit triste aussi. « Qu'est-ce qui nous attend ? » se demande-t-elle. Le nouveau lieu avait ses avantages, mais il fallait affronter un nouveau déménagement. Elle apprit qu'Otto avait été personnellement choisi par Adolf Hitler, qu'on lui faisait confiance pour exécuter les décisions prises au plus haut niveau, à la conférence – et après la conférence – de Wannsee. « Nous devons envoyer notre meilleur homme à Lemberg, et l'on m'a fait savoir que c'était Otto Wächter, gouverneur de Cracovie[21]. » C'est ainsi que Charlotte enregistra la décision d'Hitler dans son journal. Deux jours plus tard, à Varsovie, elle assista avec Otto à un match de boxe ; l'un des combattants était l'ancien champion du monde Max Schmeling.

Le 28 janvier, Otto se fit conduire de Varsovie à Lemberg où il devait prendre ses nouvelles fonctions. Charlotte n'était pas du voyage : « Très seule », écrit-elle ; elle conserva l'article de journal annonçant la nomination d'Otto.

14.

Lemberg, 1942

Lemberg, où Otto arriva le 28 janvier 1942, est une ville médiévale. Capitale régionale de l'Empire austro-hongrois pendant des décennies, elle a été rattachée à la Pologne nouvellement indépendante en novembre 1918 et a pris le nom de Lwów. Occupée à partir de septembre 1939 par les Soviétiques, la ville est devenue Lviv. Les Allemands l'ont rebaptisée Lemberg en juillet 1941, après l'occupation du territoire de Galicie[1]. Avec ses 420 000 habitants, c'était la troisième ville du Gouvernement général. Le district de Galicie comptait alors plus d'un million d'individus, répartis à peu près également entre Polonais, Ukrainiens et Juifs. En l'espace de quelques semaines, Otto signa le décret interdisant certaines professions aux Juifs[2]. En un an, la plus grosse partie de la population juive fut « liquidée » : plus d'un demi-million d'êtres humains. Comme un grand nombre de Polonais avaient été envoyés dans le Reich où ils étaient soumis au travail forcé, Otto voyait dans les Ukrainiens des alliés potentiels.

Charlotte ne mentionna aucun de ces faits dans ses écrits. Elle ne nota que les éléments positifs : le sentiment de libération éprouvé par Otto, désormais débarrassé des entraves de Frank ; ses intenses activités mondaines ; leur nouvelle maison, une grande villa au 11 Leuthenstrasse[3]. Grande et belle, s'enthousiasmait Charlotte, un lieu idéal pour recevoir des invités de Galicie et de l'étranger. Les déjeuners de vingt personnes étaient parfois suivis de thés où se retrouvaient quarante invités. Dans la mesure où la ville était sur la route du front russe, les gens pouvaient faire une halte chez eux : la guerre devenait ainsi un catalyseur d'événements mondains. Charlotte avait une nounou et un personnel nombreux et attentionné à son service : un cuisinier, une fille de cuisine, des femmes de chambre, deux valets, un cocher et un chauffeur.

Otto passa deux ans et demi à Lemberg, une période de « joie intense », durant laquelle il mit en œuvre « ses propres idées d'une gouvernance bonne et humaine »[4], selon Charlotte. Il y avait beaucoup à faire dans la région, car les habitants avaient gardé de bons souvenirs de l'Autriche et de la monarchie impériale. Il ressentait également un attachement familial au lieu : Josef y avait servi durant la Grande Guerre, ce qui lui valut d'être décoré de l'ordre de Marie-Thérèse. « Ma tâche est immense et d'un ordre supérieur, c'est un honneur exceptionnel », plus difficile aussi, politiquement et économiquement après deux ans de règne soviétique, avoua Otto à son père. Il espérait être à la hauteur d'un Wächter élevé dans la tradition militaire de Josef[5].

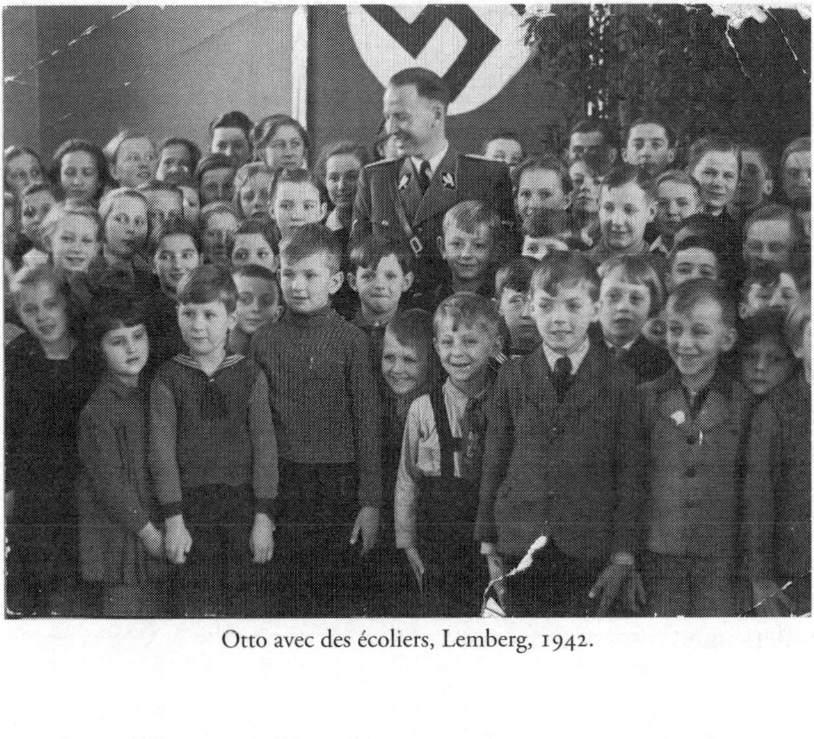

Otto avec des écoliers, Lemberg, 1942.

Josef rendit visite à Otto et à sa famille dans un uniforme de lieutenant général taillé sur mesure, spécialement confectionné pour le voyage. Le père et le fils, escortés d'un large cortège, partirent avec un grand enthousiasme visiter les champs de bataille de la Première Guerre. Otto fut ravi d'avoir atteint un grade équivalent à celui de son père à l'âge de quarante ans; il assumait pleinement la charge de son gouvernement. Son équipe se composait du Dr Egon Höller[6], son assistant personnel; de l'Abteilungsleiter Otto Bauer[7], son second et chef du département; du Dr Ludwig Losacker, *Chef des Amtes*, chef de service; et de Theobald Thier[8], SS-Gruppenführer, responsable des relations avec la SS.

La période n'était pas facile. Un certain pessimisme planait, dû aux problèmes rencontrés à l'Est, à la gouvernance, imprévisible et théâtrale, de Frank et aux tensions entre l'administration civile et la SS. À l'Est, en Ukraine, le Reichskommissar Erich Koch[9] « faisait des ravages, tel César », se rappelle Charlotte. Elle recevait des comptes rendus personnels de Hans Fischböck – qui avait décidé de quitter son poste placé sous l'autorité de Koch pour rejoindre La Haye et travailler avec Seyss-Inquart à l'occupation des Pays-Bas. La brutalité de Koch faisait paraître la gestion d'Otto presque « aimable ». Charlotte se souvint d'une première réunion entre Otto, en uniforme d'apparat SS, et l'archevêque métropolitain Andrei Sheptytsky[10]. « Votre présence est une bénédiction », lui aurait dit l'évêque, les larmes aux yeux. Charlotte n'était pas présente et elle n'avait jamais rencontré cet homme, mais c'est ainsi qu'elle raconta l'épisode aux enfants.

En été, après quelques mois de séparation, Charlotte rejoignit Otto à Lemberg. À Vienne et à Thumersbach, elle avait vu sa famille, avait profité du théâtre et de l'opéra, mené une vie sociale trépidante. Otto lui avait alors envoyé des conseils, des articles sur l'éducation religieuse et musicale de la jeune génération parus dans *Das Reich*[11]. « Lis ceci avec attention en songeant à nos héritiers mâles », avait-il écrit à propos de l'un de ces articles. « Tu te rendras compte de l'influence de Schirach »; il voulait parler de son ami, chef des Jeunesses hitlériennes[12].

Otto était submergé par les activités liées à l'occupation. Au printemps, il parcourut le territoire du Gouvernement général ; il se rendit à Lublin où était basé Globus, ainsi qu'à Varsovie. Le 9 juin, il assista à Berlin aux funérailles de Reinhard Heydrich qui avait été assassiné à Prague. Il écouta l'oraison funèbre d'Himmler qui évoqua le « devoir sacré d'annihiler les ennemis de notre peuple sans faire preuve de faiblesse[13] ».

En été, Charlotte emmena les enfants à Thumersbach. « Dans mon cœur, je suis avec toi dans cet endroit merveilleux[14] », lui écrivit Otto. Il lui conseilla de nager et de marcher pour se remettre de sa récente maladie, de s'amuser aussi. Ce à quoi elle répondit, implorante : « J'éprouve un tel désir pour toi, viens nous retrouver bientôt, et fais-toi accompagner par Hans Frank ! »

Elle n'expliqua pas la raison de cette suggestion, elle garda son secret pour elle. La vérité était qu'elle était tombée amoureuse du Gouverneur général, son journal est explicite à cet égard.

1er février 1942 : « j'ai porté les bottes de Frank, négligemment[15] ».

4 mars : café avec Frank à Berlin, triste lorsqu'il m'a quittée « pour rejoindre le quartier général du Führer[16] ».

6 mars : « il a joué du piano, j'ai écrit[17] ». Plus tard, dans le train spécialement affrété de Berlin à Cracovie, « nous sommes restés ensemble lorsqu'elle [Frau Frank] est allée se coucher ». Cette nuit-là, ils firent trois parties d'échecs, « il a gagné deux fois, moi une seule, très agréable, c'est si agréable d'être avec lui. Suis allée me coucher à 11 heures. Lorsqu'il a réalisé que nous étions seuls, il s'est levé d'un bond pour partir abruptement ».

7 mai, à Wawel : « Je respirais son air, comme j'aimerais le revoir… Je ne sais pas quoi faire, je suis si intensément préoccupée par mon Hansl. Je suis tellement amoureuse et me languis du moment où je le reverrai. Je dois attendre ce moment. Combien de fois par jour pensé-je à lui, il a tellement d'esprit, il est tellement spirituel, Dieu merci personne ne se doute de rien[18]. »

21 juin : « Ai rêvé du Gouverneur général, pense à lui très souvent, ça doit être l'amour[19]. »

Des années après que Niklas m'eut présenté à Horst, je lui ai envoyé une copie de ces notes. « Sensationnel ! » m'a répondu le fils de

Frank, « personne ne savait qu'elle était amoureuse de mon père ! ». Il se demandait en blaguant si Horst pouvait être son frère.

Le rêve du Gouverneur général prit fin au mois d'août. Lors d'une tournée de conférences dans les universités allemandes, Frank s'était inquiété du respect de la règle de droit dans le IIIe Reich et avait plaidé pour une nécessaire indépendance – encadrée cependant par l'idéologie nazie – des juges. Hitler l'avait alors privé d'une partie de ses attributions[20]. Frank dit par ailleurs à son épouse qu'il voulait divorcer parce qu'il aimait une autre femme, un amour de jeunesse[21]. Cette femme n'était pas Charlotte. Brigitte Frank se confia à Charlotte et lui annonça qu'elle n'accepterait jamais le divorce. « Il serait fou, en aimerait une autre », nota Charlotte avec regret[22].

Au cours de cette période, Charlotte et Otto ne se voyaient guère, mais ils s'écrivaient souvent. Dans leur correspondance, il était essentiellement question d'événements locaux : à Vienne, leur ami Hanns Blaschke avait été nommé maire ; les locataires prenaient soin de la Villa Mendl ; Otto évoqua, de manière vague, des « négociations » à Berlin ; Charlotte lui reprocha à cette occasion d'oublier sa femme et ses enfants. « As-tu seulement essayé de téléphoner à Lieschen pour son huitième anniversaire ? Tout le monde s'en est souvenu, sauf toi[23] ! »

Portrait de Charlotte, 1942.

Arrivée à Lemberg en juillet, Charlotte écrivit à Otto junior, alors âgé de douze ans. Le déménagement arrivait à grands pas, elle l'encouragea : C'est « très joli ici » ; la maison possède un grand jardin, un court de tennis et une piscine, il y a même un poney qui tire une petite charrette.

Charlotte offrit un cadeau à Otto, un portrait d'elle-même, distraite et triste. « Pour mon amour, en souvenir[24] », écrivit-elle au dos.

J'ai vu ce portrait des décennies plus tard, accroché au mur de la chambre à coucher de Horst. Oui, me dit-il, elle a l'air triste. J'ignorais alors qu'elle s'était entichée du Gouverneur général – elle l'était déjà au moment où la photo avait été prise –, je n'avais pas encore lu son journal. Horst était-il au courant ? Il ne m'en a rien dit.

Hans Frank vint à Lemberg le samedi 1er août pour célébrer le premier anniversaire de l'incorporation du district de Galicie dans le Gouvernement général. Il rendit visite aux Wächter. Charlotte et lui passèrent du temps ensemble, jouèrent aux échecs, mangèrent, avant qu'il ne parte avec Otto pour une série de réunions. Plus tard dans la soirée, au cours d'une autre partie d'échecs, elle le battit, ce qui le mit en colère ; il se retira tôt.

Elle ne dit rien de ses sentiments pour Frank, et ne rendit compte, ni dans son journal ni ailleurs, du discours qu'il prononça ce jour-là. La mise en œuvre de la « Solution finale » en Galicie fut annoncée dans le grand amphithéâtre de l'université de la ville. Le public l'applaudit chaleureusement. Otto y assista, installé au premier rang.

« Camarade Wächter ! Je dois dire que vous avez été efficace », le félicita Frank. « Lemberg est à nouveau une véritable et fière cité allemande. Je ne parle pas des Juifs qui sont toujours là, nous nous en occuperons, bien sûr. »

« D'ailleurs », poursuivit le Gouverneur général, « je ne crois pas avoir vu un de ces détritus dans le périmètre aujourd'hui. Que se passe-t-il ? On me dit que ces pieds plats primitifs étaient des milliers et des milliers dans la ville autrefois – mais pas un seul ne s'est montré depuis que je suis arrivé. Ne me dites pas que vous les avez maltraités ? » Le compte rendu de l'événement indique que le discours de Frank fut accueilli par des « applaudissements nourris »[25].

Le 6 août, Charlotte partit pour Vienne. Une réunion au sommet se tenait alors à Lemberg : son objet fut résumé en quelques lignes sous le titre « Solution à la question juive en Galicie ». Le SS-Brigadeführer Katzmann informa le Dr Losacker et le Dr Bauer, le second d'Otto et son chef de cabinet, que les Juifs seraient relocalisés, expulsés ou liquidés, de sorte qu'il n'y aurait « plus un Juif libre dans le Gouvernement général d'ici six mois[26] ». Quelques artisans juifs qualifiés seraient détenus, dans certains districts, dans des *Judenlager* (camps) spéciaux. La *Grosse Aktion* débuta quatre jours plus tard, des dizaines de milliers de Juifs de Lemberg furent raflés et transportés vers le camp d'extermination construit par Globus à côté de Bełżec.

Le dimanche 16 août, Otto envoya une longue lettre à Charlotte. Il était à Cracovie où il assistait au congrès du parti – et, durant les pauses, jouait au ping-pong avec Pavlu. « Après ton départ, il a fallu régler de nombreux problèmes[27] », écrivit-il à Charlotte. Le résultat des récoltes devait être consigné ; les travailleurs devaient être transférés dans les camps de travail du Reich (« 250 000 ont déjà été envoyés depuis le district ») ; et il y avait « de grosses opérations juives *(Judenaktionen)* en cours ». Ce fut, après Bochnia, l'une des rares références à ce type d'actions dans une correspondance personnelle. Le ton était positif : il faisait des progrès, la convention du parti avait été un succès et, à la maison, tout allait bien malgré les problèmes que soulevaient les employés polonais. Parmi les moins bonnes nouvelles, il y avait le suicide, dans la maison, de ce soldat polonais qui avait donné lieu à des rumeurs regrettables. « Un amour non partagé », pensait Otto, « trop faible pour vivre ». Otto termina par « avec tout mon amour toujours » et signa : « Avec Hitler – tout ou rien ».

Il joignit un dessin de Pavlu qui avait ajouté quelques mots rassurants : Otto était un « parangon de vertu !! » ; la femme de Pavlu avait griffonné qu'Otto était sous stricte surveillance. Himmler, l'une des « huiles » du régime, ayant décidé de lui rendre une visite impromptue, Otto rentra tôt à Lemberg. « Je suis arrivé juste à temps à l'aéroport[28] », précisa-t-il à Charlotte. Le journal officiel d'Himmler consigne ces événements : depuis l'arrivée à l'aéroport de Lemberg jusqu'au soir du 17 où il rencontra Otto, Globus et Katzmann. Les quatre hommes tinrent une « réunion » dont l'objet n'est pas précisé, puis ils dînèrent. Le lendemain matin, Otto et Katzmann emmenèrent Himmler faire une « visite guidée » des « camps juifs sur Durchgangstrasse IV », la rue construite pour relier Przemyśl, Lemberg, Tarnopol et Taganrog à l'est. Ils visitèrent les camps de Jaktorów et de Lackie, à environ soixante kilomètres à l'est de Lemberg, déjeunèrent puis revinrent à Lemberg où Himmler prit son avion de retour pour Berlin.

Tout s'était finalement bien passé, écrivit Otto. Si bien en fait qu'il en avait « presque honte[29] ». « Leur relation était harmonieuse et amicale », et Himmler n'avait que du bien à dire de lui ; sur tous les sujets d'importance, il était de son côté. Otto prit donc un peu de temps pour lui-même et fit, avec deux collègues, une descente en canoë sur le Dniestr.

Début septembre, Martin Bormann, le collaborateur le plus proche d'Hitler, reçut un compte rendu de première main très positif sur le travail d'Otto à Lemberg[30]. En se séparant des fonctionnaires civils dépourvus de caractère et de compétences, il avait stabilisé la situation de la Galicie, désormais meilleure que celle des autres districts du Gouvernement général. Le rapport indiquait qu'il était assisté d'un chef de cabinet « très capable », le Dr Losacker[31], et consignait les impressions d'Otto sur Frank (sexuellement dépendant de sa femme et plus adapté à une vie d'artiste ou de savant).

Pendant qu'Otto divertissait Himmler, son père et les parents de Charlotte étaient à Thumersbach. Josef fit des promenades quotidiennes avec Horst, son petit-fils bien-aimé ; Charlotte se rendit au festival de Salzbourg avec les Fischböck. Une journée de poésie au Schloss Leopoldskron, *Le Mariage de Figaro* au Festspielhaus, puis un « dîner simple » en l'honneur de cinquante poètes et écrivains qui se prolongea tard dans la nuit. Les jours suivants, elle prit plaisir à assister à la représentation de *Beaucoup de bruit pour rien* – mais elle en sortit « épuisée » – et à une interprétation passionnante de la Septième symphonie de Bruckner, son œuvre préférée – d'autant plus appréciée qu'elle partageait la loge du Gauleiter[32].

Elle fut hébergée par les Lippert. Avec Trudl Fischböck, qui voulait l'acquérir, elle visita la Villa Schubert. La propriété était très convoitée, notamment par Herbert von Karajan[33] – qui recherchait un endroit calme pour travailler, débarrassé des autres résidents. « Je suis curieuse de savoir qui l'obtiendra[34] », écrivit Charlotte à son mari. Les enfants allaient bien, le petit Horst « le cœur et l'âme, comme son grand-père, très sensibles ». L'état des cuisines de la maison, à Lemberg, l'inquiétait. « Où en sont les fours ? » lui demanda-t-elle.

Quatre jours plus tard, le 27 août, Charlotte dit à Otto qu'elle avait hâte de rentrer à Lemberg et qu'elle était ravie que la visite d'Himmler se soit si bien passée. En attendant, les promenades autour de Thumersbach étaient « incroyablement agréables[35] ». Ils faisaient des excursions vers la Schmittenhöhe, nageaient dans les étangs et prenaient le soleil dans la mousse, nus comme des nouveau-nés. Elle se sentait « submergée par la grandeur de la nature ». « Merci, merci, écrivit-elle, mille fois du fond de mon cœur, d'avoir rendu possible l'acquisition de notre maison indiciblement belle. »

La famille jouissait de la montagne ; la *Grosse Aktion* de Lemberg touchait à sa fin. Otto fit une échappée en canoë le long du Dniestr : 180 kilomètres de descente, quelques jours de camping, pêche et nourriture simple (« avant tout des pommes de terre et du maïs, et toujours du thé »). De retour à Lemberg, il reçut des auditeurs envoyés par Berlin : les journaux locaux avaient en effet signalé que le Gouvernement général rencontrait des problèmes. Ainsi les travaux dans le jardin avaient-ils été retardés. Il manque des travailleurs manuels se plaignit Otto : « Un nombre de plus en plus important de Juifs est déporté, et il est difficile de se procurer de la terre battue pour les courts de tennis[36]. »

Sans trop y croire, Charlotte espérait que la guerre s'arrêterait l'année suivante. Elle retourna dans la Villa Schubert. Otto l'informa des attaques aériennes sur Cracovie et Varsovie ; de Thumersbach, Charlotte lui envoya une lettre accompagnée d'un dessin au crayon de couleur de la famille en mouvement : « *Mein liebstes Hümmchen*, pourrais-tu te renseigner auprès du Gauleiter, puis-je me servir dans les vieux meubles ? » Charlotte espérait qu'ils fêteraient ensemble le dixième anniversaire de leur mariage le 11 septembre, ce jour où il avait « attendri » sa vieille tête endurcie. C'était surtout leur séparation qui rendait les temps difficiles.

Dessin de Charlotte dans une lettre à Otto du 4 septembre 1942.

Otto ne put rejoindre Charlotte pour leur anniversaire. Il était submergé par les problèmes qu'il affrontait en Galicie : la pénurie de nourriture notamment, ainsi qu'un rapport négatif de la commission de contrôle berlinoise. La visite du ministre de l'Intérieur offrit cependant un « rayon de lumière » : le travail d'Otto à Lemberg avait laissé au ministre une « impression très positive[37] ». Otto envoya à Charlotte un article du *Reich* (« manger des fruits avant de se coucher est mauvais pour vos dents »), et décrivit une superbe représentation de *L'Enlèvement au sérail* de Mozart à l'opéra de Cracovie à laquelle il avait assisté en compagnie de visiteurs italiens. Hümmi lui transmit ses meilleurs vœux pour leur anniversaire et termina par un sincère « Heil Hitler ».

« Les chemins de la vie peuvent être escarpés », répondit Charlotte en référence à ses souffrances, il fallait donc être endurant[38]. Accompagnée du Gouverneur, elle retourna à la Villa Schubert pour la troisième fois ; avec Josef Thorak, elle visita une réserve naturelle près de Neukirchen où elle admira les quarante-huit vautours du Caucase qui y étaient gardés et protégés avec soin.

Noël approchait. Otto rendit compte à Himmler de l'évolution favorable de la situation en Galicie. Le Reichsführer apprécia la « belle image de Lemberg », un modèle d'ordre et de calme que l'on devait à Otto et au « travail harmonieux entre vous et le compétent Katzmann », ainsi qu'à « la véritable coopération entre votre administration, la SS et la police dans votre district », lui écrivit Himmler[39]. Espérant revenir bientôt à Lemberg, Himmler envoya une copie de la lettre à son adjoint, le SS-Obergruppenführer Karl Wolff, chef de son cabinet, qui connaissait Otto depuis ses débuts à Berlin[40].

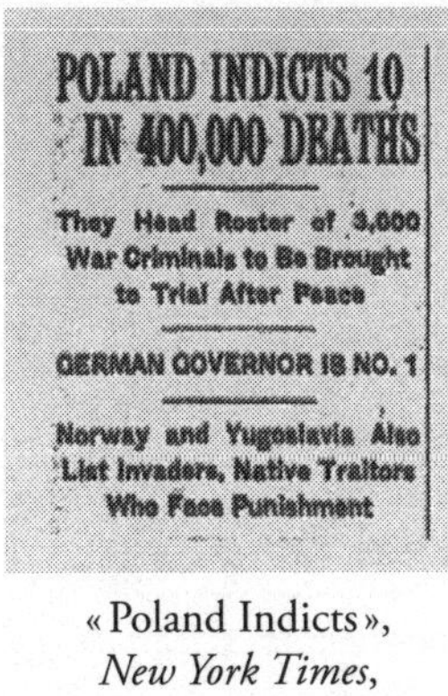
POLAND INDICTS 10 IN 400,000 DEATHS

They Head Roster of 3,000 War Criminals to Be Brought to Trial After Peace

GERMAN GOVERNOR IS NO. 1

Norway and Yugoslavia Also List Invaders, Native Traitors Who Face Punishment

« Poland Indicts »,
New York Times,
17 octobre 1942.

Otto apprit peut-être une autre nouvelle, moins plaisante, parvenue à la fin de l'année : un article du *New York Times* reprenait des accusations contre les dix principaux nazis, identifiés par le gouvernement polonais en exil, pour crimes commis sur le territoire polonais. Hans Frank était le premier sur la liste[41]; certains camarades y figuraient également, notamment Friedrich-Wilhelm Krüger («terreur et exécutions»), Odilo Globočnik («persécuteur de Juifs»), et Ludwig Fischer («spécialiste des ghettos de Varsovie»). Otto, dont le nom était mal orthographié, figurait au septième rang. Il était «tristement célèbre pour l'extermination de l'intelligentsia polonaise». Sous ses ordres, rapporte le journal, une centaine de professeurs d'université avaient été envoyés dans les camps de concentration; beaucoup y étaient morts, d'autres devenus fous.

15.
Michael

Je me suis souvent interrogé sur la vie à Lemberg, la ville de naissance de mon grand-père, sous le règne « humain » d'Otto Wächter. Lorsque j'ai écrit *Retour à Lemberg*, j'ai appris que l'ensemble de la famille de Leon qui se trouvait dans la région avait été exterminé. Il se trouve que ce n'était pas tout à fait exact. Deux ans après la publication du livre, j'ai reçu un courrier d'un aimable professeur d'ingénierie de Los Angeles. Sa lettre commençait par : « Pardonnez-moi de vous importuner avec ce message inattendu » ; elle expliquait ensuite qu'il avait été surpris de découvrir le nom de Natan Flaschner, l'oncle de Leon, dans mon livre. Natan avait en effet un fils, Henryk, qui avait pu fuir Lemberg, et se trouvait être le père de mon correspondant. Henryk avait passé sa vie à chercher des survivants, mais il n'avait jamais retrouvé Leon, son cousin germain, un rescapé comme lui.

Il y a quelques années, à New York, on m'a présenté un autre homme qui a connu cette période de « bonne gouvernance » à Lemberg – un des rares survivants du territoire contrôlé par Otto où plus d'un million d'êtres humains ont péri. Cet homme, aujourd'hui pédiatre distingué, s'appelle Michael Katz. Il était arrivé avec ses parents à Lwów fin 1939, au moment où les Allemands occupaient Varsovie ; sa famille avait emménagé dans l'appartement de ses grands-parents, rue Bonifratow. Michael se souvenait des changements intervenus au cours de l'été 1941, qui marqua le début de l'occupation allemande. Il se rappelait aussi le jour où il avait dû, quelques mois plus tard, porter le brassard blanc avec l'étoile de David.

Michael avait quatorze ans quand Otto prit ses fonctions de gouverneur, en février 1942. Il travaillait comme mécanicien dans un garage de la Wehrmacht ; il se rendait au travail dans des tramways spéciaux « autorisés aux Juifs ». Après la suppression de ce dispositif, il devait marcher 45 minutes matin et soir, tous les jours. Il se souvenait de la première *Aktion* en mars 1942 et des déportations qui l'avaient suivie[1]. « J'étais protégé par mes papiers et la carte d'identité, l'*Ausweis*, qui prouvait que je travaillais pour une unité de l'armée ; j'étais donc moins susceptible de me faire arrêter[2]. » Les événements de l'*Aktion* coïncidaient avec un autre ordre signé par Otto : l'interdiction d'employer des Juifs dans des maisons non juives. J'ai appris plus tard qu'une copie de ce document se trouvait dans les papiers de Charlotte, avec une date griffonnée au crayon, peut-être par Horst.

L'*Aktion* suivante eut lieu en août, Michael s'en souvenait avec encore plus de netteté. « Ils nous ont pris nos cartes d'identité pour y ajouter un tampon supplémentaire. » Il remarqua alors que celles de sa mère et de ses grands-parents avaient été tamponnées à l'intérieur tandis que la sienne portait le tampon à l'extérieur. Cette petite différence eut de grosses conséquences : vivre ou mourir. Seuls ceux qui avaient une carte tamponnée à l'extérieur – « j'en faisais partie » – pouvaient continuer de travailler. « Les tampons servaient à la ségrégation et permettaient de distinguer ceux qui allaient être embarqués et les autres, mais cela, nous ne le savions pas. »

L'*Aktion* touchait l'ensemble de la ville, à l'intérieur et à l'extérieur du ghetto. Michael avait un souvenir absolument limpide de ce qui s'est passé.

> Le jour de l'*Aktion*, ma mère, ma tante, son fils et mes grands-parents sont allés au travail, les *Städtische Werkstätte*, où l'on cousait et reprisait les uniformes des soldats. Une rumeur disait qu'il allait se passer quelque chose ce matin-là. Ma mère aurait voulu que je l'accompagne, mais je n'en avais pas envie et suis allé à mon propre travail, au garage de la rue Janowska. Quelqu'un est arrivé en courant en criant : « Il se passe quelque chose en ville, ils sont en train de rafler les Juifs, ils les font

monter dans des camions. » Je voulais voir ma mère et je suis immédiatement parti pour les *Werkstätte*. On m'a arrêté plusieurs fois en chemin, mais ma carte et le tampon m'ont permis de passer. Lorsque je suis arrivé j'ai compris qu'elle était partie, que tout le monde était parti.

Ceux qui étaient encore là ont dit que c'était terrible, qu'ils raflaient tout le monde. Je suis retourné en ville à la recherche de mon oncle par alliance, le plus jeune frère de mon beau-père, qui travaillait dans un autre établissement militaire, pas un garage, plutôt un bureau. Je l'ai retrouvé, mais entre-temps mon beau-père, son frère, avait été tué. Il avait bien compris que quelque chose se passait. Trois soldats sont entrés et m'ont vu pleurer, l'un d'entre eux a dit quelque chose, un autre l'a frappé. L'autre avait pensé qu'il avait dit une méchanceté sur moi, mais ils étaient en vérité peinés de ce que je devais endurer ; cela prouve qu'un peu d'humanité subsistait.

Michael a vu des gens être arrêtés dans les rues : certains, comme lui-même, ont été relâchés ; d'autres, entassés dans des camions, ont disparu. On a parlé d'« évacuation », ou de « relocalisation », des mots qui occultaient leur véritable signification. Qui était chargé d'attraper les Juifs ? ai-je demandé à Michael. Pour l'essentiel, des Allemands de la SS, et « quelques Ukrainiens en uniforme kaki les aidaient ». Il s'agissait de la force de police auxiliaire contrôlée par Otto.

L'*Aktion* a duré plusieurs jours. Michael rejoignit l'appartement de ses grands-parents où se trouvaient son oncle et son cousin, il était désespéré. Le lendemain, il repartit au travail ; il fut ensuite envoyé au camp de concentration de la rue Janowska, au cœur de la ville. « Je n'ai jamais revu ma mère. » Il ne connaissait pas les détails de ce qui était arrivé, mais il savait. « Je n'avais aucune illusion. Comme dans toutes les *Aktionen*, on leur avait raconté une fausse histoire selon laquelle on les emmènerait ailleurs. Ils venaient toujours en disant : "Emportez une valise, vous allez être relocalisé pour travailler dans l'Est." Je ne savais rien alors de Bełżec. »

À l'époque, Michael ne connaissait pas le nom d'Otto Wächter. « Soit je l'ignorais, soit je l'ai oublié. » Il savait que la Gestapo avait organisé l'*Aktion* avec l'aide des Ukrainiens et des policiers juifs recrutés pour cette tâche. Incarcéré au camp de Janowska, il réussit à s'enfuir, il passa sous un barbelé et se cacha dans un cimetière. Des amis non juifs l'aidèrent à se procurer une fausse carte d'identité et à quitter Lemberg. « J'ai enlevé mon brassard juif et je suis parti à Varsovie grâce à ma nouvelle carte d'identité. » Il quitta Lemberg le 2 ou le 3 septembre 1942 sous son nouveau nom : Francisek Thaddeus Taletsky.

Michael revint à Lemberg quelques semaines plus tard avec un faux certificat de naissance : il voulait ramener son cousin à Varsovie où il avait loué un lit dans une pension et trouvé un travail, mais sa mère s'opposa à son départ. Il apprit beaucoup plus tard qu'il était le seul survivant de sa famille de Lviv. Il ignorait tout autant que, à la fin du mois de septembre 1942, le Vatican avait été informé par l'envoyé spécial du Président Roosevelt auprès du pape Pie XII de l'« exécution de masse » de plus de 50 000 Juifs originaires du territoire placé sous l'autorité d'Otto Wächter. L'envoyé spécial avait posé la question suivante au secrétaire d'État du Vatican : « Je souhaiterais savoir si le Saint-Père a des suggestions pratiques sur la manière dont les forces de l'opinion publique civilisée pourraient être utilisées pour prévenir la poursuite de cette barbarie[3]. »

16.
Lemberg, 1943

Printemps 1943. Michael Katz avait quitté Lemberg ; la *Grosse Aktion* était terminée. Friedrich Katzmann – dont la coopération si efficace avec Otto avait été louée par Himmler – rédigea son *Rapport final sur la solution de la question juive dans le district de Galicie*[1]. Il nota que le district était entièrement *Judenfrei* (libéré des Juifs) et qu'un total de 434 329 Juifs avaient été « évacués ». La ville était nettoyée, avec un bonus en prime : 20 952 alliances en or, 343 100 boîtes à cigarettes en argent, 1 257 montres en or, 7 collections de timbres ainsi qu'une valise remplie de stylos plume.

Otto profita de ce succès – qui coïncidait avec les difficultés croissantes des soldats allemands sur le front de l'Est – pour solliciter de Berlin l'autorisation de créer la *Freiwilligen-Division Galizien* ou Division SS Galicie, composée d'Ukrainiens recrutés sur son territoire[2]. Il espérait que cette première division de la Waffen-SS n'incluant pas d'Allemands les rapprocherait des Ukrainiens. « Pourquoi seul notre bon sang à nous, Allemands, devrait-il être répandu sur les champs de bataille ? » demanda-t-il à Charlotte. Il voulait un recrutement militaire : il prépara donc des affiches et décida qu'il superviserait personnellement la Division[3]. « Les Galiciens veulent désespérément se faire recruter, et ils sont fiables. »

Charlotte signala que l'enrôlement de jeunes Ukrainiens, des paysans et fils de la terre, avait suscité « frénésie et excitation » autour de Lemberg. Ils marchaient à travers les rues de la ville, chantaient avec enthousiasme, leurs têtes couvertes de fleurs. « Ils demandaient des droits égaux, qu'Otto voulait bien leur accorder », se souvint Charlotte[4]. « Il savait comment gouverner, avec sa chaleur et son charme autrichien », et il espérait que cette initiative le rendrait populaire auprès des Ukrainiens. Himmler vint inspecter la Division, ce que Charlotte ne mentionna pas. À la même période, elle reçut un nouvel enregistrement de la Quatrième symphonie de Bruckner, *Romantique*, qui, lui, fut dûment consigné dans son journal.

Il y avait de bonnes raisons d'accélérer le recrutement des Ukrainiens, la guerre contre la Russie était difficile. Catastrophique même, aux yeux de Charlotte. Le 3 février 1943, lorsqu'elle apprit la nouvelle de l'échec de l'assaut sur Stalingrad, elle écrivit que ce fut « l'une des journées les plus tristes de sa vie[5] ». « Tout ce sang qui coule ne pourrait être plus sombre. » Otto tenta d'avertir Hitler du danger croissant à l'Est – sans succès, enregistra Charlotte pour la postérité. Elle sentit par ailleurs qu'on les espionnait, elle le nota en tout cas : « C'est de pire en pire. » Fais attention, la prévint Otto, l'ennemi écoute. Ils communiquèrent une fois de plus par code, que ce soit au téléphone ou dans leur correspondance.

L'arrivée à Lemberg de dizaines de milliers de soldats blessés venant du front de l'Est incita Charlotte à se porter volontaire dans un hôpital de la rue de l'Est. « Pour cent hommes blessés il y avait trois infirmières, j'étais la quatrième[6]. » Elle prépara la nourriture, écrivit des lettres pour les soldats et s'occupa de leurs autres besoins. Elle tomba amoureuse aussi, en mars, d'un jeune lieutenant, Horst Stützen. « Vous êtes très jolie aujourd'hui, je vous aime tellement », lui dit-il doucement. Elle transcrivit ses mots dans son journal en anglais, la langue de sa vie secrète, celle que son mari ne connaissait pas.

Elle confia à Stützen qu'elle l'avait aimé au moment où elle s'était trouvée enceinte de son mari[7]. Elle se fit avorter au mois de mai, mais elle sut immédiatement qu'elle avait fait une erreur. Elle se réveilla de son anesthésie et demanda au médecin : « Quand pourrai-je avoir mon prochain enfant[8] ? » En juin, le jeune homme repartit, elle était triste pour son homme «adorable». Elle resta à Lemberg jusqu'à la fin du mois puis retourna à Thumersbach. Le 10 juillet, les Américains débarquèrent en Sicile. Deux semaines plus tard, Mussolini fut renversé et un nouveau gouvernement italien prit le pouvoir[9]. En août, Charlotte retourna à Lemberg. Au cours de cette période, les membres de la Division prêtèrent serment à Otto, Otto s'opposa à Krüger sur la politique qu'il convenait de mener dans les pays occupés, la guerre prit un nouveau tournant. Charlotte confia toutefois à son journal que la foi dans le Führer demeurait «immense[10]».

En septembre, l'Italie et les alliés signèrent un armistice qui entraîna la division du pays. Le lieutenant Stützen rendit visite à Charlotte à Thumersbach et passa quelques jours chez elle à la campagne. Charlotte alla le chercher à la gare de Zell, heureuse de voir ses yeux clairs et son allure de jeune homme. Ils allèrent au cinéma voir *Die Stimme des Herzens* [La voix du cœur], avec le ténor Beniamino Gigli, puis firent un tour de bateau sur le lac jusque tard dans la soirée. «J'aime flirter avec cet enfant», écrivit-elle. «Je n'oublie jamais Otto, mais j'aime beaucoup cet enfant[11].» Elle résista cependant à son impulsion. «Je dois faire attention à ne pas me perdre, je dois rester vigilante...» À la fin du mois, ses sentiments changèrent: «Maintenant que je sais qu'il m'aime... il ne m'intéresse plus.» Dommage, ajouta-t-elle, mais «le seul homme que j'aime dans la vie reste mon cher Otto».

À la fin de l'année, le jeune homme parti, elle se sentit à nouveau seule, éreintée et épuisée. La situation à la maison était tendue; une nounou s'occupait des enfants, ce que sa fille Traute ne lui a jamais pardonné; son couple était à la dérive. Charlotte sentit un «gros nuage noir» planer au-dessus de leurs vies. Elle se demanda une fois de plus si son mari n'avait pas une maîtresse.

Otto lui apprit que, à moins d'un miracle, l'effort de guerre allemand était condamné. Rudolf Pavlu avait été relevé de ses fonctions de maire de Cracovie pour une faute qu'Otto ne mentionna pas[12]. Envoyé sur le front de l'Est, Pavlu lui décrivait de manière détaillée dans ses lettres les horreurs du combat: la Wehrmacht en miettes, sans munition, sans pièces de rechange, les soldats sombrant dans la boue profonde de l'hiver : « Nos soldats sont abattus comme des mouches, c'est une catastrophe. »

Fin 1943. Charlotte ne pouvait plus envisager l'avenir avec optimisme. Ils étaient pris au piège, sur le plan personnel et sur le plan national. « Nous ne voyions aucune issue. » De son côté, Otto concentrait toute son énergie dans le travail et dans le commandement de la Division SS Galicie.

17.
Lviv, 2014

La Division SS Galicie a donné au film que nous étions en train de tourner* une impulsion différente, inattendue. Il aurait pu se terminer par une violente dispute entre Horst et Niklas dans la salle Purcell. Les deux hommes n'avaient pas le même avis sur leurs pères, mais leur désaccord était trop poli et trop respectueux pour faire un bon film. Un événement survint cependant à la fin de la conversation, lorsque Horst prit le microphone et dit que son père était toujours vénéré en Ukraine. Cette remarque fit germer en moi l'idée de faire un voyage à Lviv.

« Si nous allons en Ukraine », suggéra Horst quelques semaines après la conversation filmée, « nous devrions le faire pour la commémoration de la Division SS Galicie de mon père ». Tous les ans, au mois de juillet, était en effet organisée une reconstitution de la bataille de Brody[1] où la Division avait été mise en déroute par l'Armée rouge. Les raisons de cette commémoration n'étaient pas tout à fait claires. L'événement était accompagné d'une cérémonie annuelle durant laquelle on enterrait des restes retrouvés de soldats allemands. Les propos « antisémites et antirusses » étaient « catégoriquement exclus »

---

* Il s'agit du documentaire de David Evans, *What Our Fathers Did. A Nazi Legacy*, 2015 *(NdT).*

des festivités, nous assura Horst, mais des références antisoviétiques n'étaient pas impossibles. Il ajouta que la visite de la région était pour lui l'occasion de faire le deuil de sa famille et, pour nous tous, de constater la vénération dont Otto faisait toujours l'objet.

Niklas, Horst et moi-même avons fait le voyage à Lviv avec David Evans, le réalisateur et son équipe. Nous sommes descendus à l'hôtel George ; c'était un retour vers la période de l'entre-deux-guerres et l'atmosphère évoquée par Joseph Roth dans *Hôtel Savoy*. Nous nous sommes promenés, nous avons admiré la mairie qui avait autrefois abrité le quartier général d'Otto, et nous sommes allés voir les archives de la ville dans un ancien monastère. Horst inscrivit son nom dans le registre des visiteurs et signa « Fils du Gouverneur ».

Nous fîmes une halte dans la salle qui avait servi de parlement pendant la période austro-hongroise, et qui était maintenant le grand auditoire de l'Université de Lviv. Dans ce lieu imposant, Hans Frank avait, le 1er août 1942, annoncé le plan d'extermination de l'ensemble de la population juive du district de Galicie. Dans son discours, il s'était directement adressé au gouverneur Wächter, le remerciant d'avoir si bien fait son travail. Sans que nous nous y attendions, Niklas mima ce moment : grimpant sur l'estrade où s'était tenu son père, il lut ses mots. « Vous ne leur avez pas fait de mal, n'est-ce pas ? » déclama-il en regardant Horst qui était mal à l'aise. Dans la discussion qui suivit, je perdis patience. Ce fut la première et la seule fois ; peut-être était-ce dû à la conjonction entre le lieu et la réaction de Horst à l'acte d'accusation de son père dont j'avais retrouvé une copie. L'acte, publié par les Polonais et endossé par les États-Unis, accusait Otto de « meurtre de masse ». Horst lut le document et le rejeta immédiatement : une propagande soviétique, dit-il. Cet instant de malaise fut filmé, il figure dans le documentaire. Ma belle-mère a dit de la scène qu'elle relevait de la « maltraitance de personnes âgées »...

Le calme revenu, nous allâmes visiter le 133 de la rue Ivana Franko où avaient vécu Otto et Charlotte. Horst n'avait qu'un vague souvenir de la maison, une vaste demeure ornée de moulures décoratives en plâtre au-dessus de la double porte d'entrée en bois et dotée d'un beau jardin. La piscine ainsi que les courts de tennis qu'Otto ne pouvait entretenir par manque de terre battue avaient disparu depuis longtemps. Horst se souvenait de l'endroit où, petit garçon, il prenait ses petits déjeuners, ainsi que de l'escalier qui menait aux chambres à l'étage supérieur. « Je n'ai conservé qu'un souvenir fugace de cet endroit, de son odeur notamment » – la maison n'avait jamais été aussi gaie que celle de Thumersbach. Par le journal de Charlotte, il savait qu'elle avait travaillé dans un hôpital, il connaissait l'histoire du second avortement et il se souvenait d'un moment correspondant à une sorte de « dépression nerveuse », selon ses termes. Il ne voyait guère sa mère durant cette période. « Pendant qu'elle secondait mon père, recevait des invités ou travaillait à l'hôpital, les nounous s'occupaient de nous. »

Le lendemain, nous sommes allés en voiture à Żółkiew, une petite ville située à une heure environ de Lviv[2]. Nous avons vu la maison en bois où est né Hersch Lauterpacht, nous avons visité la synagogue désaffectée et en ruines, brûlée par les forces allemandes à l'été 1941. Là, dans ce vaste lieu hanté, Horst parlait encore plus doucement que d'habitude, touché apparemment par les hautes colonnes et le vide spectral. « Ici nous sommes confrontés à ce qui s'est passé », dit-il d'un air abattu, « nous nous sentons tristes, peut-être honteux ».

Il restait pourtant incapable de relier Otto aux événements terribles qui avaient eu lieu ici, dans la synagogue, dans la ville ou dans la région. « Je ne pense pas que mon père a donné l'ordre de brûler cette salle, je ne l'imagine pas déambuler ici en uniforme en disant "oh, c'est bien fait" ou des choses comme ça. » Horst voulait garder espoir, il ne voulait pas être emprisonné dans le passé, il voulait croire que cet espace serait un jour de nouveau plein de vie. « Je ne suis pas aussi pessimiste que vous », déclara-t-il. Sa voix s'étranglait.

L'après-midi, nous avons longé la rue Est-Ouest qui menait à un bois à deux kilomètres du centre ; nous avons emprunté un chemin sableux et sommes arrivés au charnier des 3 500 habitants de la ville exécutés en un jour, au printemps 1943. Parmi les victimes, il y avait la famille de mon grand-père et les Lauterpacht. Otto Wächter n'était pas à Żółkiew ce jour-là, mais la ville faisait partie du territoire qu'il gouvernait. Lorsque Horst prit une photo du petit mémorial blanc, le déclic de son appareil rompit notre silence.

C'est là, dans cet espace dégagé, que Niklas implora Horst de reconnaître le rôle de son père. « Mon père était un rouage du système, je le sais, et c'est pourquoi je suis ici», dit Horst. Mais sans informations supplémentaires, il ne pouvait en dire plus. Il voulait savoir la date exacte, le nom des officiers de police présents, le détail des ordres qui avaient été effectivement donnés. «La mort nous entoure de partout, il doit y avoir des dizaines de milliers d'Autrichiens ici.» Horst pensait à 1914, à l'époque où son grand-père Josef avait combattu dans ces champs, et non à 1943; il était incapable d'accepter la notion de responsabilité de commandement.

Ce qui lui importait était l'identité de ceux qui avaient tiré les balles, leurs noms. «Mon père n'aurait pas approuvé, venir ici... ces gens... je ne pense pas...» Pendant qu'il parlait, il tenait une minuscule fleur blanche et retirait un à un les pétales qui tombaient par terre, à ses pieds.

Le lendemain, nous prîmes le bus pour rejoindre le coin de campagne où se déroulait la célébration annuelle de la Division SS Galicie. Le programme prévoyait l'enterrement des restes récemment découverts de trois soldats allemands. Une reconstitution de la bataille était aussi prévue, mais elle fut annulée sur ordre d'un organisme gouvernemental: à un moment où les relations entre l'Ukraine et la Russie se dégradaient rapidement, l'épisode aurait mis le feu aux poudres.

Nous arrivâmes sur une colline à 70 kilomètres à l'ouest de Lviv, près de Brody, lieu de naissance de l'écrivain Joseph Roth. Dans un grand pré entouré des croix blanches des soldats tombés, trois nouvelles tombes furent creusées sous les yeux attentifs de trois vétérans en uniforme SS. «Pour contenir les restes mortels des Allemands et des Ukrainiens morts au combat contre l'Armée rouge soviétique en été 1944», chuchota un vieil homme avec respect. Le bruit aigu et régulier des pelles heurtant le sol était accompagné des lamentations d'un chœur, d'un orchestre de cordes jouant au milieu de jeunes femmes en robes rouges à franges.

Plusieurs centaines de personnes étaient présentes en cette chaude journée de juillet: des vétérans âgés, aux cheveux blancs, appuyés sur des cannes, arborant leurs médailles et leurs rubans, mais aussi des gens du lieu, des familles avec de jeunes enfants et des sympathisants de *Svoboda*[3] – Liberté –, un parti d'extrême droite nationaliste.

Entre le moment de la conversation dans la salle Purcell et cette commémoration au cimetière militaire, un nouveau gouvernement avait pris le pouvoir en Ukraine. Il avait signé un accord avec l'Union européenne et, en réaction, la Russie avait occupé la Crimée. La guerre faisait ainsi son retour sur les marches orientales de l'Europe, un siècle après l'occupation de Lviv par les Russes en été 1941. L'histoire se répète.

Trois cercueils enveloppés du drapeau ukrainien bleu et jaune étaient disposés dans une petite chapelle blanche. Ils reposaient sous une fresque murale aux couleurs pastel délicates représentant des figures religieuses et des soldats en uniformes gris. Avec un air sérieux, des hommes déambulaient en treillis et en uniformes SS ; certains arboraient des drapeaux de régiments ou des pistolets mitrailleurs. Horst prit place à l'extérieur de la chapelle et ôta sa casquette au passage de chacun des cercueils.

Près de nous se tenait un homme en chemise bleu clair avec un large swastika autour du cou. Le symbole, dit-il avec un sourire ironique, n'a pas la signification que vous imaginez.

Un autre en treillis enleva son SS *Stahlhelm*, son casque en métal. « Je l'ai porté sur la place Maïdan à Kiev », nous dit-il en nous montrant l'éraflure d'une balle de sniper. Non, dit-il à Niklas, il ne ressentait aucune honte à porter l'uniforme d'un soldat SS.

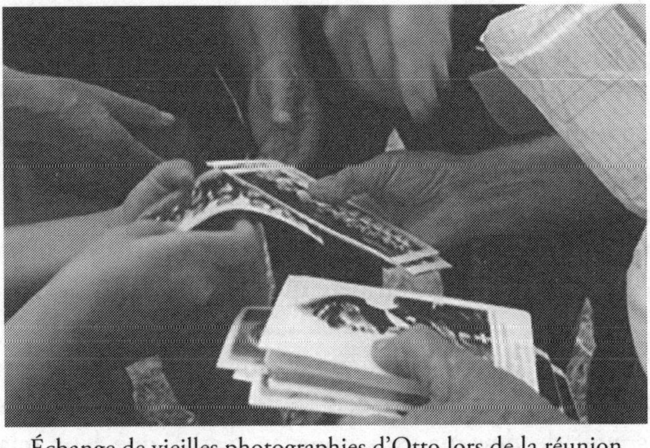

Échange de vieilles photographies d'Otto lors de la réunion de la Division SS Galicie, près de Brody, juillet 2014.

De jeunes enfants observaient notre conversation. Au loin, la terre jaillissait lorsque les pelles en métal tapaient sur le sol dur et sec. Trois vétérans, cheveux blancs et visages burinés, s'échangeaient des photos en noir et blanc. Sur l'un des clichés, on distinguait nettement le visage d'Otto en uniforme SS. Un autre vétéran avec un uniforme et beaucoup de médailles évoqua le jour où le gouverneur Wächter s'était adressé à la Division SS Galicie. Un autre, arborant encore plus de médailles, parla d'Otto avec chaleur. « Un homme bon et intègre. » Horst écoutait, il rayonnait.

Un homme dans un uniforme gris bien repassé de la Waffen-SS, des swastikas et un lion ukrainien cousus sur le haut de la manche, se présenta : il s'appelait Wolf Sturm. Une tête de mort sur la casquette, il portait des bottes en cuir trop grandes et des lunettes noires ; il offrit à Horst la mitrailleuse qu'il tenait ; Horst déclina : il était plus attiré par une décapotable de la SS à quelques mètres de là.

Je priai silencieusement pour qu'il ne monte pas dans le véhicule. Horst se dandina vers la voiture. Il s'arrêta devant la portière arrière, l'ouvrit lentement, se faufila à l'intérieur et s'installa sur le siège arrière. Il ajusta sa casquette, s'adossa et se tourna vers les passants, comme Otto l'aurait fait. David Evans, le réalisateur, jubila. « J'espérais, dans l'intérêt du film, qu'il ferait exactement cela », dira-t-il plus tard au public.

Le voyage du retour s'est fait en silence. Nous nous sommes arrêtés en route pour visiter un cimetière juif du XVIIe siècle près de Brody ; pendant une heure, nous avons déambulé parmi les anciennes pierres tombales. Nous avons ensuite fait une halte à Podhorce pour voir un château baroque du XVIe siècle[4]. Dans le réfectoire, alors que Niklas s'était absenté un instant, Horst a demandé l'attention du groupe en faisant tinter son verre. J'ai quelque chose à vous dire, annonça-t-il après avoir obtenu le silence. « À partir de maintenant, personne ne dira plus de mon père que c'est un criminel, pas en ma présence. »

Le voyage en Ukraine provoqua la rupture entre Niklas et Horst. Dans une interview enregistrée, Niklas avait laissé entendre que Horst risquait de devenir « un nouveau nazi », que leur relation ne pouvait plus durer. Pensait-il vraiment que Horst était un nazi ? Oui, dit Niklas avec assurance après une courte pause : « Maintenant je dirais que c'est un véritable nazi. »

Horst n'apprit cela que plus tard, lorsqu'il vit le film, et cela eut un effet imprévisible. Mais, pour l'instant, il était heureux. « C'était la plus belle journée du séjour pour moi », nous dit-il. « Tant de gens voulaient me serrer la main, à cause de mon père, me dire que c'était un homme bien. C'est tout ce que je veux, rien d'autre. »

18.
Lemberg, 1944

D'une manière ou d'une autre, Charlotte et Otto s'étaient ressaisis. Parce que la situation militaire s'était améliorée ? Parce que Charlotte était enceinte de leur sixième enfant ? Elle décida de garder cet enfant, avec l'espoir peut-être de tirer Otto de sa placidité, de les rapprocher.

Cet espoir fut rapidement déçu. En février, le Dr Otto Bauer, le collègue le plus proche et le confident d'Otto, fut assassiné devant sa maison dans une rue de Lemberg. L'assassin était un agent soviétique déguisé en soldat allemand[1]. Otto fut profondément affecté, désormais incapable de faire confiance à quiconque, même pas à ceux qui portaient l'uniforme allemand, mais il garda sa contenance. « Malgré toutes les difficultés », écrivit-il à son père, « je vais assez bien et le travail est très agréable, spécialement durant cette période tendue »[2]. Otto Bauer n'était pas un vrai nazi selon Charlotte, mais il était intelligent, honorable, et un collègue fiable et loyal. Elle inscrivit l'événement dans son journal, ajoutant une croix à son nom. Elle colla une photo de lui, prise après sa mort, dans l'album de famille. La balle était pour Otto, confia-t-elle à sa belle-sœur Ilse.

Les temps étaient difficiles. Le front militaire se rapprochait de Lemberg, annonçant une « apocalypse » ; une forme d'« humour macabre » se propageait. Charlotte refusait pourtant de laisser les événements contrarier sa vie sociale : elle fit du cheval et s'adonna à la chasse au renard en compagnie de Frau Thier. De son côté, Theobald, le mari de Frau Thier, fermait le camp de Janowska[3] – où était détenu Michael Katz – et s'efforçait de dissimuler les nombreuses traces de meurtres de masse qui avaient été commis, ici et ailleurs, dans la région de Lemberg. Une entreprise de nettoyage impossible. Otto, qui avait renoncé aux activités sociales, ne se consacrait plus qu'à son travail. « Tu es trop déprimé », conclut Charlotte. « La situation est très grave », reconnut-il. « Laisse-moi m'amuser », rétorqua Charlotte, « qui sait combien de temps nous avons devant nous ? »[4]. Elle voulait profiter pleinement du temps qui leur restait.

On observait partout les signes du changement. L'armée allemande reculait dans l'ensemble de l'Europe, les actes de résistance – et les mesures de rétorsion, comme à Bochnia – se multipliaient. Au printemps, les journaux annoncèrent un événement qui avait eu lieu à Rome : des membres de la police du régiment de Bozen avaient été tués fin mars par des partisans alors qu'ils marchaient le long de la via Rasella en chantant le « Horst Wessel Lied ». 33 Tyroliens avaient péri, et, comme à Bochnia cinq ans auparavant, Hitler avait ordonné des représailles : l'exécution de 10 Italiens pour chaque victime allemande. 335 Italiens furent rassemblés, menés vers les Fosses ardéatines dans la banlieue de Rome et exécutés[5]. Ces représailles ont dû rappeler à Otto les événements de Bochnia.

L'Armée rouge avançait. Charlotte se prépara à quitter Lemberg, et organisa un thé d'adieu. Wladislaw, son valet ukrainien bien-aimé, lui suggéra d'emporter les plus belles choses de la villa, même celles qui ne lui appartenaient pas, pour les soustraire aux mains des Soviétiques. Des années plus tard, elle raconta à Otto junior que cette idée était inacceptable. « J'étais stricte, et lorsqu'il s'agissait de biens qui ne nous appartenaient pas je disais : "tout ce qui n'est pas à moi reste ici"[6]. » Elle prétendit qu'elle ne pouvait se résoudre à emporter ces choses ; Wladislaw fut déçu et fit triste mine. Il était tellement dévoué à « la première dame de Lemberg », se souvint-elle.

Au printemps 1944, Charlotte et les enfants quittèrent Lemberg pour rejoindre Thumersbach. Otto, resté en Galicie, ne comptait pas s'y attarder. « Tarnapol est tombée », enregistra Charlotte le lundi

17 avril. L'Armée rouge était à moins de 125 kilomètres de Lemberg[7] ; Himmler rédigea un nouveau décret qui devait être signé par Hitler. « Je nomme le SS-Brigadeführer Dr Otto Wächter (SS-Nr. 235 368) au grade de SS-Gruppenführer[8]. » Un seul grade séparait désormais Otto de celui de Reichsführer. « Je m'efforcerai de répondre à votre extraordinaire confiance avec des performances exceptionnelles[9] », assura Otto alors que les troupes allemandes reculaient. Il redit son entière loyauté et promit de « remplir les tâches qui [lui seraient] confiées... de les exécuter fièrement, conscient de l'engagement unique que représente l'appartenance au Führerkorps de votre SS ». Otto envoya une photo d'Himmler inspectant la Division SS Galicie à Charlotte.

Le 5 juin, la 88e unité de l'infanterie de l'armée américaine entra dans Rome[10]. Les Soviétiques se trouvaient à cinquante kilomètres de Lemberg.

En juillet, Himmler offrit à Otto un livre avec des « bons vœux pour son anniversaire ». Charlotte espérait que l'on pourrait encore persuader les Anglais de rejoindre les Allemands dans leur combat contre les Soviétiques. « J'espère que les Anglais en auront assez et s'uniront avec nous[11] », dit-elle à Otto. Les Juifs sont le principal obstacle à ce projet, se plaignit-elle, « ils se mêlent de tous les débats et les contaminent ».

Le 20 juillet, elle nota, soulagée, l'échec de la tentative d'assassinat d'Hitler. « Dieu merci il ne s'est rien passé[12]. » Elle écouta le Führer à la radio. « Beau temps, Führer a parlé à une heure du matin. »

Le lendemain, la maison de Lemberg fut frappée par une attaque aérienne. « On dit que les Russes encerclent la ville », écrivit Charlotte à Otto.

Dimanche 23, Charlotte put parler à Otto, toujours à Lemberg, au téléphone.

Mardi 25 juillet, Otto trouva le temps d'écrire une lettre de six pages qui devait rassurer sa femme.

Mercredi 26 juillet, Hans Frank informa ses collègues que, selon les informations du gouverneur Wächter, le district de Galicie était « pratiquement perdu[13] ».

Quelques heures plus tard, le matin du jeudi 27 juillet, tandis que l'Armée rouge pénétrait dans les faubourgs, Otto abandonna la ville.

Il alla vers l'ouest, en direction de Tarnow, puis embarqua à bord d'un petit avion Storch pour Stary Sambir, inspecta le personnel de la Division SS Galicie et poursuivit sa route vers Cracovie. « Un roi sans royaume[14] », dit-il à Charlotte. « Mon projet pour la Galicie est terminé. »

Elle nota trois mots dans son journal : *« Aufgeben v Lemberg »* – Lemberg est perdue. L'Armée rouge prit Lemberg, puis avança vers Varsovie, Kielce et Riga.

« Otto est un héros », dit-elle aux enfants, le dernier à avoir quitté Lemberg, bien déterminé à sauver sa division, la Division SS Galicie. « Son vœu le plus cher était de s'assurer que la division ne tomberait jamais aux mains des Russes[15]. »

Otto arriva à Berlin le 30 juillet.

19.

Bolzano, 1944

Arrivé à Berlin, Otto fut officiellement déchargé de ses fonctions de gouverneur de Galicie. Himmler le dépêcha en Italie pour diriger l'administration militaire de la partie nord du pays[1]. « Il était l'homme de liaison entre Hitler et la république de Salò, sous le commandement du SS-Obergruppenführer Wolff[2] », note Charlotte. Wolff avait quitté son poste de chef de cabinet d'Himmler pour prendre la tête de la SS puis de la police en Italie. Otto fut basé à Fasano, sur le lac de Garde, là où il avait passé avec Charlotte des vacances heureuses une décennie plus tôt. Il est tout près, songea Charlotte, ils pouvaient désormais se parler régulièrement au téléphone.

Des années plus tard, la journaliste Melitta Wiedemann[3] apprit à Charlotte qu'Otto lui avait rendu visite pendant qu'il était à Berlin. Elle lui avait suggéré de prendre la tête d'un groupe d'officiers gradés chargé d'« éliminer » Hitler et de mettre fin au chaos meurtrier. Charlotte ne pouvait croire que son mari ait approuvé un tel plan. Elle avait raison, et Himmler avait eu raison de lui faire confiance. Fidèle Otto.

La famille resta à Thumersbach avec tante Ilse et grand-père Josef. Charlotte tenta de garder une attitude positive – « nous avions une gentille bonne, les cinq enfants étaient entre de bonnes mains[4] » –, mais la situation était sombre. « De lourdes défaites, des pertes, des nuages noirs à l'horizon… l'attentat manqué contre Hitler. » En dépit

Aviron sur le lac de Zell, 1944.

de l'absence d'Otto et des perspectives lugubres, elle se sentait curieusement « heureuse et en harmonie ».

À la mi-août, entre un voyage à Berlin où il fut accueilli par les Fischböck et un autre en Italie où il rencontra, à Bolzano, le général Wolff (« magnifique »), Otto s'arrangea pour rendre visite à sa famille. « Je nage autant que je peux[5] », dit-il à Charlotte ; il partagea son temps entre ses résidences de Bolzano et Fasano. Le 17, Charlotte se rendit à Salzbourg avec tante Ilse pour accoucher de leur sixième enfant. Elle nota dans son journal que les Américains se rapprochaient de Paris, tandis que les Soviétiques étaient dans les faubourgs de Varsovie. « Terrible. » Le 24 août naquit Sieglinde – le nom signifie « bouclier qui protège la victoire » –, une petite fille en bonne santé. Elle sera une « véritable Allemande, un Führerkind[6] », nota Charlotte. Les Américains entrèrent dans Paris le lendemain.

Début septembre, Charlotte revint à Thumersbach, au bord du lac. Otto la rejoignit depuis Fasano, dans la République de Salò, pour faire la connaissance de son sixième enfant. Il apportait des cadeaux et un télégramme de chaleureuses félicitations d'Himmler. Le Reichsführer s'enquérait du nom de la petite et terminait sa missive avec une rare faute d'orthographe[7] : « Heil Hitzler » avait-il écrit, le « z » barré à l'encre bleue.

La situation arrive à son point culminant, confia Otto à Charlotte. Les alliés avaient atteint Rome et avançaient vers le nord. « Comme des locustes, par l'air et à pied[8] », nota Charlotte, un flux de réfugiés dans leur sillon. Otto la mit en garde : « Ne sois pas abattue, ne réfléchis pas trop, ça ne te mènera à rien… Nous pouvons marcher vers l'avenir, nos consciences claires et la tête haute, fidèles à notre conception de ce monde et de cette vie[9]. » Ils avaient eu, dans le passé, de bons et de mauvais jours avec le Führer : « nous resterons à ses côtés dans le futur[10] ».

En septembre, Hans Frank confirma avec un certain optimisme[11] la désignation d'Otto au poste de gouverneur dans le Gouvernement général. La décision fut ratifiée par Hitler qui le nomma fonctionnaire à vie avec droits pleins à la retraite.

« Mon travail est ici fondamentalement différent de celui que j'effectuais en Galicie », déclara Otto. Son bureau se trouvait sur la rive ouest du lac de Garde, à quelques kilomètres de Salò, près de l'endroit où Mussolini et la République sociale d'Italie avaient leur quartier général. Albert Speer lui rendit visite, d'autres vieux amis étaient dans le secteur. « Je viens de quitter Globus qui, ici aussi, fait occasionnellement des carnages[12]. » Apparemment, Globočnik, basé à Trieste, déployait toujours son énergie à rafler des Juifs et des partisans italiens. Otto se plaignit pourtant que les mesures adoptées par les autorités italiennes ne fussent pas « aussi drastiques que nous le souhaiterions ». Dans leur campagne contre les partisans et contre la création de républiques de partisans, les Allemands perpétraient toujours plus de massacres. À Sant'Anna di Stazzema, un village toscan, quelque 560 civils furent tués, et à Marzabotto, un village au sud de Bologne, le nombre fut encore plus élevé – au moins 770 civils tués. Le chef de cabinet du général Wolff enregistra l'ordre de « faire le moins de prisonniers possibles » et de s'engager dans une campagne de « terreur froide »[13].

Otto ne parla pas de ces événements à Charlotte, mais il lui envoya des cadeaux à Thumersbach. En novembre, elle reçut une paire de bas qu'elle offrit à une amie. Il lui donna presque tous les jours des détails de ses « activités[14] » : une visite d'Himmler (« un moral au beau fixe ! ») ; le fait qu'il se sentait mieux en Italie (« quelqu'un a dit que je contrôle déjà l'ensemble de l'économie italienne ») ; une visite à Salò pour assister à des représentations de la *Cavalleria rusticana* et de *Madame Butterfly* (« toutes deux très bonnes ») ; les attaques de l'aviation ennemie. Il espérait toujours accomplir quelque chose d'utile et veillait à entretenir une bonne forme physique, nageant souvent dans le lac, même par temps froid. Lemberg, cette ville qu'il aimait corps et âme, lui manquait.

Globus rendit visite à Charlotte à Thumersbach, il y resta quelques jours ; Himmler lui envoya une livre de café avec un mot gentil ; quelques jours plus tard, un cadeau du Reichsführer arriva pour la petite dernière, Sieglinde, encore un chandelier. Les voisins n'étaient pas aussi aimables qu'avant, nota Charlotte qui s'inquiétait par ailleurs de prendre du poids à la suite de sa grossesse. Elle voulait être belle pour la prochaine visite d'Otto. « J'ai rêvé de ton retour à Vienne », écrivit-elle ; il lui dit combien il l'aimait, qu'il ne la haïrait jamais ; elle lui répondit qu'elle le laisserait partir s'il le voulait, mais qu'elle garderait les enfants. Brigitte Frank lui écrivit que sa relation avec le Gouverneur général s'était améliorée. « Je connais votre mari mieux que vous-même[15] », répondit Charlotte, lui rappelant que Frank était « instable et irascible », comme beaucoup d'hommes de génie. En décembre, elle vit les Frank à Vienne, et rencontra Seyss-Inquart en visite depuis la Hollande.

Malgré les difficultés, Otto fit courageusement face. Il dit à un ami qu'il demeurait « très optimiste[16] » sur la situation globale, et qu'il était sûr de la « justesse de nos principes ». Les actions de l'ennemi, des bolcheviks et des Anglo-Saxons, « ne peuvent être traitées avec des moyens démocratiques ». À Fasano, il prononça un discours musclé de fin d'année pour rallier les camarades. Les Allemands adorent Noël et ne veulent jamais la guerre, leur dit-il. L'Allemagne d'Adolf Hitler – nationaliste et socialiste – voulait des « usines propres, des logements décents pour ses ouvriers, des mères et des enfants, et des conditions de vie meilleures pour les masses», elle ne voulait pas de conflit. L'Allemagne a été forcée de tirer l'épée pour «se défendre contre ses voisins jaloux et voraces» dans une guerre commencée par les «pouvoirs de l'éternelle subversion menée par le capital et le judaïsme». L'Allemagne voulait «aider les peuples étrangers», apporter le progrès et faire en sorte que «les cheminées fument, que les paysans labourent, et que les pauvres mangent». L'ennemi – une alliance criminelle entre Staline, Churchill et Roosevelt – apportait «la haine et l'intolérance... la terreur, la brutalité, la persécution, le conflit, la guerre civile, la désintégration, la faim et le chaos». C'était un combat entre le «bien et le juste contre les forces destructrices du mal»[17], qu'une Allemagne résiliente remporterait.

À Noël, de retour à Thumersbach, les bras chargés de cadeaux pour les enfants, notamment des provisions, il dut faire face à sa femme qui avait à nouveau perdu son optimisme. Tandis que les bombardiers américains et britanniques lâchaient leurs bombes dans les eaux du lac de Zell, Charlotte eut une nouvelle vision. «Nous savions que la victoire n'était plus possible», reconnut-elle plus tard, c'était une simple question de survie dans ces temps de chaos. Elle ne voyait pas comment ils pourraient s'en sortir dans la «lutte contre les Anglais, les Américains, les Russes *et* les Juifs». Même si les ennemis se combattaient entre eux, «les Juifs chanteraient d'une seule voix»[18].

20.
Thumersbach, 1945

La nouvelle année commença, Otto et Charlotte correspondirent beaucoup ; leurs lettres évoquaient les mondanités quotidiennes qui aidaient à remonter un moral en berne. Noël avait été « un moment difficile pour une grande célébration allemande[1] », écrivit sombrement Charlotte. « Non, répondit Otto, ce fut un enchantement d'être ensemble. »

Tandis que les escadrons alliés survolaient le village[2], Charlotte partit au ski avec les enfants, près de Zell, sur la Schmittenhöhe. Elle était ravie du café que lui avait envoyé Himmler[3] – beaucoup dépend désormais de lui, au dire d'Otto[4] ; elle se réjouissait de recevoir le *Mutterkreuz* (la « croix des mères ») le jour de la fête des mères, qui la récompensait des nombreux enfants qu'elle avait élevés. En Italie du Nord, Otto, qui se déplaçait toujours en décapotable, se plaignait du froid mordant. Il y avait beaucoup de souci à se faire : à l'Est, le Gouvernement général allait bientôt s'effondrer ; en Italie, les attaques aériennes alliées fréquentes et l'usure de Mussolini rendaient la situation « compliquée[5] ». « Merci de supporter mes fragilités », dit-il à Charlotte ; il savait qu'il n'était pas sans reproches. Il approuvait son idée de donner ses vêtements de travail à la *Volksopfer Sammlung* (une campagne destinée à soutenir les forces armées)[6], notamment l'uniforme SS noir, mais il voulait conserver les uniformes gris.

À la fin du mois de janvier, Cracovie céda devant l'Armée rouge. « Notre magnifique Reich est détruit[7] », écrivit Charlotte le 24 janvier ; il était « inimaginable » pour elle qu'un drapeau polonais flotte à nouveau sur la ville. Deux jours plus tard, Brigitte Frank lui annonça que la chute rapide de Cracovie avait pris son mari par surprise et qu'il avait seulement réussi à sortir de la ville, lui aussi désormais « roi sans royaume[8] ». Le 30, elle célébra le douzième anniversaire de la *Machtergreifung*, la prise du pouvoir par les nazis. « Comme nous avions alors espoir et confiance », griffonna-t-elle, « c'était merveilleux, tu avais à cette époque rencontré le Führer pour la première fois ». La situation était aujourd'hui lugubre, mais tant que le Führer était en vie, l'espoir était permis[9]. En écoutant un discours d'Hitler à la radio, Otto se sentit réconforté par la clarté du message, mais inquiet de l'agressivité du ton[10].

En février, Charlotte alla à Salzbourg, elle fut choquée par la misère. « Des centaines de travailleurs étrangers, des gens en haillons, des cratères géants, des maisons détruites, des débris, de la saleté[11] », écrivit-elle, apeurée par cette foule d'étrangers dans son propre pays. Otto, à son tour, se sentit déprimé. « J'irai mieux lorsque je pourrai à nouveau nager, les exercices quotidiens permettent de retrouver un équilibre. » Il avait pourtant des œillets tout frais et des roses sur son bureau, une photo du lac de Garde au-dessus de la cheminée, et une vue des montagnes au-delà du jardin qui lui offraient « un pont vers la famille à Zell »[12].

Otto était inquiet des attaques alliées sur Vienne[13] – « le destin tournoie autour de nous[14] » –, mais il refusait de reconnaître que la fin était proche. « Ce serait une trop grande injustice pour ce *Volk* si brave, si constant et si authentique, et une telle perte pour le monde[15]. » Un voyage professionnel raviva ses souvenirs d'enfance[16] : on en trouve la trace dans une longue lettre à Horst qu'il remercie de lui avoir envoyé ses jolis dessins et ses lettres. « J'ai adoré retrouver ma vieille Trieste », le souvenir

Carte postale, école militaire impériale de natation, Trieste, 1914.

de l'ancienne école militaire impériale de natation où j'ai appris à nager, la visite de l'appartement familial d'autrefois via Bonomi.

Les jardins de son enfance étaient désormais tristes et négligés ; l'aqueduc, si grand dans son souvenir, semblait avoir rétréci. Porte-toi bien, sois fort, écrivit-il à cet enfant de cinq ans, continue de rendre fiers ton papa et ta maman. « Heil Hitler ! »

Les talents d'organisation d'Otto, sa loyauté sans faille à la cause nazie et sa disposition à prendre des mesures de sécurité brutales en firent un homme très demandé. Après une brève révolte surprise en Slovaquie, Karl Hermann Frank, Reichsminister pour la Moravie et la Bohème[17], suggéra qu'Otto fût nommé ambassadeur d'Allemagne en République de Slovaquie. L'ambassadeur en poste n'était pas assez engagé dans les « mécanismes de sécurité sévères ». La suggestion ne fut pas suivie d'effet. En revanche, le chef du bureau central de la SS, Gottlob Berger[18], un proche confident d'Himmler, demanda le transfert d'Otto à Berlin. Ils cherchaient un nouveau directeur, une « personnalité hors pair[19] », pour le Groupe D qui contrôlait la SS allemande. Wächter était facilement remplaçable en Italie et il était l'homme de la situation. Himmler sollicita l'accord du général Wolff, son « cher Wölffchen ». « Je sais que W. est un employé remarquable, mais le Mouvement Wlasow *(sic)* est d'une haute importance pour nous en Allemagne[20]. » Il faisait référence à la petite armée dirigée par le général Andreï Vlassov[21], un groupe d'anticommunistes russes qui avaient déserté pour combattre l'Armée rouge au côté de l'Allemagne.

Avec le soutien du général Wolff[22], Otto retourna à Berlin à la fin du mois de février. Plutôt mécontent de quitter l'Italie, il emménagea dans une villa moderne non loin d'un bureau qu'on lui avait installé au 28, Rheinbabenallee. La ville avait changé (« plus de ruines, encore moins de circulation, des gens pâles et misérables. Les femmes souvent en pantalons [...], tout le monde transporte des sacs. Les bureaux non chauffés[23]... »), mais il était content de retrouver de vieux amis, les Losacker par exemple, avec lesquels il parla du passé, du présent et de l'avenir.

Vice-directeur du Groupe D à la RSHA/*Reichssicherheitshauptamt*, Otto retrouva l'endroit où il avait travaillé une décennie auparavant, dans l'immeuble berlinois d'Eichmann et de Hass. L'une de ses tâches consistait à faire la liaison entre un « Comité national ukrainien », en cours de création sous les ordres du général Pavlo Shandruk[24], et les renégats russes du général Vlassov. La perspective de travailler, par ce biais, avec la Division SS Galicie – distincte du Comité – et de la sauver rendit le déménagement à Berlin plus attrayant. Il voulait empêcher l'extradition de tous les membres de la division vers l'Union soviétique, affirmée par Staline au début du mois de février à Yalta[25]. Il œuvrait sans relâche au soutien de ses anciens collègues ukrainiens, « étonné » que sa réputation, grandie par la « sensibilité » avec laquelle il avait traité les habitants de Galicie, se soit propagée à travers l'Ukraine jusqu'aux Cosaques et dans le Caucase. « Les représentants des peuples de l'Est sont venus me voir pour me témoigner leur plus grand respect[26] », dit-il à Charlotte – cela évidemment à l'exception des Russes qui connaissaient ses opinions antibolcheviques.

Il contacta le général Shandruk et accepta de créer un Comité national ukrainien (CNU) et une Armée nationale ukrainienne (ANU)[27]. Le CNU avec sa branche armée furent institués quelques jours plus tard ; le général Shandruk fut nommé commandeur – son mandat comprenait la direction de la Division SS de Galicie. En mars, une réception officielle fut donnée à Berlin en présence du ministre Alfred Rosenberg, qui salua la « pleine participation » des Ukrainiens dans la « guerre prochaine contre le bolchevisme ». En présence de treize convives seulement, on servit du vin et des canapés au ministère des Affaires étrangères.

L'Armée rouge s'empara de Vienne le 12 avril. Quelques jours plus tard, Otto, représentant du haut commandement de la Wehrmacht et du ministère des Affaires étrangères, rejoignit le général Shandruk pour une inspection de l'armée ukrainienne près de Spittal, en Autriche. Le 17, ils se retrouvèrent à Völkermarkt afin de distribuer les responsabilités entre Allemands et Ukrainiens, une affaire délicate. Quelques jours plus tard, les deux hommes rendirent visite au général Fritz Freitag[28] sur la base du quartier général, un site endommagé à la lisière d'une forêt près d'un petit hameau. Le général Shandruk voulait qu'un commandement ukrainien remplace le général Freitag, « un homme corpulent », qui ne faisait pas bonne impression. Otto soutint les propositions de Shandruk[29] ; la Division SS Galicie fut renommée Ire Division ukrainienne de l'armée nationale d'Ukraine.

Le 25 avril, les membres de la Division renommée prêtèrent serment en présence d'Otto. Ce dernier voulait qu'elle opère comme « unité de combat antibolchevique[30] », travaillant aux côtés d'autres formations anticommunistes – les Waffenverbände des Cosaques, des Caucasiens et des Géorgiens – désormais sous contrôle américain. Des négociations secrètes, conduites par le général Wolff et facilitées par la Suisse, avaient été engagées avec les Américains. L'opération fut baptisée Opération Sunrise. Je n'ai trouvé aucun indice permettant de dire qu'Otto, loyal jusqu'au bout, était impliqué dans ces négociations[31].

Alors que l'Allemagne était au bord de la capitulation, Otto fit un bref voyage en Italie du Nord pour s'assurer de l'état des autres divisions. Il rencontra le chef de cabinet du général Wolff[32] à qui il suggéra de restaurer le *« k. u. k. »*, le *kaiserlich und königlich*, une référence à l'Empire austro-hongrois.

Le 29 avril, Hitler signa son testament[33]. Il confia sa succession à l'amiral Dönitz[34] et nomma Arthur Seyss-Inquart, qui avait fui la Hollande, ministre des Affaires étrangères. Il se suicida le lendemain[35]. À ce moment, Otto était en route pour l'Italie : il voulait s'assurer des progrès de la nouvelle réserve cosaque. Deux collègues l'auraient alors repéré[36] en compagnie de Globočnik dans le village de Timau, où il aurait fait une donation conséquente au curé local pour la construction d'une nouvelle église.

Otto participa le 3 mai à une modeste célébration de la Pâque ukrainienne avec le personnel de l'armée ukrainienne. Le général Shandruk le remercia de sa présence et de sa courtoisie. Mais, en privé, celui-ci exprima des doutes sur la sincérité de ce soutien[37] ; il pensait qu'Otto était intéressé et qu'il voulait s'exonérer et exonérer les Allemands aux yeux des Ukrainiens.

Les troupes alliées se rapprochaient de Thumersbach ; Charlotte était de plus en plus inquiète du sort de sa famille. « Si les Russes arrivent, ils vous pendront comme femme du SS-Obergruppenführer Wächter », lui avait-on dit, elle devrait s'enfuir. Elle prétendit ne pas craindre la mort mais s'inquiétait pour les enfants. « J'avais très peur pour eux, ils étaient encore si jeunes[38]. »

Elle prit Horst et Heide et les mit en sécurité à Brixen (aujourd'hui Bressanone), au domicile d'une ancienne nounou. La jeune femme, à qui elle confia également de l'argent et des bijoux en dépôt, promit de s'occuper des petits. Puis elle prit Linde, qui n'avait pas encore un an, et la mit en sécurité à mi-montagne, chez la fille d'une sage-femme. « C'était terrible de laisser cette petite chose toute seule là-haut, mon cœur se brise à la seule pensée de ne pas savoir quand nous nous reverrons[39]. »

La guerre prit fin en Autriche le 8 mai[40]. « Le grand jour de la victoire des ennemis[41] », nota Charlotte. « Je suis sans voix. Est-ce vraiment la fin de tout ce que nous avons voulu construire ? »

L'arrivée des Américains au lac de Zell était imminente. Un ami militaire vint s'assurer de la situation de la famille Wächter. Les Américains aiment l'argent et les bijoux, lui dit-il ; il lui conseilla de tout cacher. Elle enterra les bijoux qui restaient ainsi que ses autres biens dans une cachette près d'un petit bois.

Le dernier jour du règne nazi, Charlotte reçut un appel d'Otto. Il allait tenter de rejoindre la Carinthie, les montagnes ; il ne lui en dit pas davantage. Elle lui demanda que faire de ses boîtes spéciales, de ses archives qu'il gardait dans la remise à bicyclettes. Détruis-les, commanda-t-il, elle obtempéra sans délai. « J'en ai brûlé certaines et j'ai jeté le reste dans le lac avec les pistolets que nous n'avions pas le droit de posséder[42]. » Plus tard, elle regretta d'avoir agi « sous le coup de la panique ». De son côté, Otto pensait que ses journaux, dans lesquels il notait « tout en détail », l'auraient peut-être aidé à « se justifier », à montrer « qu'il avait fait tout ce qui était en son pouvoir pour aider tant de gens ».

L'armée américaine entra dans Zell-am-See et Thumersbach le matin du 9 mai[43]. On ordonna à Charlotte de rester dans la maison de ferme qui devait être réquisitionnée. Lorsque les soldats américains arrivèrent, elle demanda ce qu'elle devait faire de la famille, notamment de son beau-père Josef, le vieux général âgé de quatre-vingt-trois ans. « C'est votre problème », lui répondit-on.

La maison fut réquisitionnée. « Ils ont dormi dans nos lits[44] », enregistra Charlotte, mais elle ressentit un certain soulagement. « Je pensais qu'ils allaient tous nous pendre. » Elle trouva une autre maison, un bâtiment de ferme qui appartenait aux Schifferegger, leurs locataires, un peu plus haut dans la montagne. Charlotte et les siens s'y replièrent avec toutes les provisions qu'ils pouvaient rassembler.

Les informations filtraient doucement, une mauvaise nouvelle après l'autre. Effondrement militaire. Le suicide du Führer à Berlin, avec Eva Braun. La fuite de Bormann. Le suicide par empoisonnement de Goebbels, de sa femme et de leurs six enfants. L'arrestation de Göring près de Zell, dans le village de Bruck-Fusch.

Charlotte tenta d'être pragmatique, apparemment toujours plus forte face à l'adversité. La suite en témoigne.

J'étais fataliste et je pensais qu'il était bon de prendre langue avec les Américains. Je suis retournée à la maison et leur ai demandé modestement si je pouvais parler au chef. C'était un jeune officier. Après lui avoir expliqué en anglais ce qui nous embêtait, et demandé s'il était possible d'installer une chambre dans la maison pour le général *k. u. k.* étant donné son grand âge, son cœur s'est adouci. Après avoir réfléchi pendant une heure, il m'a laissé installer papa dans la maison, une véritable exception. C'était la première grande avancée. Papa avait passé une nuit à la montagne et était heureux de retrouver une chambre sans courants d'air. Il rayonnait de formalisme et répéta « formidable, formidable ». Après cela, nous sommes restés en contact étroit. Comme les Américains pouvaient communiquer avec nous en anglais, nous avons passé les soirées ensemble et discuté comme de vieux amis. Leur première question :

« Avez-vous été nazie ? »

J'ai réfléchi rapidement, puis j'ai décidé qu'il n'y avait pas de sens à le nier.

« Bien sûr, j'ai été une nazie très heureuse. »

Ils me regardèrent bouche bée, étonnés, indignés.

« Vous avez vraiment été nazie ? »

Je voyais dans leurs yeux étonnés qu'ils étaient totalement dépassés, et j'ai dit : « Naturellement, pourquoi pas ? »

« Vous savez, nous avons traversé l'Allemagne pendant quatre semaines et nous n'avons pas rencontré un seul nazi. Comment expliquez-vous cela ? Vous êtes la première. C'est un miracle. »

Cet étonnement, cet enthousiasme devant mon aveu, ouvert, total, m'a surprise. J'ai éclaté de rire.

On m'a dévisagée telle une créature mystérieuse et rare. Au cours de la discussion, je leur ai dit, comme je le dis encore, que c'était une grande époque, magnifique, mais aussi qu'Hitler avait la folie des Césars et qu'il était allé au-delà de ce qui était raisonnable. On m'a donné du thé, du café, du sucre, et tout ce que je voulais pour les enfants, du chocolat. Ils étaient si faciles à satisfaire, comme des enfants. Ils m'ont adoptée, j'ai passé des moments formidables[45].

Quelques semaines plus tard, les Américains rendirent la maison aux Wächter. L'un des officiers américains expliqua qu'il n'arrivait pas à dormir dans son lit en sachant que la famille devait vivre dans des conditions si misérables. Charlotte et les enfants retrouvèrent donc leur maison.

Les Américains ayant été plus aimables qu'elle ne l'avait prévu, elle retourna vers sa cachette pour récupérer les bijoux qu'elle avait enterrés. « Il y avait un trou là où je les avais cachés et la mousse avait été arrachée[46]. » Tout ce qu'elle avait mis de côté pour les temps difficiles à venir avait disparu. Charlotte pleura.

La famille ne resta pas longtemps dans la maison de ferme de Thumersbach. Rehrl, l'ancien gouverneur, le propriétaire de la maison à qui elle avait été confisquée, voulut la récupérer. « Je savais que nous devrions partir, nota Charlotte, mais je fus bouleversée lorsque l'avocat désigné pour s'occuper de l'affaire vint un jour nous dire que nous devions nous loger ailleurs. »

Trouver une maison n'était pas facile. « Mes amis étaient tous en prison, Reitter, Blaschke, etc.[47]. »

Ils finirent par trouver un endroit, de l'autre côté du lac, beaucoup plus petit, près du téléphérique de la Schmittenhöhe.

Charlotte attendit des nouvelles d'Otto en mai, en juin. Elle n'en reçut aucune. Elle ne savait pas que, le 8 mai, il se trouvait avec le général Shandruk, près de Klagenfurt. Otto annonça à l'Ukrainien que l'amiral Dönitz avait accepté les termes de la capitulation imposés par les alliés, que le cessez-le-feu prendrait effet sur tous les fronts le 9 mai à minuit. « Vous êtes désormais le responsable principal du sauvetage de la Division SS Galicie, et de tous ses membres », dit-il à Shandruk. Il passa un dernier appel pressé à Charlotte – celui où il était question de la destruction de ses archives[48]. Les Britanniques se rapprochaient alors de Klagenfurt. Le soir, il se rendit à Graz pour rencontrer le Feldmarschall Kesselring, tout juste nommé commandant en chef des forces allemandes dans le secteur chargé de défendre le sud de l'Allemagne et ce qui restait sous contrôle allemand en Autriche et en Yougoslavie après la capitulation de l'Italie quelques jours plus tôt.

Otto vit Kesselring le matin du 9 mai. Ils partirent ensuite dans deux directions différentes.

Kesselring se rendit au major général de l'armée américaine Maxwell Taylor lors d'une cérémonie surréaliste[49].

Otto, qui avait accepté de rencontrer Lohmann, un camarade, dans la région de Stubalm, partit vers l'ouest. Pessimiste, il quitta Graz dans une voiture avec chauffeur. Il espérait une dernière réunion avec les survivants de la Division SS Galicie avant de retrouver Lohmann. Selon un ami qui en fit part à Charlotte, Lohmann l'avait attendu des heures au lieu de rendez-vous. « Votre mari n'est jamais venu. Et depuis nous avons perdu toute trace de lui[50]. »

Otto n'avait pas pu rejoindre le lieu de rendez-vous. Il avait dépassé Stubalm pour retrouver le général Shandruk et la Division ukrainienne à Judenburg lorsqu'une division de blindés soviétique était arrivée depuis Bruck. Après une escarmouche entre la Division ukrainienne et les Soviétiques, les Ukrainiens s'étaient retirés puis séparés. Une partie d'entre eux était dans la zone britannique ; l'autre, y compris Otto, le général Shadruk et le général Fritz Freitag, s'était retrouvée dans la zone américaine, près de Tamsweg, à 130 kilomètres au sud-ouest de Salzbourg.

Le lendemain matin, 10 mai, le général Freitag disparut. Une équipe de recherche le retrouva dans les environs de Tamsweg. Il demanda qu'on le laisse seul, s'éloigna et se suicida[51].

Otto décida de quitter le général Shandruk pour tenter, seul, sa chance. Il savait que les Américains le recherchaient, ainsi que les Britanniques, les Polonais, les Juifs et les Soviétiques. Il se dirigea vers le sud, à travers les montagnes, pour rejoindre l'Italie et des amis dont on ne connaît pas le nom.

L'après-midi du 10 mai 1945, on le vit quitter Tamsberg, seul.

Ce fut la dernière fois qu'on l'aperçut. Otto Wächter, mari et père, avocat et ancien gouverneur, membre de la SS accusé de meurtre de masse, disparut. Cela s'était déjà produit à l'été 1934 ; cela se produisit à nouveau, au printemps 1945.

III.

FUITE

Dessin d'Otto représentant trois personnages sur une montagne, 1946.

« Mon mari mourut à Rome… Devant l'horreur de sa mort solitaire, devant les angoisses et les espoirs qui précédèrent sa mort, je me demande si c'est bien à nous que cela est arrivé… »

Natalia Ginzburg, *Hiver dans les Abruzzes*, 1944

21.

New York, 2015

Au printemps 1945, Otto Wächter disparut pour la deuxième fois. Soixante-dix ans plus tard, à New York, on projeta la première d'un film documentaire dans lequel son fils Horst jouait le rôle principal. La réaction de Horst à l'une des scènes du film provoqua un enchaînement d'événements qui le conduisit à me donner accès aux papiers de Charlotte.

Tout commença avec l'invitation de Horst à la première de *What Our Fathers Did. A Nazi Legacy* [Ce qu'ont fait nos pères. Un héritage nazi] au festival du film de Tribeca. Horst m'écrivit pour me dire qu'il n'aimait pas le titre, il pensait que *What Our Fathers Did… And What They Did Not Do* [Ce que nos pères ont fait… et ce qu'ils n'ont pas fait] aurait été meilleur. Il redoutait aussi que le contenu du film ne le déçoive encore plus que ce titre malheureux et trompeur. Pourtant, avec son bon esprit habituel, il envoya un message à la famille et aux amis : « Invitation à la première… un film sur mon père, le château de Hagenberg, et moi-même. » Il ne précisa pas qu'il n'avait pas encore vu le film.

La première à Tribeca se passa bien ; le film fut acheté pour une diffusion limitée aux cinémas en Amérique et en Angleterre. Mais, disponible sur Amazon, Netflix et iTunes, il rejoignit le circuit des festivals et reçut dans l'ensemble de bonnes critiques. « Un film… sur une conversation difficile… et l'échec de toute conversation », écrivit le *Washington Post*[1]. « Dérangeant », selon le *Guardian*[2]. « Captivant et fascinant », selon le critique du *San Francisco Chronicle/GATE*[3]. « Horriblement captivant », jugea le *Spectator*[4]. Je m'interrogeais sur la réaction de Horst. *Variety* pensait que le film, une étude sur le déni et la responsabilité en temps de guerre, était « troublant », de même que le « défi de devoir gérer un monstre dans la famille »[5]. Le *New York Times* reconnaissait que Horst et Niklas n'étaient pas responsables des actions de leurs pères, mais suggérait qu'ils étaient bien « obligés de reconnaître ce qui s'était véritablement passé[6] ». Observer Horst – un « apologiste dont les excuses sont exaspérantes » – nier la vérité était « difficile à regarder, et […] il était tout aussi difficile de s'en détourner ». Un des critiques du *Daily Beast* parla de « l'admiration trompée de Horst pour son père[7] » ; un autre conclut que ni lui ni moi n'étions capables d'emprunter la perspective de l'autre.

Horst vit le film et il me fit savoir qu'il ne l'aimait pas vraiment. « J'ai mis du temps à le saisir », écrivit-il à David. Le documentaire était soigneusement fait, reconnut-il, quelques scènes lui étaient certes favorables, mais il y en avait si peu : pas plus que « quelques bourgeons dispersés sur une mer de brutalité, de négligence et d'ignorance ». Il était aussi assez affecté par les critiques. « Quand j'ai lu la première critique dans le *Daily Beast*, j'ai été pris d'une diarrhée aiguë ! »

Comme toujours, Horst retint néanmoins de cette expérience une leçon positive. Il m'expliqua que notre relation l'avait incité à redoubler d'efforts pour connaître l'histoire de son père, et que le film lui avait permis de découvrir de nouvelles preuves de « l'évidente » bonté de son père. Il était prêt à tourner un deuxième film pour montrer ce que son père n'avait pas fait, et à ne pas ménager sa peine pour restaurer son château, qui représentait la partie positive de l'héritage d'Otto.

L'une des scènes du film eut des répercussions inattendues. Je ne me souviens pas de l'enchaînement précis des événements, mais le malaise qu'avait ressenti Horst lorsque Niklas l'avait traité de « nouveau nazi » devant la caméra en fut le catalyseur. Je ne partageais pas le jugement de Niklas, je l'ai dit dans le film ; et Niklas lui-même a plus tard retiré ses paroles. Mais Horst, attristé par l'accusation, voulait faire quelque chose de plus pour prouver son ouverture d'esprit et son honnêteté profondes. Il voulait faire un geste positif.

Notre première rencontre remontait alors à trois ans. Je connaissais l'existence des papiers de Charlotte, ils étaient gardés au Schloss, mais je n'avais vu que quelques albums photos, quelques pages du journal de sa mère et une ou deux lettres. Horst m'avait toujours permis de consulter tel ou tel papier qui m'intéressait, mais je n'avais jamais demandé à voir, et je n'avais jamais vu, l'ensemble. Horst ne pouvait-il pas rendre le corpus accessible à un public plus large, des universitaires et des chercheurs en particulier ? Il était après tout convaincu que le matériel était à l'image de l'intégrité fondamentale d'Otto et que l'on n'y trouverait aucune trace d'actes répréhensibles commis par ses parents. Il ne se montra pas hostile à mon idée et me dit qu'il y réfléchirait. Je me suis donc attaché à trouver un lieu d'accueil adéquat pour les documents et lui ai suggéré le Musée du mémorial de l'Holocauste à Washington D. C. Il a réfléchi et m'a rappelé quelques semaines plus tard pour me dire que c'était une bonne idée et me donner son accord.

Je l'ai présenté à un archiviste du Musée, un Autrichien qui, par une heureuse coïncidence, avait un lien de parenté avec les Wächter. Ils se sont parlé, et leur premier échange fut fructueux. Une équipe de transcripteurs digitaux en provenance de Washington D. C. a ensuite envahi le Schloss et a scanné et digitalisé les papiers de Charlotte pendant plusieurs jours : des milliers de pages de documents et de photos, un nombre bien plus important que je ne l'avais imaginé. Horst m'a généreusement offert un jeu complet de tous les papiers. Quelques jours plus tard, j'ai découvert une enveloppe usée dans ma boîte à lettres londonienne, à peine scellée avec du scotch épais. À l'intérieur se trouvait une clé USB bleue.

J'ai branché la clé sur mon ordinateur et j'ai ouvert les dossiers. Il y avait là presque 13 gigabytes d'images digitales, 8 677 pages de correspondance, cartes postales, journaux intimes, photos, articles et documents officiels. Ils étaient grossièrement rangés par catégorie et dans un ordre chronologique approximatif.

Cinq dossiers contenaient les lettres et les cartes postales qu'Otto et Charlotte avaient échangées sur une période de vingt ans, de mai 1929 (une carte postale de Charlotte depuis Rome) à juillet 1949 (une lettre de Charlotte pour son mari à Rome) : 1929-1934, 1935-1937, 1938-1943, 1944-1945, 1945-1949.

Un dossier intitulé *Erinnerungen* rassemblait quatre fichiers de « mémoires » rédigés par Charlotte plusieurs années après les événements à l'intention de ses enfants. Ils comprenaient quatre périodes de sa vie avec Otto : 1938-1942, 1942-1945, 1945-1947, 1947-1949.

Meine Liebesjahre, la vie amoureuse de Charlotte, contenait le récit de leur première rencontre et de ses années avec Otto.

Meine Kinderjahre, les années de mes enfants, regroupait les carnets où Charlotte avait enregistré la première année de chacun des six enfants Wächter, de la naissance d'Otto junior en 1933 à celle de Linde en 1944.

Charlotte avait pris soin d'exprimer ses souvenirs dans une écriture régulière et penchée[8] ; un ami m'a dit que c'était rédigé dans un dialecte autrichien truffé d'erreurs grammaticales. « Cela fait longtemps que je voulais coucher cette vie intéressante sur papier », avait-elle écrit en 1978, « c'est un cadeau pour mes enfants ». Un an plus tard, dans un autre volume, elle avait précisé le sens de sa démarche :

> J'ai décidé aujourd'hui de faire enfin ce que je voulais faire depuis très longtemps. Je voulais noter ce qui s'est passé depuis 1945, au moins sommairement et pour autant que je me souvienne des événements. Ce sera précieux pour les enfants d'en savoir un peu plus sur une époque dont ils se souviennent à peine. J'espère qu'ils comprendront que la relation avec mon mari Otto n'a pu survivre que parce que notre amour était sans limites, il allait au-delà de la mort où nous serons réunis un jour[9].

Les fichiers étaient hétéroclites comme l'indiquent les titres.

Lebensgeschichte, un mémoire court, écrit à la main.

Fotoalben, albums photos.

Fotos Lemberg, photos de Lemberg.

Hochaufgelöste, images haute résolution. Ce dossier comprenait deux fichiers : l'un intitulé *Identitätskarten* m'intrigua tellement que je l'ouvris aussitôt. Il contenait les cartes d'identité utilisées par Otto lors de sa seconde disparition, après mai 1945 ; elles étaient établies aux noms d'Oswald Werner et d'Alfredo Reinhardt.

Negative, les négatifs des photos. Vingt-quatre dossiers, tous avec un titre. Papa et Otto, 1934. Été 1938. Versailles. Thumersbach, 1944. *Kriegspolizeiauto*, voiture de la police de guerre, etc.

Nachlass, documents de succession. Huit dossiers.

Privatdokumente 1901-1961. Treize dossiers identifiés comme « privés » ou « personnels », classés par année : 1938, 1939, et ainsi de suite jusqu'en 1945, puis au-delà.

Stammbuch, le livre de la tribu, qui commence par la première entrée de Charlotte, le 1er janvier 1925, le jour de la nouvelle année passée avec ses parents.

Tagebücher, les journaux de Charlotte, vingt-neuf dossiers, un par an, pour la plupart classés par années : 1927, 1929, 1930, jusqu'en 1945. Quelques années manquaient : 1928 – une année pas très importante –, mais aussi 1933 et 1939 – deux années cruciales dans la vie des époux. Charlotte n'a-t-elle pas tenu de journal durant ces années ? Ont-ils été perdus, détruits dans une entreprise de nettoyage ?

Un seul journal était consacré à Otto, un *Kalender* pour l'année 1949 ; l'année avait été ajoutée au crayon d'une écriture anguleuse sur la couverture tachée. Il y avait là des informations sur la vie d'Otto quand il était en fuite, après la guerre, et sur son séjour à Rome durant les derniers mois de sa vie.

Zeitungen 1949, les coupures de presse de l'année.

Tonbänder, les enregistrements sonores. Quatorze dossiers, de vieilles cassettes biface digitalisées. En ouvrant la cassette une, face une, j'ai, pour la première fois, entendu la voix de Charlotte. Elle s'exprimait de façon méthodique et rythmée, dans un allemand haut perché et nerveux. « Décembre 1966… », c'est ainsi que commence l'enregistrement[10]. J'en ai écouté une deuxième intitulée « Conversation avec Melitta Wiedemann », un échange avec la journaliste, en avril 1977, au café de l'hôtel Quatre Saisons à Munich. On entend le tintement de verres, un toast, puis un compte rendu de ses rencontres avec des personnes intéressantes, sir Oswald Mosley notamment, le fondateur de l'Union britannique des fascistes. Une « vraie personnalité », dit Charlotte à son interlocutrice lors du dîner enregistré. « La politique est splendide. »

« J'étais une nazie enthousiaste », dit une voix féminine.

« Moi aussi », dit une autre. « Et je le suis toujours. »

« Une époque formidable », dit la première voix. « Hitler était notre sauveur. » Bien qu'elle ne fût pas, ajoute la voix, d'accord avec tout ce qu'il avait fait. Mais aucune des transgressions n'était précisée.

Le matériel était volumineux. Pendant les semaines et les mois qui ont suivi, je n'ai fait que des incursions dans les dossiers. Les photos étaient accessibles, mais les documents manuscrits, majoritairement en allemand, l'étaient beaucoup moins. Il fallait en somme déchiffrer des milliers de pages écrites à la main. L'écriture de Charlotte devenait progressivement plus facile à lire, surtout ses lettres, mais son journal posait de vraies difficultés, car les phrases étaient souvent coupées et les mots abrégés. Beaucoup d'entrées portaient sur des activités mondaines ou sur la routine – lever, manger, sieste, dormir – et des faits simples relatifs aux enfants, à leur poids, à l'origine d'une fièvre. Elle aimait noter chaque aspect de sa vie : les choses étaient *« ganz nett »* (assez agréables), ou *« sehr schön »* (très bien), ou *« schrecklich »* (horribles), ou *« nicht sehr gut »* (pas très agréables). Les individus aussi obtenaient une note : *« recht nett »* (vraiment agréable), ou *« leider beide so unitelligent & dumm »* (malheureusement tous deux si peu intelligents et stupides).

Déchiffrer l'écriture d'Otto était plus ardu encore. Elle était nette et contrôlée, mais ses mots étaient petits, précis et anguleux, difficiles à lire, presque incompréhensibles. J'avais tendance à m'arrêter sur des éléments plus faciles à saisir, un chiffre appuyé ou une lettre, ou l'un de ses dessins.

J'ai cependant pu me faire une idée très générale de la nature des documents. Les centaines de lettres et de cartes postales échangées sur plus de deux décennies, avec dates et adresses, permettaient de se représenter leurs vies de manière presque géographique. Un certificat de naissance. Un bulletin scolaire. Un document universitaire. Un abonnement de 1929 pour le tram viennois. Sur trois documents figurait le swastika. Un dossier personnel de la SS. Des rapports d'employés. Un papier de l'association du barreau de Vienne. Une page de témoignages du procès de Nuremberg. Un article universitaire sur le putsch de juillet 1934. Le *curriculum vitae* d'Otto, daté de 1935. Un menu de déjeuner de décembre 1939. Un décret signé par Otto à Cracovie. Une lettre de Lemberg. Une page du *New York Times*. Une note manuscrite de l'évêque Alois Hudal à Rome. Une coupure du journal *L'Unità*. Un dessin d'enfant. Une caricature. Un poème de Goethe. Un manuscrit tapé à la machine intitulé *Quo vadis Germania?*

Les papiers de Charlotte ne quittaient pas mon esprit. Un soir d'été, ma femme et moi avons invité quelques amis à dîner. L'une des convives était une collègue de mon université, une historienne qui dirigeait le Centre pour l'édition des Vies et des Lettres. La professeure Lisa Jardine avait récemment donné une conférence inaugurale au titre alléchant : « Les archives tentatrices ». Elle avait posé des questions intéressantes et complexes[11] : quels sont les différents moyens permettant d'évaluer les matériaux d'archives de nature privée ? Comment intégrer ce type d'archives dans un contexte historique plus général ? Comment gérer la surprise ? Quelle est, le cas échéant, la valeur des documents privés ?

Au cours de la conversation, nous avons évoqué les papiers de Charlotte. Lisa était curieuse d'en savoir plus et, bien qu'elle fût atteinte d'un cancer incurable, elle m'a demandé de venir la voir. Nous nous sommes retrouvés chez elle, près du British Museum, quelques jours plus tard. « Montre-moi quelques-uns de ces documents », me dit-elle pour satisfaire sa curiosité. Elle était allongée sur un grand canapé, son mari John à ses côtés. Elle avait invité James Everest, son dernier doctorant, à se joindre à nous, ainsi que mon éditeur chez *Vanity Fair* et sa femme qui étaient de passage à Londres.

Je suis arrivé avec une poignée de documents que j'avais imprimés, pensant qu'ils pourraient intéresser Lisa, quelques lettres aussi et des photos. Après plusieurs heures de discussion, Lisa voulut en apprendre davantage sur les documents privés, les journaux de Charlotte, sa correspondance avec Otto.

Elle était en particulier frappée par le nombre de lettres échangées durant les derniers mois de la vie d'Otto.

« Pourquoi un mari et une femme s'écriraient-ils si souvent, des lettres si longues et si détaillées ?

– Parce qu'ils s'aimaient ? » ai-je conjecturé.

Les yeux de Lisa étaient brillants d'excitation. Elle avait plusieurs longueurs d'avance sur nous.

« Non. » Elle dit cela avec emphase, secoua la tête, un sourire entendu aux lèvres. Elle savait.

« Il y a autre chose. Un code peut-être, une communication entre eux sur des choses que les autres ne doivent pas savoir. » Il nous fallait essayer de découvrir ce qui s'était réellement passé, lire entre les lignes et les mots. « Voyons ce qui est véritablement arrivé à Otto Wächter, ce que Charlotte savait, et si elle l'a aidé. »

Une graine était semée. En l'espace de quelques jours, nous nous sommes mis d'accord sur le plan d'un projet de recherche sans vraiment réfléchir à son étendue, à son ambition, ou au temps que cela prendrait. James dirigerait un groupe de trois assistants germanophones recrutés parmi mes étudiants et chargés de déchiffrer les lettres et les journaux de la dernière période de la vie commune d'Otto et de Charlotte.

Nous nous sommes accordés sur une méthode : transcrire d'abord les lettres et les journaux dans leur langue originale, l'allemand, puis les numériser avant de les traduire en anglais. Chercher ensuite des motifs, des noms et des lieux récurrents, puis tenter de déchiffrer les entrées qui étaient manifestement codées. Essayer enfin de placer les anecdotes et les morceaux d'information échangés entre Otto et Charlotte dans un contexte historique et politique plus large. Nous savions que ce travail serait lent et méticuleux. Cela serait long, mais l'entreprise était importante, car les documents étaient uniques : il s'agissait des papiers privés d'un couple dont le mari était accusé de crimes et en fuite. Il était impossible de faire vite ; l'interprétation et la reconstruction s'annonçaient laborieuses.

Nous avons décidé de commencer par la période allant de 1945 à 1949 : de la fin de la guerre à la mort d'Otto dans le lit numéro 9 de la Sala Baglivi à l'hôpital Santo Spirito.

22.

Hagener Hütte, 1945

La fin de la guerre et la disparition d'Otto bouleversèrent le monde de Charlotte. Karl Renner, récemment nommé chef d'un gouvernement provisoire comprenant un nombre important de communistes, déclara promptement l'indépendance de l'Autriche[1]. Occupées par les quatre pouvoirs alliés, l'Autriche et sa capitale furent divisées en quatre zones, le centre-ville de Vienne demeurant zone internationale. Thumersbach, où vivait Charlotte avec les enfants, et Salzbourg, où habitait sa famille, étaient en zone américaine ; Mürzzuschlag se trouvait en zone britannique.

1945 fut pour Charlotte l'année de l'« effondrement », elle en fut marquée pour le restant de ses jours. Elle devait cependant s'occuper de six enfants et avait peu de temps pour l'introspection. Elle avait ramené Horst et Heide de leur abri dans la montagne. Et, pour récupérer les bijoux qu'elle y avait laissés en dépôt, elle avait dû se battre contre « l'impudente gardienne » qui avait tenté de les conserver.

Les enfants plus âgés étaient scolarisés à Zell où la situation était chaotique. « Des professeurs nazis étaient en partie internés au camp de concentration de Glasenbach[2] », nota-t-elle avec ironie, et ceux qui n'avaient pas été membres du parti étaient trop vieux pour enseigner. Otto junior ne put poursuivre sa scolarité dans son lycée pronazi à Kreuzberg, comme elle le souhaitait ; l'établissement avait fermé, à sa grande déception. Elle se tourna donc vers le Realgymnasium à Salzbourg, où elle dut affronter une nouvelle et désagréable réalité : le nom de Wächter, qui avait jusqu'alors permis d'ouvrir toutes les portes, les fermait désormais. « Malheureusement nous ne pouvons admettre votre fils », l'informa le nouveau directeur, un prêtre. On lui laissa imaginer la raison de ce refus. « La Bible ne dit-elle pas qu'il faut aider la veuve et l'orphelin ? » demanda-t-elle. L'intervention de l'évêque Pawlikowski fut sans effet. Celui-ci s'était opposé à l'échange de trois cents médecins nazis incarcérés contre un nombre équivalent de Juifs récemment libérés (« Pour les catholiques, le Juif est un ennemi de la foi ancestrale[3] »).

La famille dut quitter la maison de Thumersbach qui fut rendue à son propriétaire, l'ancien gouverneur Rehrl. « Une propriété usurpée ne prospère jamais », reconnut bien plus tard Charlotte. Elle ne mentionna pas les procédures criminelles engagées contre Otto par les cours locales, elle ne dit rien non plus des verdicts qui l'avaient déclaré coupable de crime contre la propriété. « Le lieu de séjour de l'accusé est actuellement inconnu », indique l'un des documents légaux. La maison de ferme fut saisie, mais Charlotte ne conserva ni le rapport du gouvernement militaire américain, ni l'article de la *Wiener Zeitung*[4]. Expulsée de sa belle maison, elle trouva des chambres dans une pension près du téléphérique inférieur de Zell-am-See. Charlotte s'y installa avec ses enfants, le grand-père Josef et la tante Ilse.

Le « Reich de mille ans[5] » est mort trop tôt, nota Charlotte, l'ennemi est arrivé trop vite. Elle était horrifiée par « l'armée de réfugiés » qui déferlaient depuis l'Est, poursuivis par les Russes qui étaient « pires que les Vandales ou les Huns ». Apeurés comme des poules par les rumeurs sur les viols et les pillages, ses amis viennois se cachaient dans leurs caves. Ses parents quittèrent l'appartement de la famille, le frère Heini empila les meubles dans deux camions de l'armée. Les frères de Charlotte furent dépossédés de leurs maisons, « simplement parce qu'ils étaient membres du parti ». Il était si injuste, se plaignit-elle, que les *Obernazis* viennois aient tout perdu. Elle récupéra néanmoins quelques biens grâce à un « pilleur » anonyme, identifié seulement comme « criminel de camp de concentration ».

L'appartement de la famille à Vienne fut confisqué, un acte d'autant plus ignoble qu'il servait désormais de siège à une « association de camp de concentration ». Charlotte tenta de le récupérer ; ce ne fut pas une tâche facile car, pour atteindre la capitale, elle devait traverser le secteur russe et demander une permission. Cela n'aide pas d'être la « femme d'un nazi », nota-t-elle dans son journal. Un vieil homme aimable et poli lui ouvrit la porte de l'appartement. « Je suis entrée, je l'ai invité à s'asseoir, et je me suis présentée comme la fille des Bleckmann, les propriétaires[6]. » Elle ne mentionna pas le nom de Wächter. « Comment une association de camp de concentration peut-elle s'installer dans un appartement sans demander la permission ? » l'interrogea-t-elle. « C'est pire que sous Hitler, le régime que vous condamnez. »

Elle sentit l'embarras du vieil homme. « Mes parents n'étaient pas membres du parti », lui dit-elle, c'étaient des gens bien, et la confiscation de leur maison est illégitime. Elle exigea le départ des occupants sous quatre semaines, ils obtempérèrent. L'appartement fut récupéré, puis vendu pour une somme correcte. « J'ai eu ma part », nota Charlotte.

La Villa Mendl fut aussi confisquée. « Peut-être n'aurions-nous pas dû la prendre[7] », concéda Charlotte quarante ans après les faits. « L'excitation de la victoire », l'espoir d'échapper à une vie pauvre, bien que généralement heureuse, et le désir d'atteindre les sommets les avaient sans doute menés sur des chemins qu'ils n'auraient jamais dû emprunter. « Nous ne comprenions probablement pas vraiment les conséquences de nos erreurs. »

Elle chercha néanmoins à se justifier : la propriété était vide lorsqu'elle leur avait été attribuée, et son propriétaire, un « riche Juif », avait choisi d'émigrer. Était-ce la faute de Charlotte ? Pas plus, selon elle, que celle de Herr Lippert, l'architecte qui avait géré la propriété et l'avait passée à ses amis, les Wächter. « Je n'ai jamais vraiment voulu de cette villa », confessa Charlotte, mais il y avait si peu de choses sur le marché et, dans une telle situation, avec trois enfants en bas âge, Lippert l'avait persuadée de la prendre. Il était donc plus responsable qu'elle. Si Charlotte avait des regrets, c'est ainsi qu'elle les surmonta.

D'autres pertes ne furent pas mentionnées, l'aciérie familiale de Mürzzuschlag notamment. Une archiviste diligente du musée des sports d'hiver de la ville a retrouvé des documents qui retracent l'histoire de l'entreprise, depuis son bulletin, la *Schoeller-Bleckmann Werkszeitung* – qui avait célébré l'Anschluss avec des photos de l'aciérie drapée dans les swastikas –, jusqu'aux lettres de l'après-guerre qui décrivaient l'arrivée des Soviets, la fuite des propriétaires et la nationalisation de l'usine. Le père de Charlotte, Walther Bleckmann, seul membre de la famille qui n'avait pas été membre du parti, avait tenté de récupérer la propriété, mais le nouveau directeur s'y était opposé[8]. De l'héritage des Bleckmann il ne restait rien.

Les frères Bleckmann s'unirent alors pour monter une nouvelle entreprise à St Gilgen, près de Salzbourg. Charlotte leur rendit régulièrement visite. Une amie qui travaillait non loin de là comme laitière lui fournit des œufs, du beurre, de la farine et du jambon. Charlotte donna en échange ses robes de soirée et de petites quantités de sucre.

À l'arrivée de l'été, les journaux commencèrent à rendre compte du destin des hauts responsables nazis : ce fut une litanie d'inculpations, d'arrestations, de suicides et de disparitions. Le titre « Inculpation de criminels de guerre autrichiens » revint régulièrement à la Une. Une commission des Nations Unies publia une liste de trois cents cas « particulièrement graves » : de nombreux noms se trouvaient dans le carnet de Charlotte. « Blaschke, ancien maire de Vienne[9]..., le Dr Hans Fischböck, ministre du Commerce du gouvernement qui avait négocié l'Anschluss..., Odilo Globotschnick, ancien Gauleiter de Vienne..., SS Gen. Dr Ernst Kaltenbrunner..., Seyss-Inquart..., le Dr Otto Waechter. » En décembre, les *Oberösterreichische Nachrichten* firent leur Une avec « L'Autriche accuse[10] ! » : Otto était identifié comme l'un des pires criminels de guerre. Mais ce genre de listes ou d'articles ne figuraient pas dans les papiers de Charlotte.

Charlotte ne mentionna pas non plus le destin des camarades et des amis qui avaient été dépassés par la rapidité des changements. À la fin du mois de mai, le « cher Globus » qui s'était caché dans une cabane près de Weissensee fut découvert par les Britanniques[11]. On l'emmena au Schloss Paternion, au sud de Salzbourg. Il se suicida dans la cour.

La « bête noire » d'Otto au sein du Gouvernement général, Friedrich-Wilhelm Krüger[12], se suicida également, dans un camp américain près de Linz. Heinrich Himmler, attrapé par les Britanniques, avala une capsule de cyanure. Peu de temps après, sa femme Margarete et sa fille Gudrun[13] furent arrêtées près de Bolzano. Le *Jersey Journal* rapporta : « Un soldat local localise Frau Himmler[14] ».

LT. THOMAS A. LUCID
Local Soldier Helps Locate Frau Himmler

« Un soldat local localise Frau Himmler », *Jersey Journal*, 16 mai 1946.

Hans Frank fut arrêté en Bavière avec les trente-huit volumes de son journal et une belle collection d'œuvres d'art[15]. Ernst Kaltenbrunner[16], l'ami le plus intime d'Otto au sein de la SS, fut repéré à la Wildensee Hütte, dans la municipalité d'Altausee, près de Salzbourg : il se faisait passer pour un médecin de la Wehrmacht. Les Canadiens[17] réussirent à localiser le parrain de Horst, Arthur Seyss-Inquart, qui se cachait en Hollande. Ces trois camarades firent partie de la liste des « célébrités[18] », des vingt-deux principaux nazis qui durent faire face à la justice à Nuremberg, accusés de « crimes contre l'humanité » et de « génocide ». Le procès débuta le 20 novembre 1945 par des témoignages saisissants sur les meurtres perpétrés dans les territoires gouvernés par Otto : l'assassinat de plus de 130 000 individus, dont plus de 8 000 enfants durant sa première année d'exercice à Lemberg. Tout cela fut alors publié dans les journaux, mais je n'ai trouvé aucune mention du procès le plus célèbre de l'histoire dans les carnets de Charlotte. Un an plus tard, le 1er octobre 1946, Frank, Seyss-Inquart et Kaltenbrunner, le collègue le plus proche d'Otto, furent déclarés coupables et condamnés à mort[19]. Deux semaines plus tard, les journaux du monde entier publièrent des photos de leurs corps pendus. Leurs restes furent incinérés et leurs cendres jetées dans une rivière[20].

Josef Bühler, secrétaire d'État du Gouvernement général, avait espéré sauver sa vie en témoignant à Nuremberg, mais il fut aussi condamné : jugé coupable de « crimes contre l'humanité » par le Tribunal suprême national de Pologne[21], il fut pendu à Cracovie, non loin de l'endroit où se trouvait son bureau au château de Wawel. Rudolf Pavlu fut arrêté en avril 1949[22] ; il se suicida pour éviter l'extradition vers la Pologne et un destin similaire.

Georg von Ettingshausen disparut[23] ; Hans Fischböck changea de nom, devint Juan, et s'enfuit en Argentine – d'où il écrivit deux lettres à Charlotte. Fritz Katzmann[24], le collègue d'Otto de la SS de Lemberg, se volatilisa mais réapparut en 1957 dans un hôpital à Darmstadt et, avant de mourir, révéla sa véritable identité à un aumônier.

La liste des camarades toujours en liberté se réduisait. Charlotte savait qu'Otto était poursuivi par de nombreux ennemis et elle s'inquiétait grandement pour son mari disparu. On disait que les Juifs avaient formé des commandos[25] et que les Soviets avaient créé des tribunaux militaires[26] pour éliminer les criminels nazis dans les zones occupées. Les Polonais désiraient que justice soit faite[27] ; les Américains s'étaient installés à Gmunden[28], à moins d'une heure de Salzbourg, et le 430e détachement du contre-espionnage de l'armée, le CIC (Counter Intelligence Corps), menait des recherches pour trouver des criminels nazis. Ces activités se poursuivirent après le discours de Churchill[29] à Fulton, Missouri, sur le « rideau de fer » qui s'était abattu sur le continent. Dans ce contexte de guerre froide, Charlotte se rendit compte de la présence du CIC, de ses efforts pour retrouver son mari, et de la surveillance dont elle était l'objet.

En 1947, après le retour de Josef Wächter et de la sœur d'Otto, Ilse, à Vienne, Charlotte déménagea à Salzbourg avec ses enfants. Elle rejoignit ses frères qui y avaient créé leur entreprise, se mit à leur service comme gouvernante et toucha un salaire qui lui était indispensable. Avec l'argent de la vente de la porcelaine acquise à Vienne, Cracovie et Lemberg, elle put s'acheter une petite maison au 2 Anton-Hall-Strasse. « Ma cabane », disait-elle, avec cinq chambres à coucher, un petit jardin et une vue sur les forêts d'Untersberg.

Pour compléter son salaire, elle mettait des chambres en location l'été lorsque les enfants étaient chez des amis ou dans les camps de vacances de la Caritas, une organisation de bienfaisance catholique. Richard Woksch, le gérant de l'entreprise de ses frères, loua une de ces chambres deux fois par semaine. Les choses s'améliorèrent un peu, Charlotte put employer une aide-ménagère, une jeune fille de quinze ans avec du « sang gitan, sauvage et têtue ». Lilly resta une année avec la famille, puis Charlotte lui trouva un mari texan, un Indien avec des « yeux bridés »[30].

L'année fut marquée par le rationnement de la nourriture et les émeutes à Vienne, la fin du programme de dénazification[31] du demi-million de nazis autrichiens et la montée des tensions liées à la guerre froide. Les Américains craignaient un blocus de Vienne semblable à celui de Berlin ou, hypothèse moins plausible, que les Soviets envahissent l'Autriche. Le plan Marshall, l'aide financière des États-Unis, fut voté à la fin de l'année. Le premier versement de fonds apporta une certaine stabilité économique[32].

En 1948, la situation des Wächter retrouva un certain équilibre. La famille avait un toit, Charlotte un travail régulier, les enfants allaient à l'école. En revanche, on ne savait rien du destin d'Otto. Charlotte reçut en octobre une lettre de Fritz Ostheim, un ingénieur qui avait servi avec lui. Il lui donna un bref aperçu des activités de son mari durant la dernière année de la guerre en Autriche, passée au côté du Feldmarschall Albert Kesselring. Depuis mai 1945, écrivit Ostheim, « nous aussi avons perdu toute trace » de votre mari[33]. Il aurait voulu lui donner de meilleures nouvelles, mais il n'en avait guère.

« Nous aussi… »

J'ai lu, plusieurs fois et de manière attentive, la lettre de Herr Ostheim qui était ensevelie dans les papiers de Charlotte. Le choix des mots suggère qu'il répondait peut-être à une lettre de Charlotte dans laquelle elle disait, peut-être aussi, qu'elle était sans nouvelles. Si tel est le cas, on peut penser que la lettre était une ruse à l'intention de ceux qui l'observaient et espéraient trouver Otto grâce à elle.

En réalité, lorsqu'elle reçut la lettre de Herr Ostheim, en octobre 1948, elle savait exactement où se trouvait Otto : il était en route vers la maison familiale de Salzbourg après trois années passées clandestinement dans les montagnes autrichiennes toutes proches. Durant toute cette période, sans le dire à personne à l'exception de sa belle-sœur Ilse, Charlotte avait maintenu le contact avec Otto. Elle l'avait retrouvé une ou deux fois par mois. Après mai 1945, il n'avait jamais été loin de Zell-am-See ou de Salzbourg.

Cette information a mis plusieurs années à émerger. Dans une longue note à l'adresse de ses enfants, enfouie au fond de ses papiers, Charlotte décrit comment, lors d'un repas de famille à Thumersbach à la fin du mois de mai 1945, une jeune fille inconnue était apparue sur le seuil : « Elle demanda à me parler. » La jeune fille avait une preuve, l'alliance d'Otto, et elle était porteuse d'un message lui donnant rendez-vous dans un village proche, à St Johann im Pongau. À une heure précise, disait la note, Charlotte devait marcher le long de la rue principale du village dans la direction opposée de Grossarl. Charlotte donna un peu d'argent à la jeune fille, ainsi qu'une paire de chaussures et une boîte de cigares pour Otto.

Quelques jours plus tard, elle prit le bus pour St Johann. Elle avait un sac à dos chargé de provisions, de vêtements et de chaussures. Son cœur battait la chamade lorsqu'elle prit la rue désignée, angoissée qu'elle était à l'idée d'être suivie. « J'entendis soudain un sifflement dans une petite remise et je vis Otto me faire signe[34]... » Ils s'embrassèrent et pleurèrent, passèrent la nuit ensemble et parlèrent des enfants, des archives personnelles qu'elle avait détruites (« tout avait été noté pour justifier ses actions qui étaient destinées à aider le plus de gens possible »), de leurs parents, de la nouvelle maison, de l'avenir de l'Autriche, du destin de la Division SS Galicie, et des objets que la jeune fille n'avait jamais remis à Otto.

En se séparant, ils se fixèrent un nouveau rendez-vous, deux semaines plus tard. Le lieu était inscrit avec précision sur une carte de randonnée de la région. En rentrant, Charlotte vit en pensée Otto, pieds nus, marchant sur un sol en pierre, traqué comme « un criminel et un persécuté[35] ».

Chaque rendez-vous avait lieu dans un endroit précis. Tôt le matin, elle faisait du stop puis prenait un bus. Plus tard dans la journée, lorsqu'il circulait, elle prenait le train. Chaque fois, elle était prise d'angoisse : elle ne connaissait pas les lieux de rendez-vous, elle avait peur d'être suivie, ou elle était simplement inquiète qu'ils se ratent et se perdent de vue à jamais. Cela s'est effectivement passé une fois, dans la vallée de Rauris où deux routes se séparent pour rejoindre la vallée. Elle attendit vainement le sifflement. Avait-il été arrêté ? Était-il malade ? Elle revint le lendemain en se disant que le lien serait rompu si elle ne le trouvait pas. Mais elle entendit le sifflement.

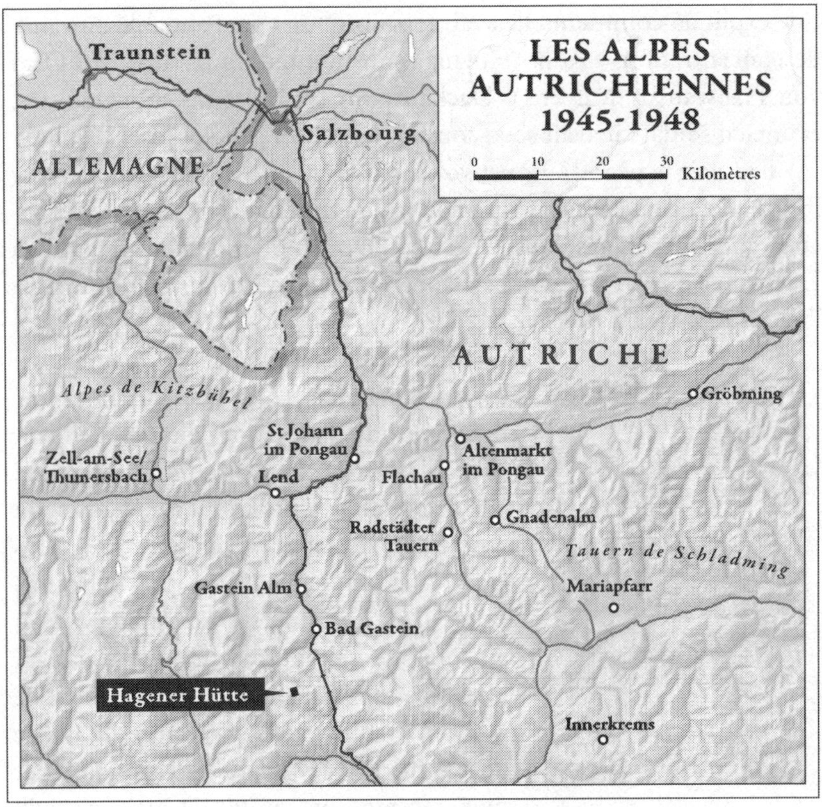

Les Alpes autrichiennes, 1945-1948.

Ils continuèrent à se voir régulièrement, jusqu'à l'été 1948. Les rencontres avaient toujours lieu dans des endroits différents : dans un refuge ou dans une cabane retirée en montagne, à l'extérieur d'une petite ville, à côté d'un hameau. Elle avait gardé une liste de certains lieux. Radtstädter Tauern (« fréquemment »). Vogelalm et Gnadenalm (« où une paysanne l'aimait bien et lui donnait à manger »). Altenmarkt (« dans la montagne »). Flachau. St Johann im Pongau (« dans la direction opposée à Wagrain et Grossarl »). Lend. Bad Gastein. Hagereralm. Mallnitz. Rauris (« fréquemment »). Lofer. Grossarl. Gröbming. Hagener Hütte.

Charlotte apportait des vivres et des habits. En fuite, Otto avait aussi besoin d'une nouvelle identité ; il prit le nom d'Oswald Werner.

Elle expliqua comment elle avait rencontré un « gars aimable du camp de concentration », Kuno Hoynigg, un homme doux, adepte d'Otto von Habsburg, incarcéré à Dachau pour ses opinions monarchistes, et ancien soldat : il avait servi sous les ordres du général Josef Wächter.

Il adulait le père d'Otto et voulait aider le fils. Il était catholique et il s'inquiétait que le nouveau régime, à la différence des nazis, ne s'occupe guère des mères dans le besoin. Le prisonnier qu'il avait connu à Dachau et qui y était mort est apparemment celui dont Otto usurpa l'identité : Oswald Werner.

Otto, carte de membre de *Freies Österreich*, 1946.

Otto obtint une carte de membre de *Freies Österreich* (Autriche libre)[36], une organisation clandestine illégale pendant la période nazie. La carte n'était pas datée, elle était établie au nom du Dr Werner, un enseignant de langues viennois. La photo était celle du jeune Otto, en uniforme, prise dans les années 1930 lorsqu'il était en fuite après le putsch de juillet. Il avait une seconde carte d'identité au nom de Werner, établie par la préfecture de police de Vienne le 4 février 1946. La photo était plus récente, un profil d'Otto en civil, regardant vers le bas. La carte était tamponnée par la police de Vienne et de Salzbourg dans les quatre langues officielles : allemand, français, anglais et russe. Oswald[37] mesurait 1,78 m – quatre centimètres de moins que la taille indiquée dans le dossier SS d'Otto –, il avait des cheveux clairs, des yeux bleus, un visage ovale, sans traits distinctifs. La carte attestait sa nationalité autrichienne, mais elle n'était « valide qu'en Autriche[38] ».

La possession de ces deux cartes, ainsi que l'assistance constante de Charlotte permirent à Otto de survivre dans les Alpes autrichiennes pendant plus de trois ans.

« La mort était à ses trousses », nota Charlotte, il « ne restait donc jamais dans le même endroit plus de trois ou quatre jours ». Il cambriolait des refuges de montagne où il trouvait peut-être du fromage, du pain ou d'autres produits laissés par des bergers; il y restait quelques jours puis poursuivait sa route vers le prochain refuge. L'ancien gouverneur nazi était désormais un « braconnier de moutons[39] » qui enterrait la viande sous la neige avec l'espoir de la retrouver à son retour; il écrivait à sa femme des poèmes accompagnés de dessins au crayon représentant ses trajets difficiles (« D'abord vint le bus[40]... »), mais il terminait par une note optimiste (« ce sera à nouveau agréable, chaud et clair »).

Charlotte apportait ce qu'Otto lui réclamait, en le notant sur des « petits mots » qu'il lui donnait généralement lorsqu'ils se séparaient – un panier, des chaussures en caoutchouc, un imperméable, un chapeau. « J'ai apporté des bonnes choses, du jambon et de la nourriture non périssable, mangés avec grand plaisir[41]. » En automne, elle vint avec de l'équipement pour l'hiver, des pantalons, des pullovers, des sous-vêtements et des skis. Au printemps, elle apporta des affaires d'été.

Pensant être surveillée, elle était prudente. « Le CIC m'espionnait jour et nuit, ils essayaient de trouver un lien avec mon cher Otto[42]. » Elle s'appuyait sur un réseau d'amis, quittait la maison tôt le matin à bicyclette, « les mains vides pour ne pas attirer de soupçons ». Elle passait ensuite prendre la nourriture et les autres choses qu'elle avait entreposées chez un ami, Lukas Hansel[43], par exemple, à Bruck-Fusch[44], la ville où Hermann Göring avait été arrêté. Puis elle prenait un train régional jusqu'à St Johann im Pongau, à une demi-heure, ou même jusqu'à Bad Gastein, plus haut dans la montagne, à une heure et demie. Suivait généralement un trajet en bus, parfois de plus de 30 kilomètres jusqu'au pied de la montagne. Elle grimpait enfin jusqu'à la Hagener Hütte, à 2 450 mètres d'altitude. Une carte postale de l'époque montre combien le lieu était isolé.

Hagener Hütte, carte postale, 1950.

« En arrivant j'étais quelquefois tellement épuisée que je pouvais à peine parler[45]. » Souvent, elle allait directement se coucher. Le lendemain, s'il y avait un puits, elle devait faire la lessive et réparer les vêtements d'Otto. Elle cuisinait et il dévorait. Si elle manquait le dernier train, elle devait trouver un endroit pour dormir.

Le soutien de Charlotte n'est pourtant pas la seule explication de sa survie. Otto n'était pas seul.

23.
Buko

Charlotte rencontra Burkhardt Rathmann, le compagnon d'infortune d'Otto, lors de leur premier rendez-vous à St Johann im Pongau. Elle aimait beaucoup ce jeune homme qu'elle appelait Buko[1]. C'était un « homme de la SS, assez jeune, avec un esprit aventureux », « simple, honnête, un compagnon exemplaire », note-t-elle, Otto était « entre de bonnes mains »[2]. Buko était pragmatique, capable de forcer des cadenas, de s'introduire dans les refuges, et de trouver des abris sûrs. Il savait comment chercher de la nourriture et tuer des bêtes, comment éviter les avalanches et survivre dans les rudes conditions alpines.

J'ai appris cette histoire longtemps après avoir fait la connaissance de Horst. On buvait du Schnaps autour de la cheminée du salon, au premier étage du château, lorsqu'il évoqua le séjour d'Otto dans les montagnes. Ses archives contenaient une poignée de lettres et quelques photos de cette époque. Mais il y avait des trous dans l'histoire et j'avais de nombreuses questions à poser, en particulier sur Buko. Qu'avait-il fait pendant la guerre ? Comment était-il ? Pourquoi avait-il aidé Otto ?

« Vous voulez en savoir plus sur Buko ? » me demanda Horst. Je hochai la tête.

« Je peux répondre à vos questions et vous parler de Buko, ou alors on peut l'appeler. »

J'étais surpris : Buko était en vie, se portait bien à quatre-vingt-douze ans, et vivait en Allemagne. Horst passa dans une autre pièce et composa un numéro, une ligne directe vers le passé. Il parla en allemand pendant quelques minutes, puis revint : Buko serait ravi de nous recevoir chez lui un mois plus tard.

En janvier 2017, James Everest et moi avons rejoint Horst à l'aéroport de Hanovre. À sa demande, je lui avais apporté un exemplaire de *Trouble follows me*, un roman d'espionnage sur la mort inattendue de Ross Macdonald (de son véritable nom Kenneth Millar), l'un de ses écrivains préférés. Nous avons loué une voiture et sommes partis pour Reinhardshagen, une petite ville sur les bords de la rivière Weser que nous avons traversée en bac. La maison de Buko, en zone inondable, était petite et bien entretenue, tapissée de bibliothèques et de photographies. Sa fille Ute nous observa attentivement lorsque son père nous rejoignit dans son fauteuil roulant. J'admirai les cheveux blancs abondants de Buko, ses sourcils broussailleux et sa chemise à carreaux.

Ute rôdait, prête à faire respecter la condition que Buko avait imposée pour accorder cette interview, la seule qu'il ait jamais donnée : je ne devais pas poser de questions sur ce qu'il avait fait avant le 9 mai 1945. Si nous ne respections pas la consigne, l'interview s'interromprait. Il avait apparemment craint pendant soixante-dix ans d'être arrêté en raison du rôle qu'il avait joué dans la traque de partisans en Italie et en Yougoslavie. Avant l'appel de Horst, il n'avait jamais voulu parler du passé, nous dit Ute. La bonne nous a apporté du thé et des tranches de gâteau au chocolat sans farine.

Né en 1924, Buko avait vingt et un ans lorsqu'il rencontra Otto dans le sud de l'Autriche en mai 1945. Il venait d'Italie après avoir servi dans la 24e division des chasseurs alpins, les SS Karstjäger[3], une unité qui, je l'ai appris, avait été fondée en 1944 par Odilo Globočnik. Après la reddition de la 24e division, Buko s'était enfui vers le nord, avait traversé les montagnes pour rejoindre l'Autriche avec trois de ses camarades qui voulaient retourner chez eux. Craignant d'être arrêté pour son appartenance à la SS, il avait décidé de faire un bout de chemin avec eux, mais de ne pas rentrer.

« Nous avons traversé haut dans la montagne car les Américains et les Britanniques étaient plus bas », expliqua-t-il. Dans la chaîne de Lungau, à Untertauern, près des sommets les plus hauts d'Autriche, il avait quitté ses camarades. « C'est là que j'ai rencontré Otto Wächter[4]. » Il ne se souvenait pas du nom du village. Horst avait apporté les cartes de sa mère sur lesquelles étaient tracées des marques au crayon vert. Nous les avons dépliées sur la table et avons regardé les indices de Charlotte. Horst mit son doigt sur la carte, à côté de Mariapfarr. Buko hocha la tête. « C'est là », dit-il, en face de l'église.

La rencontre était-elle fortuite ou arrangée ? Buko fut évasif. « Wächter était en Italie, comme moi, mais moi j'étais petit, insignifiant. » Non, ils ne se connaissaient pas, dit-il. « J'ai accepté de marcher avec lui pendant un moment. Il ne m'a pas dit qui il était, juste qu'il voulait rentrer mais qu'il devait rester un temps dans la montagne. Et c'est ce que nous avons fait. »

Et puis ?

« Après dix ou quinze jours, il a vu sa femme. Il lui avait envoyé un mot – c'est ainsi que j'ai rencontré Frau von Wächter –, puis nous avons continué de marcher dans Untertauern, d'un endroit à l'autre…

– Saviez-vous qui était mon père ? demande Horst.

– Personne ne connaissait l'identité de l'autre », répondit Buko. « Nous étions l'un et l'autre prudents, mais c'était lui le plus prudent. » Burko fit une pause, puis déclara sans y avoir été invité : « C'était un criminel de guerre recherché. » En moins d'une semaine, chacun sut qui était l'autre. « Je l'ai regardé et je lui ai dit : "vous êtes soit celui-ci soit celui-là". » Otto avait confirmé. « Grâce à nos conversations, je savais qu'il était soit Wächter soit Wächtler[5]. » Fritz Wächtler, Gauleiter SS de Bayreuth, avait été exécuté à la fin de la guerre pour désertion, mais Buko ne pouvait pas le savoir à ce moment-là.

Il n'était pas difficile de trouver l'identité d'Otto. « Il me disait : "cette personne ou cette autre dirait mon cher W.[6]". Jamais de nom, mais je ne suis pas stupide. Je lui ai dit en face qui il pouvait être, et il m'a dit qui il était. » Buko connaissait le nom de Wächter.

« Vous étiez un SS très jeune, dit Horst, surpris par la notoriété de son père.

– Oui, mais je n'étais pas l'un de ces idiots. »

Tout le monde connaissait Otto Wächter, qui il était et ce qu'il avait fait. Buko se détendit, un large sourire sur le visage.

« Mon père était-il mauvais ou bon[7] ? » demanda Horst, une question gentiment tendancieuse. « Il n'était pas méchant », dit Buko, souriant à nouveau chaleureusement.

« Ce n'était donc pas un homme mauvais ? » Horst voulait en savoir plus.

« Nous cohabitions en bons camarades. Au début, il était réservé, mais toujours aimable. »

« Saviez-vous qu'il était recherché ? » lui ai-je demandé. Buko hocha la tête. Par qui ? Tout le monde. En particulier par les Britanniques et les Américains, mais aussi par les Soviétiques, parce qu'Otto avait été « actif » lorsqu'il gouvernait leur territoire.

Savait-il pourquoi on le cherchait et de quoi il était accusé ?

« Cela n'avait pas d'importance. Il était haut gradé, il était SS-Gruppenführer, et avant tout gouverneur de Galicie et de Cracovie. » Une autre pause. « Les Autrichiens le recherchaient aussi parce qu'il avait fomenté le putsch de juillet. »

« Et les Juifs ? demanda prudemment Horst.

– Je suppose qu'eux aussi le cherchaient, mais d'après ce que je sais il traitait les Juifs avec humanité. » Un sourire entendu apparut sur le visage de Horst ; il me jeta un coup d'œil. « Il ne pouvait pas faire grand-chose », poursuivit Buko, « les Juifs étaient raflés ailleurs puis amenés dans son territoire ».

Horst renchérit. « Dans la mesure du possible il a agi humainement ; la chose avec les Juifs, il n'en était pas responsable, il essayait de les aider. »

Sans transition, Buko revint aux trois années passées avec Otto.

Ils craignaient d'être capturés, ils bougeaient beaucoup, d'un refuge à l'autre en haute montagne, là où ils étaient en sécurité. Ils évitaient les vallées. « Les Américains et les Anglais étaient généralement trop paresseux pour monter[8]. »

Avaient-ils des informations ? « Oui, bien sûr », Charlotte apportait les journaux, ils étaient donc au courant du procès de Nuremberg et des sentences, de la pendaison de Frank, de Seyss-Inquart et de Kaltenbrunner.

« Comment Otto avait-il réagi aux nouvelles des pendaisons ?

– Ça ne l'a pas ébranlé plus que ça. » Il connaissait bien Frank et les autres. « *Vae victis* », a-t-il dit – « malheur aux vaincus », d'après l'adage latin – avec un haussement d'épaules. Buko nous regarda en connaissance de cause : malheur aux vaincus, et au vainqueur le butin. Mais les nouvelles avaient rendu Otto plus anxieux.

« Mon père était-il en colère ? interrogea Horst.

– Vous ne l'auriez pas été à sa place ? » répondit Buko.

Buko montrait qu'il aimait bien Frau Wächter. « Je n'ai rien à dire de désagréable sur votre mère, je l'appréciais beaucoup. » Ils sont restés en contact pendant des années, ont échangé des vœux à Noël. Pendant trois ans, elle leur avait rendu visite toutes les deux ou trois semaines, avec des provisions et des vêtements. Buko était le cuisinier, il se débrouillait avec du lait épaissi à la farine et au sel. « Nous n'avions pas d'œufs », répondit Buko, lorsque Horst lui demanda si son père savait faire cuire un œuf.

« De toute façon, je n'aurais pas mangé ce qu'il préparait », ajouta-t-il. « C'est moi qui lui ai appris à faire la cuisine », dit Buko avec un sourire malicieux. Quant aux jolies laitières, elles leur donnaient du lait, rien de plus.

« Pas de femmes ? » demande Horst. « Mon père adorait les belles femmes. »

Non, un « fardeau inutile ». Quand elle venait, sa femme restait une nuit ou deux. Ils trouvaient un lieu pour être seuls. « Dans les Alpes, il y avait toujours de l'espace. »

« Je n'ai rien de mal à dire d'Otto Wächter », affirma Buko avec détermination. « Pourquoi le ferais-je ? Nous nous sommes bien entendus, nous avions des intérêts communs. »

Buko était le leader, Otto suivait. « C'est lui qui aurait dû me commander, mais cela n'aurait pas marché[9]. » Buko lui donnait des tâches à accomplir et, avec le temps, Otto avait appris à s'en sortir. Il aurait pu survivre pendant une brève période, mais pas plus, bien qu'il fût fort et en bonne santé. Il n'était jamais malade, précisa Buko, à l'exception d'un rhume occasionnel. « Regardez les photos de lui, vous verrez par vous-mêmes. » Lorsqu'ils s'étaient séparés, Otto était « en bonne santé ».

Ils parlaient pour braver la solitude. De la politique, des événements en cours, du passé, de la guerre. Il n'y avait pas de discussion sur la religion, et ils n'avaient jamais cherché à aller à l'église. « Je ne suis pas catholique, mais nous étions tous deux anticommunistes », ajouta Buko. Ils étaient donc unis par cette haine commune et trouvaient toujours des sujets de conversation. Otto aimait parler de sa carrière. A-t-il jamais exprimé des regrets ? « On ne parlait pas de ces choses-là ; mais il a beaucoup parlé de cette période. »

Ils chantaient, sans instruments. Même pas un harmonica, dit Buko, parce que chaque gramme comptait dans leurs pérégrinations en montagne.

« Sifflait-il ? voulut savoir Horst.

– Très peu ; votre père n'avait pas de talent musical. »

Y a-t-il eu des tensions ? « Je n'ai aucun souvenir de dispute. On ne se dispute pas dans une situation comme celle-là, quand vous dépendez l'un de l'autre. » La peur de la capture était constamment présente, et cela les rapprochait. « La montagne, c'est l'espace de la liberté », expliqua Buko. Il craignait d'aller en prison. « On se sentait généralement en sécurité à 2 000 mètres d'altitude, là on ne craignait pas qu'on nous suive. »

D'autres souvenirs sont remontés à la surface durant l'après-midi ; un compte rendu de survie dans les conditions brutales de l'hiver.

Il y avait un visiteur de temps à autre, mais sans nom.

Quelquefois un local les hébergeait.

Ils appréciaient des lieux comme la Hagener Hütte, un refuge de haute montagne datant du XIXe siècle. La mention du refuge incita Ute à nous montrer une photo.

Il y avait des avalanches. « Un jour nous en avons déclenché douze… on sautait au sommet jusqu'à ce que la neige gronde, que la pente bouge et provoque une avalanche de l'autre côté[10]. » Il se rappelait une avalanche en particulier : « Il était enseveli jusqu'ici », Buko montra son épaule. « Il pouvait bouger sa tête, mais rien de plus. Si je n'avais pas été là, il serait mort là-bas. Il ne pouvait pas bouger son bras. Une fois qu'une avalanche se solidifie, c'est fini… »

Un jour de l'été 1948, la mère de Buko avait fait une soudaine apparition, et ils avaient décidé de descendre. « Elle a dit qu'il était temps de rentrer. » Seul, Otto avait décidé de tenter de passer en Italie par le sud, pour rejoindre le Vatican. « Cela avait toujours été le plan, car c'est là que se trouvait la route migratoire du Reich. » J'ignorais la formule « route migratoire du Reich ». Le dispositif était mieux connu sous le nom de *Ratline* [filière d'exfiltration], la route qu'utilisaient les nazis pour fuir l'Europe et se mettre à l'abri en Amérique du Sud, dans un lieu sûr gouverné par des leaders sympathiques comme le président Juan Peròn en Argentine. Otto avait-il toujours voulu partir pour l'Amérique du Sud ?

« Au début, il ne connaissait pas la filière, mais plus tard il a su[11]. » Peut-être Charlotte lui avait-elle donné l'information.

« Il vous a dit qu'il voulait émigrer en Amérique du Sud ? demanda Horst.

– Je ne sais pas si c'est lui ou si c'est sa femme Charlotte qui me l'a dit. »

Nous nous sommes dit au revoir dans la petite ville de Gröbming, entre Mariapfarr et Salzbourg. « J'étais content de rentrer, mais un au revoir est toujours triste. Nous avons passé les jours et les nuits ensemble pendant trois ans. Mais quand vous rentrez finalement chez vous, vous ne pouvez pas être triste. »

Pensait-il revoir Otto ?

« C'était prévu. » Ils étaient restés en contact par l'intermédiaire de Charlotte.

La conversation touchait à sa fin. Horst évoqua brièvement les années de guerre. « Vous étiez avec les Karstjäger, n'est-ce pas[12] ? » Buko hocha la tête. Il y avait un gros livre dans la bibliothèque intitulé *24e Division de chasseurs alpins SS Karstjäger*.

« Le livre devait aussi être publié en allemand, mais comme il n'y avait plus d'argent, il n'existe que cette version en italien[13]. »

Pendant que je feuilletais le livre, Buko dit : « Je suis sur certaines photos. »

Burkhardt (Buko) Rathmann, 1943.

Il traquait les partisans, explorait des caves et d'autres cachettes potentielles. Il était fier de son travail. « Votre brigade ? » ai-je demandé. « Oui. » Ute intervint. « Souvenez-vous, on n'évoque pas les années de guerre. »

« Buko traquait les partisans communistes », m'expliqua Horst après notre départ. J'ai trouvé un exemplaire du livre avec des photos du jeune Buko, des renseignements sur ses activités au sein des Karstjäger, son rang (Rottenführer, caporal), et une récompense, le *Bandeskampfabzeichen* d'argent (l'insigne de lutte contre les partisans) que lui avait décerné le SS-Gruppenführer Odilo Globočnik, l'homme qui, en sa qualité de « chef de police supérieur SS de la zone opérationnelle du littoral adriatique », avait créé la division. Le livre ne parlait pas de l'implication de la division dans les crimes de guerre, des civils italiens assassinés en représailles des attaques de partisans[14].

Buko avait placé des souvenirs entre les livres de sa bibliothèque. J'ai ouvert une petite boîte noire ornée d'une croix noire surmontée d'un swastika au centre.

Sur le rayonnage, devant une collection de *Contes allemands*[15], il y avait un petit cadre en bois rond. Je l'avais aperçu derrière Buko, mais de loin je n'arrivais pas à voir ce que c'était. Je me suis levé et j'ai regardé de plus près le cadre avec sa photo en noir et blanc. On voyait un homme assis, pensif, portant un brassard.

Photographie d'Hitler, exposée dans la maison de Buko Rathmann, janvier 2017.

24.
Salzbourg, 1948

Otto et Buko étaient descendus dans la vallée et s'étaient séparés à cause de Charlotte. Elle avait eu un remords de mère: « J'étais brusquement assaillie par la culpabilité de ne pas avoir dit à la mère de Buko que son fils était en vie. » Elle avait contacté Frau Rathmann, et celle-ci l'avait sommée de la conduire auprès de son fils. « Peut-être n'aurais-je pas dû le faire, mais je me suis mise à sa place et je me suis dit qu'elle devait savoir. »

Charlotte n'avait pas vraiment l'habitude de se mettre à la place des autres, mais sa démarche avait procuré un grand bonheur à Frau Rathmann. « Elle voulait que son fils rentre au plus vite. » Charlotte l'avait accompagnée dans la montagne et Frau Rathmann, qui croyait son jeune fils SS mort, était repartie enchantée.

Après le départ de Buko, Charlotte s'inquiéta à nouveau pour Otto: « Il ne pouvait pas arpenter les montagnes seul[1] »; elle resta donc avec lui une partie de l'été. Elle loua une modeste cabane sur le terrain d'une ferme où les enfants les plus âgés les rejoignirent. Horst resta à Salzbourg. Ils passèrent quatre semaines ensemble, des vacances inespérées, un rare moment de paix relative et d'harmonie familiale. Charlotte était cependant anxieuse. « Nous étions en altitude, mais nous craignions à chaque instant que l'ennemi, la police, ne vienne. » Au surplus, elle tomba enceinte pour la neuvième fois.

À la fin de l'été, le Dr Oberascher interrompit sa grossesse, c'était le troisième avortement de Charlotte. Vienne 1935. Lemberg 1943. Salzbourg 1948. Elle avait déjà trop de choses à gérer pensait-elle, elle devait consacrer son énergie à sauver Otto ; pour cela, elle acceptait de sacrifier son enfant[2].

En descendant de la montagne, Otto trouva un lieu sûr près de Going am Wilden Kaiser, une petite ville tyrolienne au pied des montagnes Kaiser. Il s'installa dans la ferme de Georg Ettingshausen[3], un confrère et ancien camarade nazi, membre du *Deutsche Klub*, impliqué comme lui dans le putsch de juillet. Après l'Anschluss, il avait, en qualité de président de l'association du barreau de Vienne, supervisé la révocation de 1775 de ses 2541 membres. Après avoir servi ensuite de conseiller juridique auprès de la mission hongroise en Autriche, il avait disparu en mai 1945. Ou, selon la formule préférée de Charlotte, il avait été « expulsé ».

Otto passa quelques semaines aux bons soins de la « chère » Helga Ettingshausen et de ses enfants, Christian et Irmgard ; il profita des excursions en montagne en compagnie du garçon de huit ans qui s'était entiché d'« oncle Ossi ». Charlotte vint le voir, ils passèrent « quelques jours très agréables ensemble » et prirent des photos. À son départ, il l'accompagna à la gare de St Johann im Pongau qu'ils connaissaient bien. À Noël, il paya sa dette à Helga avec une poésie : « Que les pouvoirs divins puissent toujours préserver la sincérité de votre cœur, écrivit-il, que le destin tourne et nous apporte des temps meilleurs – l'amour récolte toujours l'amour[4]. »

Vers la fin de l'année 1948, Otto se sentit seul ; Charlotte décida de prendre le risque de le faire venir à la maison de la Anton-Hall-Strasse à Salzbourg. Horst ne le reconnut pas à son arrivée, il ne l'avait pas vu depuis quatre ans. Charlotte le présenta comme un oncle en visite depuis un pays lointain ; Otto passa le plus clair du temps dans sa chambre à coucher, pendant qu'Otto junior et les autres enfants élevaient des dindes ou pêchaient des crabes qu'ils vendaient au *Goldene Hirsch*[5], l'hôtel historique de Salzbourg.

« Une période magnifique et harmonieuse, mon Otto a pu passer Noël avec nous en secret[6]. » Ces quatre semaines ensemble furent un plaisir rare, immortalisé par quelques photos. Sur l'une d'elles, Charlotte est assise à l'extérieur de la maison en bois sur un banc installé au-dessous de la fenêtre, de lourdes chaussures de marche aux pieds. Son mari, en costume clair, est resté à l'intérieur : il est appuyé sur le rebord de la fenêtre, regardant l'objectif avec un mélange d'angoisse et de contentement. Être photographié était dangereux.

Sur la même photo, Horst est assis sur le banc en bois, ses jambes se balançant au-dessus du sol, un enfant heureux. Linde, assise sur les genoux de sa mère, affiche un air léger. Savent-ils que l'homme derrière eux est leur père ? Horst m'a dit qu'il ne se souvenait pas de cet instant. Il se rappelait seulement l'arrivée d'un homme à moustache qui venait quelquefois le voir dans sa chambre et l'embrassait avant qu'il ne s'endorme. Un oncle en provenance d'un lieu lointain se souvient-il, peut-être d'Amérique du Sud.

Otto en famille, Autriche, été 1948.

Le dispositif fonctionna quelques semaines ; les ennuis commencèrent avec la visite surprise des frères de Charlotte qui tombèrent sur Otto. Un « premier avertissement regrettable », écrivit-elle. C'est ainsi que les frères Bleckmann apprirent, plus de trois ans après la fin de la guerre, qu'il était en vie et se trouvait à Salzbourg. Le secret aurait pu être gardé s'il était resté dans la famille. Mais cela ne se passa pas ainsi. Une voisine leur rendit visite, une vieille dame accompagnée de son petit-fils qui lui tenait la main, un détail que Charlotte n'oublia pas. « Faites attention, prévint la vieille dame, il y a des espions soviétiques dans le secteur. » « La rumeur dit que votre mari vit avec vous », lui apprit un autre voisin.

Otto devait partir. « Notre bonheur est fini, prépare tes affaires et pars à Bolzano », commanda Charlotte. Ils reçurent la visite d'Albert Schnez[7], un ancien de la Wehrmacht qui avait servi avec Otto durant les derniers jours de la guerre. Il vit Otto, « l'étonnement dans ses yeux était unique », se souvint Charlotte. Schnez lui dit qu'il était dangereux de rester en Autriche. S'il ne voulait pas aller en Allemagne, il devait partir vers le sud, à Rome, puis à l'étranger. « Il voulait émigrer en Argentine[8] », nota Charlotte, mais elle ne pouvait pas l'accompagner. « J'ai six enfants encore jeunes, comment pourrais-je les emmener en Argentine[9] ? » Otto devait suivre son instinct et aller à Bolzano où se trouvaient des amis et des contacts dignes de confiance, la famille de Baldur von Schirach, par exemple, ou encore Rafelsberger, le commissaire d'État à l'aryanisation et ancien collègue d'Otto en 1938. Riedel, le journaliste, était également dans la région, de même que Neubacher, récemment libéré de prison.

25.
Bolzano, 1949

1949 fut « l'année terrible[1] » pour Charlotte. Elle commença mal puisque Otto avait été repéré par les voisins et contraint de partir. La sœur jumelle de la mère de Charlotte, tante Else, mourut ; quelques semaines plus tard, la nièce de Charlotte, la fille cadette de son frère Richard, succomba à une pneumonie.

Après son départ de la Anton-Hall-Strasse, Otto se cacha chez Richard Woksch pendant quelques jours. Il quitta Salzbourg en train le 4 février et s'arrêta brièvement dans la station de Saalbach-Hinterglemm. Par des petits mots passés de main en main ou par des messages codés transmis oralement, il informait Charlotte de sa progression. N'envoie pas de lettres par la poste, le supplia Charlotte ; c'est très dangereux, elles pourraient être interceptées. Elle connaissait trop bien la marque indélébile des censeurs militaires tamponnée sur tant de lettres.

Il arriva à Innsbruck le 12 février ; Charlotte le signala par un « I » dans le nouveau journal qu'elle venait d'acheter pour l'année 1949. « Tout se passe bien, je touche du bois[2] ! » lui écrivit-il ; il avait vu des visages aimables et familiers. Une « ancienne connaissance » de la région de Hammerschmiede lui avait offert l'hospitalité, et il avait pu prendre un bain « nu comme un bébé ». À la gare, il avait évité de justesse la rencontre avec un « escroc monopolistique *(sic)* » qui, heureusement, ne l'avait pas vu.

Quelques jours plus tard, il quitta Innsbruck et s'avança vers Sölden. Il voulait traverser l'Italie, peut-être par le Valler Tal, mais il ne donna pas de détails sur l'itinéraire. Le 16 février, il commença le difficile trek à travers les montagnes ; il partit à 3 heures du matin pour éviter de se faire repérer. Il décrivit en termes codés à Charlotte cette escalade de 24 heures à travers un terrain montagneux particulièrement traître au milieu de l'hiver. Les « petites lumières de Sölden » furent la dernière chose qu'il vit de l'Autriche.

> Pas beaucoup de neige, il faut donc souvent porter les skis, mais par-dessus tout il y a la glace – de la glace diaphane qui descend des flancs en cascades et couvre les pistes, les escarpements et les rochers, et les rend impraticables. Il faut sans cesse faire le tour, grimper ou redescendre, etc., pour pouvoir avancer. Les glaciers ont souvent des fissures et des fractures ouvertes – on dirait le plein été, de la glace bleue partout. Heureusement qu'il fait beau et qu'il n'y a pas de risque d'avalanche. La neige est dure comme de la pierre, c'est donc sûr, mais c'est éprouvant parce qu'il faut constamment faire attention à ne pas glisser sur le côté. Tous ces obstacles font perdre du temps, même à 3 heures du matin et éclairé par la lune, d'où ce long trajet de 24 heures[3].

Il s'arrêtait parfois pour s'abriter contre un vieux mur en pierre, tentant de garder la chaleur dans les vêtements que Charlotte lui avait envoyés, en attendant que la lune « très attendue » se montre et lui permette de continuer. La traversée était « extrêmement ardue ». Il espérait, ajouta-t-il, « que ton mari ne mette pas la main sur cette lettre ! » Le cœur gros, il précisait que son stylo « ne pouvait plus rester immobile ».

Il atteignit Merano le 17 février. Le lendemain, il inscrivit « M-B » dans son journal, pour indiquer qu'il allait avancer vers Bolzano et se trouvait en relative sécurité. De Bolzano, il écrivit à Charlotte : « Voyage terminé, soulagé d'être arrivé[4]. » Il lui demanda de lui envoyer des vêtements et des chaussures chez Albert Schnez à Innsbruck, aux bons soins du Arlberger Hof Hotel, d'où ils seraient réexpédiés.

À Bolzano, Frau Oberrauch von Hösslin[5], une connaissance, lui offrit le gîte et le couvert pendant un mois. « Chère Nora », comme l'appelait Charlotte, était une femme divorcée, charmante et fortunée – elle possédait un appartement en ville et une belle résidence d'été dans la montagne. La présence de Nora allégea le « fardeau » de ses soucis quant au bien-être d'Otto, mais causa d'autres inquiétudes et tensions.

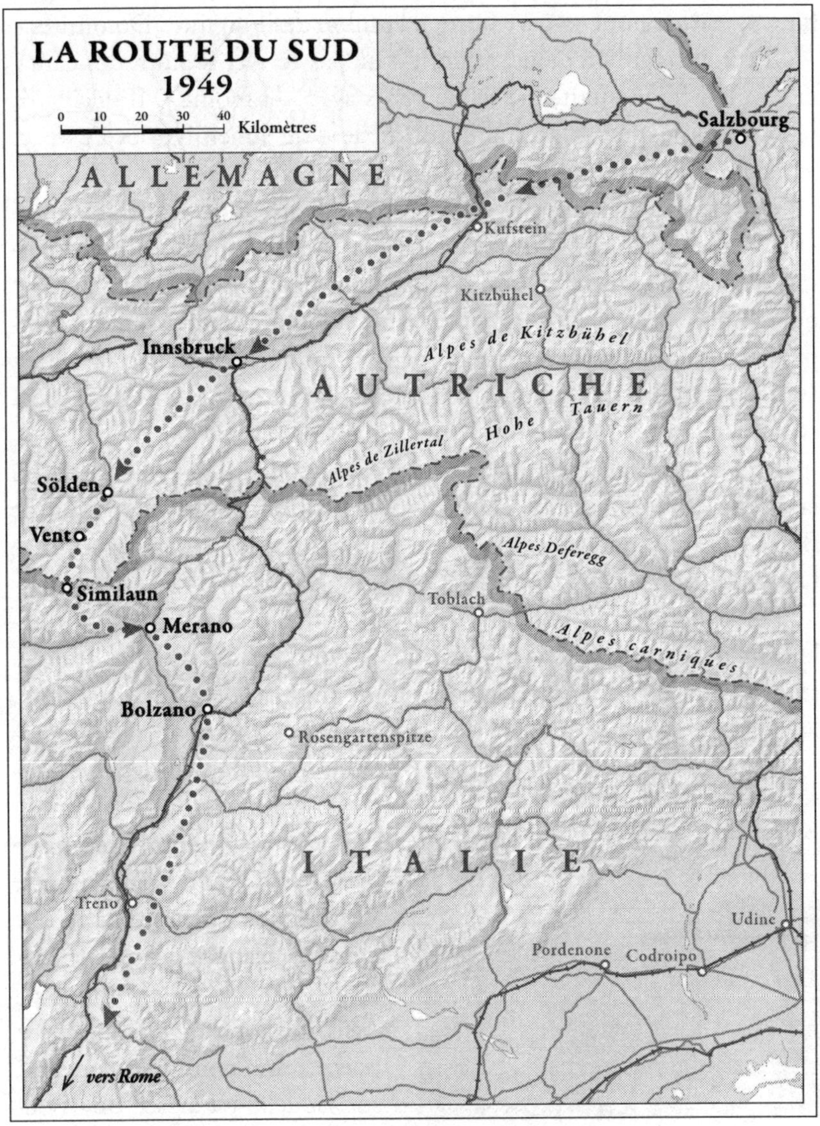

La route du Sud, 1949.

Depuis sa base de Bolzano, Otto rendit visite à de vieux camarades dans d'autres parties du Sud-Tyrol. Le 18 mars, il envoya à Richard Woksch une carte postale de Toblach, une petite ville où Gustav Mahler avait composé *Le Chant de la terre*. C'est un lieu où « corps et âme sont au repos[6] », avait écrit le compositeur. « Froid, bleu, magnifique », estima pour sa part Otto, à l'ombre des lontaines Dolomites.

Il écrivit régulièrement, attentif à ne pas révéler le nom des camarades qu'il fréquentait. Il prit un repas avec « le moine ». Il décida de repousser à Pâques sa « retraite spirituelle », quelquefois appelée « projet Riccardo » – des noms de code pour Rome.

Otto passa du temps avec un certain Franz qu'il trouvait « amusant[7] ». Deux photos, trouvées dans une archive obscure, m'ont permis d'établir l'identité de son compagnon. Franz Riedl, un journaliste qui, comme beaucoup d'individus dans la région, nourrissait des sympathies certaines pour les nazis, avait griffonné « Avec Otto Wächter, été 1949 » au dos de l'un des clichés. Les photos montrent Otto, Riedl et un troisième homme dont je ne connais pas l'identité.

Une connaissance d'Innsbruck m'a permis de localiser l'endroit où la photo avait été prise : la région de Ritten, selon elle, près de Bolzano, avec en arrière-plan une montagne, la Rosengartenspitze haute de 3 000 m.

Les structures en bois que l'on voit sur la photo servant normalement de tuteurs aux vignes, on peut donc penser que l'endroit se trouve à une altitude inférieure à 800 mètres – au-delà de cette limite, la vigne ne peut pas être cultivée. Il s'agit peut-être du village d'Unterinn, m'a dit un autre correspondant, un universitaire viennois. La seconde photo, retrouvée dans l'archive de Riedl, montre Otto bronzé et mince, avec une chemise blanche propre et des chaussures de ville ordinaires. Assis au soleil à une table en bois, dressée pour deux convives, sur laquelle est posée une bouteille de vin.

Otto et Riedl, près de Bolzano, 1949.

Deux jours après son arrivée à Bolzano, Otto décida, il l'écrivit à Charlotte, de reporter à Pâques son « voyage-R » – une référence à Rome. Il attendait l'arrivée des produits de nécessité courante, une paire de mocassins, une petite valise, des articles de toilette et des exemplaires des *Salzburger Nachrichten*, le journal autrichien. À l'arrivée du printemps, il supplia Charlotte de venir à temps pour admirer le ciel bleu profond, les bourgeons qui s'ouvraient et la végétation nouvelle. Mais elle devait être discrète et laisser une partie de la famille à la maison. Ils pourraient s'installer à Schlern, visiter la Seisser Alm, faire de la bicyclette autour de l'Etschtal en fleurs jusqu'à Merano. Si Charlotte décidait de l'accompagner à Rome, elle devrait emporter des vêtements adaptés au sud. Le noir était le mieux pour l'Italie, « pour le chapeau, le manteau, le costume et ainsi de suite[8] ».

Otto avait maintenant besoin d'argent de façon urgente. Il demanda à Charlotte d'apporter quelques objets d'art ou des antiquités qu'il pourrait vendre[9] : des gravures de préférence, plus faciles à transporter et à négocier. D'autres « objets d'art » rapporteraient sans doute plus d'argent, « l'horloge » par exemple, ou les « vieux paysages ». Charlotte lui envoya le « catalogue » des gravures qui pourraient intéresser des acquéreurs – plutôt que les tapis, trop difficiles à transporter. Parmi les multiples objets mentionnés dans la correspondance, tous sans doute venaient de Cracovie ou de Lemberg, un seul fut précisément identifié. « Nous obtiendrons sûrement plus pour le Dürer » à Bolzano, nota Otto. « L'horloge » arriva à Bolzano début avril et fut rapidement vendue.

Charlotte accepta de venir et le rejoignit à Bolzano pour Pâques. Elle partit de Salzbourg en train, accompagnée de Liesl et de Traute ; Otto les retrouva à la gare. Ils passèrent quelques jours ensemble à Bolzano, puis rendirent visite à Nora, installée Villa Oberrauch, sa résidence d'été à la montagne, située à Völs am Schlern (« une région divine », nota Charlotte, dont la pensée était occupée par la musique de Tchaïkovski, et qui était « incapable de trouver un calme intérieur et profond »). Otto la présenta à ses « vieux amis », Franz Riedl, le journaliste, et Walter Rafelsberger. Ils firent de la bicyclette et passèrent une journée à Merano où ils tombèrent sur les Küfferle, la sœur et le beau-frère de Charlotte. Charlotte écrivit à la dame qui s'occupait de Horst et des autres enfants à Salzbourg : elle lui annonça qu'elle serait de retour le vendredi 29 avril.

Ils restèrent deux jours dans la maison de Nora. Charlotte imaginait avec méfiance ce qui avait pu se passer entre leur hôte et son mari. « Nous avons vécu un moment étrange ensemble[10] », se rappela-t-elle. « Je me suis demandé si, en dépit de son amabilité, Nora n'était pas jalouse de notre grand amour ; peut-être espérait-elle une amitié amoureuse avec Otto. » Charlotte n'y fait allusion qu'indirectement, mais, de fait, il s'était passé quelque chose entre Otto et Nora. « J'ai dit à Otto qu'il était libre de partir avec une autre femme », se souvint-elle. « Sa vie m'était trop chère et trop précieuse pour que je ne lui donne pas son entière liberté ; c'est ce que je lui ai dit. Je pensais que nous étions si unis que jamais rien ne nous séparerait. »

Le soir du mercredi 27 avril, pendant qu'Otto préparait ses affaires pour Rome, Charlotte le supplia de retarder son départ d'un jour. « Voyage de nuit, le jeudi, implora-t-elle, tu arriveras à Rome vendredi matin. » Il fit la sourde oreille. « Il voulait partir le matin et arriver le soir. »

« Le départ fut terriblement difficile et douloureux. » Elle l'accompagna à la gare, dont la tour d'horloge est caractéristique ; ils passèrent un long moment sur la plateforme. « Cela m'a brisé le cœur de se dire au revoir dans le wagon d'un train dans la gare de Bolzano. » Elle avait le pressentiment que cet au revoir était un adieu.

Gare ferroviaire de Bolzano, *c.* 1950.

Le cœur lourd, Charlotte reprit la route vers le nord, vers Salzbourg, avec ses deux filles. Otto se dirigea vers le sud, vers Rome.

26.

Varsovie, 2016

En se séparant à la gare de Bolzano, le couple craignait beaucoup qu'Otto ne soit arrêté par les Américains, par les Soviétiques, ou encore par les Polonais – c'est sur leur territoire que tant de ses crimes avaient été commis. La presse continuait d'ailleurs de rendre compte des procès en Pologne. Les Wächter avaient raison d'avoir peur : un dossier que j'ai découvert en 2016 dans les archives de Varsovie – il n'avait encore jamais été ouvert – révèle que les autorités polonaises avaient retrouvé sa « trace », et qu'un procureur redoublait d'efforts pour le localiser. À ce moment, Otto quittait Bolzano.

Le dossier d'archives a pour titre « Fichiers concernant le Dr Otto Gustaw Waechter »[1]. Il contient quarante et une pages de documents légaux rassemblés par la Commission centrale pour l'investigation des crimes de guerre en Pologne, un département du gouvernement polonais chargé de traquer les nazis accusés d'avoir commis des crimes sur le territoire de la Pologne occupée. Les archives de cette Commission, créée à la fin de la guerre, sont majoritairement écrites en polonais. Il fallait les traduire en anglais.

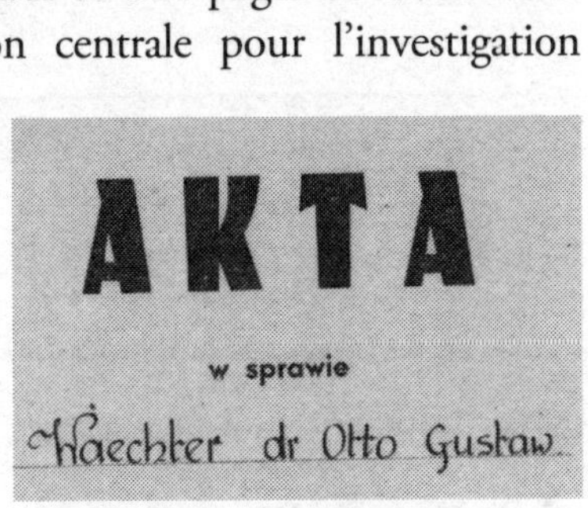
AKTA

w sprawie

Waechter dr Otto Gustaw

Dossier d'Otto Wächter, Commission polonaise des crimes de guerre.

Parmi les quelques pages en langue anglaise se trouvait cependant un document intitulé « Requête de remise d'une personne recherchée pour jugement de crime de guerre ». La requête, communiquée par les autorités polonaises au gouverneur militaire des États-Unis en Allemagne le 28 septembre 1946, visait Otto, la personne recherchée. Elle concernait les crimes commis à Lwów entre 1942 et 1945. Les informations étaient brèves mais précises :

> Le sujet est responsable de meurtres de masse (fusillades et exécutions). Sous son commandement en tant que gouverneur du district de Galicie, plus de 100 000 citoyens polonais ont perdu la vie.

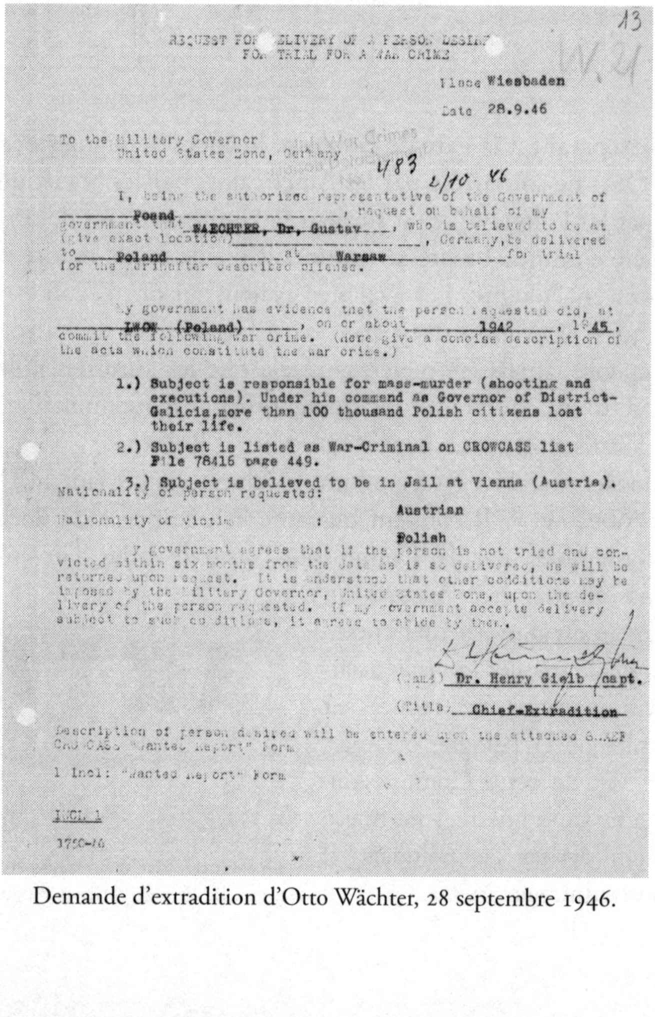

13

REQUEST FOR DELIVERY OF A PERSON DESIRED FOR TRIAL FOR A WAR CRIME

Place Wiesbaden

Date 28.9.46

To the Military Governor
United States Zone, Germany

483 2/10.46

I, being the authorized representative of the Government of Poland, request on behalf of my government that WAECHTER, Dr, Gustav, who is believed to be at (give exact location) ______, Germany, be delivered to Poland at Warsaw for trial for the hereinafter described offense.

My government has evidence that the person requested did, at LWOW (Poland), on or about 1942, 1945, commit the following war crime. (Here give a concise description of the acts which constitute the war crime.)

1.) Subject is responsible for mass-murder (shooting and executions). Under his command as Governor of District-Galicia, more than 100 thousand Polish citizens lost their life.

2.) Subject is listed as War-Criminal on CROWCASS list File 78416 page 449.

3.) Subject is believed to be in Jail at Vienna (Austria).

Nationality of person requested: Austrian

Nationality of victims: Polish

My government agrees that if the person is not tried and convicted within six months from the date he is so delivered, he will be returned upon request. It is understood that other conditions may be imposed by the Military Governor, United States Zone, upon the delivery of the person requested. If my government accepts delivery subject to such conditions, it agrees to abide by them.

(Name) Dr. Henry Gielb /capt.

(Title) Chief-Extradition

Description of person desired will be entered upon the attached SHAEF CROWCASS "Wanted Report" Form

1 Incl: "Wanted Report" Form

INCL 1

1750-46

Demande d'extradition d'Otto Wächter, 28 septembre 1946.

La demande d'extradition vers la Pologne était fondée sur la croyance erronée qu'Otto était emprisonné à Vienne. C'est ce document que j'ai montré à Horst lorsque nous étions à Lviv dans l'amphithéâtre de l'université, et c'est ce document qui m'a fait perdre mon sang froid. « Tous les coupables ont été jugés », m'a-t-il répondu immédiatement. Pour lui, les listes des noms des responsables des crimes avaient été établies et, puisque aucune ne contenait le nom d'Otto, il était innocent. Tout le reste relevait de « l'imagination ».

« Un document polonais ? » demanda-t-il à la vue de la photocopie. Nous l'avons lu ensemble, à haute voix, mais avec des pauses pour réfléchir et lui permettre de digérer les termes. « Oui », dit-il. Silence. « Bien sûr. » Un plus long silence, suivi d'un soupir. Il ne connaissait pas ce document, mais les allégations de fusillades et d'exécutions n'étaient que des « suppositions générales ». Otto n'était pas responsable des meurtres de masse ou des assassinats qui avaient eu lieu sur son territoire, ils faisaient partie de la *Geheime Reichssache*[2], des secrets du Reich. Otto ne savait rien de ces actes et n'était impliqué dans aucun d'entre eux. Au surplus, continua Horst, le document avait été rédigé par les Soviétiques qui avaient une piètre opinion de son père.

« C'est un document américano-polonais », ai-je rétorqué.

« La Pologne était alors gouvernée par les Soviétiques », précisa-t-il. Il ne pouvait accepter ce qu'il était en train de lire. « J'ai en ma possession de nombreux documents de gens qui le connaissaient personnellement affirmant qu'il avait bon caractère, qu'il avait fait tout ce qu'il pouvait pour empêcher ce qui est arrivé. Ça ne peut pas être lui. Je veux savoir ce qui s'est réellement passé, dans le détail… »

Traduire les documents des archives de Varsovie en anglais a pris du temps. Ils racontaient de multiples histoires ; celle qui m'intéressait le plus concernait les efforts des Polonais pour localiser Otto, de la fin de guerre jusqu'à son départ pour Rome, en avril 1949.

L'histoire a commencé avec la déclaration, début 1946, d'un dentiste polonais à l'ambassade de Pologne à Prague[3]. Il avait entendu un reportage à la radio autrichienne mentionnant plusieurs criminels de guerre qui devaient être auditionnés par la justice autrichienne et il avait relevé le nom du Dr Wächter, responsable, selon lui, du meurtre de plus de 100 000 Juifs, Polonais et Ukrainiens, dont des membres de sa famille. Le compte rendu du dentiste avait été versé au dossier.

Quelques mois plus tard, un officier polonais détaché auprès du Groupe des crimes de guerre dirigé par l'armée américaine avait rapporté à la Commission centrale de Varsovie que la trace du Dr Wächter s'était perdue. Ce rapport avait incité le gouvernement polonais à rechercher des informations fraîches : l'affaire avait été transmise à la Mission polonaise à Berlin, puis au Tribunal suprême national de Pologne. Le 12 septembre 1947 – Otto était alors dans les montagnes autrichiennes avec Buko –, le procureur du tribunal avait fait savoir à la Commission centrale qu'il n'avait pas de renseignements sur la « localisation présente » du Dr Wächter. Il savait cependant qu'il n'était prisonnier ni dans un camp britannique ni en Allemagne. Selon certaines informations, les Américains le recherchaient ; à Nuremberg, le tribunal militaire international avait considéré qu'Otto avait « disparu au combat ».

La piste d'Otto était restée froide durant la plus grande partie de l'année 1948. Puis, en décembre – Otto était alors réfugié dans la chambre à coucher de Charlotte à Salzbourg –, le dossier avait repris vie. Pour des raisons inconnues, les autorités polonaises avaient soudain exigé que tous les documents de « l'affaire Wächter » soient rassemblés et immédiatement envoyés à la Commission centrale à Varsovie. « La trace de Dr Wächter a été retrouvée[4]. » Il n'y avait pas davantage de détails : cette demande avait peut-être été formulée au moment où il avait été repéré à Salzbourg.

Le ministère des Affaires étrangères polonais demanda ensuite à la Commission centrale de rassembler tous les « documents incriminants » et de rédiger un nouvel ordre d'arrêt. À la recherche d'informations sur les actions et la responsabilité d'Otto à Cracovie et à Lwów, le directeur de la Commission centrale écrivit plusieurs lettres. L'une d'elles fut envoyée à la Mission polonaise de Berlin, une deuxième à Cracovie, à la Commission régionale d'investigation des crimes allemands. La troisième, adressée à l'Institut historique juif de Varsovie, était une demande d'assistance ; elle fournissait notamment des noms et des adresses d'individus prêts à témoigner contre Otto. Une réelle possibilité de « trouver et d'arrêter » l'ancien gouverneur existait selon la lettre.

L'Institut historique juif envoya six documents à charge au gouvernement polonais, dont quatre décrets signés par Otto entre 1939 et 1941. L'un d'entre eux imposait le port du brassard aux Juifs de Cracovie ; deux autres ordonnaient l'expulsion des Juifs de Cracovie ; le quatrième document était le décret établissant le ghetto de Cracovie. L'Institut transmit également le nom de six personnes qui avaient vécu sous la férule d'Otto et étaient prêtes à témoigner des « actions du gouverneur Wächter ». Je connaissais trois des noms grâce aux recherches que j'avais entreprises pour *Retour à Lemberg* : le Dr David Kahane dont le *Lvov Ghetto Diary* [Journal du ghetto de Lwów] décrit en détail la *Grosse Aktion* d'août 1942, au cours de laquelle les familles de Hersch Lauterpacht et de mon grand-père Leon Buchholz ont été raflées ; Michał Hofman, un journaliste diplômé de la faculté de droit de l'Université de Lwów et membre de la Commission centrale pour crimes de guerre du gouvernement polonais ; enfin, le professeur Tadeusz Zaderecki, qui décrit de terribles exactions dans son livre *Lwów under the Swastika* [Lwów sous le swastika][5].

En février 1949, le chef de la Mission militaire polonaise à Berlin mit la main sur une copie du dossier SS d'Otto ; c'est ce document que j'ai moi-même retrouvé sept décennies plus tard dans les archives nationales d'Allemagne. Le dossier complet fut envoyé au procureur de la cour de justice centrale de Varsovie. Le 19 mars 1949 – Otto était alors à Toblach –, le procureur polonais Julian Menderer informa son gouvernement qu'il avait repris son enquête sur les crimes commis par le Dr Wächter à Lwów. Il se fondait sur la jurisprudence d'un décret daté du 31 août 1944 portant sur « les peines encourues par les criminels hitlériens-fascistes, coupables d'assassinat et de maltraitance de la population civile et des prisonniers de guerre, et les traîtres à la nation polonaise ». Il ajouta : « Je vous prie de bien vouloir m'envoyer les pièces incriminantes le concernant. »

Tandis qu'Otto se préparait à quitter Charlotte pour faire le voyage de Bolzano à Rome, les autorités polonaises s'étaient donc activement saisies de son cas. Un nouvel ordre d'arrêt était en préparation.

Je transmis ces documents à Horst, mais il les interpréta de manière différente. Ce n'étaient, selon lui, que des suppositions générales là encore ; il n'y avait pas de preuves convaincantes. Après notre séjour à Lviv, il avait parlé à sa famille et à ses amis de la vénération dont jouissait son père dans la région – « j'ai été honoré comme son fils » –, sa réaction ne me surprit donc pas.

Fidèle à son habitude, il avait envoyé cette lettre non seulement à ses amis et à sa famille, mais à l'ensemble des contacts de son carnet d'adresses. Dieter Schenk[6], ancien directeur du *Bundeskriminalamt*, la police criminelle fédérale allemande, fut l'un des destinataires. Expert reconnu des crimes commis dans le Gouvernement général, auteur de plusieurs livres sur les crimes allemands dans l'Europe occupée, Schenk est aussi l'auteur d'une biographie de Hans Frank.

Schenk répondit courtoisement à Horst et le remercia de ces informations[7]. Il comprenait qu'un fils cherche à exonérer son père. Mais Horst devait accepter qu'Otto était un « criminel nazi ». Il lui rappela les faits : dans le district de Galicie, sous le commandement d'Otto, plus de 525 000 personnes avaient perdu la vie entre 1942 et juillet 1944. Seulement 15 000 Juifs avaient survécu, moins de 3 % de la population juive avant guerre.

Les crimes étaient monstrueux, poursuivit Schenk, organisés avec « le soutien énergique de l'administration civile » dirigée par Otto. Il identifia les trois branches du gouvernement du père de Horst impliquées dans les meurtres de masse.

Le bureau de la population et des services sociaux d'Otto travaillait avec la SS pour établir des listes d'habitants juifs. Il précisait l'emplacement des ghettos et les lieux de collecte des Juifs, et aménageait les camps de transition.

La division du travail d'Otto sélectionnait les Juifs : les uns étaient utilisés comme ouvriers spécialisés, les autres transportés dans les camps d'extermination.

La division de relocalisation d'Otto confisquait les biens des Juifs.

« En tant que gouverneur, votre père était l'acteur principal et le principal responsable des actions entreprises. » Sur ces faits, il n'y avait aucune ambiguïté, aucune discussion, toutes les preuves étaient dans les archives.

Le Dr Schenk termina sa lettre par une demande simple : « Effacez-moi, je vous prie, de votre carnet d'adresses. »

27.

Vigna Pia, mai 1949

Lors d'une belle journée printanière, le matin du jeudi 28 avril, Otto quitta la gare de Bolzano. Dans le petit carnet qui lui servait à la fois de journal et de répertoire, il griffonna toutes les informations dont il avait besoin. Le train traversait la vallée de l'Esch, passait Salorno ; il se sentait optimiste, la vue était « véritablement magnifique ». Ce calme contrastait avec l'effervescence politique en Italie. De façon inattendue, les chrétiens-démocrates avaient largement remporté les élections nationales[1]. Ils étaient soutenus par le Vatican mais aussi, en raison de leurs sentiments anticommunistes (et antisoviétiques), par les Américains.

Otto (Alfredo Reinhardt), carte d'identité italienne, 1949.

Otto voyagea sous le nouveau nom inscrit sur sa *carta d'identità* italienne, « délivrée » en 1946 dans la petite ville d'Appiano (Eppan en allemand), près de Bolzano. Il était désormais Alfredo Reinhardt, ingénieur, né le 6 juin 1910, fils de Carolina Roithmeier, marié, et domicilié 20 via Stazione à Appiano. La photo originale de Reinhardt avait été enlevée et remplacée par celle d'Otto avec une moustache ; le tampon de la commune était complété par des informations manuscrites.

Un nommé « Bauer » devait attendre Otto à la gare centrale de Rome. Le trajet, et par voie de conséquence l'état d'esprit paisible d'Alfredo Reinhardt, fut interrompu par l'annonce du conducteur. On l'informa qu'il devait acheter un billet de première classe ou, à défaut, changer de train à Trente. N'en ayant pas les moyens, il prit donc un train plus lent. Il arriva trop tard à la gare de Termini de Rome, « Bauer » n'était plus là. « La réception, le dîner en bonne compagnie, l'hébergement, tout était annulé[2] », dit-il à Charlotte – c'était la première lettre d'une longue série de missives régulièrement expédiées depuis Rome. Suis arrivé « seul et abandonné », écrivit-il à « Walter Ladurner », apparemment un pseudonyme. Au petit matin, il trouva un lit de fer déglingué au fond d'un couloir sombre – 350 lires la nuit – avec pour voisins un gros fumeur torse nu et une dame qui criait, voulait sortir, et ne cessait de taper sur sa porte. Elle avait finalement été libérée après paiement du loyer. « C'était très romantique ! » nota Otto.

Otto s'endormit, épuisé et inquiet pour ses maigres richesses. Lorsqu'il se lava dans la matinée, « une jeune Slovène aux sourcils maquillés et aux ongles peints » lui proposa de l'aider à faire ses bagages. « Ma langue est celle de l'amour », lui dit-elle. Il partit rapidement en direction d'un hôtel où il pensait pouvoir être logé gratuitement ; en réalité, la chambre coûtait 1 000 lires. C'était une somme importante, mais il était prêt à faire ce sacrifice, ne serait-ce que pour l'eau chaude et une toilette indispensable.

Le vendredi 29 avril, Otto passa pour la première fois toute la journée à Rome. En termes codés, il inscrivit le nom de ses deux rendez-vous du jour dans son journal ; il prit également la précaution de ne pas les nommer dans sa première lettre à Charlotte. L'un, un ami sympathique de Nora, lui expliqua que son projet était « sans espoir ». L'autre, un « monsieur religieux », fut d'abord réservé, puis « *très* positif » – souligné par Otto – lorsqu'il réalisa qui était Otto. La situation de l'ancien gouverneur était bien connue, lui fit savoir le « monsieur religieux » ; il était disposé à l'assister pleinement, et notamment pour la « question la plus épineuse », celle de la traversée.

« Bauer » resta introuvable le premier jour. Quelque peu déprimé, Otto attendit dans son hôtel trop cher. Plus tard dans la matinée, il rencontra « le second homme », qui l'invita à déjeuner. Inquiet d'être rapidement à court d'argent, il nota chaque dépense dans son carnet et se mit à la recherche d'un hébergement moins cher. Il erra sans but dans Rome, visita des lieux familiers – la Basilique Saint-Pierre, le Castel Sant'Angelo, la place avec la colonnade du Bernin ; il apprécia l'agitation, les mendiants, le trafic et les commerces. Il était enchanté que quelqu'un le prenne pour un Américain et lui demande des dollars du marché noir. « Vieux et neuf, tout cela empilé ou juxtaposé, une activité extraordinaire[3]. »

Il lui fallut deux jours pour trouver « Bauer ». Celui-ci l'accueillit et le présenta aux membres de la communauté allemande de Rome, un groupe sympathique. On lui fit rencontrer pendant l'apéritif une « Prussienne pur-sang », une dame mariée à un universitaire italien. Jamais nommée dans ses lettres, la dame prussienne le materna durant son séjour à Rome : elle l'aida à trouver un hébergement et un travail, elle reprisa ses habits usés et lui proposa d'utiliser son adresse *poste restante*.

« Il ne parla pas beaucoup lors de cette première soirée[4] », nota la dame prussienne ; il donnait l'impression d'être encore dans l'air alpin des montagnes qu'il avait quittées, d'être dépassé par l'ambiance de la ville. Elle remarqua son attention aux détails. Elle lui proposa enfin de le loger, une nuit, dans sa maison familiale, 25 via Giulio Cesare. C'est à cette adresse que Charlotte devait envoyer ses lettres et ses paquets. Otto rencontra la famille de la dame – son mari et leurs deux fils ; un lien amical se noua au cours de ses fréquentes visites : il vint une ou deux fois par semaine, pour récupérer son courrier, demander un avis, se faire recoudre un bouton, ou simplement pour parler. Il aimait parler de Charlotte et des enfants, de son travail à Cracovie ou à Lemberg, des années passées dans la montagne, de son besoin de travailler. Mais avec la dame prussienne, il ne fut jamais question d'« émigration ».

« Bauer » et la « dame prussienne » lui trouvèrent rapidement un hébergement permanent : Vigna Pia[5], un monastère dans les faubourgs du sud de la ville. Le lieu lui permettait de ne pas être seul et d'avoir un espace pour réfléchir ; surtout, la Vigna Pia lui offrait une sécurité absolue. Otto décrivit l'endroit dans les termes suivants à Charlotte :

> Un immeuble pittoresque… moitié en ruine, moitié bains romains, moitié prison, incroyablement sale, mais en même temps romantique… bien situé dans la verdure juste en dehors de la ville ; d'un côté vue sur de larges plaines ouvertes, de l'autre sur le plan majestueux de la ville[6].

Il avait une chambre individuelle, une cellule de moine au toit voûté, à l'étage supérieur. Face à la ville et le dos à la campagne environnante, la cellule était étouffante et sans air. Il y avait un petit bureau, un lit simple, une descente de lit en coco (« du temps de Néron[7] »), une chaise, une commode, un petit bassin et un prie-dieu vermoulu. Le mortier se détachait des murs, le sol en briques était abîmé, l'ensemble était couvert d'une couche de poussière. Mais, dit-il à Charlotte, c'était sûr et gratuit ; avec un petit investissement, il pourrait même en faire un lieu accueillant.

Vigna Pia, monastère du XIXe siècle.

Depuis sa cellule, il pouvait entendre les moines prier, et écouter les bavardages des autres résidents, dont quelques *padri.* Les résidents « agréables, aimables, incroyablement pauvres[8] » ne parlaient qu'italien. Le dîner était servi à huit heures et demie, de la nourriture campagnarde, de généreuses portions de pâtes, des légumes et du poisson. « Exactement ce que j'aime » – avec de grosses quantités de vin rouge de table. Au bout d'une semaine à la Vigna Pia, Otto commença à se sentir plus en sécurité, plus optimiste quant à son avenir, bien que l'ennuyeux couvre-feu à dix heures l'empêchât de sortir en ville le soir. De temps en temps, il allait à la messe.

Charlotte fut d'abord secouée par le récit de ses premiers jours à Rome, mais soulagée qu'il ait trouvé un toit. « J'espère que cette période se terminera vite, nous pourrons alors à nouveau être ensemble[9] », lui disait-elle dans une lettre. Elle exigea qu'il lui écrive au moins une fois par semaine. Otto obtempéra et envoya huit longues lettres le premier mois, il en reçut neuf en retour. Il enregistra méticuleusement chaque lettre échangée et chacun de ses rendez-vous sur une feuille de papier.

Dix jours après son arrivée, l'humeur d'Otto se dégrada. La nourriture était monotone : un demi-litre de café laiteux au petit déjeuner, pâtes avec sauce *pomodoro* à chaque repas. Il développa une aversion : pour les légumes frits à l'huile et servis chauds ; leur odeur pénible s'accordait mal avec les autres odeurs locales : le gaz de pétrole, les conteneurs d'huile, l'essence. L'air pur et frais des montagnes lui manquait, les « forêts odorantes du Nord[10] ». Cet endroit est une prison, écrivit-il à « Ladurner », et le couvre-feu n'est pas négociable. Il avait du mal avec la saleté, et l'eau courante n'arrivait pas jusqu'à l'étage élevé de sa chambre. Pour faire le ménage ou se laver, il devait donc remplir sa bassine, et gravir les deux volées d'escalier le bras chargé d'une cruche d'eau.

Pourtant la Vigna Pia avait ses avantages : elle était près de la campagne, ce qui lui permettait de courir tôt le matin. « La brume se dissipe au-dessus du Tibre, des collines et des villas, pour laisser apparaître les monts Albains. En dehors de la ville, le beau et le laid se mélangent. De vieilles tours et des bouts de murs en ruines, des gens vivant dans des conditions misérables, des usines modernes, de vieilles chapelles pittoresques, des demeures dans un cadre magnifique, des vignes et des champs de blé[11]. »

La proximité du Tibre était alléchante, mais son « horrible saleté » le faisait hésiter à y pratiquer la natation, son activité préférée. On avait tenté de l'en dissuader, car cette section de la rivière charriait une partie des égouts de la ville. Mais avec l'arrivée du printemps et la hausse des températures, Otto succomba à la tentation. Le 23 mai, trois semaines après son arrivée, il prit un bain matinal dans le Tibre. L'eau le rafraîchit, son humeur s'améliora. « Je vais faire ça plus souvent, même si l'eau n'est pas très attirante[12]. »

Il apprit que le précédent occupant de sa cellule était un ancien camarade. « Je sais que quelqu'un m'a remplacé à la Vigna Pia », écrivit Walter Rauff[13] à son « cher camarade Reinhardt » dans une longue lettre tapée à la machine. Avant qu'un mot de la « dame prussienne » lui permette de comprendre que Reinhardt était en réalité Otto Wächter, il ne connaissait pas son identité. Basé à Milan, Rauff avait servi aux côtés d'Otto à la fin de l'année 1944 ; il était alors chef du groupe SS Oberitalien-West. Il lui laissa son adresse en Syrie (P. O. Box 95, Damas), et lui donna des conseils sur la vie en cavale. Il le mit en garde : ce n'était pas facile. « Acceptez votre situation, maintenez une "dureté inébranlable", prenez le travail qui s'offre à vous et ne perdez pas votre temps à regretter le passé. »

Damas était une ville excitante, mais n'offrait pas beaucoup de débouchés aux Allemands, et ce n'était sans doute pas une destination idéale pour Otto. Ceux qui venaient étaient généralement des « risque-tout et des gens de peu[14] », des aventuriers qui nuisaient à la réputation des Allemands dans le monde arabe. Rauff espérait que « les forces du bien » s'uniraient pour permettre aux vrais hommes de se retrouver peu à peu. Moins d'un an après cette lettre, Rauff quitta la Syrie pour l'Amérique du Sud et le Chili. Un dossier déclassifié de la CIA permet d'en savoir plus sur Herr Rauff, un membre de la SS qui « avait conçu des camions à gaz pour tuer les Juifs et les handicapés[15] ». Selon la rumeur, indique une autre source[16], il aurait travaillé pour les services d'espionnage allemands entre 1958 et 1962, et été plus tard le conseiller principal du président Pinochet. Il a vécu libre et a évité l'extradition jusqu'à sa mort en 1984.

Otto s'installa dans une routine quotidienne. Sa journée commençait tôt le matin avec des exercices sur le toit du monastère face à une large fenêtre. « J'ai renoncé à courir, dit-il à Charlotte, ça use mes chaussures[17]. » Petit déjeuner à 8 h 30, suivi de leçons de langue et d'écriture italiennes, puis reprise de chaussettes et cirage de chaussures. Le déjeuner était servi à 12 h 30, généralement suivi d'une sieste et de promenades en ville, pour aller à la poste ou se rendre à un rendez-vous. Il ne révéla jamais l'identité des gens qu'il voyait, ni l'objet de leurs rencontres. Otto avait peur d'être surveillé, que ses lettres soient ouvertes. Pour préserver son pécule, et pour prendre de l'exercice, il faisait tous ses trajets à pied, ce qui lui permit de découvrir différents quartiers de Rome. Le soir, il rentrait sans tarder Vigna Pia pour le dîner, « le plus souvent au galop, le long des lignes de tram », en suivant une avenue bordée de palmiers.

Il n'avait pas beaucoup d'argent. À la mi-mai, il ne lui restait plus qu'un billet de 5 000 lires, environ 8 dollars, il devait faire des économies. Le ticket de bus (60 lires jusqu'au centre) et les nécessités de base comme les journaux ou les timbres étaient chers, et bien plus encore les documents d'identité et les billets pour rejoindre la route migratoire du Reich. Il avait besoin, de manière urgente, d'un salaire. Un de ses contacts, « Detering », pensait qu'il lui faudrait des mois pour obtenir quelque chose, un autre considérait que l'Autriche lui offrirait plus de perspectives. Un Italien lui suggéra de vendre des produits pharmaceutiques même s'il devait pour cela réunir une somme importante en dollars américains. Sans papiers officiels, sa seule chance était de trouver un travail saisonnier. Il n'y parvint pas au cours du mois de mai.

Charlotte lui donna des nouvelles de la famille, de la santé de Josef, de sa propre famille, de ses sœurs, des enfants. Otto junior, qui avait maintenant seize ans, pourrait peut-être venir le voir à Rome, suggéra Otto, « il y a de la bonne nourriture et des hébergements[18] » ; Vigna Pia avait même un orphelinat où 70 jeunes garçons étudiaient l'agriculture. La discipline était coulante et les prières occasionnelles : une légèreté méditerranéenne prévalait. Le jeune Otto pourrait apprendre l'italien, et ils pourraient nager ensemble dans le Tibre, sale mais accessible, une heureuse combinaison entre « soleil et eau ».

Charlotte se plaignait souvent dans ses lettres : elle se sentait mal, anxieuse, fatiguée et lasse. « Ces quatre derniers jours m'ont vraiment mise à plat. » Son humeur était imprévisible ; elle était à bout de nerfs, « comme un élastique trop tendu », et la vie à Salzbourg n'était pas facile. Des punaises de lit dans la chambre des garçons avaient retardé un voyage prévu à Vienne. Otto et Charlotte parlèrent des mérites respectifs du gazage et du DDT[19], un nouveau miracle chimique qui n'était pas cher, ne sentait pas mauvais et était sans danger pour les humains. Va pour le DDT, pensa Otto, c'est moins cher que le reste. « Le gazage coûtera au moins 500 schillings[20] », s'inquiéta Charlotte.

Otto avait ses propres problèmes, sa cellule était envahie de « *zanzare* », de moustiques.

Nora de Bolzano était présente dans leur correspondance. Une semaine après son arrivée à Rome, Otto lui avait envoyé un poème pour la remercier de sa bienveillance et de son accueil. Il la remerciait chaleureusement, « le cœur battant la chamade[21] ». Lorsque Nora vint lui rendre visite à Rome, il rassura Charlotte, il « avait été distant », et toute conversation « sur divers sujets déplaisants » avait été évitée ; il s'agissait d'une référence à une dispute entre Nora et Charlotte à Bolzano en avril. « L'altercation qu'elle a eue avec nous semble l'avoir un peu vieillie », commenta Otto. Charlotte répondit qu'elle n'était plus fâchée avec lui, mais elle revint sur le sujet dans une lettre ultérieure. Nora avait un faible pour lui, mais « personne ne peut se mettre entre nous », affirma-t-elle, avant d'ajouter « Je n'ai *rien* à te reprocher », et elle lui donna l'autorisation de « s'amuser un peu ». « Quelle chutzpah, comme dirait le Juif », répliqua-t-il. Ses excès avec les femmes se limitaient à des thés avec des dames de soixante-cinq ans, et personne dans son entourage ne pouvait inquiéter Charlotte. « Je suis handicapé par mes poches vides, la découverte récente d'une attirance pour la foi religieuse et mon grand amour pour toi », écrivit-il.

Charlotte s'occupa : elle alla quelquefois au théâtre ou à l'opéra de Vienne, elle vit *Jules César* ; au Festspielhaus de Salzbourg, elle assista à une représentation de la Neuvième de Beethoven et de la Neuvième de Schubert dirigée par Josef Krips[22], l'un des rares Autrichiens autorisés à exercer – son père étant juif, il n'avait pas pu travailler sous le régime nazi. Elle apprécia une représentation d'*Egmont* de Goethe, accompagnée par la musique de Beethoven. « C'est vraiment une pièce pour notre époque[23] », dit-elle à Otto ; elle lui avait rappelé l'amour d'Otto pour son ancien travail qu'il n'avait jamais voulu abandonner.

Otto fit de courtes excursions à bicyclette. Il visita l'une des villes nouvelles de Mussolini dans les collines de la Campagna Romana, au sud-ouest de Rome – « un rappel des grands immeubles de Nuremberg » –, devenue une cité fantôme habitée seulement par quelques réfugiés d'Istrie. Lui et « Leit », un autre vieux camarade sans nom, avaient escaladé Monte Cavo où un vieux temple à la gloire de Jupiter avait été transformé en auberge. Depuis le jardin, ils avaient admiré la vue, d'un côté sur la Campagna et Rome jusqu'à la mer, de l'autre sur le lac Albano et Castel Gandolfo, la résidence d'été du pape. « Leit regardait tristement[24] » passer les voitures diplomatiques, qui rappelaient à Otto le passé, le putsch de juillet, son travail à l'ambassade d'Allemagne à Rome, sa vie de SS-Sturmbannführer[25]. Ils avaient partagé une demi-bouteille de « vin jaune ambré » sur la terrasse d'une petite trattoria puis repris la route vers la ville. La seule chose qui avait gâché la journée était le beuglement de « l'Internationale » provenant d'un festival pour la paix organisé par les détestables communistes.

Charlotte lui envoya ce qu'il lui avait demandé. Une plaque de cuisson et un chauffage électrique, son cadeau pour la Vigna Pia. Des chemises bleues. Des shorts blancs pour le footing du matin. Quelques chemises à manches courtes. Des chaussettes basses. Un kit de couture. Un vieux maillot de bain. Des chaussures et des sandales. L'édition du week-end des *Salzburger Nachrichten* ou de la *Neue Front*[26]. Un guide Baedecker de Rome[27], « avec une carte des trajets de trams et de bus ! ». Une petite cuiller afin qu'Otto ne soit pas obligé de touiller sa limonade avec sa brosse à dents (« mon seul luxe »). Un couteau à large lame, un ouvre-boîte, un tire-bouchon. Les adresses de ses anciens camarades (« Hö et P et Fi »). Des lunettes de lecture. Tout était expédié chez la dame prussienne. « Fais attention à bien orthographier mon nom, *Alfredo*, pas Alberto[28], et n'oublie pas le "t" à la fin de Reinhardt, sinon tes lettres se retrouveront à la Poste centrale où l'on doit montrer une pièce d'identité, ce qui est dangereux. »

Charlotte lui donna des bribes d'informations sur ses anciens collègues. Pavlu était malade ; Frau Bauer, dont le mari avait été assassiné par les Soviétiques à Lemberg, s'était remariée, tenait un magasin et espérait déménager en Suisse. Charlotte s'inquiétait par ailleurs de son physique, elle craignait de devenir « une vieille sorcière tout estropiée ». Ce n'est pas vrai, la rassura Otto : « tu es toujours une très belle femme », comme semble l'indiquer le comportement de « certains partis intéressés » – apparemment une allusion à son locataire, Richard Woksch. Il lui dit aussi de ne pas perdre son temps à s'imaginer des choses. Il n'avait pas de connaissances, masculines ou féminines, avec qui il pourrait passer une journée à la mer. « Je me sens parfois très seul, il n'y a personne à qui je peux vraiment parler. » Il était difficile de rencontrer des Italiens.

Charlotte aussi rassura Otto. Il lui manquait. « Je ne peux toujours pas croire que nous ne pouvons pas être ensemble », écrivit-elle tristement. « Il faut garder espoir qu'un jour le soleil brillera à nouveau[29]. »

Le mois de mai touchait à sa fin. Charlotte s'inquiéta de la sécurité et de la liberté d'Otto, et de la surveillance des Soviets qui collaboraient maintenant avec les Polonais. « Fais attention », lui intima-t-elle dans l'une de ses missives.

Otto fit attention ; il décrivit ses activités à Charlotte, mais dans des termes très généraux. Dans ses lettres, il ne donnait jamais de précisions sur les personnes, les projets ou les perspectives d'avenir. Il faisait référence à « Bauer » et à « Detering », au « monsieur religieux », au « second homme », à la dame prussienne ; il faisait allusion à des individus étranges venant de partout en Europe et qui « avaient échoué » à Rome après la guerre. Son cercle, autrefois restreint, s'agrandissait. Des gens vraiment agréables, mais jamais de noms.

Un « évêque ukrainien » qui le reçut gentiment.

Une rencontre avec « Fü Bi », Fürst Bischop Pawlikowski, qui les avait mariés en 1932 et qui avait autrefois accompagné Charlotte lors de ses vacances en Europe.

Un rendez-vous avec « un autre homme », une connaissance « d'avant ».

Une rencontre avec « des oiseaux migrateurs coincés à Rome[30] ». L'un d'eux était un ami personnel, les autres étaient des individus « dans la même situation que la nôtre ». Tous étaient désespérés, attendaient leur passage, bataillant pour joindre les deux bouts. Certains étaient hautement qualifiés, comme cet ingénieur aéronautique qui vivait grâce au salaire de sa fille de onze ans, employée de cuisine.

Un homme appelé « Gü[31] » qui offrait un « pont » vers des contacts à l'étranger.

Un certain « Dr March » qui, après une résistance initiale, avait été utile.

« Detering » qui était « très actif ».

Une amie de Nora qui lui proposait son « hospitalité », une femme d'affaires propriétaire d'un petit hôtel, agréable mais malheureuse et consumée par son pessimisme sur l'humanité ; dépourvue d'empathie.

Un « ami tridentin » avec une fille musicienne (« dix-huit ans je dirais, mais ne t'inquiète pas, je n'ai pas cherché à savoir »).

Une représentante « bavarde » de l'agence de presse autrichienne à Rome qui lui avait proposé de rencontrer l'ancien attaché de presse de Mussolini.

Un certain nombre d'« Allemands locaux » en difficulté.

De vieilles dames allemandes qui n'avaient rien de tentant à offrir.

« Des femmes autochtones », des dames italiennes obéissant à une « étiquette très différente ». À Rome, expliqua-t-il, tout le monde aime « jeter un œil », mais éviter le contact visuel est considéré comme un « signe de dignité ».

Une baronne de soixante-cinq ans, très gentille, qui l'avait invité à prendre le thé (« j'étais le seul homme, entouré de trois vieilles dames aux lunettes épaisses qui me regardaient comme des chouettes »).

Un avocat, « aimable et compétent », qui lui avait donné de sages conseils.

Un « homme sophistiqué » de l'ancien ministère allemand des Affaires étrangères, qui avait arrangé des rencontres utiles avec des Italiens.

Des « correspondants » étrangers, notamment de Syrie et d'Argentine.

Gündel, à qui il avait écrit à Bolzano pour lui parler de sa situation pénible, lui demander de meilleurs papiers d'identité et comment « il pouvait contacter Karl », sa « dernière chance »[32].

Il ne ménagea aucun effort.

Otto avait un but principal : ouvrir la porte qui le conduirait sur la route migratoire du Reich, vers l'Argentine ou ailleurs.

Un tel voyage nécessitait de nouveaux papiers d'identité. « Faciles à obtenir », lui avait-on dit lorsqu'il était arrivé à Rome. Plusieurs semaines après, Charlotte sentit pourtant poindre une certaine anxiété. « Je ferai tout ce que je peux[33] », lui promit-il.

J'ai besoin d'une meilleure carte d'identité, expliqua-t-il à « Ladurner ». Le problème était le montant, payable en dollars. Il n'en avait pas.

Et, durant tout le mois, un flot constant d'idées et de rumeurs.

Un correspondant de Bolzano – probablement « Gü » – lui donna de l'espoir.

Lui-même partait. Il lui transmit un passeport de la Croix-Rouge et un visa pour l'Argentine qu'Otto devait renvoyer à Fräulein Luise.

Un de ses contacts pensait que la Croix-Rouge[34] ne délivrerait plus de passeports après la fin du mois de mai, et que le Vatican prendrait ensuite la relève.

Un autre pensait que les documents du Vatican auraient « moins d'impact » ; « Detering » était d'un avis contraire.

Un troisième lui apprit que des documents de voyage ne seraient donnés qu'à ceux pouvant prouver qu'ils étaient « apatrides ». Ils pouvaient être obtenus auprès de « Hu », mais seulement avec le nom véritable du demandeur.

Un homme dont le nom n'est pas mentionné apprit à Otto que « l'option *embarcó libre* » (un droit à l'embarquement gratuit)[35] avait été suspendue. La meilleure manière de fuir était un visa de touriste, un passeport de la Croix-Rouge et des espèces (« environ 150 000 lires).

Un groupe de « candidats pour l'Argentine » informèrent Otto qu'ils avaient changé de destination : ce serait le Brésil. Contrairement à d'autres, le consulat brésilien ne donnait pas d'*embarcós libres*, mais le pays offrait de meilleures perspectives. Voici la liste des papiers à fournir : un passeport (celui de la Croix-Rouge fera l'affaire s'il est « associé à un document plus ancien comportant une photo datant d'avant la tourmente[36] », une carte de membre d'une association alpine par exemple) ; un certificat de naissance ; un certificat de mariage ; un certificat professionnel (« qui prouve que vous avez travaillé dans un emploi technique pendant deux ans ») ; des preuves que vous « n'êtes pas communiste ».

Un cinquième homme lui dit : les Brésiliens « se contenteront d'une carte d'identité ou d'un passeport autrichien[37] », tant que vous pouvez « prouver que vous êtes protestant (c'est bien ça, protestant !) ».

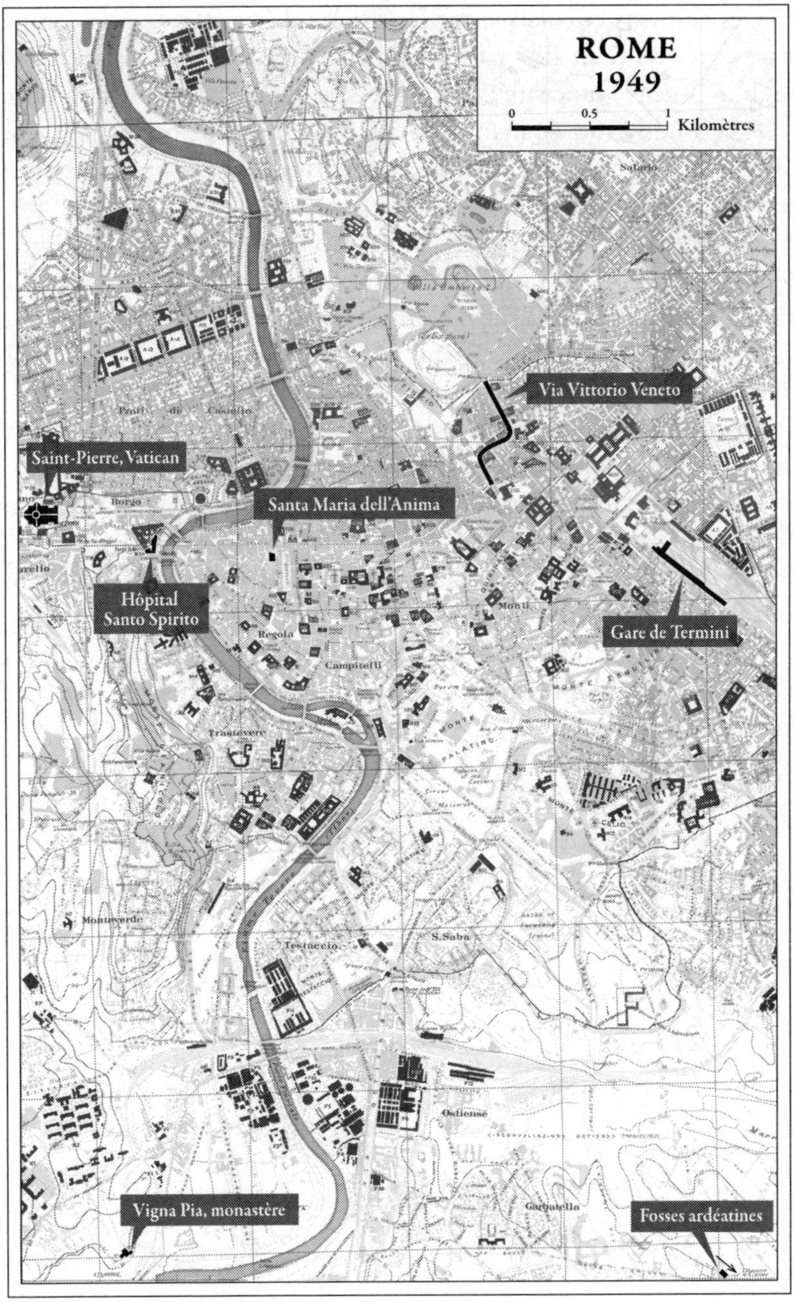
ROME
1949
0
0.5
1
Kilomètres
Via Vittorio Veneto
Saint-Pierre, Vatican
Santa Maria dell'Anima
Hôpital
Santo Spirito
Gare de Termini
Vigna Pia, monastère
Fosses ardéatines

Rome, 1949.

Des rumeurs circulaient sur les risques d'être attrapé. « Je connais deux cas – au bout de quatre ans ! – de procédures engagées contre des braves gens innocents[38]. » C'est ce que déclara « Ladurner » à Otto.

À la fin du mois de mai, Otto reçut un début de bonne nouvelle. L'Office d'émigration argentin allait rouvrir, et un *embarcó libre* pourrait être obtenu auprès du consulat à Venise.

« Le meilleur itinéraire est par la mer », lui écrivit un collègue[39] depuis Merano. Il n'y avait plus rien pour eux en Europe, personne n'aidait, même pas la famille. Il lui envoya une adresse en Argentine, son homonyme « Dr A. R. », qui vivait Pasaje Arteaga 1188 dans la ville de Salta.

Otto dit à Charlotte qu'il resterait à Rome un peu plus longtemps : attendre ici était plus facile et moins cher qu'en Autriche.

La santé de Josef Wächter déclinait à vue d'œil et Charlotte était à cran.

Ilse envoya un mot d'encouragement à son frère : tu es un « héros romantique moderne ».

Le dernier jour de mai, Charlotte lui dit qu'elle se préparait « au pire ». Elle s'était après tout habituée à s'occuper d'elle-même, et à être seule.

Otto était désormais sans le sou.

28.
Art

Grâce à l'argent que Charlotte lui envoyait régulièrement à l'adresse de la dame prussienne, Otto s'en sortait mieux. J'ai fini par comprendre que l'argent provenait en réalité de la vente d'objets venant de Cracovie ou de Lemberg.

La projection de notre documentaire en présence de Horst et de Niklas dans un beau cinéma, le Gartenbaukino, au festival du film de Vienne, provoqua l'afflux de nouvelles informations.

La belle-sœur de Horst voulut d'abord faire interrompre la projection. Elle n'eut pas gain de cause et décida de rester pour regarder le film. La projection fut suivie d'une séance intense de questions-réponses qui dura plusieurs heures. Un des thèmes récurrents était la manière dont l'Autriche assumait ou non son passé nazi. Le lendemain, Horst et moi sommes allés au Kunsthistorisches Museum ; nous avons notamment visité la galerie où sont exposées les toiles de Brueghel l'Ancien. Horst avait demandé à un conservateur à la retraite, à Osman – un Turc cordial, coiffeur de son état et garde du corps de Horst –, ainsi qu'à sa fille Magdalena de venir avec nous. Nous avons admiré *Le Combat entre Carnaval et Carême*[1] et nous avons évoqué sa provenance, à la suite d'une conversation que nous avions eue sur deux souvenirs de Cracovie conservés dans la chambre à coucher de Horst : une gravure de la ville datant du XVIIIe siècle, et une vieille carte tachée.

Charlotte avait rapporté ces objets de Cracovie et les avait ensuite transmis à son fils. « Ma mère m'a aussi donné un tableau », me dit Horst, mais il ne l'avait pas conservé. Il avait voulu le restituer à ses propriétaires légitimes, les héritiers de la famille Lubomirski. Dans ce dessein, il s'était rendu à Cracovie, mais la visite s'était mal terminée : « Les propriétaires ont décidé à la dernière minute qu'ils ne voulaient pas me voir. » Il avait laissé le tableau en Pologne.

Grâce à ses premières entrées dans le *Stammbuch*, je savais que Charlotte avait l'œil pour les belles choses. Pendant les vacances de Noël à Londres en 1925, elle avait visité les plus belles galeries et les plus beaux musées de la ville ; elle avait été attirée par les « vases » et les « Égyptiens » au British Museum. En revanche, les impressionnants musées et les belles galeries de Cracovie n'étaient jamais mentionnés dans son journal ou sa correspondance.

À ma demande, j'ai reçu un article universitaire en polonais sur le pillage des objets d'art de Cracovie. Cette idée m'est venue lors de la projection du documentaire, preuve supplémentaire que chacun de nos actes, même la projection d'un film, peut avoir des conséquences inattendues. Écrit par un conservateur du Musée national de Pologne à Cracovie[2], célèbre pour sa Halle aux draps *(Sukiennice)*, l'article décrit le pillage des œuvres du musée dans les semaines et les mois qui ont suivi l'occupation de la ville en octobre 1939. Les expropriations avaient été supervisées par Kajetan Mühlmann[3], un officier SS autrichien, historien d'art et auteur d'une thèse de doctorat sur les fontaines baroques de Salzbourg. Connu sous le nom de Kai, il n'avait pas ménagé ses efforts pour aider les gouverneurs Frank et Wächter à s'approprier l'art local.

L'aide de Charlotte avait été déterminante. « Avec beaucoup de cérémonie », explique l'auteur de l'article, « Frau Wächter fit une entrée aérienne dans la galerie de la Halle aux draps ». Alarmé par cette arrivée inattendue, le professeur Kopera de l'Université Jagellonienne et directeur du musée[4], sentit le danger. « *Wir sind keine Räuber* (Nous ne sommes pas des voleurs) », lui dit Charlotte. Elle arpenta les salles du musée et identifia les objets qu'elle désirait ; ceux-ci furent ensuite diligemment collectés par les camarades d'Otto.

Une lettre envoyée en mars 1946 par le professeur Kopera aux autorités polonaises donne plus d'informations[5]. « La femme du gouverneur du district de Cracovie a causé des pertes inestimables au musée», écrivit-il. La coupable était «Frau Wächter, une femme viennoise d'environ trente-cinq ans, aux cheveux châtain». Selon le professeur, elle avait pillé l'ensemble des départements du musée pour décorer la maison du gouverneur, le palais Potocki. Malgré les protestations du directeur, elle s'était approprié «les tableaux les plus exquis et les plus belles pièces de mobilier antique», des commodes gothiques et Renaissance, des armures, des coupes, des meubles et des tableaux. Parmi les objets qui ont disparu, figurent entre autres… *Le Combat entre Carnaval et Carême* de Brueghel, *La Cour du chasseur* de [Julian] Fałat. Certains ont été restitués après la guerre, d'autres sont «sévèrement abîmés».

La lettre du professeur Kopera se trouve dans les archives de la Mission militaire polonaise de recherche sur les crimes de guerre allemands à Bad Salzuflen. Une autre donne l'indication suivante: «Je ne sais pas si la liste des criminels de guerre inclut Lora Wächter, la femme du gouverneur. […] Elle a causé de grands torts en volant des œuvres pour décorer la résidence des Wächter; des chefs-d'œuvre [Fałat et Brueghel] ont disparu.» Le directeur avait donné le nom de Charlotte aux tribunaux locaux et ceux-ci avaient apparemment recherché d'autres informations sur les pillages. «Ne sachant pas si le nom de Frau Wächter a été ajouté à la liste, je vous informe par la présente et au nom du musée de son comportement répréhensible.»

Soixante-quinze ans après les actes décrits par le professeur Kopera, j'ai parlé de son article à Horst. Il n'y avait nulle trace de pillages dans le journal ou dans la correspondance. Horst mentionna cependant un document écrit par Charlotte en 1984, l'année de sa mort. Au fils d'Otto junior, prénommé lui aussi Otto, qui l'avait interrogée sur la provenance de l'un de ses tapis, elle avait répondu que c'était un cadeau d'adieu offert à Otto par ses collègues de Lemberg. «Vous l'avez pris?» avait demandé le petit-fils. Charlotte avait répondu sèchement que son fidèle serviteur Wladislaw lui avait conseillé de prendre les beaux tapis et les vases chinois «pour qu'ils ne se retrouvent pas entre les mains des Russes[6]».

Ma conversation avec Horst l'incita apparemment à renouveler ses efforts pour rendre les objets au musée de Cracovie. En l'espace d'un an, trois œuvres furent restituées à des agents polonais – la transaction fut rapportée par la presse polonaise et internationale. Il avait rendu la gravure de Cracovie datant du XVIIe siècle, la carte tachée qui avait passé des années sous une plaque de verre, et une troisième œuvre que je n'ai jamais vue mais que Horst avait une fois évoquée.

Julia Potocki, *Palais Potocki*, années 1830.

« Wächter, 78 ans, a restitué trois objets volés par sa mère », écrivit le *Guardian*, dont « un tableau du palais Potocki »[7]. Horst m'expliqua que Charlotte avait inscrit les mêmes termes, mot pour mot, au dos de la gouache Biedermeier, peinte par la comtesse Julia Potocki autour de 1830. La gouache représente Artur Potocki saluant sa famille depuis le balcon du bureau d'Otto. « Ma mère l'aimait beaucoup », dit Horst le jour où il restitua la gouache. Confisquée à Cracovie, elle avait orné le bureau d'Otto jusqu'à son départ de Lemberg ; Charlotte l'avait ensuite rapportée à Thumersbach. « Je ne suis pas particulièrement fier de mes actes », dit Horst lors de la restitution, « je l'ai fait pour ma mère ». Horst me dit qu'il ne savait rien des autres œuvres mentionnées par le professeur Kopera, le Brueghel et le Fałat notamment.

Les médias polonais, ainsi que le *Financial Times*, reprirent les informations du professeur[8]. Dans son article, le *Financial Times* resta prudent : « un chef-d'œuvre » de la Renaissance, peint par Brueghel l'Ancien, *Le Combat entre Carnaval et Carême*, actuellement au Kunsthistorisches Museum à Vienne, fait l'objet d'un « bras de fer » entre l'Autriche et la Pologne. « Si le tableau a effectivement transité illégalement de Cracovie à Vienne, ce serait une bombe dans le monde de l'art », dit un historien de l'art de l'Université de Cambridge interrogé par le journal. Le « si » est important : à côté de l'original peint par Brueghel l'Ancien, on estime en effet que pas moins de dix versions ont été réalisées par son fils, Brueghel le Jeune. Il est donc possible que Charlotte ait pris l'une d'elles.

Le Kunsthistorisches Museum fit savoir que le tableau exposé faisait partie de ses fonds depuis plus d'un siècle. Le Musée national de Cracovie confirma que le tableau était en sa possession en 1939, sans pouvoir dire de quelle version il s'agissait. Peu de temps après notre visite, le Kunsthistorisches Museum retira le tableau. Il est aujourd'hui à nouveau exposé.

Grâce à son instinct de possession et son amour de l'art, Charlotte a pu laisser un héritage durable. Chacun de ses six enfants a reçu, lors de son mariage, un cadeau provenant de sa collection. Horst a mentionné une sculpture en bois donnée à l'un de ses frères et il m'a envoyé une petite photo de l'objet aux couleurs passées.

Saint Georges tuant le dragon était toujours en possession d'un des membres de la famille qui ne souhaitait pas s'en séparer. Horst pensait qu'il pouvait s'agir d'une sculpture de Veit Stoss[9], peut-être volée dans un musée ou dans la cathédrale de Cracovie. Il espérait que le propriétaire et « l'emplacement original » seraient identifiés « au plus vite » pour pouvoir la restituer. Il m'a dit que ses propres tentatives de restitution des œuvres volées avaient provoqué des réactions très hostiles de la part de certains membres de la famille. Sa belle-sœur avait apparemment été « totalement abasourdie » par sa démarche ; l'une de ses sœurs l'avait traité de Judas et de traître à la famille ; une autre était tombée dans une profonde dépression.

Saint Georges tuant le dragon, bois sculpté.

Horst m'avoua qu'il avait lui-même décliné toutes les offres de biens ou de cadeaux de sa mère, car Charlotte voulait toujours quelque chose « en échange ». Mieux vaut éviter les quiproquos, s'était-il dit. Pourtant, c'est à lui qu'elle avait légué ses biens et ses papiers. « Je lui dois tout », m'a souvent répété Horst. Le château avait été acheté avec l'héritage, et elle lui avait légué l'ensemble de ses documents, ses journaux et sa correspondance. Charlotte ne voulait pas s'en séparer de son vivant. Le « fils aimé » en avait pris possession à sa mort.

29.

Rome, juin 1949

Charlotte passa le premier jour de juin au lit. Indiciblement fatiguée, dit-elle à Otto dans les premières lettres échangées au cours de ce mois. Elle s'était rendue la veille à un rassemblement pour un nouveau parti politique à Salzbourg, le *Verband der Unabhängigen* (Union des indépendants), le VDU[1]. « Un rappel du passé[2] », écrivit-elle, car le parti comptait parmi ses militants beaucoup d'anciens nazis privés de leurs droits civiques, et il clamait qu'aucun pays au monde ne persécutait les anciens nazis plus cruellement que l'Autriche. Disparu depuis longtemps, le VDU s'est fondu en tant que tel dans le parti de la liberté (FPÖ)[3] qui était entré récemment dans le gouvernement autrichien. Charlotte se sentait dévalorisée et épuisée, tout était pour elle source d'énervement – sauf le VDU.

Otto supportait mal la chaleur romaine. « Le soleil cogne et frappe comme une lame d'épée dès neuf heures du matin ; l'après-midi, la chambre est tellement humide que je dois m'allonger. » Il avait besoin de nouveaux vêtements et réclamait à Charlotte des chemises et des vestes. Il souhaitait en particulier qu'elle lui envoie sa veste unicolore en flanelle de Lanz[4] – le magasin de Salzbourg qui comptait parmi ses clients Herbert von Karajan et Marlene Dietrich. Il voulait des chemises jaunes, car la couleur se mariait avec tout. Des tissus à carreaux lui iraient aussi, ajouta-t-il, ils ne laissent pas apparaître les taches.

Otto redit à sa femme qu'il ne ménagerait pas ses efforts pour trouver du travail et se procurer les papiers nécessaires pour partir à l'étranger. Le danger continuait à planer au-dessus d'eux. Il rappela à Charlotte qu'elle devait être prudente dans ses lettres : l'une d'entre elles avait été tamponnée par la censure, le moindre écart était risqué.

En juin, il lui écrivit deux fois par semaine pour lui parler de ses activités quotidiennes et de son état émotionnel et physique. Il avait contracté une affection mineure de l'estomac ; il suspendait temporairement le footing matinal car ses chaussures n'étaient pas adaptées. « Exténué », lui écrivit-il le 9 juin : les bavardages nocturnes de ses voisins monastiques l'empêchaient de dormir, les religieuses se plaignaient elles-mêmes du bruit.

Il voyait toujours ses vieilles connaissances. Le 12, il avait retrouvé « Leit », qui représentait désormais les entreprises allemandes et autrichiennes à Rome. Leur rencontre lui avait permis de séjourner dans un hôtel huppé et de prendre de vrais repas ; les deux hommes avaient partagé un bon dîner – des entrées, puis des asperges et du crabe servis avec un excellent Soave –, comme au bon vieux temps. Ils avaient évoqué les perspectives d'avenir, mais sans véritablement conclure. La femme de « Leit » était restée dans le Sud-Tyrol pour vendre du kitsch de luxe, mais son mari était tenté d'émigrer. Il craignait une nouvelle guerre en Europe, une crainte relayée par les journaux italiens.

« Je te désire tant », lui écrivit Charlotte à la mi-juin, dans une lettre où elle avouait aussi une « peur terrible » de ne plus jamais le revoir. « Plus que brisée », elle était désespérée face à cette situation sans issue, mais elle espérait qu'il pourrait rentrer un jour, vivre à ses côtés et lui insuffler une part de son optimisme. Elle songeait en particulier au temps de Lemberg. Y pensait-il parfois, lui demanda-t-elle, était-il lui aussi éperdu de chagrin ?

Dans sa correspondance, un rayon de lumière tempérait parfois sa morosité. Pour la plus grande joie et fierté de sa mère, Horst, maintenant âgé de dix ans, avait assisté, attentif comme un faucon, à son premier concert. Le 22 juin, il devait passer l'examen d'entrée dans une nouvelle école. « S'il te plaît, croise les doigts à huit heures du matin[5]. »

Otto s'efforça d'occuper son temps, qui s'étirait lentement. Il assista à la canonisation d'une religieuse du XIXe siècle, célébrée par le pape Pie XII sur la place Saint-Pierre. En compagnie de « L » ou de « Pezzo Grosso » (le gros poisson) et de sa femme, il savoura le faste, les costumes médiévaux et les couleurs. Il fut attentif à l'avis de « Pezzo Grosso » selon qui la Syrie était une bonne destination s'il parvenait à résoudre les difficultés liées à l'obtention de papiers d'identité.

Il s'investit dans un gros projet de traduction, de l'allemand vers l'italien, assisté par la dame prussienne et un avocat italien qu'elle lui avait présenté. Le travail n'était pas payé, mais il pouvait ouvrir des « possibilités », même si l'espoir était mince et les perspectives incertaines. La tâche était exigeante – il abandonna donc la natation pendant une semaine, manqua la grande parade militaire du 1er juin et les avions qui rugissaient au-dessus de Rome.

Il rédigea également un texte, un manuscrit intitulé *Quo vadis Germania?*: une réflexion sur la « catastrophe exceptionnelle » de 1945, sur la violation par les vainqueurs des principes de traitement équitable des Allemands et sur leur manque de « foi en la loi et la justice ». Selon Otto, « la loi cédait toujours au pouvoir » ; les vainqueurs n'avaient ni le « droit moral de juger le peuple allemand », ni le droit de « dénoncer les péchés de la politique raciale allemande », car eux-mêmes « exterminaient brutalement » et « maltraitaient les citoyens de couleur ». Il pensait néanmoins que l'Allemagne se tournerait vers l'Ouest et rejetterait le bolchevisme, et que l'Église, qui n'avait pas « condamné le peuple allemand dans sa totalité », jouerait un rôle important, car elle « offrait son assistance charitable » à tous. « Son soutien aux nationaux-socialistes et aux membres de la SS condamnés l'avait profondément impressionné », écrivait-il. S'il n'exprimait pas le moindre regret pour ce qu'avaient fait les Allemands en Europe occupée ou pour ses propres agissements, il reconnaissait néanmoins que des notions comme « race des maîtres » ou « sous-humains » étaient « absurdes ou moutonnières » et avaient généralement été réprouvées. La plupart des Allemands, la jeune génération en particulier, aspiraient à un avenir dans « une communauté européenne unie, libre et sociale ». C'était la conséquence, conclut Otto, des « millions de camarades morts ».

Ce type d'activité, c'était bien le problème, ne faisait entrer aucun salaire. « Il se pourrait – même si la probabilité est mince et incertaine – que je puisse gagner un peu d'argent en un seul coup[6] », écrivit cependant Otto le 18. De son côté, Charlotte se montra plus optimiste ce jour-là, s'abandonnant à rêver de vacances d'été dans le Sud, en Italie. Elle lui demanda de lui écrire plus souvent.

La quête d'un travail salarié l'obligeait à des heures de marche dans la chaleur de Rome. L'une des options était de travailler comme commerçant indépendant, peut-être pour une entreprise allemande. Mais il n'avait ni capital, ni expérience, personne ne pouvait le recommander. Il n'avait pas non plus la possibilité de travailler dans l'hôtellerie : sans réseau, il était « dehors dans le froid[7] ». « Je tente de me faire des relations, mais les choses ne se présentent pas bien », ajouta-t-il. Il gardait espoir, mais il ne comptait sur rien.

Soudain, six semaines après son arrivée à Rome, il réussit enfin à décrocher un travail grâce à l'aide de la dame prussienne. « J'ai réussi à lui trouver une place de figurant dans un film[8] », précisa-t-elle plus tard à Charlotte. Cela le rendit « incroyablement heureux » ; pour la première fois, brûlé par le soleil, il se sentait « vivant ».

« J'ai gagné mon premier salaire comme figurant, écrivit Otto, 10 000 lires en trois jours[9] ! » Il espérait davantage, peut-être même une situation permanente dans l'industrie du cinéma. Le scénario du film *La Forza del destino (La Force du destin)*[10], dont l'acteur principal était le ténor Tito Gobbi, était fondé sur un opéra de Giuseppe Verdi. Comment Gobbi aurait-il pu imaginer que l'un des figurants était recherché pour meurtres de masse, fusillades et exécutions ?

J'ai trouvé une copie du film et l'ai regardé trois fois en essayant de repérer Otto parmi les centaines de figurants. Le réalisateur, Carmine Gallone, tournait des épopées historiques avec des milliers d'acteurs : *Scipione l'Africano (Scipion l'Africain)* par exemple, financé par Mussolini pour promouvoir les activités coloniales italiennes en Afrique du Nord. Je n'ai pas réussi à repérer Otto.

Otto pensait qu'une garde-robe plus recherchée lui apporterait plus de travail. S'imaginant déjà en « gentleman distingué » dans son prochain rôle, il demanda donc qu'on lui envoie ses smokings à Rome. « Envoie davantage de vêtements », écrivit-il à Charlotte. « Envoyez-moi les bottes militaires que j'ai laissées à Bolzano », demanda-t-il à

Nora ; les gens du cinéma cherchent des militaires avec le « bon équipement ». La dame prussienne remarqua qu'il était plus agité que d'habitude en attendant l'arrivée des paquets.

Extrait du film, *Femmes sans nom*, 1949.

La nouvelle garde-robe fut utile. Il trouva un deuxième emploi de figurant dans *Donne senza nome (Femmes sans nom)*[11], réalisé par le Hongrois Géza von Radványi – le frère de Radványi, Sándor Márai, exilé en Italie, est devenu célèbre avec son roman *Les Braises*. Un journaliste romain m'a envoyé ce film muet, car il croyait avoir repéré Otto. Horst pensait que son père avait en effet interprété un policier militaire américain, mais nous n'en étions pas sûrs.

C'est bien lui à droite, sur la photo, raflant les habitants d'un appartement à Rome dans un rôle parlant – « *Tutti nelle stanze !* » – « tous dans vos chambres ! »

Il fut payé 20 000 lires, une somme élevée qui lui permit de payer les papiers nécessaires pour la traversée, mais aussi sa première virée au bord de la mer, et, confessa-t-il, un nouveau pantalon de velours et deux paires de chaussettes basses. Il était heureux d'entrer dans le monde du cinéma, une « bande incroyable ».

Les emplois de figurant lui donnèrent d'autres idées. Le journaliste Franz Riedl lui présenta Luis Trenker[12], le célèbre réalisateur autrichien qui tournait à Rome. Trenker s'était spécialisé dans des films de montagne. « J'ai tenté de me rapprocher de lui[13] », écrivit Otto ; ils s'étaient vus. « Taux de succès ? Zéro. » « C'est un porc », répondit Charlotte, il devait l'oublier.

Otto eut donc une autre idée : écrire le scénario d'un film, une romance avec pour héroïnes quatre femmes. Il s'intitulerait « *Bergluft macht frei* » (L'air de la montagne rend libre), un titre choisi apparemment sans la moindre ironie. Il écrivit plusieurs scènes pour trois rôles féminins à qui il donna les noms de ses filles, Liesl, Traute et Heide, et un quatrième pour une certaine Lilo, une référence peut-être à Charlotte, ou à Luise Ebner, une ancienne amoureuse de Bolzano qui lui envoyait de temps en temps une boîte de cigares. Le film devait se dérouler dans un hôtel pour skieurs ; le héros – Otto – était un piètre skieur, épris d'une championne arrogante, Lilo. Otto persuadait Toni, un chimiste, de concocter une potion miracle pour augmenter ses capacités et le transformer en *« Übermensch »*. Et cela marchait ! Otto se muait en excellent skieur et l'emportait sur la dame.

Malgré l'évolution positive des événements, l'humeur de Charlotte se dégrada une fois de plus. La cause ? Une remarque terrifiante dans une des lettres d'Otto : « un ami a été arrêté il y a quelques jours[14] » ; tout contact avec cette personne avait été perdu.

La peur provoqua un changement de cap. Leurs lettres parlaient désormais d'Otto à la troisième personne : il était question d'une femme, « Franzi ». « Ce serait terrible pour Franzi si elle perdait sa couverture[15] », écrivit Charlotte. Otto la rassura, il ferait ce qu'il pouvait pour que toute la ville ne parle pas de Franzi, mais il était difficile de préserver le secret sur certaines choses. Pour obtenir des papiers par exemple, il fallait que « Franzi » fournisse des informations prouvant que son statut en Italie était légal.

Pour la première fois, Otto s'inquiéta d'un sujet particulier. « D'après mon expérience ici, les *A* finiront par localiser Franzi (s'ils ne l'ont déjà fait), et la même chose vaut pour les *R*. C'est inévitable[16]. » Il parlait des Américains et des Russes qui, on le savait, traquaient les nazis. Les deux camps sont certes des adversaires dans la nouvelle guerre froide, mais ils ont leurs oreilles partout, avertit Charlotte.

Au même moment, « Ladurner » envoya, de Bolzano, des nouvelles inquiétantes. Il informa Otto qu'un ancien camarade de la SS, Wilhelm Höttl, avait été retourné par les Américains[17]. Chef du service d'espionnage de la SD à Vienne, après l'Anschluss, il avait ensuite secondé Ernst Kaltenbrunner en Italie. Il mettait désormais ses talents au service des Américains, contre les Russes, et travaillait pour le bureau de contre-espionnage de l'armée – le CIC. « Ladurner » était peut-être au courant du témoignage de Höttl[18], trois ans plus tôt, contre ses camarades – dont Kaltenbrunner – au procès de Nuremberg : c'est sa déclaration qui fut la principale source attestant la mort de six millions de Juifs, dont quatre millions dans « différents camps de concentration » ; les autres avaient été fusillés par des « escadrons opérationnels » durant la campagne de Russie.

Otto n'avait pas encore été repéré, mais il se méfiait désormais de ses compatriotes à Rome : certains sont en relation avec les alliés, écrivit-il-il à Charlotte à la fin du mois ; on dit même que d'autres ont des contacts avec « l'Est ». À qui faire confiance ? Il lui était pourtant difficile d'éviter les camarades qui possédaient des informations sur la voie d'émigration du Reich vers l'Amérique du Sud s'il voulait préserver ses chances de fuir. Les informations concernant les nouveaux arrivants circulaient, les « parties intéressées » pouvaient « vous repérer ». Otto décida d'être très prudent dans ses échanges avec ses compatriotes, certains pouvaient être dangereux.

L'humeur d'Otto souffrit de cette situation. « *È troppo tardi* », chantait Luciano Tajoli, crooner et star locale – « il est trop tard ». Il écrivit à Charlotte que son état d'esprit était à marée basse. « Si tu flirtes, tu ne sais jamais où cela te mène[19]. » « Sois très prudente dans tes lettres », la supplia-t-il. Des rumeurs sur « Franzi » finiraient sûrement par circuler.

Malgré les risques accrus, il continua d'explorer toutes les options. La filière argentine s'était momentanément tarie, mais « Ladurner » restait optimiste et pensait que le retour au calme en Argentine permettrait bientôt la remise en circulation de nouveaux *embarcós libres*. « Ladurner » lui demanda de lui transmettre une photo ainsi que des dates possibles pour la traversée.

Une lettre inattendue arriva d'un certain Anton Höller, sans doute une connaissance de l'un des contacts qu'Otto avait eus à Bolzano. Il écrivait depuis l'Argentine (« c/o Pablo Gindra, Belgrano 458, Buenos Aires ») pour féliciter le camarade Reinhardt de son passage en Italie et pour le conseiller. Entrer en Argentine était de plus en plus difficile, les passeports de la Croix-Rouge n'étaient plus acceptés. Les choses devraient s'améliorer dans les prochains mois, disait-il, mais la situation économique de l'Argentine était épouvantable, et il était préférable d'explorer d'autres pistes. Höller suggérait l'Union Sud-Africaine qui encourageait l'immigration de sujets « antibritanniques fiables[20] ».

À Rome, les rumeurs grouillaient sur ces autres pistes, notamment le Brésil et le Chili : aucune n'était vraiment solide. Une connaissance insista sur le Moyen-Orient, mais la région n'avait pas les faveurs d'Otto : tout ce qu'il en avait entendu, de la part de Rauff notamment, était absolument négatif.

Dans les derniers jours de juin, il écrivit pour rassurer Charlotte – il essayait de rester optimiste. Il lui demanda d'envoyer un chausse-pied, des rosaires et un maillot de bain. Recevoir des lunettes Zeiss serait un véritable bonheur, car elles étaient extrêmement chères à Rome.

« Quelque chose se présentera en juillet[21] », promit-il à sa femme. Il continuait de chercher un moyen peu onéreux de se rendre en Amérique du Sud par voie maritime, il ne retournerait pas en Autriche. « Les montagnes ici semblent trop petites et elles sont trop chaudes (en été) » – une allusion à sa crainte de se faire arrêter. Quelque chose marchera, dit-il, la question n'est pas « si », mais « quand ». Ce n'était qu'une affaire de chance et de *timing*, il fallait s'habituer à la situation. Improviser et se faire de nouvelles relations – ce qui en soi n'était pas si difficile – était le moyen de s'en sortir. Il avait eu plusieurs conversations téléphoniques prometteuses qui expliquaient ses allers et retours entre le monastère et la ville. « Une rencontre avec un dignitaire de l'Église, ou avec un homme qui avait peut-être des entrées dans le cinéma, ou avec un Arabe pour d'autres perspectives d'avenir, etc. » C'était ainsi, jour après jour.

Otto ne manquait pas d'idées pour tenter de gagner de l'argent, et il rencontra des gens qui pouvaient l'aider.

Il y avait d'abord le journalisme. Il fit signe à Lothar Rübelt, le photographe qui l'avait aidé lors de sa première fugue en 1934 à Vienne. « Renouons notre vieille relation[22] », lui écrivit-il en lui proposant de monter une affaire ensemble. Il pourrait placer ses photos dans des publications italiennes friandes d'articles sensationnels. « Le mieux serait une série d'images avec du texte » sur la vie privée de grands hommes politiques, comme ceux que Lothar photographiait, la vieille hiérarchie. Sois discret, dit-il au photographe, il ne voulait pas que ses activités artistiques soient connues.

Il rendit visite à la veuve d'un ancien ministre qui avait été fusillé. Elle vivait bien ; elle s'était installée dans les quartiers des domestiques et louait son appartement de dix pièces.

Il rencontra « G » dont il avait été proche autrefois, mais qui semblait distant aujourd'hui. « G » était-il mécontent qu'Otto fasse désormais partie de son cercle d'amis ? Otto attendait peu de choses de lui.

Il dîna régulièrement avec un Arabe d'âge mûr qui aimait les Allemands. « Ne ris pas, écrivit-il ; l'Arabe est le compagnon le plus agréable de tous. »

Il contacta le Dr Ruggero Vasari[23], un poète futuriste italien susceptible de lui permettre de travailler dans les « affaires de presse ».

Il écrivit enfin à Charlotte pour lui dire qu'il avait rencontré un « *Süddeutscher meiner Couleur* », un Allemand du Sud de même couleur, un « vieux camarade gentil » qui pourrait peut-être lui apporter son soutien. Il ne mentionna pas son nom, mais Charlotte comprit sans doute qu'il s'agissait d'un membre de la SD. Cet homme était « en quelque sorte l'ami » d'Otto, marié à une Italienne, aimable, sans doute pas un grand futé. Ils se virent de temps à autre, tous deux à la recherche d'un travail. Otto passa le premier week-end de juillet en compagnie de ce gentil vieux camarade qui en savait plus long qu'Otto sur l'Italie.

30.
Santo Spirito, juillet 1949

Le matin du samedi 2 juillet, le ciel au-dessus de Rome était bleu azur. Otto se réveilla un peu plus tôt que d'habitude dans sa cellule située au dernier étage du monastère, puis il suivit sa routine quotidienne. Il monta l'escalier en pierre jusqu'au toit, fit ses exercices, descendit trois étages jusqu'au réfectoire et but son café laiteux. Il quitta la Vigna Pia, se rendit à la gare routière et prit un bus local. Les lecteurs d'*Il Tempo*[1] apprirent qu'un nouvel accord sur le libre-échange avait été signé en Europe, et que l'ambassadeur du Royaume-Uni avait démissionné. Ils virent également les publicités sur des paquebots de croisière transatlantique et sur les derniers films projetés dans les cinémas romains : *Les Forçats de la gloire* (avec Robert Mitchum) et *Le Procès*[2], une histoire autrichienne sur l'antisémitisme, récompensée au festival de Venise.

Une demi-heure plus tard, le bus arriva dans un petit hameau sur les bords du lac Albano. Otto débarqua et marcha jusqu'à la maison du « gentil vieux camarade » qui pourrait peut-être l'aider. Dans une lettre à Charlotte, écrite deux jours plus tard, le lundi, il lui raconta plus longuement sa visite. Le « gentil vieux camarade[3] » avait une petite fille, « âgée peut-être de quatre semaines ». La famille vivait dans un petit appartement de deux pièces, occupant un étage d'une villa avec plusieurs terrasses, « près de Castel Gandolfo, la résidence d'été du pape». On y jouissait d'une belle vue sur la Campagna Romana et les monts Albains, et sur ce lac profond qui occupe un cratère volcanique dont la surface atteint la moitié de la taille du lac de Zell. Les jours de beau temps, on pouvait voir au loin la mer et le cap du Circé.

Ils prirent un autre bus local puis marchèrent jusqu'au lac Albano. Ils nagèrent et mangèrent «avec appétit»: un pique-nique composé de poulet rôti, de jambon, de légumes et de vin. Otto y passa la nuit et le lendemain, un dimanche, ils allèrent faire des courses dans un village proche – «typiquement italien» – et partagèrent un déjeuner «magnifique». Dans l'après-midi, Otto ne se sentit pas bien et alla se coucher. Il frissonnait de fièvre: «41 à 42 degrés, je n'ai jamais rien eu d'aussi terrible», écrivit-il.

Le dimanche soir, il crut que son sang bouillait; son *Hümmchen* lui manquait: il lui aurait préparé des compresses froides. Au cours de la soirée, le «gentil vieux camarade» trouva dans un monastère proche des pilules au goût fort et amer, ressemblant à de la quinine. Sa température diminua un peu. Il resta une deuxième nuit et vomit beaucoup. Le lundi matin, n'allant pas mieux, il rentra prudemment à Rome, debout dans un bus bondé.

«Je suis immédiatement allé voir un médecin allemand[4]», dit-il à Charlotte, quelqu'un qu'il connaissait depuis longtemps – il ne révéla pas son nom. Le médecin examina ses poumons, mais ne trouva rien. Probablement une de ces grippes que l'on attrape facilement à Rome, pensa le docteur. Otto retourna à la Vigna Pia dans la chaleur de midi en se lamentant sur son sort. Il se lava à l'eau froide puis se mit au lit. Un médecin local – «très italien» – lui rendit visite à la fin de la journée. Sa température restait élevée, mais il n'y avait pas de raison de s'inquiéter. «Buvez du thé; avec un peu de chance, il y aura du mieux demain», lui dit-il. Le docteur lui prescrivit une limonade purgative de Rogé[5].

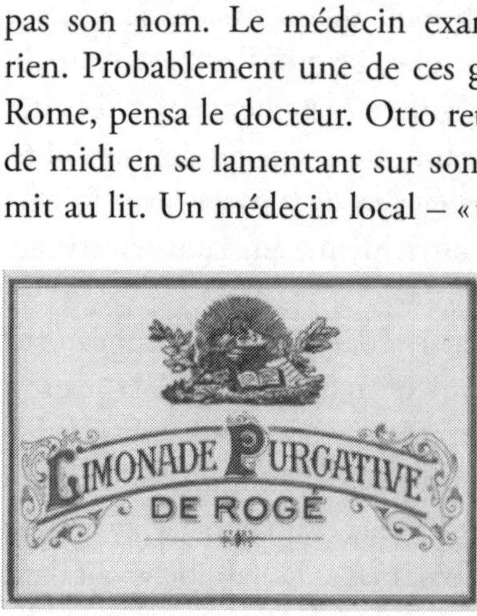

Limonade purgative de Rogé, publicité, années 1940.

«La santé est vraiment ce que nous avons de plus précieux», écrivit-il à Charlotte. Otto se réjouit des vœux d'anniversaire transmis par sa fille Traute : « Félicitations et à tes 55 prochaines années… 10 000 000 000 000 de baisers[6]. » Charlotte avait ajouté qu'elle aimerait être avec lui : « Si nous pouvions enfin être ensemble, ce serait merveilleux. » Son père Josef était « dans ses derniers instants », mais un vent de changement soufflait sur la politique autrichienne. « Franzi devrait attendre et s'assurer que rien ne lui arriverait avant septembre. » On attendait de grandes nouvelles, l'Autriche parlait d'une amnistie générale.

Jusqu'au mardi 5 juillet, la température d'Otto oscilla. La nuit, il avait de fortes fièvres, mais, le matin, sa température baissait à 38,5° ; « grosse baisse », puis « à nouveau une petite augmentation ». Le pire était peut-être passé grâce aux médicaments contre la grippe et à la quinine. Il se sentait faible, à peine capable d'aller aux toilettes. Cinq jours de fièvre, avait prédit le médecin. Tout le monde était gentil, les *padri* venaient le voir, il n'allait pas trop mal. Il envoya un poème à Charlotte :

… pauvre *Hümmi* est couché
Ici dans une cellule nue
Les diables le tourmentent
Il est seul et fiévreux[7].

Se sentant « comme un enfant », il imaginait ses « douces mains », et lui exprima sa gratitude pour ne l'avoir jamais abandonné, « en dépit de toutes ces difficultés ». Peut-être auraient-ils « le plaisir de jouir à nouveau d'une bonne fortune ». Il signa « Lui ».

La nuit du mardi fut terrible ; écrire à Charlotte le mercredi matin épuisa toutes les forces d'Otto. Sa main tremblait tant que son écriture était à peine lisible. Deux médecins vinrent le voir, l'Italien et l'Allemand, tous deux incapables de dire ce dont il souffrait. « Le typhus ou quelque chose de gastrique » peut-être, ou un début de « jaunisse »[8], impossible à confirmer, car il ne présentait pas de taches jaunes caractéristiques. Un purgatif puissant l'avait un peu soulagé ; mais son haleine avait une odeur étrange et sa langue et ses gencives étaient comme « recouvertes de fourrure ». Il fit une rechute dans l'après-midi et souffrit de haut-le-cœur et de vomissements. Aucune évolution positive à noter, tout cela était très désagréable.

Au bout de trois nuits sans sommeil, Otto perdit son appétit. Incapable d'avaler plus d'un bol de lait, il éprouvait une grande faiblesse. On disait qu'il y avait un « médicament miracle » américain – la pénicilline[9] –, mais le docteur italien, qui s'était renseigné, avait estimé qu'il n'était pas approprié. C'est un homme bon, dit-il à Charlotte, « du côté des fascistes ». Il lui donna le nom du Dr Willi Marchesani[10], un médecin allemand, ainsi que son adresse et son numéro de téléphone, dans l'hypothèse où…

La lettre ne donnait pas beaucoup d'informations. À onze heures, son estomac « s'était calmé[11] », et la situation générale semblait s'améliorer. Température de 38°5. Pas de maux de tête, « l'esprit parfaitement clair mais occupé par les choses les plus étranges ! ». Le médecin italien le trouva agité. Otto se plaignit de ne pas avoir reçu de lettre de Charlotte « depuis longtemps », triste manière de fêter un anniversaire. Le Dr Marchesani avait ajouté quelques mots à la missive d'Otto : il confirma la forte fièvre, peut-être due à une infection intestinale. Il ne pouvait pas prédire la durée de la maladie, mais il espérait pouvoir lui donner de bonnes nouvelles « bientôt ». Il ajouta cependant quelques lignes plus alarmantes. Otto désirait sa présence et avait besoin de soins et d'une attention qui ne pouvaient lui être prodigués à la Vigna Pia. « Votre mari serait heureux si vous pouviez venir bientôt. » Si elle venait de Salzbourg, elle pourrait lui envoyer un télégramme, il s'arrangerait pour qu'on vienne la chercher à la gare. « La voiture sera petite et foncée, conduite par un prêtre au visage rondelet et solide. » Il s'occuperait d'un hébergement rudimentaire auprès des religieuses. Elle pouvait l'appeler au numéro Rome 35265 entre sept heures et neuf heures du matin.

Le vendredi 8 juillet, Otto fêta son quarante-huitième anniversaire. Sa santé se détériora ; le lendemain matin, le frère Gabriele et un autre moine italien décidèrent de l'amener à l'hôpital. L'Ospedale di Santo Spirito[12], une institution qui dépendait du Vatican, se trouvait sur les bords du Tibre, à portée de vue de la Basilique Saint-Pierre. Otto fut admis à la Sala Baglivi, lit numéro 9.

Le Dr Marchesani envoya un télégramme codé à Salzbourg. « Franzi est à l'hôpital », attend sa mère à la gare.

Dimanche 10 juillet, Charlotte, très inquiète de la teneur du télégramme, essaya de téléphoner à Rome, sans succès. Sans nouvelles de lui depuis un moment, elle était dans un « état permanent d'angoisse » et surprise par le tour que prenaient les événements. « J'ai eu peur que l'on t'ait démasqué. » La nouvelle de son admission à l'hôpital avait été « comme une détonation ». Jusqu'alors, elle s'était sentie mieux, plus heureuse.

Charlotte n'avait pas compris la gravité de la situation. Elle ne pouvait venir tout de suite, écrivit-elle, les enfants avaient besoin d'elle. Elle ne pouvait pas tout « laisser tomber », elle se rendrait donc à Rome la semaine suivante s'il avait toujours besoin d'elle. Elle devait s'occuper d'elle-même, elle était toujours extrêmement tendue.

Alors qu'elle rédigeait cette lettre, elle fut interrompue par un appel téléphonique de Rome – le Dr Marchesani. Il lui apprit que la fièvre avait diminué, mais qu'Otto semblait souffrir d'un « empoisonnement et d'une jaunisse ». « Sois patient, écrivit Charlotte à Otto, j'annulerai ma visite chez ma sœur, je serai avec toi dans une semaine et m'occuperai de toi. Rétablis-toi vite, pour moi, après je prendrai le relais[13]. »

Le dimanche, elle écrivit une seconde lettre, à la machine à écrire. « Tu es solide, tu dois te rétablir. » Elle envoya de l'argent à « Frau D » pour son anniversaire, et dit qu'elle expédierait un paquet avec un pyjama et les autres objets qu'il avait demandés. Elle avait prévu de le rejoindre le 20 juillet s'il voulait toujours qu'elle vienne, à moins que ce ne soit plus nécessaire. « Je ne sais pas où loger et je préférerais éviter la dépense, mais je ferai ce que tu veux. J'ai eu la jaunisse moi-même autrefois », lui rappela-t-elle, « c'était horrible, mais je n'ai jamais perdu espoir. Souviens-toi, *Hümmi* a souvent été très malade, elle pensait même être à l'article de la mort, elle n'avait pourtant pas eu de *Hümmsten* à ses côtés car elle n'avait pas pu le joindre[14] ».

Elle ajouta qu'elle serait plus utile pour les soins de suite ; durant son séjour à l'hôpital, elle ne pourrait le voir que lors des heures de visite. « Que ferais-je dans la chaleur ? » Elle demanda qui s'occupait de lui, et d'où venait cette maladie, « cet ennemi diabolique ».

Le lundi 11 juillet, elle s'inquiéta davantage car elle venait de recevoir la lettre qu'il avait écrite le 5, celle qui contenait le poème. Cette lecture lui redonna courage, mais elle ne savait pas quelles dispositions prendre. S'il était contagieux, elle ne pourrait ni le voir ni lui parler ;

il valait donc mieux attendre le diagnostic. Se pourrait-il que ce soit la malaria ? C'était sûrement une infection. « Tu dois continuer de te dire que j'ai désespérément besoin de toi, que je ne peux pas vivre sans toi[15]. » Elle viendrait à Rome. Une réprimande se glissa cependant dans sa lettre. « Mon Dieu, combien de fois ai-je été malade et *Hümmi* n'est pas venu me voir. Je devais faire face toute seule. C'était dur. J'étais si malheureuse à Lemberg aussi, et *Hümmi* ne me croyait pas. » Le contrôle médical de Horst avait conclu qu'il avait perdu huit kilos, il n'avait que la peau sur les os. Peut-être devrait-elle envoyer les enfants à Rome pour voir Otto et le pape.

Elle écrivit de nouveau le mardi 12 juillet. Otto junior était tombé de bicyclette et s'était assez gravement blessé. Les enfants gagnaient de l'argent en vendant des crabes. Elle était anxieuse, mais elle ne voulait pas faire le voyage à Rome avec cette chaleur et découvrir ensuite qu'elle n'était d'aucune utilité. « S'il te plaît, sois déterminé, guéris vite[16]. »

Sa lettre croisa celle du Dr Marchesani rédigée sur son vieux papier – dont l'en-tête « Médecin attaché à l'ambassade d'Allemagne » était biffé à l'encre bleue : il « venait de quitter "Franzi" qui était très très faible » ; soignée à l'Ospedale di Santo Spirito, elle était installée dans une « salle aux hauts plafonds et agréablement fraîche »[17].

Il lui apportait tout ce que les médecins autorisaient, et une « femme aimable » lui rendait visite quotidiennement. « Notre évêque » était également à son chevet, presque tous les jours. Il ne mentionnait pas de noms, mais il partageait toutes les informations qu'il avait avec Charlotte :

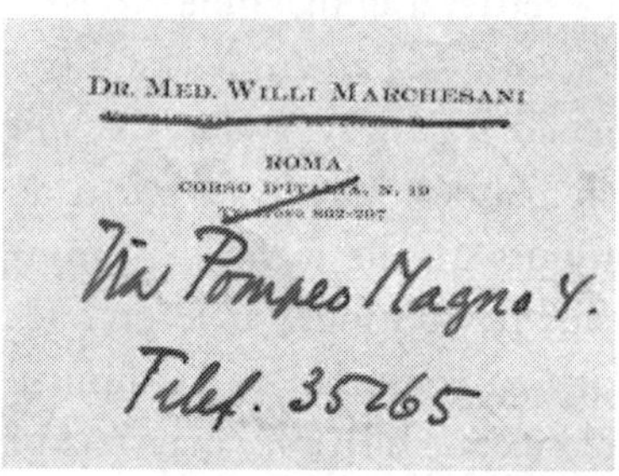

Dr Marchesani, papier à en-tête, Rome, juillet 1949.

> Franzi souffre d'une infection sévère qui a causé une inflammation du foie. Les fortes fièvres dont elle a souffert pendant plusieurs jours ont exigé qu'on la transfère à l'hôpital. Tous les examens n'ont pas encore été pratiqués. Tout sera fait pour remettre Franzi sur pied. Bien qu'elle soit très très faible, nous gardons espoir qu'elle s'en sortira. Mais nous ne sommes pas encore tirés d'affaire. Je suis d'avis que vous ne devriez pas

faire un voyage si cher, d'autant plus que vous n'avez aucune influence sur le cours des événements.

Il la tiendrait informée de l'évolution. Il avait lu une des lettres de Charlotte à « Franzi » et avait prévu de lui lire les plus récentes, celles du 10 et du 11 juillet. Le Dr Marchesani écrivait à Charlotte quand il fut interrompu par un appel téléphonique urgent. Il retourna ensuite à la lettre et écrivit, avec un autre stylo :

> Je viens de recevoir un appel de Frau Dupré qui vient de quitter Franzi. Elle a eu un collapsus complet et nous craignons le pire. Je vous laisse le soin de décider si vous voulez ou non faire le voyage. Je sais à quel point il est difficile pour vous de vous déplacer.

Si Charlotte décidait de venir, elle devrait appeler Frau Dupré dès son arrivée à la gare.

Charlotte reçut le mercredi 13 juillet la lettre d'Otto datée du 6 juillet. L'écriture était presque illisible, elle ne comprenait rien. Désespérée d'être sans nouvelles, elle comptait sur un appel téléphonique à la fin de la semaine qui la rassurerait. Tous les enfants, sauf Otto, étaient partis ; « écris, s'il te plait, même brièvement, mais essaie d'écrire lisiblement et fais-moi un dessin[18] ».

Plus tard dans la soirée, à sept heures et demie environ, le Dr Marchesani envoya un télégramme bref et urgent à Salzbourg : deux mots et un nom. ÉTAT SÉRIEUX – MARCHESANI. Le lendemain matin, 14 juillet, Charlotte écrivit à nouveau. Elle était assise près du téléphone et attendait un coup de fil de Graz lui confirmant que les enfants allaient bien et qu'elle pouvait partir pour Rome. Elle prendrait le train *via* Trieste et appellerait Marchesani. Elle signa « mille baisers ».

Plus tard, le même jour, Charlotte alla à la gare de Salzbourg et prit un train pour Trieste, puis un autre pour Rome. Le voyage dura plus de douze heures et elle resta sans nouvelles d'Otto. Elle arriva à la gare de Termini le matin du 15 juillet où un homme d'un certain âge, plutôt petit et coiffé de lunettes l'attendait.

« Baronne W. ? demanda-t-il[19].

– Oui, et vous-même ?

– Dr Marchesani, nous nous sommes parlé au téléphone. Nous allons aller chez Grete Thiele qui possède un grand hôtel en centre-ville[20] et aimerait vous offrir l'hospitalité.

– Comment va Otto ? l'interrogea Charlotte. Est-ce qu'on ne pourrait pas le voir immédiatement ? »

Le Dr Marchesani se tut. Charlotte insista.

« Il est trop tard, il est parti dans la nuit du mercredi 13, dans les bras de l'évêque Hudal. »

« Mon monde s'est effondré », se souvint Charlotte. « J'étais comme un cadavre. »

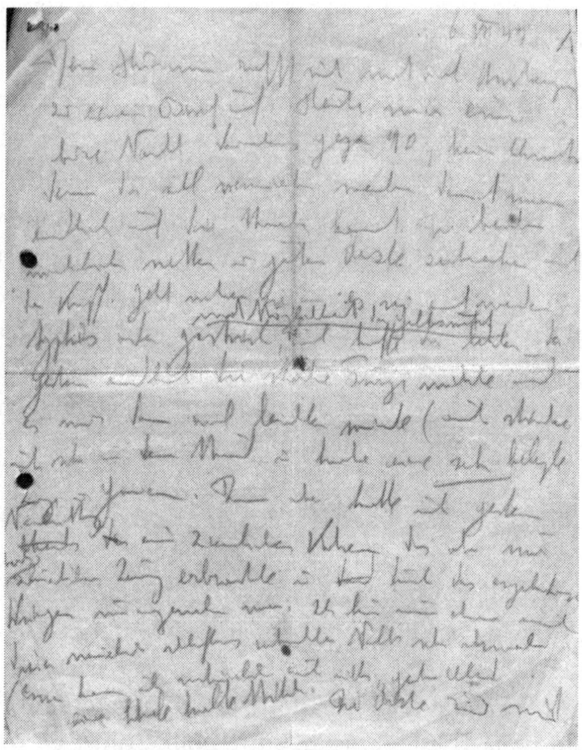

Dernière lettre d'Otto à Charlotte, Rome, 6 juillet 1949.

IV.

MORT

Section 38 du cimetière de Campo Verano, 2018.

« Êtes-vous un espion et, si oui, ne préféreriez-vous pas travailler pour nous ? Ou êtes-vous un simple criminel ? »

John le Carré, *Un pur espion*, 1986

31.

Les cinq enterrements d'O. W.

La vie d'Otto s'acheva le soir du 13 juillet 1949. Charlotte arriva à Rome deux jours plus tard ; le lendemain, elle rencontra l'homme dans les bras duquel son mari était mort. Il lui donna un mot rédigé sur son papier à en-tête officiel, *Ecclesia et Natione* – Pour l'Église et la Nation –, avec une adresse et un tampon *Assistenza Austriaca.* « Je confirme que le Dr Otto Gustav, Freiherr von Wächter, a quitté ce monde dans mes bras le 13 juillet à 23 heures à l'hôpital Santo Spirito, en paix avec le Seigneur. » Il avait signé d'une main confiante et d'un geste large : évêque Alois Hudal[1].

Roma, 16/VII 49

Note d'Alois Hudal, 16 juillet 1949.

Charlotte garda ce document dans un dossier contenant des papiers semblables ; des mots de condoléances, dont un du maire de Vienne[2], des lettres de correspondants[3] : Albert Schnez, le général Kesselring, Hans – maintenant Juan – Fischböck, qui vivait désormais à Buenos Aires, Avenue Belgrano. Le dossier contenait également des coupures de journaux, dont celle de l'*Arbeiter-Zeitung* datée du 15 mars 1951 au titre intrigant : « Wächter, le putschiste de juillet, est-il toujours en vie[4] ? » L'article relatait la décision judiciaire ordonnant de confisquer les biens d'Otto, la maison de Thumersbach et ses parts dans l'entreprise Schoeller-Bleckmann qui valaient plus de 46 000 schillings. Il évoquait également d'autres biens volés, les « caisses de fourrures » en Pologne et le mobilier précieux de la Villa Mendl qui avaient « disparu ». Pendant les auditions, la question de la véracité de la mort d'Otto avait été évoquée. Avait-il simulé sa mort pour échapper aux poursuites ? La cour autrichienne avait conclu que la mort d'Otto n'avait pas pu être « confirmée avec une absolue certitude ».

Comme je l'ai déjà mentionné, la succession de Charlotte comprenait des cassettes audio. Ce sont ces cassettes qui m'ont permis de reconstituer ce qui s'était passé après la mort d'Otto à Rome. Sur l'une d'entre elles, datée de 1984, j'ai pu écouter l'enregistrement d'une conversation entre Charlotte et Hansjakob Stehle, un historien allemand, durant laquelle la rencontre de Charlotte avec l'évêque Hudal est évoquée. D'une voix aiguë, Charlotte dit à Stehle que le « Dr Marchesani, qu'elle avait rencontré à la gare, l'avait emmenée voir l'évêque Hudal. »

« J'aimerais revoir mon mari », avait-elle dit à l'évêque, « je ne peux toujours pas croire qu'il est mort ». Il l'avait accompagnée au funérarium du cimetière de Campo Verano où était exposé le corps d'Otto. Elle avait été choquée par la vision de ce corps qui avait changé de couleur. « Il était noir comme l'ébène, comme consumé de l'intérieur », dit-elle à Stehle, « ce corps ressemblait à celui d'un Nègre »[5]. Enregistrée dans la dernière année de la vie de Charlotte, plus de trente ans plus tard, la cassette confirme bien l'impact que ce moment a eu sur elle.

Tombe d'Otto, cimetière de Campo Verano, années 1950.

J'ai trouvé l'attestation du transfert du corps de l'hôpital Santo Spirito au cimetière Campo Verano dans les archives d'État à Rome[6]. Le document, rédigé à la main, enregistre la mise en bière d'Otto Wächter le 16 juillet[7]. Il avait été enterré dans le carré des étrangers allemands et catholiques, section 38, allée 4, emplacement 13. L'évêque Hudal avait célébré le service funéraire. Environ vingt personnes étaient présentes, notamment le Dr Marchesani et la dame prussienne mentionnée dans les lettres d'Otto. C'est alors que Charlotte avait appris son nom : Hedwig Dupré, Heidi. Elle était restée encore deux jours à Rome avant de retourner à Salzbourg par le train le 18 juin.

J'ai visité ce cimetière monumental et tentaculaire plusieurs décennies plus tard, par un jour d'été très chaud, alors qu'il était envahi de moustiques. Sur le chemin menant à la morgue où Charlotte avait dû découvrir le corps d'Otto, je suis passé devant les tombes d'Italiens célèbres, celle de l'acteur Vittorio Gassman notamment, ornée d'un portrait souriant. Dans la section 38, non loin, se trouvaient quelques rangées de vieilles pierres tombales, mais aucune ne portait le nom d'Otto, ni dans l'allée 4 ni ailleurs. Son corps avait été déplacé depuis longtemps.

Un court article paru dans un journal allemand le 27 avril 1961 et conservé dans les papiers de Charlotte m'a donné plus d'informations. Le titre est saisissant : « Interpol recherche un corps, la trace mène à Berlin[8]. » L'article relate les efforts de la police italienne pour localiser « la dépouille mortelle de Freiherr Otto von Wächter », un « criminel nazi jamais traduit en justice ». Selon l'article, le cercueil d'Otto avait été retiré du cimetière de Campo Verano quelques semaines plus tôt, à la demande de sa veuve, qui voulait transférer ses restes dans un mausolée à Palerme, en Sicile. Les autorités italiennes ayant donné leur accord, le cercueil avait été déterré et chargé dans une voiture, puis il avait disparu. Les autorités avaient approuvé le transfert en Sicile, mais le cercueil n'était jamais arrivé à destination. La police italienne suspectait Frau Wächter d'avoir, au volant de la voiture, transporté le cercueil à Berlin, où elle voulait le faire enterrer. Les autorités allemandes avaient démenti l'information, les autorisations nécessaires n'ayant été ni demandées ni obtenues ; Otto ne pouvait pas avoir été enterré en Allemagne.

Après celles de 1934 et de 1945, c'était donc la troisième disparition d'Otto. Horst m'a expliqué ce qui s'était passé. L'évêque Hudal avait rappelé à sa mère qu'Otto voulait se faire enterrer en Autriche, et Charlotte avait demandé la permission aux autorités italiennes de transférer ses restes dans son pays. Le corps ne pouvant quitter le territoire italien, les autorités italiennes refusèrent. Charlotte avait donc réclamé un transfert à Palerme où vivait sa fille Liesl ; elle s'était arrangée pour récupérer le corps à Rome, mais il n'avait jamais atteint la Sicile. « Maman l'a conduit en Autriche », dit Horst avec un large sourire – dans sa vieille Siemens verte, a précisé plus tard un autre interlocuteur.

La disparition suscita un scandale. « Une histoire circulait selon laquelle il pouvait être en vie », m'a dit Horst. Un journal italien l'avait affirmé, ajoutant que le corps enterré dans la section 38 n'était pas le sien[9]. Pour Horst, l'idée que son père avait pu s'enfuir sans donner signe de vie à sa famille était impensable. Lorsque j'ai formulé cette hypothèse plus tard, il m'a demandé, les yeux humides, de ne plus jamais évoquer une telle possibilité en sa présence. Il savait ce qui s'était passé : « Ma mère a ramené ses restes à la maison, à Salzbourg. »

Charlotte avait acheté dans les années 1950 la maison de Salzbourg au 2 Riedenburger Strasse ; elle l'avait baptisée Haus Wartenberg, en souvenir du nom utilisé par Otto lors de sa fuite en 1934. C'est là que la famille avait vécu après la vente de leur maison sur Anton-Hall-Strasse, et c'est là que Charlotte avait créé une école de langue allemande. Les étudiants pensionnaires ne savaient pas que les restes d'Otto reposaient dans le jardin, « dans une petite boîte en plomb », me dit Horst, sous l'œil attentif de la statue en pierre d'un saint dont il décrivit la forme à l'aide de ses mains. « Je ne me rappelle pas avoir regardé à l'intérieur de la boîte, mais elle devait contenir sa tête, son crâne, ses os, ses bras et… » Il ne put en dire plus.

Otto demeura quelques années dans le jardin de Haus Wartenberg avant d'être transporté dans une autre propriété que Charlotte avait achetée près de Fiederbrunn, une petite ville à 70 kilomètres de Salzbourg. Ce qui se passa ensuite est enregistré sur la cassette numéro 12 dans la succession de Charlotte : « funérailles de père, Fiederbrunn, 4 janvier 1974 ». Dans l'enregistrement qui date de 1960 environ, elle raconte d'abord les premières funérailles, celles de 1949 à Campo Verano, et précise que l'évêque Hudal lui avait ordonné de ramener ses restes en Autriche. Quatorze ans plus tard, elle avait écouté une voix intérieure qui lui conseillait d'offrir un véritable enterrement à Otto. Elle rendit donc visite au maire de Fiederbrunn et lui réclama une concession ; mal à l'aise, il ne donna pas suite malgré l'insistance de Charlotte. Avec l'aide de son fils Otto junior, elle trouva un fossoyeur local ; la rémunération, 2 000 schillings, eut raison à la fois de ses scrupules et de la terre gelée. L'emplacement ne lui plaisait pas, mais faute d'autre solution, elle l'accepta.

À quatre heures de l'après-midi, le 4 janvier 1974, la famille se retrouva à la maison de Fiederbrunn. Charlotte attacha une grande croix ornée d'une gerbe sur le toit de la voiture et plaça dans une valise divers « petits objets » qui devaient être enterrés avec le cercueil, puis elle se dirigea vers le cimetière où un curé de St Johann, assisté d'un chapelain viennois à l'air juvénile, organisa une modeste cérémonie sous un beau ciel bleu. Son fils, Otto junior, et sa fille Traute étaient présents. Le petit cercueil d'Otto fut descendu dans la fosse avec le contenu de la valise. On couvrit le tout de terre et de branches de pin.

« Nous rendons ici le corps de notre frère Otto à la terre, et nous vous demandons de libérer son âme de tous ses péchés[10]. » Charlotte avait enregistré les mots du prêtre, j'ai donc pu écouter sa voix sonore proclamer que les hommes qui renonçaient aux commandements de Dieu précipitaient la mort sur le monde. Il n'était à aucun moment question de la nature des péchés commis par Otto. « Vous avez promis le Paradis au voleur repentant, nous vous demandons d'accueillir notre frère dans la béatitude éternelle. »

Lorsque Charlotte disparut onze ans plus tard, en 1985, elle fut inhumée dans le même cimetière, mais dans une section différente. Otto fut donc exhumé une fois de plus, ses restes placés au-dessus du cercueil de Charlotte. Ce fut le cinquième enterrement d'Otto Wächter.

32.

Hagenberg, 2016

Lors de notre première rencontre, Horst ne m'avait rien dit de la cause du décès de son père à Rome et de ses multiples enterrements. Il m'a fallu attendre 2016, c'est-à-dire trois ans après la parution de l'article dans le *Financial Times* et un an après le film documentaire, pour l'apprendre. *Retour à Lemberg* a été publié au printemps ; Horst m'a appelé quelques semaines plus tard pour m'apprendre que sa femme Jacqueline était morte d'un cancer. Il avait l'air à la fois triste et détaché ; leur fille Magdalena était plus profondément affectée. Au cours de la conversation, il m'a interrogé sur l'avancée du dépouillement des papiers de Charlotte ; je lui ai dit qu'il avait été interrompu, car Lisa Jardine était, elle aussi, morte quelques mois plus tôt.

Nous avons rapidement repris notre enquête en souvenir de Lisa. Peu de temps après cette conversation, je me suis rendu à la BBC pour évoquer la possibilité d'un programme de radio sur le droit international et sur son avenir. Le producteur m'a demandé si je travaillais sur autre chose. J'ai mentionné les papiers de Charlotte et parlé de notre recherche, de notre exploration des méandres de la vie d'un homme en fuite et des efforts de sa femme pour l'aider à échapper à la justice. « C'est une sorte d'histoire d'amour nazi », expliquai-je au producteur dont la curiosité fut immédiatement aiguisée. Nous nous sommes promis de nous revoir pour parler d'une série d'émissions sur l'histoire d'Otto et de Charlotte. Un conte sur l'amour et la mort, sur la disparition et sur un nazi au Vatican.

Les documents de Charlotte étaient accessibles à tous au Musée du mémorial de l'Holocauste à Washington D. C.[1]. Nous aurions pu nous contenter du statut public des papiers, mais j'ai pensé qu'il était important de proposer à Horst de s'associer au projet. Il a dit oui après réflexion : une nouvelle chance s'offrait à lui de persuader le monde de l'honnêteté fondamentale de son père. La BBC lança le projet et choisit Gemma Newby comme productrice.

C'est ainsi que je me suis rendu, par un jour très froid de décembre 2016, à Hagenberg pour la cinquième fois, accompagné de Gemma, notre productrice, de James, le dernier doctorant de Lisa, et de mon assistante Lea, une diplômée en droit allemande. Horst nous a accueillis chaleureusement. Le chien, l'odeur de moisi, le feu, la cuisine, le thé, rien n'avait changé. Jacqueline n'était plus là, mais il y avait quelque chose de nouveau : un gâteau fait maison.

L'objet de notre visite était, cette fois, différent : nous devions parler des papiers de Charlotte, des milliers de pages de lettres, de journaux et de souvenirs que je commençais à bien connaître. James, Lea et moi, ainsi que trois autres étudiants en droit, avions passé l'année à lire les documents et à en assimiler le contenu. Nous avions établi une chronologie précise – c'est la première chose que je fais dans les affaires sur lesquelles je travaille –, nous savions donc ce que les papiers contenaient, mais nous étions conscients aussi de ce qu'ils ne contenaient pas, et de ce qu'il nous restait à faire.

Pour la première fois, Charlotte était au centre de l'enquête. J'avais fini par comprendre que, dans sa défense d'Otto, Horst était davantage inspiré par son amour pour sa mère que par ses sentiments envers son père. Au cours de mes précédentes visites, Otto avait toujours été au centre de l'attention ; cette fois-ci, nous cherchions à comprendre une personnalité puissante et déterminée qui, selon Horst, « réussissait toujours à obtenir ce qu'elle voulait ». Il parlait de sa mère avec chaleur : c'était une personne énergique et engagée, forte, aux opinions arrêtées mais capable, à sa manière, d'aimer. « Elle était vraiment jolie quand elle était jeune, très attirante. » Il observa une pause. « Pas belle, mais attirante. » Nouvelle pause. « Une personnalité spéciale. »

Horst nous parla de la modeste école de langue que Charlotte dirigeait dans la maison Wartenberg à Salzbourg, où les jeunes gens apprenaient l'allemand. Les étudiants venaient de toute l'Europe ; les Anglais étaient particulièrement bien représentés. Horst, qui était séduisant, faisait à la demande de sa mère les cent pas devant la maison pour attirer les étudiantes. « Elle était aimable », me dit Horst, « et moi aussi ». Dans ses meilleurs jours, elle avait même un certain sens de l'humour.

L'existence d'une école de langue ne m'était pas vraiment inconnue. Après la diffusion du documentaire, j'avais en effet reçu des lettres d'anciens étudiants. L'un d'entre eux[2] m'avait écrit que sa sœur et lui-même y avaient été internes en janvier 1961, mais qu'ils n'avaient appris l'histoire de la famille ainsi que l'identité nazie d'Otto que cinquante ans plus tard, grâce au film. La baronne, ou Tante Lotte – c'est ainsi que Charlotte souhaitait qu'on l'appelle –, ne parlait pas beaucoup du passé ; c'était une matriarche dominatrice qui avait fait pleurer sa sœur. Celle-ci avait même consigné l'événement dans son journal : « Tante Lotte dit des choses désagréables… sur John et sur moi, je suis furieuse et je pense que je devrais partir immédiatement. » Charlotte s'était excusée un peu « hypocritement », avait ajouté la sœur qui était finalement restée. Le frère ne se souvenait pas de la raison de la dispute, mais il pensait que cela avait peut-être un rapport avec la judéité de l'un de leurs parents.

Charlotte, déjà profondément pieuse à cette époque, appartenait à une communauté religieuse catholique. Elle avait fait un voyage en Terre sainte avec un ami, un curé local, et rêvait que Horst devienne un évêque ou « quelqu'un d'important ». À sa grande déception, aucun de ses enfants ne devint important. « Ma mère avait une personnalité très forte et cela a posé un problème dans sa relation avec mon père. »

Horst pensait que sa mère, malgré sa jalousie et l'angoisse que lui avaient toujours inspirée les affaires d'Otto, l'aimait profondément. Certaines lettres ne faisaient pas partie de la succession, peut-être à cause de leur contenu intime, mais d'autres étaient explicites : elle avait envisagé la possibilité de le quitter – « Je ne peux pas continuer ainsi, tu as cette autre femme… » –, mais elle était restée avec « *Mein*

Mann» – mon homme – car il s'imposait, dégageait de l'énergie et était aimé de tous. « Himmler aussi l'aimait beaucoup », ajouta Horst. « Il avait vraiment une forte, une très forte personnalité... »

Charlotte était restée à ses côtés durant sa vie et n'avait pas pu se séparer de lui après sa mort. « Mon père était tout pour ma mère, elle n'a jamais dit le moindre mot contre lui. » Elle ne s'était jamais remariée et avait consacré son existence à défendre sa réputation. Horst ne parlait guère d'Otto avec Charlotte, mais il se souvenait qu'elle devenait agitée, « très énervée », lorsqu'elle lisait des critiques le concernant. Les histoires qui affirmaient sa responsabilité dans la mort des Juifs l'agaçaient ainsi grandement. « C'est impossible, disait-elle. C'est faux, c'est un mensonge. » Elle cherchait des gens qui l'avaient connu, les retrouvait et enregistrait leurs conversations. « Vous avez toutes les cassettes », dit Horst. Il n'y avait rien à cacher.

Les papiers collectés par Charlotte Wächter rassemblent des souvenirs privés, mais ils sont aussi un plaidoyer, une tentative d'exonérer Otto. Je savais que des documents manquaient, ses dossiers de travail par exemple, que Charlotte ou son fils Otto junior avaient jetés dans le lac de Zell. Je me doutais aussi que les lettres et les journaux avaient été expurgés, Horst y avait d'ailleurs fait allusion. Sa démarche était une variation filiale du projet de sa mère, il reproduisait ses désirs, mais il mettait aussi les accents ailleurs. « Aucun document signé n'établit que mon père a ordonné des peines de mort », disait Horst. Il reconnaissait qu'il n'avait jamais réellement connu Otto et que son comportement était motivé par ses sentiments pour Charlotte. « J'aime ma mère, je dois faire cela, pour elle. »

Son attitude a cependant suscité des conflits avec d'autres membres de la famille qui désapprouvaient notre relation : ils n'avaient pas apprécié l'article du *Financial Times* et ils avaient détesté le film. Horst avait progressivement été exclu des réunions de famille, il était ignoré lorsqu'il s'y rendait. Trois de ses frère et sœurs étaient morts, il lui restait deux sœurs. Heide vivait à Paris avec son mari anglais. « Il déteste tout ce que je fais..., dit Horst avec un sourire étrange, leur fils espère devenir député conservateur en Angleterre et je pourrais ruiner son avenir. » Linde, la plus jeune des six enfants, vivait non loin de Hagenberg. La génération des vingt et un neveux et nièces de

Horst était « dominée par son neveu Otto, un avocat, le fils de son seul frère, Otto junior. « Ne vous approchez pas de l'oncle Horst », était leur mantra.

Dans la famille d'Otto, le volontarisme de Horst ne suscitait pas plus d'indulgence. Sa tante Ilse qui apparaît souvent dans le journal et dans les lettres de Charlotte avait été choquée d'apprendre que Horst travaillait avec l'artiste Hundertwasser. « Impossible, avait-elle proclamé, tu ne peux pas travailler pour un Juif ! » Lui, un Wächter, mais qu'est-ce qui lui arrivait ? Horst la décrivait comme ouvertement et fanatiquement antisémite, ce qui avait l'avantage de faire apparaître Charlotte comme presque raisonnable. « Ma mère n'a jamais été comme cela, pas une nazie fanatique. » Il reconnaissait qu'elle avait été nazie, mais uniquement « à cause de mon père ».

Ce jour-là, à Hagenberg, nous avons rassemblé les ultimes courriers d'Otto, ceux qu'il avait écrits après le week-end passé au bord du lac Albano avec la personne dont nous ignorions le nom. Horst était sûr que ces lettres avaient causé un immense chagrin à sa mère, celle du 6 juillet en particulier, où l'écriture d'Otto est quasiment illisible.

Ensemble nous avons lu ces dernières lettres, ainsi que celles de Charlotte et de la dame prussienne envoyées à Salzbourg après sa mort. Horst nous a montré les originaux qu'il gardait dans l'armoire aux portes en verre face à son lit, à côté de la photo d'Otto en uniforme SS et de son parrain Seyss-Inquart. Il a posé l'une des lettres de la dame prussienne sur la table en bois et a lu à voix haute : « c'est lui qui m'a parlé de vous, des enfants, et de tout ce qui lui était cher dans la vie ». En lisant, Horst pleurait doucement et silencieusement.

« Ce n'est pas vrai, dit-il.

– Qu'est-ce qui n'est pas vrai ?

– Que mon père est mort d'une maladie. »

Pour la première fois, Horst évoquait la possibilité d'un assassinat. Que s'était-il passé ?

« Il vaut mieux commencer par le début, proposa-t-il.

– C'est l'heure du Schnaps, non ? suggéra James.

– Déjà servi », rebondit Horst.

33.
Testament

L'enterrement d'Otto Wächter en 1974 a eu lieu à Salzbourg, vingt-cinq ans après que Charlotte fut rentrée de Rome. Elle avait fait le voyage le cœur brisé, emportant avec elle les papiers qu'Otto avait laissés à l'hôpital Santo Spirito et au monastère de la Vigna Pia : son journal de l'année 1949, une liste de contacts à Rome, ses notes sur les gens qu'il avait rencontrés et avec lesquels il avait correspondu durant ses soixante-seize jours à Rome. Charlotte avait tout gardé puis légué les documents à son fils Horst.

Parmi ces papiers, il y avait une lettre d'une page rédigée par Otto : c'était son testament ; il était signé « Alfredo Reinhardt » et portait la mention « Rome, date cachet de la poste faisant foi ». Le document était adressé à un certain « cher docteur » – le nom « Marchesani » avait été ajouté au crayon à papier par quelqu'un d'autre. Otto le priait d'informer deux autres personnes s'il tombait malade : la femme de l'auteur du testament qui n'était pas nommée, joignable « auprès de » Richard Woksch à St Gilgen, Autriche ; et Fraülein Luise Ebner à Bolzano, qui devait avertir trois amis dans le Sud-Tyrol : Riedl, Schnez et « Ladurner ». « Maintenez le lien avec eux », demandait Otto.

Le Dr Marchesani était également chargé d'informer un avocat, le professeur Giangaleazzo Bettoni[1] à Rome – le numéro de téléphone figure dans le testament –, chargé d'apprécier l'opportunité d'une « intervention légale ». Dans sa lettre, Otto expliquait que l'avocat avait travaillé pour l'ambassade d'Italie à Berlin jusqu'en 1945, qu'il parlait allemand et avait une femme allemande.

Si la situation était « sérieuse », le Dr Marchesani devait consulter le Dr Hudal – l'évêque –, voire solliciter un autre évêque, Jan Bucko[2] de l'Église unioniste grecque. « Bucko connaît un gouverneur, le Dr W., grâce à ses activités dans son pays natal », précisait Otto ; « il a de bonnes relations avec le Vatican et les alliés occidentaux ». Il ne devait cependant contacter Jan Bucko qu'en dernière instance, uniquement si la situation devenait véritablement « critique », car il ne fallait pas en faire une « affaire internationale ».

Le Dr Marchesani devait également prévenir le Dr Puccio Pucci[3], écrivain, un autre « bon ami » connu lors de son séjour en Italie ; c'est avec lui qu'il devait discuter de « l'activation » des camarades d'Otto. Enfin, les notes et les papiers d'Otto conservés à la Vigna Pia devaient disparaître.

La lettre se terminait par des remerciements et une série de notes personnelles[4].

Les instructions d'Otto identifiaient des contacts fiables à Rome. Ce cercle restreint se composait de sept personnes, dont aucune n'était nommément citée dans la correspondance entre Otto et Charlotte. Mais les surnoms qu'il leur donnait offraient des indices, ils tissaient une toile de contacts secrets qui lui avaient permis de survivre à Rome et pouvaient l'aider à émigrer en Amérique du Sud. Ces sept personnes étaient originaires d'Allemagne, d'Italie, d'Autriche et d'Ukraine. De qui s'agissait-il ?

Trois d'entre eux vivaient à Rome. Puccio Pucci, décrit comme un « bon ami », était un avocat et un athlète qui avait naguère couru le 800 mètres pour l'Italie aux Jeux olympiques de 1924 de Paris et avait brièvement fait partie du Comité olympique italien. C'était un proche associé d'Alessandro Pavolini, le secrétaire du *Partito Fascista Repubblicano*, fusillé puis pendu par les pieds aux côtés de Mussolini le 28 avril 1945. Puccio Pucci, fasciste engagé, avait fondé les Brigades noires[5], cette organisation paramilitaire de la République de Salò qui avait collaboré avec les Allemands. C'est sans doute alors qu'Otto l'avait rencontré.

Le deuxième nom sur la liste était l'évêque Jan (Ivan) Bucko (ou Buchko), un ardent nationaliste ukrainien, évêque auxiliaire de l'Église catholique ukrainienne à Lemberg lorsque Otto était gouverneur de Galicie. Il s'était installé à Rome après la guerre pour représenter l'Église catholique grecque auprès du Vatican[6]. On dit qu'il a, à la demande du général Shandruk, joué un rôle clef dans la décision du pape Pie XII de ne pas extrader les membres de la Division SS Galicie vers l'Union soviétique[7].

Le troisième nom était celui de l'avocat Giangaleazzo Bettoni. Otto le décrit comme un homme aimable ; il lui avait donné de « bons conseils » pour la traduction de son long article *Quo vadis Germania ?* À Berlin, de 1943 à 1945, Bettoni avait été adjoint de l'ambassadeur de la République de Salò en Allemagne. Le cabinet familial des Bettoni existe toujours ; il est aujourd'hui dirigé par son fils Manfredi. J'ai demandé à celui-ci si je pouvais consulter les archives du cabinet à Rome, il m'a aimablement répondu qu'il n'y avait rien dans ces archives[8], ni sur Otto Wächter ni sur Alfredo Reinhardt.

Les quatre autres noms correspondent à des individus qui étaient basés à Bolzano dans le Sud-Tyrol.

Luise Ebner, ou « Lilo », tenait un magasin. Elle avait souvent envoyé des paquets à Otto, du thé, du café, du miel, des sardines ou du pâté de poisson. « Tout ce qu'un jeune homme peut désirer », avait dit Otto à Charlotte.

Franz Hieronymus Riedl était journaliste. C'est dans ses archives que j'ai trouvé les photos d'Otto prises au printemps 1949. Il travaillait comme rédacteur de la rubrique culturelle pour *Dolomiten*, un journal de langue allemande, et servait de poste restante pour Otto à Bolzano. Ils s'étaient connus dans les années 1930, et Riedl avait présenté Otto à de multiples contacts à Rome. Il lui donnait des nouvelles de Nora, de Lilo ou de Schnez, et l'informait sur le « moine » et « Bauer ».

Albert Schnez était un ancien colonel de la Wehrmacht. En 1949, il a tenté de créer une armée secrète d'anciens officiers – des vétérans de la Wehrmacht ou de la Waffen-SS de l'époque nazie – pour défendre l'Allemagne de l'Ouest contre le communisme[9]. Il a ensuite rejoint la Bundeswehr dont il est devenu l'un des officiers les plus hauts gradés.

« Ladurner » était mentionné dans plusieurs lettres adressées à Charlotte, c'était un vieux nom de famille du Sud-Tyrol. Je n'ai trouvé personne en activité portant ce nom, à Rome ou dans le Sud-Tyrol en 1949, mais je me suis aperçu que Buko avait, chez les Karstjäger, un jeune camarade nommé Ludurner. Les documents de Charlotte me permettaient de comparer l'écriture de « Ladurner » avec celle d'autres contacts : la ressemblance avec celle de Walter Raffelsberger, le vieux camarade et collègue d'Otto au commissariat d'État après l'Anschluss, était troublante. J'en ai conclu que « Ladurner » était probablement Raffelsberger.

Les sept personnages partageaient une sympathie commune pour le nazisme ou le fascisme, ou même les deux. Tous avaient aussi apparemment un lien avec l'évêque Hudal qui, je l'ai découvert dans les papiers de Charlotte, avait attiré l'attention de la presse en septembre 1949, six semaines seulement après la mort d'Otto.

J'ai pensé qu'il fallait partir de là pour comprendre ce qu'avait été la vie d'Otto à Rome et démêler les circonstances de sa mort inattendue.

34.
Septembre 1949

En plus de la note qu'Alois Hudal avait donnée à Charlotte le 16 juillet 1949, le nom de l'évêque apparaissait dans plusieurs articles publiés après la mort d'Otto. Charlotte les avait gardés. Elle ne les avait pas rangés dans un ordre particulier, mais en les classant de manière chronologique, les contours d'un récit se précisaient.

L'histoire a commencé le 1er septembre – jour de la première mondiale du *Troisième Homme* au Ritz de Hastings, East Sussex – par la publication dans *Il Giornale d'Italia* d'un article sur le séjour d'Otto à Rome[1] : un nazi viennois en cavale apparemment protégé par le Vatican. L'information fut relayée par les autres journaux italiens ; le lendemain, le *New York Times* annonçait la mort d'Otto[2].

OTTO WAECHTER DIES

Former Nazi Official Planned Assassination of Dollfuss

Special to THE NEW YORK TIMES.

« Otto Waechter est mort »,
New York Times, 2 septembre 1949.

« Le Vatican protège des criminels fascistes », écrivit le journal communiste *L'Unità*[3]. Le corps de Wächter ressemble à un « phoenix d'Arabie », disait l'article, il existe mais personne ne sait où il se trouve. Il précisait qu'Otto était mort dans le lit numéro 9 de la Sala Baglivi à l'hôpital Santo Spirito, et que monseigneur Hudal lui avait administré les derniers sacrements – des informations permettant, selon le journal, d'établir la collusion entre les fascistes, les nazis et la hiérarchie catholique. Le journaliste disait aussi que Wächter avait vécu, sans être inquiété, à l'Anima (le Collegio Teutonico de Santa Maria dell'Anima), qui jouissait de « subsides généreux » du Vatican, où il avait partagé la table de ses hôtes.

D'autres journaux commentèrent la nouvelle, mélangeant faits et rumeurs. *Il Quotidiano*[4] soutint que Wächter avait passé trois ans à Rome et s'était « repenti » de ses crimes avant de mourir. *Il Paese*[5] écrivit que le Gauleiter Wächter était responsable de la mort de centaines de Juifs polonais à Leopolis (Lviv) et en Galicie, et que sa mort confirmait la présence de « personnalités louches » soutenues par les institutions vaticanes à Rome.

Caricature de l'évêque Alois Hudal, *L'Unità*, 4 septembre 1949.

« Qui est ce Monsignor Hudal ? » demanda *L'Unità*[6]. Tandis que d'autres publications défendaient l'évêque. Pour *L'Osservatore Romano*[7], le quotidien semi-officiel du Vatican, les articles sur Hudal et sur Wächter étaient écrits dans le seul but de permettre aux communistes et aux autres partis de gauche d'attaquer l'Église. *L'Unità* publia une caricature[8] intitulée « Après l'affaire Wächter » ; elle montrait l'évêque Hudal poussant Hitler dans l'hôpital Santo Spirito : « "C'est Adolf ; il a un problème de foie." "Passez", répond le garde. » *Il Giornale d'Italia* révéla le faux nom d'Otto[9], Reinhardt, et cita l'évêque Hudal : « Wächter est venu me voir comme tant d'autres », déclara l'évêque, qui démentit les révélations des autres articles : « Il n'est pas vrai qu'il a vécu au sein de l'Anima ou même à Rome pendant trois ans. »

Il Gazzettino fit part du séjour « calme et tranquille » d'Otto à Rome[10]. Sous le nom de « Reinhardt », cet homme « grand, robuste et blond », de type germano-autrichien et au port militaire, avait passé des après-midi entiers à arpenter la via Veneto en discutant avec ses amis. « Il a vécu dans un couvent romain et a eu accès aux plus hautes sphères du Vatican », rapportait l'article ; sa femme Charlotte était avec lui lorsqu'il est mort « pour l'embrasser une dernière fois ». Il aurait laissé un « volumineux manuscrit en allemand », apparemment une référence au manuscrit *Quo vadis Germania ?* conservé dans les documents de Charlotte. Cet écrit, disait-on, justifiait la torture et d'autres horreurs nazies, et mettait en scène l'avenir de l'Allemagne « sous le contrôle spirituel du catholicisme ».

Un certain nombre de journaux affirmaient que sa mort était due à une défaillance du foie. Ignorant les « ordres catégoriques », Otto se serait baigné dans le Tibre, dans un établissement proche du forum de Mussolini – sa mort serait due à une hépatite ictérique, aggravée par les eaux polluées du fleuve, soulignait une publication[11].

L'Unità exposa les détails de l'enterrement auquel auraient assisté « les membres les plus importants de la hiérarchie SS[12] ». Le journal mentionnait deux noms dont aucun n'apparaissait dans les papiers de Charlotte : le major Wilhelm Friede, un officier SS de haut rang, et un Allemand du nom de Lauterbacher[13] qui vivait peut-être dans un « institut religieux » à Rome – Lauterbacher avait été l'adjoint du chef des Jeunesses hitlériennes, Baldur von Schirach, l'ancien camarade d'Otto jugé à Nuremberg et emprisonné pendant vingt ans dans la prison de Spandau.

L'attention des médias eut un effet dramatique.

Sur la défensive, la police dut répondre rapidement. Certains documents des archives centrales italiennes précisent la stratégie adoptée par Saverio Polito[14], chef de la police – le *questore* –, qui avait collaboré avec Mussolini et sa femme Rachele. Polito affirma que l'enquête des journaux donnait dans le sensationnel, que la présence de Wächter à Rome était ignorée de la police et que les documents auxquels celle-ci avait eu accès ne mentionnaient pas qu'Otto Wächter était recherché pour « crimes ou crimes de guerre[15] ».

Le *questore* chercha à apaiser la situation en donnant d'autres détails : Wächter avait succombé à une « jaunisse et une urémie sévères ». L'évêque ne lui avait rendu visite qu'à « l'article de la mort » en compagnie d'« une femme, Lotte Pfob, qui s'était présentée comme la femme du défunt ». Ce n'est qu'après sa mort que l'évêque avait appris l'identité d'Otto Wächter, « fugitif politique » arrivé à Rome sous un faux nom. Le corps d'Otto avait été transporté au cimetière de Campo Verano le 16 juillet par l'entreprise funéraire Piermattei ; il avait été incinéré, et ses cendres avaient été « transportées au cimetière pour étrangers à Testaccio »[16]. J'ai découvert que l'information était fausse – le registre du cimetière indiquait qu'Otto avait bien été enterré à Verano.

Une semaine après sa première déclaration, le *questore* fut obligé d'intervenir à nouveau. Le consulat autrichien avait confirmé l'identité d'Otto, son nom et son statut marital, ainsi que son rôle dans l'attaque contre le chancelier Dollfuss en 1934. Le *questore* fournit donc une copie du certificat de décès et déclara catégoriquement que l'enquête menée par la police autrichienne ne permettait pas « de confirmer que Wächter était un criminel de guerre[17] ».

L'intervention du *questore* n'atténua pas l'agitation que suscitait cette affaire. Contraint de réagir, l'évêque Hudal prononça un sermon à l'Anima sur ce qu'il appela « l'affaire Wächter ». Son texte fut envoyé à Charlotte à Salzbourg, et publié deux ans plus tard dans *Anima Stimmen*[18], le bulletin de l'Anima, avec une photo de la chapelle en première page.

Couverture de l'*Anima Stimmen*, bulletin de l'Anima, 1951.

L'évêque adopta une tactique classique : attaquer pour mieux se défendre. Tous ces articles, une « toile de mensonges, de diffamations et de revanche[19] », étaient fomentés par la gauche et les étrangers. La véritable cible n'était pas Wächter, mais l'Église catholique et l'évêque lui-même, attaqué en raison de son attitude intransigeante face à la menace « communiste ». L'évêque ajouta qu'Otto n'avait jamais vécu à l'Anima, « même pas une heure » ; qu'il n'avait pas été invité à sa table ; qu'il possédait des documents en règle – même s'ils avaient été établis sous un faux nom ; et que sa femme n'avait jamais été détenue dans un camp de réfugiés italien.

« Je me suis occupé avec plaisir du général Wächter, gravement malade », dit l'évêque aux fidèles, ajoutant qu'il le referait avec encore plus de dévouement, d'amour et de courage. Il était seulement motivé par des sentiments d'amour, de réconciliation et de miséricorde ; il risquerait sa vie pour protéger des Allemands, cette communauté poursuivie à cause des agissements des nazis, au nom de la *Kollektivschuld*, la responsabilité collective. Otto avait droit à l'entraide chrétienne, c'était une question de charité.

L'évêque alla encore plus loin : il n'abandonnerait jamais à une juridiction séculière ceux dont il avait la charge et dont il assurait la protection, car aucune de ces juridictions n'était « entièrement neutre ». Il ne leur demanderait jamais leurs papiers d'identité ou leurs permis de résidence. « L'Église catholique ne reconnaît pas le terme *"Kriegsverbrechen"* – crimes de guerre –, sauf dans les cas précis spécifiés par la Convention de Genève », précisa-t-il. L'évêque s'attaquait ici directement aux deux crimes retenus en 1945 lors du procès de Nuremberg : le « génocide » et les « crimes contre l'humanité », destinés à protéger les communautés et les individus, invoqués pour la première fois contre les vingt et un accusés du procès – dont les camarades d'Otto : Frank et Kaltenbrunner, et le parrain de Horst, Seyss-Inquart.

Il était temps de tracer « un grand trait » entre le passé et le présent, conclut l'évêque Hudal. Où se trouvaient les défenseurs des droits humains lorsqu'il s'agissait de s'occuper de ceux qui croupissaient dans les prisons françaises ou allemandes, ou dans la zone d'occupation soviétique, ou encore à Buchenwald, dans des conditions bien plus graves que sous le règne nazi ? C'est sur ces mots combatifs que l'évêque conclut son sermon en espérant que l'affaire Wächter était désormais close.

Il n'en fut rien. Deux semaines plus tard, il reçut la visite du *questore* qui l'interrogea sur la visite de Charlotte[20]. Deux ans plus tard, il démissionna.

Mais qui était l'évêque Hudal et quels étaient exactement ses liens avec Otto ?

35.

L’évêque

Les papiers d’Otto comportent de nombreuses références à l’évêque Hudal. Certaines sont codées, d’autres parfaitement explicites.

Dans son journal du vendredi 29 avril, Otto avait noté « 13 h Excell. » – le mot, souligné, était sans aucun doute une référence à son excellence l’évêque Hudal. Il avait ensuite conservé une liste de contacts et d’adresses à Rome : trente-cinq noms sur quatre feuilles jaunes – avec deux entrées pour l’évêque Hudal, l’adresse du collège de l’Anima, 20 via della Pace, et un numéro de téléphone 51130. Sur un troisième document, Otto avait inscrit le nom de toutes les personnes qu’il avait rencontrées à Rome depuis le jour de son arrivée, le 29 avril. Le nom de l’évêque Hudal apparaît plusieurs fois, suivi de « B.29.IV, B.30.IV, B.9.V. », etc. Le journal d’Otto nous permet de déchiffrer sans difficulté le code : « B » signifie *Besuch* – rencontre ou visite –, le chiffre

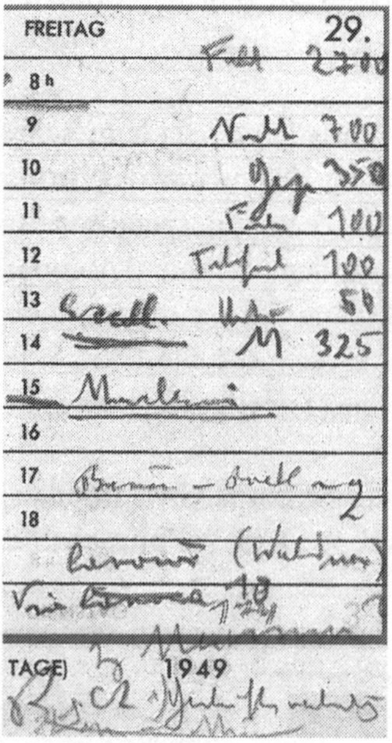

Journal d’Otto, 29 avril 1949.

arabe désigne le jour et le chiffre romain le mois. « B.29.IV » est donc une référence à la rencontre du 29 avril. L'évêque Hudal était le « monsieur religieux » dont Otto avait parlé à Charlotte, celui qui l'avait reçu de manière « *très* positive » dès qu'il l'avait identifié, comme si l'évêque l'avait attendu.

Le « monsieur religieux » avait soixante-trois ans lorsqu'il rencontra Otto à Rome. Né à Graz, en Autriche, au printemps 1885, il était le fils d'un cordonnier. Ordonné prêtre à vingt-trois ans, docteur en théologie de l'Université de Graz, il fut d'abord, à Rome, l'aumônier de l'Anima, le séminaire théologique pour prêtres allemands et autrichiens. Aumônier militaire pendant la Première Guerre mondiale, il fut ensuite nommé recteur de l'Anima en 1923. Dix ans plus tard, après son ordination par le cardinal Pacelli – qui deviendra le pape Pie XII – et l'évêque Pawlikowski – l'ami de la famille des Bleckmann qui avait marié Otto et Charlotte –, il devint évêque titulaire d'Aela ; cela ne pouvait être une coïncidence : Pawlikowski avait peut-être présenté Otto à l'évêque Hudal.

Recteur de l'Anima, l'évêque Hudal écrivit beaucoup dans les années 1930 : sur des questions de race, sur les relations entre Église et État, sur le destin du peuple allemand. Il publia en 1936 *Die Grundlagen des Nationalsozialismus* [Les fondements du national-socialisme][1], une ode à Hitler qui plaidait pour une relation intime entre l'Église catholique et le nazisme. Deux ans plus tard, il tenta d'organiser à l'Anima un vote de soutien à l'Anschluss, mais la hiérarchie du Vatican bloqua cette initiative. Il persista et obtint qu'un vote[2] eût lieu sur l'*Admiral Scheer*, un bâtiment allemand amarré dans le port italien de Gaète. Il fut terriblement déçu de constater que ses collègues de l'Anima avaient voté à une large majorité contre la prise de pouvoir des Allemands en Autriche.

Pendant la guerre, il fit de l'Anima un lieu de refuge pour les Allemands et les Autrichiens. En 1944, il fut placé à la tête de la nouvelle Commission pontificale d'assistance aux réfugiés[3] créée par le pape Pie XII. L'organisation apparaît dans les adresses d'Otto à côté d'un nom qui m'est familier : Carlo Bayer[4]. L'historienne Gitta Sereny a en effet interviewé Karl Bayer dans son livre sur Franz Stangl[5], le commandant du camp de Treblinka. Stangl était présent lorsque les trois vieilles sœurs de Freud et ma grand-mère Amalie[6] sont arrivées au camp le 23 septembre 1942. Il était, avait dit Odilo Globočnik à Himmler, « le meilleur commandant des camps situés en Pologne[7] ».

Arrêté par les Américains, Stangl put partir en 1948 en Syrie avec l'aide de l'évêque Hudal. En moins de trois semaines, il rejoignit le Brésil où il travailla dans une usine Volkswagen avant d'être rattrapé par le chasseur de nazis Simon Wiesenthal[8]. Extradé vers l'Allemagne en 1967, il fut jugé pour meurtre et autres crimes puis condamné à la prison à perpétuité. Il mourut en 1971 d'une insuffisance cardiaque alors qu'il attendait le jugement de son appel. Sereny l'a interviewé à la prison de Düsseldorf peu de temps avant sa mort et a évoqué avec lui l'évêque Hudal. Elle a aussi interrogé monseigneur Karl Bayer à Vienne, notamment sur son travail à la Commission pontificale. Sereny décrit Bayer comme un homme grand, mince, blond, agréablement parfumé – un homme qui conduisait une « voiture de sport immatriculée en Italie ». Otto s'était contenté de noter qu'il s'agissait d'un prêtre du Vatican originaire de Breslau, « intéressé par la politique, [il] connaît beaucoup de monde ».

Bayer dit à Sereny qu'il connaissait l'évêque Hudal, mais il ajouta qu'ils n'étaient pas proches. Oui, Hudal avait bien aidé un nombre « relativement restreint » de nazis et de membres de la SS dans le cadre de ses devoirs envers ceux qui étaient « dans le besoin ». Il lui fallait pour cela de l'argent et d'autres moyens – les fonds venaient « très certainement » du Vatican. Bayer soutenait qu'Hudal avait protégé des réfugiés de toutes confessions, y compris des Juifs, mais, en dépit de nos efforts concertés, nous n'avons pas trouvé la moindre trace d'une aide à un Juif ou à un communiste.

On posait bien des questions sur le passé de ceux qui venaient solliciter une aide mais, dit Bayer, « il n'existait pas pour nous la moindre chance de pouvoir vérifier les réponses ». En 1949 à Rome, il était facile d'acheter des papiers ou des informations, et il y avait des milliers de personnes qui passaient par la ville. « Comment nous aurions pu savoir ce qu'ils avaient fait ? Ils ne nous le disaient pas, après tout, pas si bêtes. Et ils n'étaient pas connus, voyez-vous[9]. » Ce n'est que dans les années 1970 que les noms sont devenus célèbres, celui d'Adolf Eichmann ou de Josef Mengele[10], ce médecin qui, à Auschwitz, avait fait des expériences sur les jumeaux. Néanmoins, « nous *avons essayé* de les interroger ; nous leur avons posé à tous des questions. »

L'évêque Hudal a fourni de l'argent à Stangl et l'a aidé à obtenir un passeport de la Croix-Rouge, un visa d'entrée pour la Syrie, un billet pour la traversée et un travail dans une usine de textile à Damas. Oui, confirma Bayer, l'évêque recevait sans doute « un lot de passeports » pour les SS, et il les soutenait financièrement. Et oui, ajouta-t-il, le pape Pie XII « donnait bien de l'argent pour ça, souvent par petits paquets, mais ça venait... »[11].

Il n'était pas difficile de trouver des informations sur les personnes qui ont bénéficié des largesses de l'évêque. En septembre 1948, Hudal a obtenu un passeport de la Croix-Rouge pour l'officier SS Erich Priebke, impliqué, comme Karl Hass et Herbert Kappler, dans l'assassinat de 335 civils italiens dans les Fosses ardéatines. Arrêté par les Américains en 1945, Priebke a affirmé que les assassinats étaient des « représailles » justifiées et « permises à toutes les armées en temps de guerre »[12]. Il s'est enfui par Gênes pour rejoindre l'Argentine.

Au printemps 1949, Hudal a permis à Walter Rauff, le précédent occupant de la cellule d'Otto à la Vigna Pia, de rejoindre la Syrie. En juillet de la même année, il a aidé Josef Mengele à partir en Argentine sous un faux nom en lui procurant un passeport.

Des journaux italiens ont publié des articles incendiaires sur le soutien de l'évêque à Otto. Cette révélation, parmi d'autres, mit fin à sa carrière : il fut révoqué de son poste de recteur de l'Anima en 1952. Sous la pression irrésistible d'évêques allemands et autrichiens[13], il se retira à Grottaferrata près du lac Albano pour s'occuper de son jardin.

L'enlèvement d'Adolf Eichmann en Argentine en 1960 raviva la curiosité pour Hudal et suscita un certain intérêt pour le personnage d'Otto[14]. Un des articles conservés par Charlotte[15] disait que l'évêque Hudal avait connu Josef Wächter ; un autre révélait qu'Otto était mort empoisonné, qu'il avait été assassiné. Ce même article évoquait l'hypothèse selon laquelle Otto Wächter n'était pas mort, et qu'un cadavre avait servi de leurre, ce qui lui avait permis de s'échapper. Lorsque j'en ai parlé à Horst, il a pleuré.

L'évêque Hudal est mort en mai 1963. Charlotte a gardé les coupures de la presse autrichienne. *Die Presse* rapporta que le requiem pour monseigneur Hudal avait été célébré par l'évêque auxiliaire de Vienne[16], son successeur à l'Anima. Un autre journal[17] écrivit par erreur que le cardinal Pizzardo, l'homme qui avait négocié le concordat entre le Vatican et le Reich allemand le 20 juillet 1933 – Hudal lui-même avait participé à la rédaction de cet accord –, avait assisté aux funérailles. L'évêque fut enterré au Vatican.

Treize ans plus tard, le mémoire posthume d'Hudal, *Journaux romains. Confessions de la vie d'un vieil évêque*[18], fut publié en Autriche. Ce texte, un concentré de griefs à l'égard des papes Pie XI et Pie XII, me réservait une surprise.

Il a été publié à Graz, chez Leopold Stocker, une petite maison d'édition créée à la fin de la Première Guerre ; pronazie dans les années 1930, cette maison est toujours associée à l'extrême droite. Hansjakob Stehle[19], l'historien qui avait naguère dialogué avec Charlotte, a recensé l'ouvrage pour *Die Zeit*, en insistant sur l'amertume que l'évêque avait éprouvée lorsqu'il avait été abandonné par Pie XII. Stehle précisa également que le texte de l'évêque avait inspiré une pièce de théâtre controversée de Rolf Hochhuth, *Le Vicaire*[20]. Jouée pour la première fois en 1963, la pièce critique le silence et l'indifférence du pape à l'égard des Juifs pendant la guerre.

Les *Journaux romains*[21] évoquent Otto à plusieurs reprises. Les dernières pages mentionnent plusieurs faits intéressants : le rôle de Wächter dans l'assassinat de Dollfuss ; les regrets qu'il éprouvait devant l'incapacité des nationaux-socialistes et de l'Église à opposer un front commun au bolchevisme ; sa vie à Rome sous un faux nom, traqué par les autorités juives et alliées après la « pendaison de son supérieur, Frank, à Nuremberg », aidé seulement par un groupe de moines italiens « d'une dévotion touchante ». Il « est mort dans mes bras », écrit l'évêque, « je l'ai protégé jusqu'à sa mort ».

Selon Hudal, l'ancien gouverneur a, dans ses derniers moments, affirmé qu'il avait été empoisonné et qu'il « attribuait personnellement cet acte aux services secrets américains ». Il aurait alors, sans révéler son nom, identifié le coupable : « Un ancien major allemand qui travaillait à Rome. »

Voilà qui était inattendu. Il n'y avait aucune allusion à un empoisonnement dans les documents de Charlotte, et Horst n'avait jamais évoqué cette hypothèse. J'ai donc recherché dans la correspondance le mot que l'évêque avait donné à Charlotte le 16 juillet, deux jours à peine après la mort d'Otto. Je n'ai trouvé aucune trace de soupçon dans ce mot, ni dans la lettre de Charlotte expédiée trois jours plus tard. « Vous étiez avec lui dans sa dernière heure pour l'aider à franchir le "passage ultime"[22] », avait-elle écrit, ajoutant qu'elle espérait pouvoir le ramener à la maison pour l'enterrer dans son pays natal. La lettre était muette sur la cause du décès d'Otto.

Je n'ai relevé aucune mention d'un possible empoisonnement dans les deux lettres que Heidi Dupré avait envoyées à Charlotte les jours suivants. La première, datée du 25 juillet, rappelait la cause du décès diagnostiquée par le Dr Marchesani comme une « inflammation aiguë du foie causée par une intoxication interne[23] », possiblement due à la nourriture ou à l'eau. Un empoisonnement a-t-il été évoqué par l'évêque ou par quelqu'un d'autre ? Heidi Dupré n'en dit rien à Charlotte. La seconde lettre ne parle pas de la cause de la mort d'Otto.

Si Charlotte a soulevé la possibilité d'un empoisonnement, je n'en ai trouvé aucune preuve dans ses papiers. Il n'y avait rien dans les documents de l'année 1949 ; le certificat de décès ne fait état d'aucune suspicion : la police n'était pas intervenue, aucune autopsie pouvant confirmer des soupçons n'avait été pratiquée.

Dans les mois et les années qui ont suivi la mort d'Otto, Charlotte n'a jamais évoqué une suspicion de cette nature. Et, dans ses souvenirs écrits pour les enfants des décennies plus tard, il n'y a pas d'allusion à une mort suspecte.

En une occasion, cependant, Charlotte émet l'hypothèse d'un assassinat. En septembre 1984, quelques mois avant sa mort, plus de vingt ans après le décès d'Hudal et huit ans après la publication des *Journaux romains*, elle avait enregistré une conversation avec Hansjakob Stehle. J'ai mis du temps à parcourir les enregistrements, à les transcrire et à les traduire, mais j'ai finalement trouvé ce que je cherchais dans la cassette numéro 3. Lorsque le Dr Marchesani l'avait accueillie à la gare de Rome, Charlotte lui avait dit qu'elle souhaitait voir le corps d'Otto. Le médecin lui avait alors présenté l'évêque Hudal qui l'avait accompagnée au funérarium de Campo Verano. Elle avait contemplé le corps d'Otto, surprise.

« Il était là[24], dit-elle à Stehle. Allongé, noir comme l'ébène, consumé de l'intérieur, comme un Nègre.

– Empoisonnement, demanda Stehle ?

– Empoisonnement », répondit Charlotte.

La réponse était ferme et claire, mais elle ne livrait aucune autre information.

36.
Guerre froide

« Vous pensez qu'Otto Wächter aurait pu être empoisonné ? »

J'ai posé la question au professeur David Kertzer[1] dans son bureau de l'Université Brown à Providence, Rhode Island. Un ami m'avait conseillé de m'adresser à cet anthropologue et historien, grand connaisseur de l'histoire de l'Italie pendant la guerre. J'avais lu son livre, qui avait obtenu le prix Pulitzer, sur Mussolini et le pape Pie XI[2]. Je devais, pour comprendre la situation d'Otto, connaître le contexte, les dangers auxquels il avait dû faire face, les contacts auxquels il avait pu ou non se fier. Il me fallait en apprendre davantage sur la situation politique à Rome au printemps 1949. Pour percer le mystère des trois derniers mois de sa vie et des circonstances de sa mort inattendue, il était sans doute utile de commencer par les gens qu'il avait fréquentés et par ce qui les reliait.

Le professeur Kertzer est un homme grand et élégant. D'âge mûr – il approche des soixante-dix ans –, c'est un universitaire réfléchi qui parle avec prudence et mesure. Avant notre entretien, il avait consulté un collègue italien spécialiste de l'occupation allemande de l'Italie qui avait confirmé : l'affaire Wächter est bien connue et l'on s'accorde à dire qu'Otto était une « figure importante[3] ».

À grands traits, le professeur m'a décrit la situation romaine à l'arrivée d'Otto. Le pays se remettait d'une guerre qui l'avait laissé profondément marqué, physiquement, moralement et économiquement. L'Italie avait d'abord lutté pour surmonter l'humiliation du *ventennio*, la double décennie fasciste, allant de l'accession de Mussolini au pouvoir en 1922 à sa chute le 25 juillet 1943 ; elle avait été ensuite confrontée à une guerre civile de fait[4] entre soutiens et adversaires du fascisme et de l'alliance avec l'Allemagne nazie, notamment pendant la période de la République de Salò, de septembre 1943 au 25 avril 1945. Otto avait travaillé étroitement avec les représentants de Salò lorsqu'il s'était installé près du lac de Garde à l'automne 1944.

À l'arrivée d'Otto, quatre ans plus tard, le pays était encore tiraillé entre deux directions opposées : l'Ouest et les États-Unis ; l'Est et l'Union soviétique. Les deux forces issues de la guerre jouissaient d'une certaine crédibilité auprès, d'un côté, du pape Pie XII qui cherchait une nouvelle légitimité et voulait faire oublier l'association entre le Vatican et le fascisme de Mussolini et, de l'autre, du PCI, fort de ses deux millions de membres, et de son secrétaire général Palmiro Togliatti[5], rentré de son exil moscovite.

Les États-Unis et leurs alliés redoutaient que les communistes de Togliatti ne s'implantent durablement et n'offrent à l'Union soviétique une base lui permettant d'étendre son influence sur l'Europe de l'Ouest par-delà le rideau de fer. Adoptée à l'issue d'un plébiscite, la constitution italienne de 1947 avait remplacé la monarchie par la république. En avril 1948, les chrétiens-démocrates, soutenus par le Vatican et les Américains, avaient gagné les premières élections de l'après-guerre. Sur le plan national, leur victoire avait été plus large que prévu, mais les communistes avaient pris le contrôle de certaines régions et de plusieurs grandes villes. Soucieuse de faire barrage aux communistes, l'Église catholique avait clairement pris position dans les élections ; de la hiérarchie du Vatican jusqu'au curé de campagne, elle soutenait les chrétiens-démocrates, m'expliqua le professeur Kertzer. Ce fut une élection de guerre froide. Et c'est dans ce contexte précis qu'Otto arriva à Rome.

« Communiste à Rome en 1949, vous n'aviez rien à voir avec l'Église. Catholique et chrétien-démocrate, vous n'aviez rien à voir avec les communistes et leurs organisations », poursuivit David Kertzer. Cette division explique la différence si nette dans la manière de présenter la mort d'Otto dans les journaux italiens, et l'aide que l'évêque Hudal avait pu lui apporter.

Un autre élément pertinent pour notre recherche était le passé d'Otto. Catholique et violemment anticommuniste, il savait qu'une partie du Vatican le soutenait. Nazi de haut rang, gouverneur et officier de la SS, proche d'Himmler, collaborateur de la République de Salò, il pouvait également compter sur le soutien des fascistes, même si le parti éponyme n'existait plus alors. Mais il n'était pas question pour lui d'afficher ouvertement son passé nazi : quelques mois seulement avant son arrivée, un tribunal militaire italien avait condamné à la prison à perpétuité[6] Herbert Kappler[7], chef de de la sécurité SS à Rome, pour son implication dans l'assassinat de 335 Italiens dans les Fosses ardéatines. Les représailles avaient été exécutées avec l'aide de ses collègues, notamment le capitaine Erich Priebke[8], également accusé mais acquitté. D'autres camarades d'Otto étaient impliqués dans cette affaire, le Feldmarschall Kesselring[9], qui avait reçu l'ordre de Berlin, et le SS-Obergruppenführer Karl Wolff. Au moment où Otto arrivait à Rome, l'artiste Mirko Basaldella[10] travaillait sur le plan des portes d'entrée d'un mémorial dans les Fosses, érigé en hommage aux victimes.

Wächter savait donc qu'il fallait se méfier. L'Italie voulait affirmer sa solidarité avec les alliés et faire oublier son soutien à l'Allemagne nazie ; il devait par conséquent taire son passé : un anticommuniste convaincu ne pouvait laisser paraître ses solidarités nazies. Il entra ainsi dans une « danse très délicate ».

Sa carte maîtresse était la peur du communisme. Elle lui ouvrit les portes de certains individus de droite, anticommunistes et proches de l'Église. « Il y en avait beaucoup », dit le professeur Kertzer en souriant, et l'un d'entre eux était l'évêque Hudal, connu pour son hospitalité à l'égard des nazis. Otto devait également éviter d'afficher ses liaisons avec les fascistes ou avec les nostalgiques de la République de Salò, les membres du *Movimento Sociale Italiano*[11], par exemple, « en réalité un parti néofasciste ». Le fascisme avait été interdit par la nouvelle constitution : « À Rome en 1949, vous ne pouviez être fasciste que de manière souterraine », précisa le professeur.

L'évocation du fascisme fut l'occasion de passer en revue les trente-cinq noms inscrits dans le carnet d'Otto. En dehors des deux évêques, Hudal et Bucko, de l'avocat Bettoni et du médecin Marchesani, la majorité des noms étaient italiens, autrichiens ou allemands. Mais il y avait également un Croate et un Hongrois : le peintre Lajos Markos[12], connu pour ses portraits de Robert Kennedy et de Ronald Reagan. « Auparavant prisonnier anglais », avait griffonné Otto à côté de son adresse.

La liste de ses contacts italiens était diversifiée : il y avait des journalistes, Alessandro Gregorian notamment, l'un des « directeurs du service de presse du Vatican », « très aimable », selon Otto, et Ezio Maria Gray[13], « ancien président du syndicat des journalistes italiens, bon orateur et antibolchevique » qui était « 100 % fiable... ! ». D'autres avaient un lien avec l'Église : le Dr Egger, un prélat originaire du Sud-Tyrol, utile « pour l'émigration » ; monseigneur Draganović[14], un prêtre franciscain croate associé à l'Institut San Girolamo à Rome ; son cardinal protecteur, Luis Copello[15], archevêque de Buenos Aires et proche du président Juan Perón[16], qui avait exprimé des critiques sur le procès de Nuremberg. « Croate, parle l'allemand, je peux parler ouvertement avec lui ! » dit Otto à propos de Draganović : un homme intimement lié au régime collaborationniste croate et qui, je l'ai appris depuis, a aidé Klaus Barbie[17] à s'enfuir en Amérique du Sud.

Certains de ces contacts étaient des sympathisants fascistes. Les comtes Clavio et Piero Tagliavia étaient « d'anciens fascistes, de bonnes personnes ». Le comte Teodorani Fabbri[18], le « beau-fils du frère du Duce », était proche du Vatican et avait des liens avec « la politique, l'armée, la police ». Selon Otto, la *signorina* Elena Vitalis était « très agréable, néofasciste ? ». La liste des trente-cinq individus ne comprenait qu'un seul « antifasciste », l'ingénieur Biagio Bogioannini, officier des chasseurs alpins, les *Alpini*, mais « néanmoins correct et facilement influençable ».

Le monde de la diplomatie était aussi représenté dans la liste d'Otto : son Excellence Camillo Giuriati, ancien ambassadeur d'Italie spécialisé dans le commerce avec l'Inde ; le baron Folco Aloisi[19], fils d'un représentant italien à la Société des Nations pendant le conflit d'Abyssinie – il devait être « manié avec prudence » ; la baronne Sofia Toran de Castro dont la mère était autrichienne, âgée d'environ soixante-cinq ans, « d'une gentillesse émouvante » ; Marianne Leibl[20],

« graphologue originaire du Sud-Tyrol », que l'on a vue pour la première fois à l'écran dans *Donne senza nome* de Géza von Radványi, le film où Otto a joué les figurants, puis dans des films de Luchino Visconti et de King Vidor. « Une liste fascinante », dit doucement le professeur Kertzer. Les noms confirmaient sa propre analyse des cercles dans lesquels Otto avait dû évoluer.

Nous avons ensuite abordé le sujet des assassinats commis après guerre à Rome. « Il y avait de la violence à Rome après la guerre », m'expliqua le professeur, « mais elle était généralement dirigée contre des Italiens » : des règlements de compte, le plus souvent exécutés par d'anciens membres de la Résistance qui avait perdu des milliers d'hommes pendant la guerre. Les Autrichiens et les nazis n'étaient pas vraiment des cibles. « La Résistance était mythifiée et son rôle exagéré ; elle était largement dominée par le parti communiste. » Pour les résistants, la vengeance meurtrière contre les opposants italiens constituait après guerre une sorte de carte de visite. En 1949 cependant, ces assassinats étaient devenus « très inhabituels ».

Accusé de « meurtres de masse », Otto craignait surtout d'être démasqué, arrêté et traduit en justice : « Beaucoup de monde à Rome, en particulier à gauche, aurait aimé mettre la main sur quelqu'un comme Wächter. »

Les Américains d'abord. Ils le traquaient sans doute, mais ils ne l'ont, selon toute probabilité, pas tué. « L'idée qu'ils aient pu organiser un commando pour l'éliminer semble absurde », ce n'était pas leur style, pas en Italie. Si les Américains l'avaient trouvé, ils l'auraient arrêté, emprisonné, jugé. « Et pendu », ajouta le professeur Kertzer. « À Rome, beaucoup de gens essayaient de l'attraper, il avait donc de bonnes raisons d'avoir peur. »

Aurait-il pu être la cible des Soviétiques, ou des communistes italiens ? « Pas invraisemblable », concéda le professeur. En 1949, la « grande rage » de la gauche contre les nazis n'avait pas cessé. Un assassinat ciblé était plausible.

Nous sommes ensuite passés aux contacts allemands de la liste d'Otto. Le premier nom qui apparaissait était celui de Karl-Gustav Wollenweber. Ancien « secrétaire d'ambassade », avait griffonné Otto à côté de son nom. Quelqu'un d'autre avait ajouté une date – janvier 2000 – et quelques mots. « L'empoisonnement du 2 juillet a eu lieu chez lui. » L'écriture ressemblait à celle de Horst.

« Vous pensez qu'Otto Wächter a été empoisonné ? » me demanda le professeur Kertzer.

Je n'avais pas d'opinion, je digérais encore les informations.

« Et cela aurait pu se passer chez Wollenweber ? »

Je lui expliquai ce que nous savions de la visite d'Otto, le premier week-end du mois de juillet 1949, à « un vieux camarade » près du lac Albano. Otto n'avait pas révélé son nom, mais le mot « camarade » suggérait qu'il s'agissait d'un Allemand ou d'un Autrichien. Je voulais identifier la personne chez laquelle il s'était rendu lorsqu'il était tombé malade : un nom pouvait nous permettre d'avancer et de découvrir les circonstances et la cause de sa mort.

Je commençai donc par Wollenweber, un nom que je n'avais pas encore rencontré.

37.
Wollenweber

Il n'a pas été difficile de trouver des informations sur le Dr Karl-Gustav Wollenweber, premier nom allemand sur la liste des contacts d'Otto. Nous avions une adresse – Villa San Francesco[1], via dei Monti Parioli dans le 2e arrondissement de Rome, un immeuble monumental avec jardin –, et la date de sa visite, le 26 mai. La villa sert aujourd'hui de siège social au Conseil général des serviteurs de Jésus et Marie et de maison de retraite à quarante-deux vieilles dames catholiques. Le site web affiche un portrait souriant du pape François et vante un lieu offrant une « vraie famille », où les hommes et les femmes d'un certain âge vivent « leurs dernières années sereins et heureux ».

Le Dr Wollenweber, juriste, a rejoint le service des Affaires étrangères du Reich en 1935. Il a servi au Luxembourg et à Berlin, puis à Rome de 1940 jusqu'à la fin de la guerre où il était représentant auprès du Vatican. Il était deuxième secrétaire, numéro trois de l'ambassade sous l'autorité de l'ambassadeur, Ernst von Weizsäcker. Accusé de crimes contre l'humanité, celui-ci fut jugé et condamné pour avoir déporté des Juifs français à Auschwitz par un tribunal militaire américain à Nuremberg en 1949 – l'année où Otto arriva à Rome. Son fils Richard, futur président de l'Allemagne de l'Ouest, fut l'un de ses avocats.

Après la guerre, le Dr Wollenweber travailla brièvement pour la Commission de contrôle britannique à Berlin avant d'être interné dans un camp allié de prisonniers en Sicile. Libéré après une courte période de détention, il rejoignit le ministère des Affaires étrangères ouest-allemand et occupa des postes en Espagne, au Mexique, en République Dominicaine et à Malte. Il épousa la femme d'un diplomate allemand[2] qui s'était opposé aux nazis et avait démissionné en 1934. Ce mariage lui donna deux beaux-fils, Jörg et Michael.

De multiples témoignages sur la rafle des Juifs de Rome, le matin du 16 octobre 1943, affirment que le Dr Wollenweber avait ses entrées auprès du pape Pie XII. Selon l'un d'entre eux, la princesse Lorenza Pignatelli[3], qui connaissait le pape pour avoir autrefois suivi ses cours, avait reçu un appel téléphonique urgent lui ordonnant de venir au Vatican au plus vite.

Elle demanda à Wollenweber de la conduire du lac Albano à Rome. Ils voulurent s'informer de la situation et s'arrêtèrent d'abord dans le ghetto juif, puis ils se rendirent au Vatican, dans la chapelle privée du pape Pie XII. D'après la princesse Pignatelli[4], le pape téléphona, en sa présence, aux autorités allemandes pour demander que cessent immédiatement les arrestations et les déportations. Elles furent de fait interrompues, mais seulement après que 1 023 Juifs eurent été envoyés à Auschwitz[5]. Seize seulement en sont revenus.

L'évêque Hudal intervint également[6] : il écrivit une missive énumérant les conséquences graves qu'une poursuite des déportations pourrait avoir sur les relations entre le Vatican et le IIIe Reich. Elle contenait par ailleurs une référence à un « Dr W.[7] » qui pouvait jouer un rôle d'intermédiaire – une sorte de « plénipotentiaire extraordinaire » – entre le Reich et le Vatican. L'évêque désirait un diplomate confirmé comme le « Dr W. », capable de négocier directement avec le pape.

Voilà ce que j'ai appris sur Karl-Gustav Wollenweber. Otto a-t-il passé le premier week-end de juillet avec lui ? Était-il d'une manière ou d'une autre impliqué dans sa mort ? Sur lui, je n'ai pu trouver qu'une seule note dans les archives américaines[8]. Un document daté de janvier 1950 le décrit comme « le bras droit » de l'évêque, occupé à « réinstaller » l'ambassade d'Allemagne auprès du Saint-Siège après la guerre, et comme le « favori » de l'ancien ambassadeur d'Allemagne, Diego von Bergen, rappelé à Berlin en février 1943 pour manque de convictions national-socialistes. Le document de la CIA mentionne le passé de Wollenweber, « douteux et corrompu » – sans fournir de preuves à l'appui de cette allégation –, et il suggère qu'il a essayé de se réinstaller à Rome en « exploitant » l'influence d'un « prince de l'Église », une personnalité hautement intelligente dont l'identité n'est pas précisée.

Wollenweber était-il « l'ancien camarade » d'Otto ? il fallait pour cela qu'il ait une épouse italienne et une fille âgée de quatre semaines. J'ai retrouvé l'ex-femme de l'un de ses deux beaux-fils dans le Connecticut. Aimable et serviable, elle m'a dit qu'elle avait rencontré Karl-Gustav deux ou trois fois, mais qu'ils n'avaient jamais parlé de la guerre. « Il était taiseux et pas très dynamique[9]. » Son ex-mari, Michael, et Wollenweber n'étaient pas très proches. « Nous ne parlions jamais de lui. » L'autre beau-fils, Jörg, n'a pas voulu communiquer directement avec moi, mais il m'a envoyé des informations qui se sont révélées décisives.

« Wollenweber était notre beau-père[10] », écrivit Jörg – il avait épousé sa mère en 1953. Il confirma d'autres détails, ajouta que, protestant, son beau-père s'était converti au catholicisme ; il était « un très bon ami du pape Pie XII ». À la fin de la guerre, le Vatican lui avait offert l'asile ainsi qu'à deux autres cadres supérieurs de l'ambassade d'Allemagne – les autres employés avaient été emprisonnés dans des camps alliés. Numéro quatre de l'ambassade, Sigismund von Braun était l'un des frères de Wernher von Braun, co-concepteur des fusées V2, et l'un des scientifiques allemands recrutés par les États-Unis. La femme de Sigismund était alors enceinte, et Wollenweber, qui n'était pas marié à cette époque, avait pris sa place dans le camp de prisonniers en Sicile.

Bien que lacunaires, ces informations – la date du mariage, l'absence d'autres enfants – nous permettaient cependant de conclure que « l'ancien camarade » d'Otto, celui avec qui il avait nagé dans le lac Albano, ne pouvait pas être Wollenweber. Rien n'indiquait qu'il avait travaillé pour les Américains, c'était une fausse piste.

38.
CIC

La présence d'un dossier sur le Dr Wollenweber dans les archives américaines nous a encouragés à chercher d'autres informations utiles. Les archives de la CIA et des organisations sœurs étant volumineuses et labyrinthiques, j'avais besoin d'un guide. Je me suis tourné vers le professeur Norman Goda de l'Université de Floride, à Gainesville qui, sur la base de documents déclassifiés, a beaucoup écrit sur les relations entre les services de renseignements américains et les anciens nazis. Mon attention a été en particulier attirée par l'un de ses livres consacré au recrutement d'officiers de la SS et de la Gestapo par le service de renseignements américain[1]. L'un d'entre eux était le « boucher de Lyon », Klaus Barbie, dont la fuite en Amérique latine a été facilitée par des membres du Vatican.

Le livre du professeur Goda décrit l'organisation des renseignements américains en Europe de l'Ouest lors de l'arrivée d'Otto à Rome. L'opération la plus vaste était chapeautée par le Service de contre-espionnage de l'armée américaine, le CIC. Je me suis souvenu d'une ligne des mémoires de Charlotte, « j'étais espionnée jour et nuit par le CIC qui cherchait le moyen d'entrer en contact avec mon cher mari Otto[2] ». Le CIC est la seule organisation de ce type que mentionnait Charlotte.

Le CIC a été officiellement créé en 1942[3], mais ses origines remontent à la Première Guerre. Responsable de tous les aspects liés

SECRET
COUNTER INTELLIGENCE CORPS
430th CIC SUB-DETACHMENT "B"

Lettre du CIC, 5 septembre 1950.

aux renseignements militaires, aux États-Unis et à l'étranger, il a été chargé, en 1945, de la capture de nazis en Europe. Le CIC a ainsi joué un rôle essentiel dans la dénazification et dans la transformation d'anciens nazis en citoyens honorables. Or, dans sa lutte contre une hypothétique menace de l'Union soviétique, il a recruté d'anciens nazis, des nazis gradés qui avaient de l'expérience dans le renseignement, des SS et d'autres officiers qui connaissaient l'ennemi communiste. Le travail du professeur Goda offre une myriade de détails, des références à des personnes et des organisations dont certaines sont mentionnées dans les papiers d'Otto.

Goda fut parfaitement explicite sur le CIC, réputé pour ses erreurs, notamment dans son recrutement de nazis recherchés pour les crimes les plus graves. Il mentionna en particulier l'histoire d'Hermann Höfle[4] qui, à Cracovie, faisait partie de l'une des unités de la police auxiliaire d'Otto – on disait de lui qu'il était le « subordonné le plus important » de Globočnik à partir de 1942. Il fut recruté par le CIC en dépit de ses activités douteuses et de la volonté des Polonais de le traduire en justice pour ses crimes commis sur leur territoire.

Le professeur Goda connaissait les noms de certains collègues et contacts d'Otto à Rome. Le CIC était en liaison étroite avec l'évêque Draganović et avec le général Karl Wolff, l'ancien supérieur d'Otto en Italie qui, avec l'Américain Allen Dulles, a négocié l'Opération Sunrise – Dulles travaillait alors pour le Bureau des services stratégiques, la future CIA. Les Américains connaissaient Wolff, mais ils choisirent d'ignorer des pans entiers de son passé : par exemple, ce document où il exprimait la « joie particulière[5] » que lui inspiraient le « mouvement de population » des Juifs et la nouvelle qu'« un train transportait tous les jours 5 000 membres du peuple élu vers Treblinka depuis deux semaines ». Le CIC effaça son nom[6] de la liste des potentiels « grands criminels de guerre » traduits devant le tribunal de Nuremberg et le protégea de toute poursuite.

Les recherches du professeur Goda sont une source importante. Il explique que le CIC, d'autres agences américaines, mais aussi les Britanniques savaient, en 1949, qu'une bonne partie des « réfugiés » arrivés en Italie étaient des nazis ou des complices de crimes nazis. Ils savaient aussi que des filières nazies leur permettaient de quitter le pays. Ils n'ignoraient pas l'usage de fausses identités et la manière dont ils obtenaient des faux papiers, ils connaissaient le rôle joué par la Croix-Rouge et étaient informés de l'implication du Vatican.

J'appris que le CIC était actif à Rome en 1949[7].

Je découvris aussi que le subordonné du général Wolff dans l'Opération Sunrise était Eugen Dollmann[8], recherché par les Italiens pour sa participation au massacre des 335 civils italiens dans les Fosses ardéatines. Les Américains avaient été informés, dès 1947, de sa responsabilité, mais ils avaient pris des mesures pour le soustraire aux poursuites en Italie et l'exfiltrer.

Je compris enfin qu'en avril 1945 Walter Rauff, le précédent occupant de la cellule d'Otto à la Vigna Pia, avait été arrêté et interrogé par le CIC[9]. On avait conclu qu'il représentait une telle « menace » qu'un « emprisonnement à vie » s'imposait, mais Rauff s'était enfui.

Le chef du CIC en Haute-Autriche était un certain Thomas A. Lucid. Directeur du 430e détachement du CIC, il avait contribué à arrêter Frau Himmler. Grâce au travail de Norman Goda, j'appris que Lucid[10] avait recruté Wilhelm Höttl – Otto avait été alerté de l'activité de ce « renégat » nazi par Raffelsberger (également connu sous le nom de « Ladurner »). Selon Lucid, Höttl était une « excellente source » : grâce à la formation au renseignement qu'il avait reçue des nazis, il était capable d'évaluer les rapports sur les Soviétiques avec une « totale exactitude ». Lucid l'avait donc chargé en 1948 de diriger deux réseaux de renseignements du CIC[11] consacrés à l'influence soviétique en Hongrie et en Autriche.

Ces noms – Wolff, Rauff, Höttl et Dollmann – avaient autre chose en commun : ils avaient tous travaillé avec Otto en Italie après l'automne 1944. Pourtant, le professeur Goda n'avait jamais entendu parler de Wächter, il faisait apparemment partie de ces nazis rayés des tablettes. Il me proposa de rechercher dans les archives de la CIA et du CIC les informations qui me manquaient sur la vie d'Otto ;

je pourrais les relier à ce que Charlotte disait, sans l'expliciter, dans ses papiers.

Le professeur Goda me signala un document de quarante et une pages susceptible de m'intéresser[12] : écrit par Vincent La Vista, membre du département d'État en 1947, il était marqué « Top Secret ». Apparu dans les années 1980, le rapport La Vista établissait qu'en 1947 déjà, deux ans avant l'arrivée d'Otto à Rome, les Américains connaissaient l'existence de filières d'émigration illégales entre l'Italie et l'Amérique du Sud. Selon La Vista, « l'organisation la plus impliquée dans le mouvement illégal d'émigrants » était le Vatican. À Rome, le CIC et les agents soviétiques jouaient un rôle actif.

Une annexe au rapport La Vista listait le nom des organisations et des individus compromis. Cité en premier lieu, l'évêque Alois Hudal était placé sous surveillance rapprochée : les Américains semblaient savoir quelles étaient ses fréquentations et ce qu'il manigançait. Ils surveillaient également « Monsignor Buchko », l'Ukrainien, et « Padre Bayer », le clerc parfumé qui conduisait une voiture de sport italienne.

Le rapport suggérait également que les Américains avaient été informés de la présence d'Otto à Rome dès sa première entrevue avec l'évêque Hudal. « Vincent La Vista a peut-être exagéré un peu », me dit le professeur Goda, « mais la teneur générale de son rapport est juste ». Nous avons essayé d'imaginer, le professeur Goda et moi-même, comment Otto avait perçu la situation à son arrivée.

Il craignait d'être arrêté et extradé vers la Pologne, jugé et condamné à mort. Il redoutait aussi d'être surveillé, comme il l'avait fait entendre à Charlotte dans ses lettres. Il savait qu'il était recherché par les Américains, les Polonais, et probablement aussi par les Soviétiques qui l'accusaient de « meurtre de masse ». Il avait appris que Frank, Kaltenbrunner et Seyss-Inquart avaient été arrêtés et exécutés à Nuremberg. Il savait probablement que d'autres collègues du Gouvernement général – Josef Bühler et le gouverneur Fischer – avaient été remis aux autorités polonaises par les Américains, condamnés à mort et exécutés. En revanche, il ignorait que « sa trace avait été retrouvée » en janvier 1949 par les autorités polonaises, qu'un procureur polonais avait, quelques semaines auparavant, demandé que l'on rassemble « les documents à charge relatifs à son activité criminelle » pour le poursuivre en justice.

Otto était informé, ou s'est probablement inquiété, de l'activité des renseignements américains à Rome ; il se doutait peut-être aussi qu'ils avaient un œil sur le Vatican. Mais il ignorait sans doute qu'en l'absence d'un ambassadeur en poste auprès du Vatican – la première nomination est intervenue sous la présidence Nixon –, les Américains glanaient des informations en fidélisant des individus qui étaient, selon les termes du professeur Goda, « au courant ». Otto ne savait pas qui étaient ces individus, qui il fallait éviter. Mais il était certainement averti que l'évêque Hudal était quelqu'un de sûr, considéré par la communauté allemande à Rome comme un sympathisant, le « canal principal » emprunté par les nazis en fuite.

D'un autre côté, Otto n'avait probablement pas conscience du changement de la situation politique à Rome. 1949 est en effet « l'année pivot » de la guerre froide : les Américains travaillaient de manière étroite avec le Vatican, et ils étaient moins enclins à répondre aux demandes d'extradition de la Pologne, qui relevait désormais de la sphère d'influence de l'Union soviétique. La chasse aux anciens nazis se calmait. « Ce n'est pas que les Polonais ne se préoccupaient plus de Wächter en 1949, m'expliqua le professeur Goda, mais leur intérêt était moins intense que trois ans plus tôt. »

Ainsi les Américains « ne cherchaient pas nécessairement Wächter en 1949, en tout cas pas pour le livrer aux Polonais ». Mais il semble qu'Otto ne l'a pas su, il a cru qu'il était en danger, qu'il risquait l'arrestation et le châtiment, peut-être même d'être liquidé.

Un assassinat commandité par les Soviétiques ? Possible, mais pas vraisemblable, précisa le professeur Goda. Les Soviétiques ont procédé à quelques liquidations – ainsi Stepan Bandera, le leader nationaliste ukrainien empoisonné à l'aide d'une pointe de parapluie devant sa maison munichoise –, mais bien plus tard. Le professeur ne pensait pas que les Soviétiques auraient empoisonné Otto en raison de ses agissements pendant la guerre, mais ils auraient pu le faire s'ils avaient jugé qu'il était à l'époque « impliqué dans des machinations politiques ».

En réalité, les Soviétiques préféraient attraper d'anciens nazis pour les retourner et les utiliser contre les Allemands de l'Ouest ou contre les Américains. Le professeur Goda me cita l'exemple de l'officier SS Friedrich Panzinger, que les Soviétiques avaient arrêté, mais n'avaient pas jugé. Ils l'avaient retourné et renvoyé à l'Ouest dans l'espoir d'infiltrer la jeune organisation de renseignements ouest-allemande dirigée par Reinhard Gehlen[13], un ancien général de la Wehrmacht. Panzinger n'avait cependant jamais transmis d'informations aux Soviétiques, il avait au contraire informé les Allemands de l'Ouest de leurs agissements et s'était suicidé. Mais c'était peut-être un leurre, ajouta le professeur Goda, car les Soviétiques avaient déjà infiltré les renseignements ouest-allemands grâce à d'autres anciens membres de la SS.

Le CIC avait déjà modifié son mode opératoire quand Otto arriva à Rome : après avoir traqué les nazis pour les traduire en justice, ils cherchaient maintenant à les recruter. Otto pouvait être un allié utile contre les Soviétiques, il pouvait être intégré dans les services de renseignements ouest-allemands, comme d'autres avant lui, anciens membres de la SS, de la SD ou de la Gestapo. Höttl[14], par exemple, avait été recruté par Thomas Lucid et avait ensuite tenté de travailler pour les Allemands de l'Ouest. Selon le professeur Goda, Höttl était également, « selon toute vraisemblance », un agent soviétique.

Comme le professeur Kretzer, Goda doutait que l'assassinat d'Otto fût l'œuvre des Américains. « Je n'arrive pas à me remémorer un seul cas d'ancien nazi assassiné par les Américains. » Les Américains les discréditaient, les démettaient éventuellement de leurs fonctions, mais ils n'allaient pas plus loin.

Pourquoi alors Otto a-t-il affirmé que les Américains l'avaient empoisonné, comme le rapportent les mémoires d'Hudal ? Nous sommes là dans le domaine des spéculations, répondit le professeur Goda :

« Le fait que Wächter croyait qu'il avait été empoisonné ne veut pas dire qu'il a véritablement été empoisonné.

– Et le fait que l'évêque écrive dans ses mémoires qu'Otto lui avait confié avoir été empoisonné ne signifie pas qu'il le lui a vraiment dit, ajoutai-je.

– C'est juste.

– Wächter a-t-il pu être empoisonné par un Allemand travaillant pour les Américains ?

– C'est une hypothèse plus intéressante », rétorqua le professeur Goda. Il évoqua la possibilité d'une vengeance juive. Nombre de ceux qui interrogeaient ou poursuivaient les nazis étaient juifs, et cela alimentait les nombreuses théories conspirationnistes.

« A-t-il pu être empoisonné par un Allemand travaillant pour les Américains tout en étant un agent double soviétique ?

– C'est une autre hypothèse intéressante », dit le professeur Goda.

Il entama alors des recherches sur Otto dans plusieurs archives gouvernementales américaines. Il ne semblait pas y avoir de dossier CIA à son nom[15], mais les archives nationales américaines confirmaient qu'il y avait un dossier CIC. Le professeur Goda demanda une copie. « Il n'y a peut-être rien dans le dossier, peut-être juste une fiche ; mais il se pourrait aussi qu'il y ait un dossier en bonne et due forme avec des informations sur ce que les autres sources disaient de lui. Cela pourrait être aussi le dossier d'un fugitif recherché enregistré en 1946. Si Wächter était lié à Höttl, le dossier pouvait être celui d'Höttl ou d'un autre, et simplement comporter le nom d'Otto. » Il me promit de m'envoyer le dossier dès qu'il le recevrait.

Notre longue conversation incita le professeur Goda à revoir les dossiers déclassifiés qu'il possédait déjà. Certains semblaient particulièrement intéressants, car ils faisaient référence à un Allemand actif au moment où Otto était à Rome. L'Allemand en question était Hartmann Lauterbacher. J'avais déjà vu ce nom, mais je ne savais plus où ; je repris donc les documents de Charlotte.

Lauterbacher ne se trouvait pas dans la liste des noms et adresses d'Otto, et il n'était pas évoqué dans sa correspondance avec Charlotte. Mais il était mentionné dans l'un des articles que Charlotte avait gardés et que j'avais vus. *L'Unità* avait en effet rapporté qu'un homme nommé « Lauterbacher » avait assisté aux premières funérailles d'Otto au cimetière de Campo Verano. Selon l'article, il faisait partie des « meilleurs de la SS ».

Le professeur Goda me dit qu'il se procurerait les dossiers déclassifiés de Lauterbacher et me les enverrait. Ils contiendraient peut-être des noms ou des faits que nous pourrions comparer aux notes d'Otto.

39.
Lauterbacher

En attendant les dossiers d'Hartmann Lauterbacher, j'ai repris les papiers de Charlotte à la recherche de possibles occurrences. Le nom était mentionné dans la cassette numéro 10, dans la conversation entre Charlotte et Hansjakob Stehle.

On entend au fond Horst et sa sœur Traute, deux voix soutenant affectueusement leur mère qui, dans sa conversation avec Stehle, résume, en une heure, une vie entière passée avec Otto. Défilent ainsi les premières années, le putsch de juillet, l'assassinat de Dollfuss, la fuite d'Otto, Cracovie, les parties d'échecs avec Frank, la visite de l'écrivain italien Curzio Malaparte, Lemberg, Himmler, l'Italie, Buko et Kaltenbrunner.

Charlotte avoue à l'historien que ses souvenirs sont lacunaires. « J'étais tellement active dans ma jeunesse que j'ai dû dormir pendant cette période de l'histoire[1]. » Elle n'avait de temps que pour son mari et son travail. Elle évoque la dernière fois où ils se sont vus, à Bolzano.

Après avoir joui de l'hospitalité de la dame « qu'il avait rencontrée par hasard » (une référence à Nora), il voulait aller à Rome, dit Charlotte à Stehle.

« Pourquoi Rome ?

– Parce qu'il y connaissait beaucoup de monde.

– Qui connaissait-il en particulier ? s'enquiert Stehle.

– À Rome il connaissait... », la voix de Charlotte s'estompe pendant qu'elle rassemble ses pensées ; ou peut-être réfléchit-elle à ce qu'elle pourrait répondre.

« Je ne peux pas vous le dire maintenant, mais cela devait être quelqu'un lié au Reichsjugendführer. » Herr Stehle comprend qu'il s'agit de Baldur von Schirach, le chef des Jeunesses hitlériennes.

« Alors, c'est Lauterbacher ? propose-t-il aussitôt, l'adjoint de von Schirach.

– Lauterbacher. » Charlotte prononce le nom avec détermination. « Oui, oui, ce devait être lui. »

Stehle lui demande qui avait recommandé l'Argentine à Otto. Charlotte dit ne pas s'en souvenir. « Nous ne pouvions pas nous écrire officiellement », les véritables noms ne figurent donc pas dans la correspondance.

« À la fin, il a passé du temps avec quelqu'un au lac Albano – il en est revenu malade, et ce lui fut fatal ; c'est pour cela qu'Hudal était persuadé qu'il avait été empoisonné.

– Qui aurait pu empoisonner Otto ? l'interroge Stehle.

– Je ne sais pas, mais c'est peut-être dans les lettres » ; puis, se corrigeant : « Non, il n'a jamais mentionné de noms.

– Un officier allemand apparemment ? »

Charlotte ne répond pas. Mais ce qu'elle appelle « l'assassinat » revient plus loin dans la conversation. Elle accuse les Soviétiques ; ils savaient qu'Otto était « résolument antibolchevique, qu'il était le véritable procureur de la Russie ».

« Mais cela n'était pas une raison suffisante pour l'empoisonner ?

– Non, non. »

Hartmann Lauterbacher a témoigné au procès de Nuremberg[2], et il a publié son autobiographie en 1984[3]. Ces deux sources offrent une image saisissante de l'homme : haut en couleur et fourbe.

Les Britanniques l'ont arrêté le 30 mai 1945, puis écroué au camp de Sandbostel près de Bremervörde où il a passé trois ans. Autorisé à venir à Nuremberg, car il avait accepté de témoigner contre Baldur von Schirach, il déclara aux juges que celui-ci était un ami personnel, et qu'ils avaient travaillé en étroite collaboration.

Répondant lors du procès aux questions sur son travail et ses visites en Grande-Bretagne, il déclara qu'il avait « rencontré le directeur des scouts britanniques[4] », mais ne mentionna pas le déplacement qu'il avait fait à Eton, en novembre 1937. Il représentait alors les Jeunesses hitlériennes.

Le témoignage de Lauterbacher à Nuremberg est évasif. Il dit aux juges que les Jeunesses hitlériennes portaient un « costume national » et non un uniforme, et qu'elles n'avaient joué aucun rôle dans les activités antijuives. Selon lui, *L'Annuaire de la Jeunesse hitlérienne* n'était pas une source fiable ; bien que publié par « la maison d'édition du parti », ce n'était pas un document « officiel ». Une déclaration sous serment d'un ancien collègue alléguant qu'il avait ordonné l'empoisonnement de centaines de prisonniers « à l'acide prussique ou à la strychnine » à la prison de Hamelin était sans fondement. « Je n'ai jamais donné un tel ordre. »

L'autobiographie de Lauterbacher est un plaidoyer *pro domo*. Il décrit sa fuite d'un camp de prisonniers britanniques en février 1948, l'été passé avec sa femme en Bavière, son arrivée en Italie et son séjour illégal à Bolzano. À Rome, il avait ensuite immédiatement rejoint son vieil ami l'évêque Alois Hudal – ils s'étaient connus en 1934 dans un camp des Jeunesses hitlériennes, et s'étaient immédiatement appréciés ; leur amitié avait duré jusqu'à la mort de l'évêque. Il s'était installé chez une princesse italienne d'un certain âge, à « un jet de pierre » de Castel Gandolfo, et avait refusé l'offre d'émigrer en Argentine, parce qu'il voulait rester auprès de sa famille. Il travaillait pour l'entreprise d'export de son frère et avait obtenu un permis de résidence et des papiers d'identité italiens. L'autobiographie ne mentionne aucune activité d'espionnage.

Portrait d'Hartmann Lauterbacher, *c.* 1938.

C'est la version officielle, un récit aseptisé.

Les vingt-huit dossiers déclassifiés du CIC et de la CIA sur Hartmann Lauterbacher que m'a envoyés le professeur Goda – il m'a aussi informé que le fichier sur Otto Wächter avait disparu des archives du CIC – racontent une histoire quelque peu différente. Ces dossiers couvrent la période qui va de novembre 1948 aux années 1960[5] : il est bien arrivé en 1948 à Rome où il s'est « associé aux cercles néofascistes » ; il avait des « idéaux néofascistes » et jouissait de nombreuses relations avec « des amis de type anciens nazis haut gradés ».

Les dossiers précisent aussi qu'il était grand et corpulent, et avait été, tout au long de sa vie, un « homosexuel actif »[6]. Il était catholique, avait reçu une formation de pharmacien, était marié et père de trois enfants, buvait et fumait beaucoup.

Les dossiers mentionnent également que Lauterbacher a vécu une existence « clandestine » à Rome sous plusieurs faux noms. Les Américains le surveillaient de près ; ils étaient notamment informés de ses fréquents contacts avec l'évêque Hudal (décrit comme un « nationaliste anticommuniste ») et avec d'anciens dirigeants de groupes fascistes italiens. Une source précise qu'il a décliné l'offre de l'ambassadeur d'Argentine à Rome de partir en Amérique du Sud en échange de son aide aux Allemands en fuite. Il aurait par ailleurs rassemblé des groupes anticommunistes allemands et autrichiens, aidé à monter, « en collaboration avec l'évêque Hudal et avec le soutien du Vatican, un réseau d'information anticommuniste et contribué à préserver des vies allemandes en les envoyant en Syrie ».

Ces mêmes sources rapportent que ces groupes ont fondé en 1949, avec l'évêque Hudal, une « organisation internationale antibolchevique » qui, selon Lauterbacher, bénéficiait du soutien des autorités alliées. Il aurait, pendant l'été 1949, pris contact avec le CIC et transmis des informations sur les activités et les activistes du parti communiste. Son contact était l'agent spécial Joseph Luongo[7] ; basé à Gmunden, celui-ci travaillait pour Thomas Lucid. Il se disait également que Lauterbacher collaborait avec les renseignements italiens et était en lien avec des « éléments travaillant pour les Russes ».

Les dossiers Lauterbacher comportent des informations plus précises sur Otto. À l'été 1949, le 430e détachement du CIC a appris l'existence d'un « réseau d'espionnage soviétique opérant à Rome », composé de nationaux allemands. Le CIC a alors établi un « répertoire » d'Allemands actifs à Rome ; trois de ces noms apparaissent dans les contacts d'Otto : Bauer, un journaliste, a travaillé pour le Service de la Sécurité de la SS (*Sicherheitsdienst* ou SD) dans le département VI *(Amt)* « Espionnage à l'étranger » pendant la guerre et est devenu « reporter pour l'agence de presse autrichienne à Rome »; Walter Rauff organisait la route des anciens officiers allemands vers la Syrie; le troisième nom cité est celui d'Heidi Dupré, la dame prussienne. Elle n'était donc pas seulement une amicale connaissance: elle occupa pendant la guerre le poste de secrétaire de l'attaché naval allemand et travaillait au sein des renseignements militaires, l'Abwehr. Selon le dossier, elle s'est, après la guerre, mise à la disposition des renseignements italiens.

En 1951, Lauterbacher fut envoyé au camp de Fraschette di Alatri, au sud de Rome. Il s'échappa et revint dans la capitale italienne, où il noua une « liaison permanente avec le mouvement social italien ». Il travailla aussi pour l'ancêtre du *Bundesnachrichtendienst* ou BND, les renseignements allemands, mais il fut licencié en 1953 à la fois pour son « homosexualité » et parce qu'on le « soupçonnait d'être un agent de l'Est ». Dix ans plus tard, toujours sous surveillance américaine, il apprit qu'il devait être interrogé dans une maison sûre: une « vérification de routine », lui avait-on dit, mais il redouta que les renseignements américains aient « autre chose en tête » et il disparut, apparemment au Ghana. Après quelques années en Afrique et au Moyen-Orient, il revint en Allemagne où il mourut en 1988. Voilà ce que contenaient les documents américains sur Hartmann Lauterbacher.

D'autres informations, glanées dans le dossier de la police secrète est-allemande[8], suggèrent d'autres liens possibles avec Otto. Selon la Stasi, le lieu de rendez-vous préféré de Lauterbacher était le Café Doney, via Veneto, une rue fréquemment mentionnée dans les carnets d'Otto. Grâce à ses excellentes relations avec la police italienne, dont il était apparemment un « informateur », Lauterbacher fournissait des permis de résidence aux « nazis incriminés ».

Plus intéressant encore, les dossiers du CIC et de la Stasi listent une série de faux noms utilisés par Lauterbacher durant l'été 1949: « Giovanni Bauer » et « Walter Detering » notamment. Je les ai reconnus immédiatement, ils apparaissent tous deux dans les carnets d'Otto.

Le jour de son arrivée à Rome, le 29 avril, Otto devait rencontrer « Bauer ». J'ai donc appris que l'homme qui devait l'accueillir à la gare de Rome-Termini était Hartmann Lauterbacher ; le train d'Otto ayant été retardé, les deux hommes ne s'étaient pas vus ce jour-là, et Otto l'avait cherché pendant deux jours.

« Bauer » apparaît également à de multiples reprises dans les carnets d'Otto : en mai et en juin.

Dans trois de ses lettres, Otto mentionne le nom de « Detering ».

La lettre de Walter Rauff à Otto parle d'un certain « Giovanni », le nom qu'Otto inscrivit dans son journal le 2 juillet, le jour où il se rendit au lac Albano, le jour où il tomba malade.

Bien que son nom ne fût mentionné dans aucun des papiers du couple Wächter, Hartmann Lauterbacher était apparemment le principal contact d'Otto à Rome. Était-il le « vieux camarade » qu'Otto alla voir le 2 juillet ? D'après les dossiers du CIC, il vivait en effet près du lac Albano.

On sait cependant que Lauterbacher était un homosexuel actif et que les dossiers ne mentionnent ni son mariage avec une Italienne, ni un enfant en bas âge. Pouvait-il néanmoins être le « vieux camarade » qu'Otto rejoignit ce premier week-end de juillet ? Probablement pas.

J'ai donc repris, ligne par ligne, les vingt-huit dossiers que m'avait envoyés le professeur Goda, en étant attentif à chaque nom. L'évocation d'un « ancien major SS » avec lequel Lauterbacher était en contact attira mon attention[9] : dans ses mémoires posthumes, l'évêque Hudal cite en effet un « ancien major SS » ayant travaillé pour les Américains, accusé par Otto d'être son empoisonneur. Certains dossiers laissent apparaître que Lauterbacher était bien cet « ancien major SS » et qu'il était la source du CIC. D'autres rapportent que Lauterbacher avait lui-même accusé un « ancien major SS » d'être un « espion américain » et d'être responsable de son arrestation en 1951.

Enfin, un autre dossier mentionne Karl Hass comme étant « l'ancien major SS ». Basé à Rome et à Parme pendant la guerre, réputé proche d'un grand nombre d'Allemands et en contact avec des néofascistes italiens, il aurait été protégé par la police italienne.

Karl Hass est-il l'homme à qui Otto a rendu visite au lac Albano ? Est-il l'un des personnages qu'il a rencontrés dans l'effervescence romaine de l'après-guerre ?

40.

Persilschein

« En un sens, je faisais partie du même monde que Wächter. » Je fus surpris par cette remarque de mon voisin David Cornwell, plus connu sous le nom de John le Carré[1], auteur de romans d'espionnage portant sur la guerre froide. Ne doutant pas de son savoir, je lui avais demandé de m'aider à comprendre ce monde de l'après-guerre mis en scène par les dossiers du CIC.

Tout a commencé par un mot que je lui ai envoyé accompagné de documents de référence sur Otto et Charlotte et de quelques dossiers déclassifiés du CIC sur Lauterbacher. Il m'a invité à prendre le thé. Je me suis rendu chez lui avec six petits gâteaux, une poignée de lettres d'Otto et quelques photos. Nous avons travaillé dans son salon, le soleil éclairait les papiers disposés sur le canapé et la table basse. David avait préparé notre rendez-vous : il avait griffonné des notes sur des petites fiches, ses idées et ses premières réactions aux documents que je lui avais envoyés.

Il m'expliqua pourquoi tout cela l'intriguait. En 1949, il avait lui-même séjourné durant son service national à Graz, en Autriche – un fait que j'ignorais. Jeune second lieutenant, il faisait partie d'une équipe de sécurité de terrain qui s'intéressait à la zone russe. « Nous employions des agents mineurs, des gars en moto qui vendaient des photos pornos à des sentinelles russes, ce genre de choses », me dit-il.

« En principe, nous étions aussi des chasseurs de nazis, nous passions au peigne fin les camps de personnes déplacées, nous débriefions les nombreux réfugiés, un boulot lamentable – je l'ai décrit dans *Un pur espion*, qui est entièrement inspiré de cette période. »

Il me conseilla de le lire parce que c'était aussi « une période assez amusante ». Je l'ai fait en temps voulu et j'ai trouvé la phrase suivante, quand Magnus Pym, le personnage principal, demande : « Êtes-vous un espion et, si oui, ne préféreriez-vous pas travailler pour nous ? Si vous êtes un simple criminel, vous aimeriez sans doute travailler pour nous plutôt que de vous faire renvoyer de l'autre côté de la frontière par la police autrichienne[2] ? »

On pouvait aisément imaginer que l'on avait posé ce genre de questions à Otto. L'expérience de Pym – et de David – évoquait ce que j'avais découvert en suivant la piste des contacts d'Otto. Beaucoup étaient passés par des prisons ou des camps de personnes déplacées, souvent sous de fausses identités. Ils étaient interrogés, s'échappaient, étaient arrêtés, s'échappaient à nouveau. Certains parvenaient à se mettre en sécurité par des moyens illégaux, d'autres étaient recrutés. Otto, lui, était mort.

L'idée que David avait pu interroger un des contacts d'Otto nous amusa. Le petit monde avait changé dramatiquement entre la seconde disparition, en mai 1945, et le premier enterrement, en juillet 1949, de ce nazi de haut rang traqué d'abord pour meurtres de masse, et peut-être devenu, seulement quatre ans plus tard, un allié contre les Soviétiques. J'appris que l'Italie et l'Autriche étaient au cœur de la lutte entre l'Est et l'Ouest – et David y avait participé.

Lorsque son équipe voyait dans une personne recherchée une recrue potentielle, elle l'interrogeait. « C'était déconcertant, me dit-il, j'avais été élevé dans la haine du nazisme et tout d'un coup je découvrais que la situation s'était totalement inversée, que notre nouvel ennemi était l'Union soviétique, c'était tout à fait déroutant. »

Ces cas lui étaient signalés par des organisations diverses. Lorsque les informations sur des personnes soupçonnées d'avoir été nazies commençaient à circuler, le CIC jouait évidemment un rôle capital. En 1949, les Britanniques et les Américains ne pensaient plus à les traduire en justice ; le nouvel objectif était de se servir des plus utiles, de les faire sortir d'Europe, de les rapatrier aux États-Unis ou de les envoyer en Amérique du Sud comme agents doubles. David me confirma que les Américains avaient contribué à mettre en place une filière d'exfiltration *(Ratline).* Il connaissait l'existence de réseaux d'exfiltration : selon lui, dix mille nazis ont pu ainsi partir vers l'Amérique latine, souvent avec l'aide du Vatican. Selon sa formule, « c'était un temps où acheteurs et vendeurs étaient consentants ». « Perón en Argentine disait : "Venez donc, nous sommes fascistes, le procès de Nuremberg est une honte." »

Les Américains recrutaient donc des scientifiques allemands et d'anciens agents des renseignements nazis et les mettaient au travail. Le général Reinhard Gehlen, par exemple, ancien officier des renseignements et directeur du département « Fremde Heere Ost » (le service de renseignements des armées étrangères de l'Est) au quartier général du Führer – « des états de service lamentables », selon David –, fut amené avec ses dossiers à Washington où il fut auditionné puis recruté par Allen Dulles, directeur de la CIA – celui qui, on l'a vu, avait négocié l'Opération Sunrise avec le patron d'Otto, le général Karl Wolff. « C'est comique, dit David, la majeure partie de l'information que détenait Gehlen était de la camelote transmise par les Soviétiques, bien plus doués pour infiltrer son organisation que Gehlen ne l'était pour infiltrer la leur. » Dulles fut pourtant dupé par Gehlen.

David voulut en savoir plus sur Otto, cet homme devenu un nazi haut placé en partie à cause de son anticommunisme virulent. « Le cas de Wächter est intéressant. Si je l'avais déniché, je l'aurais d'abord signalé. Il aurait été interrogé. Interrogé par les bonnes personnes et identifié comme un anticommuniste convaincu, il aurait été repéré comme recrue potentielle. C'était un petit gentilhomme autrichien, catholique, parfaitement capable d'espionner les Soviétiques et de travailler pour la cause occidentale. »

Je l'interrogeai sur le Vatican.

Selon David, Otto aurait été « une cible naturelle » pour le Vatican qui, en 1949, était un allié utile, « doué » dans le recrutement, le retournement et l'exportation d'anciens nazis. « Nous savions en gros que le Vatican préférait le fascisme et que certains de ses éléments étaient impliqués dans des opérations d'exfiltration de nazis, la *"Ratline"*. » D'autres, on le sait, s'y étaient opposés.

Ils savaient aussi que les états de service d'Otto, à Vienne, Cracovie ou Lemberg, ne seraient pas un obstacle à son recrutement ou à l'organisation de sa fuite.

Otto aurait été utile comme « détecteur de talents », il aurait pu identifier les anciens nazis prêts à travailler pour les Américains. Sa carrière politique passée en faisait « quelqu'un qui comptait et qui avait de l'influence auprès de certaines personnes ». Il pouvait garantir l'accès à ces individus « grâce à son rolodex personnel ». « Qu'il fût aussi un monstre n'avait pas d'importance », ajouta David avec un sourire carnassier. « S'ils l'avaient examiné et s'ils avaient aimé son profil, je pense qu'ils l'auraient recruté. » Et s'ils l'avaient recruté, une routine bien huilée aurait été mise en place : « On aurait détruit, mis hors circuit ou déplacé ses documents dans des dossiers factices, organisé un entretien pour la forme, et le système l'aurait mouliné. »

Les Allemands ont inventé un terme pour cela : le *Persilschein*[3], en référence à une marque de lessive qui lavait plus blanc que blanc. « Avec un tel certificat vous étiez innocenté. » Je me suis souvenu de la grande plaque en fer de réclame pour Persil dans une des salles de bains de Horst.

Publicité Persil, années 1950.

« C'est ainsi que ça se passait ?

– C'est ainsi.

– Sans objection ?

– Il y avait des objections massives au contraire, mais elles n'aboutissaient jamais. »

Si quelqu'un comme David, un jeune officier aux pouvoirs limités, faisait valoir des objections et si les choses s'envenimaient, comme cela était arrivé quelquefois lorsqu'il était basé à Trieste, on lui disait de « laisser tomber ».

« J'étais deuxième lieutenant lors de mon service militaire… "Ne perdez pas votre foutu temps", me disait-on. »

Un nazi du niveau de Wächter aurait-il pu bénéficier d'un *Persilschein*?

« Le problème de Wächter était effectivement son profil senior. Il avait fait des choses horribles au vu et au su de tous. Mais il n'y avait pas de justice. »

Qu'Otto n'ait pas été arrêté et que son dossier CIC soit manquant ne surprit pas David. « Les commandants de Treblinka et de Sobibór ont bien été expédiés en Amérique du Sud, et ils devaient leur fuite à l'évêque Hudal qui avait donné l'extrême-onction à Wächter. Être un petit gentilhomme autrichien catholique était d'un intérêt évident pour le Vatican. C'est avec des gens comme Wächter que le Vatican était le plus à l'aise. »

Nous sommes passés à la question d'un possible assassinat. « Faites votre choix », me dit David – il y avait tant d'assassins potentiels : les Soviétiques, les Juifs, les Polonais ou les Américains.

« Je crois… je suis sûr qu'il a été assassiné. En lisant la documentation que vous m'avez apportée, je dirais que c'était sans doute, bien qu'indirectement, une opération juive. »

Cette conclusion me surprit. Je ne lui avais montré qu'une partie des papiers, et je n'avais pas évoqué le dossier médical.

« Ce n'est qu'une intuition, pas plus que cela – mais il y avait pas mal d'assassinats de ce type à l'époque. Je dois dire que j'admirais la manière. »

Mais qui pouvait être intéressé par Otto?

« Le CIC. Peut-être pour le recruter, mais il était tellement connu que cela n'aurait pas marché. Peut-être voulait-il le débriefer, découvrir qui étaient ses camarades dans l'horrible besogne qu'il faisait. Peut-être voulait-il l'arrêter, le traduire en justice. Son travail était limité à la région de Rome, et, selon les unités, il n'opérait pas de la même manière. »

La relation entre les Britanniques et les Américains n'allait pas de soi. « Le problème se posait dans les termes suivants : on l'attrape, on le met en prison et on le défère à la justice, à moins qu'il ne soit potentiellement utile. Les Britanniques écoutaient généralement les Américains. S'ils objectaient, ils étaient mis en minorité. »

Et les Soviétiques? Oui, ils avaient des agents à Rome et dans les environs. « Le NKVD et les agents du Komintern, les sympathisants et les indépendants gérés par l'armée soviétique. À cette époque, il y avait une base importante de supporteurs. » Et, ajouta David, les Russes avaient « une grande expérience des meurtres et des assassinats, contrairement aux services occidentaux ».

Les Soviétiques se sont peut-être intéressés à Otto. « S'il leur avait paru utile, ils l'auraient emmené en Russie et l'auraient poursuivi pour ce qu'il avait fait sur le territoire soviétique ; ou bien ils l'auraient retourné et infiltré dans les renseignements de l'Allemagne fédérale ou de l'Est. » Cela confirmait la remarque du professeur Goda.

David me fit part d'une autre idée. Si les Américains avaient approché Otto et lui avaient fait une offre – celle de « détecteur de talents, de recruteur d'anciens nazis pouvant travailler pour eux » –, il ne voyait pas pourquoi Otto l'aurait déclinée. Il était après tout violemment anticommuniste, en fuite, et en quête de sécurité. « Selon moi, il aurait sauté sur une offre américaine. »

Après une petite pause, il imagina un autre scénario. « Peut-être l'offre venait-elle de quelqu'un d'autre. D'après les documents, il est plus vraisemblable qu'elle est venue des Soviétiques. »

Selon ce scénario, l'offre pouvait émaner d'un Allemand qui travaillait pour les Américains et qui, dans le même temps, était un agent double soviétique. Otto aurait-il refusé une offre soviétique ? « Oui, sans doute à cause de ses convictions catholiques », acquiesça David. « Mais des gens comme lui ont été retournés, emmenés en Union soviétique pour y commencer une seconde vie sous une nouvelle identité. Il est tout à fait concevable qu'on l'ait réinventé, qu'on ait détruit son passé et qu'on lui ait donné un nouveau nom. C'était le pain quotidien du monde d'alors. »

L'idée d'Otto Wächter vivant une vie tranquille en Union soviétique ne paraissait pas très plausible. David réfléchit lui-même à ce qu'il venait de dire. « L'ennui avec Wächter, c'est sa visibilité, parce qu'il était une personnalité connue. »

Je mentionnai les dossiers de la CIA. Si David y avait accès, que chercherait-il ?

« Les preuves des intentions de Wächter, et de celles du Vatican. S'il avait des papiers d'identité, qui les lui a fournis ? L'Organisation internationale pour les réfugiés ? La Croix-Rouge ?

– L'Association automobile autrichienne, lui répondis-je. Ou l'association de ski autrichienne ?

– Charmant, dit David en souriant. Il me semble qu'il était près d'être exfiltré, et de se retrouver en Argentine… »

Il fallait chercher dans les papiers ce qui motivait Otto Wächter à cette époque, continua David. Comparer les noms des carnets d'Otto avec ceux des dossiers de la CIA pour comprendre ce qu'ils avaient en partage, pour discerner le but commun parmi les contacts. « Otto était-il un mondain ? Est-ce qu'un fil logique reliait toutes ces rencontres ? Était-il en train de monter l'embryon d'une organisation ? »

Il y avait bien à première vue un lien entre certains noms mentionnés dans le carnet d'adresses d'Otto ou dans ses lettres et ceux qui apparaissaient dans les dossiers du CIC et de la CIA. Ce qui les reliait était leur proximité avec les nationalistes extrêmes, les anticommunistes, les anciens fascistes et ceux qui voulaient se battre contre les Soviétiques.

Cela concordait avec le sentiment de David qui avait vécu toute sa vie dans l'univers de l'espionnage de la guerre froide. « Il y avait des fous, des anciens fidèles de la communauté militaire allemande et autrichienne qui pensaient qu'ils pouvaient faire la guerre à la Russie en rejoignant les Américains pour avancer vers l'Est. Dans les cercles militaires britanniques et américains, on trouvait des individus tout à fait sérieux qui disaient “c'est exactement ça qu'il faut faire : débarrassons-nous de ces communistes tant qu'ils sont dans une situation défavorable”. »

En utilisant des gens comme Otto ?

« En utilisant des gens comme Wächter. Cela a l'air délirant, mais ce genre d'idées correspond bien à l'esprit du moment. »

En utilisant d'anciens nazis comme Karl Hass aussi. Son nom ne se trouve pas dans les papiers de Charlotte, mais il apparaît dans l'un des dossiers de la CIA : celui d'Hartmann Lauterbacher.

41.
Los Angeles

J'ai rassemblé les dossiers déclassifiés sur Karl Hass. Il y en avait beaucoup, bien plus que sur Lauterbacher : 128 fichiers, allant de 1944 aux années 1960[1]. Leur lecture fut longue et fascinante.

Karl Hass est né en octobre 1912 à Kiel, en Allemagne du Nord. Il a fait ses études à l'Université de Berlin et a obtenu un doctorat de science politique. Il a rejoint en 1934 la SS et a été affecté au siège de la SD à Berlin, d'abord au bureau de presse[2] – le Bureau I –, puis au département de la science et de la recherche – le Bureau VII –, enfin aux renseignements – le Bureau VI. En 1937, il a donc été le collègue d'Otto Wächter à la SD. Je n'ai pas pu établir avec certitude si les deux hommes se connaissaient ou s'ils ont collaboré, mais il est certain qu'ils travaillaient dans le même bâtiment et arpentaient les mêmes couloirs.

Envoyé en Hollande par la SD en 1940, Hass a travaillé sous la direction d'Arthur Seyss-Inquart. Promu Sturmbannführer – commandant dans l'armée française –, il a été transféré à Rome en 1943. En mars 1944, au moment où les soldats allemands descendaient la via Rasella en entonnant le « Horst Wessel Lied », il était affecté dans l'unité de Herbert Kappler, directeur des renseignements de la SS (SD), chef de la police allemande et du service de la sécurité de la ville.

Le tâche du commandant Hass consistait entre autres à recruter des agents secrets chargés de lutter, aux côtés des Allemands, contre les partisans et les communistes. Il était officiellement attaché de presse de l'ambassade d'Allemagne, une couverture utile qui lui permettait d'assister à toute une série d'événements. À partir de l'été 1944, il est surveillé par les Américains et les Britanniques[3] : on trouve dans le dossier de la CIA de l'année 1944 une photo du commandant Hass au côté du colonel Kappler, l'homme qui a été plus tard condamné pour les assassinats des Fosses ardéatines. La photo montre un homme grand en costume sombre et cravate, savourant un verre de vin rouge.

L'un des dossiers indique qu'il mesurait plus de 1,80 m, qu'il était d'une « stature robuste, avait les cheveux courts et noirs, et un visage carré et pâle ». Décrit comme « dynamique », il aimait se présenter aux Italiens en tant qu'officier allemand aux « sympathies pro-alliées ». Le CIC considérait qu'il avait un esprit original, un sens de l'humour développé et un bon cœur. Il aimait boire et conduisait une Fiat 1100.

Le commandant quitta Rome le 4 juin 1944, la veille de l'occupation de la ville par les Américains. Établi à Parme, il forma des agents chargés d'infiltrer le territoire occupé par les alliés en Italie du Sud. Il travaillait étroitement avec les soutiens italiens de la République de Salò ainsi qu'avec les forces d'occupation allemandes. Le général Wolff, Walter Rauff, Wilhelm Höttl et Otto faisaient partie de son réseau.

En avril 1945, au moment où l'armée américaine approchait, il quitta Parme pour Bolzano où l'on dit qu'il épousa, le 15 juillet, Anna Maria Fiorini, également connue sous le nom d'« Angela », une Italienne qu'il avait rencontrée à Parme. Un des dossiers mentionne qu'il n'avait pas déclaré son précédent mariage, en Allemagne, avec Ingeborg – celle-ci a engagé des démarches pour faire constater sa mort.

Vivant sous un faux nom, Hass fut arrêté en novembre 1945 par le CIC, puis remis aux autorités britanniques. Celles-ci l'interrogèrent à Milan ; elles prirent une photo versée au dossier – souvent reproduite, elle est floue et granuleuse. Le commandant Hass s'enfuit en janvier 1946. Rattrapé quatre mois plus tard à Rome, il s'enfuit à nouveau et fut arrêté une fois de plus : cela se produisit quatre ou cinq fois en l'espace d'un an. En juin 1947, il enseignait apparemment l'italien dans une institution catholique pour garçons à Fermo, une petite ville à l'est de Rome.

Karl Hass, 1946.

Un fichier confidentiel de seize pages intitulé « Informations personnelles » relate que, lassées de ce cycle arrestation-fuite, les deux parties conclurent un « pacte de paix » : le commandant s'engagea à « mettre son talent et son énergie au service du CIC ». L'accord fut approuvé[4] par l'officier commandant du 430e détachement, Thomas A. Lucid, l'homme qui avait arrêté Frau Himmler et recruté Wilhelm Höttl.

Le commandant Hass, dossier 10/6369, fut emmené en Autriche où il fut confié aux soins de Thomas Lucid le 11 novembre 1947. Une réunion au siège du CIC à Gmunden rassembla Hass, Lucid et Joseph Luongo. On jugea que Hass, méthodique et logique, était un excellent analyste ne déviant jamais de la tâche qui lui était assignée. Avec une expérience de douze ans dans l'espionnage au sein de la SD, il avait accès aux « premières familles » de Rome, de Paris, de Rotterdam et de Berlin, et disait qu'il pouvait s'adapter à tout groupe et à toute situation.

Le CIC recruta donc Karl Hass[5]. On lui confia un nouveau projet – la coordination d'un réseau d'agents –, nom de code « Los Angeles ». Il touchait un salaire de base de 150 « dollars verts » par mois, en espèces. Le CIC lui fournit une nouvelle identité, Giustini, une carte d'identité italienne délivrée à Trieste au nom de « Mario Giustini », ainsi qu'un passeport autrichien au nom de « Rudolf Steiner ». Sur ses autres pièces d'identité, il s'appelait tour à tour « Hans Popp », « Carlo Ferrari », ou encore « Carlo Mantelli ». Son nom de code pour le CIC était « Gruesome 201 » (« Épouvantable 201 »).

Une première réunion opérationnelle eut lieu en mai 1948 à Rome, au Café Mille Luci, un lieu où ni Hass ni Luongo ne pouvaient être reconnus. C'est à cette époque que s'est déroulé, devant un tribunal militaire italien, le procès de son ancien collègue, Herbert Kappler, pour les assassinats en représailles des Fosses ardéatines (Kappler fut condamné à la prison à perpétuité au mois de juillet).

Hass arriva au rendez-vous avec une liste de treize noms de personnes prêtes à travailler pour les Américains. Dans cette liste se trouvaient des fascistes, des journalistes, des nazis et un représentant du Vatican ; en revanche, Walter Rauff, avec qui Hass avait été en contact et qui avait vécu au monastère de la Vigna Pia, n'y figurait pas. Les treize contacts de Hass acceptèrent de lui fournir des « informations de première main » : sur le parti communiste italien, les agences de renseignements soviétiques et les autres, sur tout ce qui pourrait avoir une utilité pour le CIC. Ces informations étaient ensuite directement transmises à Joseph Luongo.

Certains des noms transmis par Hass à Luongo se retrouvent aussi dans les carnets d'Otto – qui avait, sans le vouloir, mis les pieds dans un nid d'espions. Nombre de ses contacts à Rome étaient des agents secrets travaillant pour les Américains et le projet Los Angeles.

Le dossier du CIC sur « le réseau projet-Los Angeles » a été déclassifié en 2001. Engagé le 15 décembre 1947 à la suite du recrutement de Hass, le projet avait été opérationnel pendant quatre ans, jusqu'en 1951.

Le but était d'infiltrer le parti communiste italien, de faire face aux menaces communistes par le contre-espionnage et de surveiller toute activité menaçante, notamment les « formations partisanes » dans le Sud-Tyrol. Le directeur du projet était Joseph Luongo, nom de code « Épouvantable 4 », basé à Gmunden. Luongo rendait compte à Thomas A. Lucid.

« L'ancien Sturmbannführer de la SD, Karl Hass » était la « source principale » du projet Los Angeles : une source jugée fiable du fait de son « éducation teutonne » et de son expérience au sein du Bureau VI de la SD, le service des renseignements de la SS – il en était le « rouage principal ». Basé à Rome, Hass était chargé de rassembler des informations auprès de sept sous-sources nommément identifiées : afin de couvrir leurs dépenses et leurs repas « avec des sources potentielles », chacun de ces contacts était rémunéré cinquante dollars par mois, en espèces.

Toutes ces sources avaient un passé. Deux d'entre elles – Ulderico Caputo et Alberto Barletta[6] – servaient depuis longtemps dans des services de renseignements italiens, au bureau des questions classées secrètes.

Les cinq autres étaient d'« anciens collègues de l'Abwehr, dignitaires du Vatican, membres du mouvement souterrain néofasciste des "bandes d'action révolutionnaire" ».

L'Allemand Albert Griezzar[7] vivait à Bolzano. Comme Hass, il avait servi au sein du Bureau VI de la SD, où il était chargé de rassembler des renseignements pour le IIIe Reich.

L'Italien Pino Romualdi[8] était l'ancien secrétaire général du parti fasciste de la République de Salò[9]. Décrit comme un homme « volontaire et fort, idéaliste, extrêmement intelligent et tacticien », il a été recruté par le CIC alors qu'il purgeait une peine de prison à Rome.

Ali Hussain, un Arabe dont la nationalité n'était pas précisée, était l'ancien chef du Mouvement de la jeunesse arabe. Il avait travaillé avec le général Rommel et était « recherché par les Français » pour collaboration. Le CIC le décrit comme un opportuniste astucieux et loyal, mais « profondément attaché à la philosophie et à la doctrine nazies ».

L'Italien Monsignor Federico Fioretti[10] était le chef du bureau de presse du Vatican. Il était sous les ordres directs du pape Pie XII et était considéré comme un homme « astucieux, plein de tact, charmant et gracieux ».

Le septième agent qui travaillait pour Karl Hass était l'évêque Hudal. Considéré par le CIC comme le « leader des catholiques allemands en Italie », il était payé par les Américains cinquante dollars par mois, en espèces, pour son travail d'informateur. Cet arrangement prit effet le 29 avril 1949 – au moment où il rencontra Otto – et dura au moins jusqu'en 1950.

Traqué par les Américains pour « crimes contre l'humanité » et « génocide » au moment de son arrivée à Rome, Otto s'était précipité dans les bras du « monsieur religieux » qui était en réalité un agent secret américain impliqué dans le projet Los Angeles.

42.
Hass

L'évêque Hudal rendait compte au commandant Karl Hass, source principale du projet Los Angeles. Hass est-il le « vieux camarade » avec qui Otto a passé le week-end des 2 et 3 juillet 1949 ? J'ai trouvé la réponse dans les dossiers du CIC.

L'un de ces dossiers, daté d'août 1950[1], établit que Hass habitait dans un appartement de la Villa Emma, à l'extérieur de Rome, située « sur la route Rome-Velletri, à 5 km environ du croisement de Poggidoro ». Poggidoro, ou Poggi d'Oro, sur le lac Nemi, se trouve à quelques kilomètres au sud du lac Albano, là où Otto a pris le bus le matin du samedi 2 juillet.

Le dossier précise que le commandant Hass vivait avec Anna Maria Giustini[2] : passant pour son épouse, celle-ci était en réalité mariée à un autre homme. Une troisième personne habitait à la Villa Emma, « l'enfant qu'il avait eu avec sa maîtresse ». Née le 18 mai 1949, Enrica Erna Giustini[3] avait sept semaines lors de la visite d'Otto.

D'autres documents italiens m'ont guidé vers la paroisse de Santa Maria in Aquiro. Le baptême de l'enfant[4], fille de Rodolfo Giustini – l'une des fausses identités de Hass – et d'Anna Maria Fiorini, y a été célébré le 20 juillet, une semaine après la mort d'Otto et quatre jours après ses funérailles à la basilique de la Minerve à Rome, près du Panthéon. Le certificat de baptême précise que le parrain était

Baptême d'Enrica (Hass) Giustini, juillet 1949 (archives de la paroisse de Santa Maria in Aquiro, Rome).

Joseph Luongo, le contrôleur de Hass au CIC. La photo de l'événement montre les douze invités; on y reconnaît Hass et Luongo.

Ces informations confirment ce qu'Otto avait écrit à Charlotte le lundi, au lendemain de sa visite au lac Albano. Dans cette lettre où il décrivait les premiers symptômes de sa maladie, il mentionnait un « très agréable vieux camarade[5] » marié à une Italienne qui vivait près de Castel Gandolfo avec une petite fille, « âgée de quatre semaines peut-être ». Otto s'était trompé de trois semaines.

Karl Hass était bien « l'agréable vieux camarade » qui avait invité Otto à passer le week-end chez lui près du lac Albano. Ils avaient mangé et nagé ensemble, et Otto avait passé la nuit dans la Villa Emma de Poggi d'Oro. La fièvre d'Otto avait commencé le samedi après-midi, dans l'appartement de Hass. Il avait été soigné par des médicaments que Hass ou sa maîtresse, Anna Maria, avaient pu trouver sur place.

J'ai continué mon exploration des fichiers du CIC. L'un d'eux, daté de 1950, s'interroge sur la fiabilité du commandant Hass et suggère qu'il était peut-être un agent double travaillant à la fois pour les Américains et pour les Soviétiques. Dans un paragraphe unique et intéressant, ce dossier contient une référence à Otto[6].

Otto Wächter était l'un des contacts de Karl Hass. On savait qu'il vivait à Rome sous un faux nom, Reinhardt, avec une carte d'identité italienne mais sans permis de séjour. Il « était tombé brusquement malade » en août 1948, alors qu'il se « préparait à émigrer »; il était mort « quelques jours plus tard ». La date était inexacte – peut-être n'était-ce qu'une faute de frappe – ainsi que le lieu du décès, la « polyclinique de Rome ». Le document mentionne que la cause du décès n'avait jamais pu « être établie ».

Voici un autre détail intéressant: la veille du jour où il était tombé malade, Otto avait, selon ce qui se disait, pris « un bon repas » au domicile de Karl Hass. Et toujours, d'après ce qu'il semble, il « avait fait des propositions à Wächter que celui-ci avait refusées ».

Le CIC était au courant de l'enterrement d'Otto et savait que Hass y avait assisté. « Il est intéressant », note par ailleurs le document, que, pendant les funérailles, Hass ait « dit en plaisantant qu'il avait empoisonné Wächter ». La source de cette information a-t-elle traité cette remarque sérieusement ? Ce n'est pas clair.

On peut tirer plusieurs conclusions de cet unique paragraphe.

En 1950, le CIC savait qu'Otto avait vécu à Rome et qu'il était en contact avec le commandant Hass et l'évêque Hudal.

Le CIC savait qu'il vivait sous un faux nom, Reinhardt.

Il savait aussi qu'il était mort, mais il ne connaissait ni la date, ni le lieu, ni la cause du décès.

Il évoquait la possibilité d'un empoisonnement.

Le CIC connaissait la rumeur selon laquelle Hass avait fait à Otto une offre qu'il avait refusée.

Le CIC craignait enfin que Hass ne fût un agent double.

Qu'est devenu Karl Hass ?

Le CIC le congédia[7] quelques années après la mort d'Otto ; doutant de sa fiabilité, le service mit fin au projet Los Angeles.

Le contexte était le suivant. Le CIC avait appris en août 1950 que Hass avait cessé de travailler pour un autre projet mené par l'Organisation internationale pour les réfugiés. Il était au service d'un « Juif de l'OIR[8] » et il était apparemment bien payé, mille dollars par mois ; son départ avait fait suite à une dispute entre les deux hommes.

Cette information coïncida avec d'autres nouvelles troublantes. Le CIC apprit en effet que Hass « travaillerait pour le Kominform[9] », le réseau d'espionnage soviétique. On le disait lié à un agent soviétique recherché par les autorités espagnoles. Son comportement – une série d'attitudes contradictoires – éveilla les soupçons. Il dénonçait, d'un côté, des communistes qui, on le savait, étaient en réalité anticommunistes, notamment Hartmann Lauterbacher, arrêté après avoir été dénoncé par Hass ; et, de l'autre, il ne dénonçait pas ceux qui étaient notoirement des sympathisants ou même des agents soviétiques.

Le CIC le lâcha. Au milieu des années 1950, Hass était à la dérive : importateur pour le compte d'une entreprise de jouets ouest-allemande, il exprimait ouvertement ses sentiments anti-américains.

Selon certains rapports reçus par le CIC, il espérait travailler pour les Soviétiques grâce à sa connaissance des réseaux commerciaux, et il avait des contacts avec une entreprise associée aux renseignements est-allemands.

Autorisé à rester en Italie à condition qu'il cesse tout travail d'espionnage, il était employé, à la fin des années 1950, au service allemand des cimetières militaires; il était à ce titre responsable du cimetière de Motta Sant'Anastasia en Sicile. Comme Otto, il fit par ailleurs une petite carrière au cinéma[10], notamment comme figurant dans un thriller à petit budget avec Curd Jürgens *(Londres appelle Pôle Nord)*, dans lequel il incarnait un officier de prison SS. Des années plus tard, il joua un officier SA dans *Les Damnés* de Luchino Visconti.

Hass et Angela, son épouse italienne, partirent ensuite en Suisse pour se rapprocher de leur fille Enrica. Tous deux retraités, ils vivaient discrètement; leur vie connut un tournant dramatique au printemps 1994.

Sam Donaldson, un journaliste de la télévision américaine, était à l'époque à la recherche d'Erich Priebke, l'ancien collègue de Hass à Rome. On disait que celui-ci vivait en Argentine et qu'il avait pu quitter l'Italie grâce à l'aide du père Draganović.

Donaldson trouva Priebke[11] dans la ville de Bariloche, il l'accosta dans la rue au moment où il allait prendre sa voiture. « Pourquoi les avez-vous exécutés, ils n'ont rien fait », demanda le journaliste. Il enquêtait sur l'assassinat des civils italiens dans les Fosses ardéatines.

« C'était l'ordre, ce genre de choses arrivait pendant la guerre », rétorqua Priebke. La caméra tournait.

« Vous avez seulement suivi les ordres ?

– Oui, bien sûr, mais je n'ai tué personne. »

Priebke semblait de plus en plus irrité. Donaldson poursuivit :

« Avez-vous tué des civils dans ces Fosses ?

– Non, j'y étais, mais l'ordre venait de nos commandants.

– Mais un ordre n'est pas une excuse.

– En ce temps, un ordre était un ordre.

– Et vous l'avez exécuté ?

– Je devais l'exécuter.

– Et des civils sont morts ?

– Oui, des civils sont morts, oui… mais nous n'avons pas commis de crime, nous avons fait ce qu'on nous a ordonné. »

Otto aurait pu appliquer ces mots aux assassinats de Bochnia.

Priebke mit fin à ce bref échange. « Vous n'êtes pas un gentleman », dit-il à Donaldson, il monta dans sa voiture et partit.

L'interview fut diffusée dans le monde entier, et la demande d'extradition italienne ne se fit pas attendre. Priebke fut arrêté et envoyé à Rome où il fut jugé pour « crimes contre l'humanité ». En échange de son immunité, son ancien collègue Karl Hass, alors âgé de quatre-vingts ans, accepta de témoigner lors du procès. Il fit le voyage à Rome, mais il se ravisa la veille du procès et tenta de fuir. Il se blessa au cours de sa fuite et dut être hospitalisé. Il perdit son immunité et fut à son tour accusé de « crimes contre l'humanité » pour sa participation aux assassinats des civils italiens.

En mars 1998, la chambre d'appel de la cour militaire de Rome condamna Hass et Priebke à la prison à perpétuité pour ces assassinats injustifiés et « illégaux[12] ». Hass admit qu'il était présent dans les Fosses et confirma qu'il avait personnellement exécuté deux civils. Il fit appel, la cour de cassation de Rome confirma le jugement mais réduisit les peines[13]. Elle jugea que Hass était « pleinement conscient du caractère criminel sans précédent » des exécutions, qu'il était responsable de la mort des deux individus qu'il avait exécutés, et plus généralement des 333 autres victimes. Elle le jugea enfin responsable de la mort de cinq autres victimes que l'on avait exécutées uniquement parce que l'on redoutait qu'elles témoignent des atrocités auxquelles elles avaient assisté.

La cour de cassation invoqua le précédent de Nuremberg et décida que l'exécution de civils dans un territoire occupé était un crime de guerre et un « crime contre l'humanité », à ce titre non prescriptible. La sentence de Hass fut réduite à une peine de dix ans et huit mois. En raison de son âge – quatre-vingt-cinq ans –, il fut autorisé à purger sa peine en résidence surveillée dans une maison située en Italie, près du lac Albano.

Karl Hass est mort en avril 2004 à l'âge de quatre-vingt-onze ans. De son côté, Erich Priebke saisit la Cour européenne des droits de l'homme[14], mais il perdit son procès. Il a vécu cent ans.

43.

Rome, 2017

C'est au printemps 2017 que j'ai communiqué à Horst le résultat de nos recherches sur Hartmann Lauterbacher et Karl Hass. Il était heureux de connaître l'identité du «vieux camarade» chez qui Otto avait passé le week-end au lac Albano, mais intrigué aussi d'apprendre que Hass était un agent américain, qu'il avait travaillé pour un Juif au sein de l'Organisation internationale pour les réfugiés, et qu'il avait été un agent double soviétique. Ce dernier élément était un bonus.

Horst était maintenant persuadé que son père était mort à la suite d'un empoisonnement. Les preuves étaient relativement minces, mais les nouveaux éléments que je lui ai présentés l'ont apparemment convaincu. Il n'avait pas mentionné l'empoisonnement lorsque nous nous étions vus pour la première fois en 2012, ou lorsque nous avions organisé la conversation publique à Londres en 2014. Trois ans plus tard, au moment où nous envisagions un voyage à Rome, une simple possibilité était devenue un fait incontestable. L'empoisonnement avait l'avantage de faire d'Otto une victime plutôt qu'un bourreau.

Le Dr Wollenweber n'étant plus suspect, Horst pensait que le coupable pouvait être Karl Hass. Il m'a donc encouragé à approfondir les recherches sur les activités de cet homme qui, à Berlin en 1937, avait travaillé dans le même bâtiment que son père, et s'était trouvé aussi à ses côtés en Italie en 1945. Hass était-il au service des Américains, des Polonais, des Juifs, des Soviétiques ? Pour Horst, toutes les hypothèses étaient possibles. Hass avait été condamné pour « crimes contre l'humanité » en raison de sa participation aux représailles des Fosses ardéatines, un événement qui faisait écho aux tueries ordonnées par Otto à Bochnia ? Horst ne semblait pas s'en préoccuper.

Il pensait que ce serait une bonne idée d'aller à Rome, de visiter les lieux mentionnés dans les carnets de son père et de rencontrer certaines de ses connaissances. On pourrait aller au monastère de Vigna Pia où Otto avait vécu, et à l'hôpital de Santo Spirito où il était mort. On pourrait également visiter le cimetière de Campo Verano où il avait d'abord été enterré, tenter d'accéder au collège de l'Anima où avait travaillé l'évêque Hudal, et peut-être même voir les Fosses ardéatines. On pourrait enfin aller au lac Albano où son père avait nagé pour la dernière fois. Horst avait quelques amis à Rome qui nous recevraient peut-être : parmi eux, Irmgard, la fille des Ettingshausen, et le fils d'un autre ami de ses parents, un professeur qui souhaitait garder l'anonymat.

Horst et moi avons donc fait le voyage à Rome en mai 2017, accompagnés de James Everest et de Gemma Newby, la productrice du podcast. Horst souhaitait aussi être accompagné et protégé : à sa demande, Osman, le coiffeur, se joignit à nous.

Irmgard Ettingshausen accepta de nous rencontrer et de nous parler à condition qu'on lui offre un bon déjeuner. J'espérais un peu de couleur, ou des détails sur les Wächter. Irmgard était dans sa quatre-vingtième année, mais elle semblait un peu plus jeune ; elle était resplendissante avec ses longs cheveux noirs et son pantalon blanc très chic. Elle portait des lunettes de soleil aviator alors que nous étions dans une pièce située au sous-sol et dépourvue de fenêtres.

La rencontre fut brève : elle ne se souvenait de rien, ou du moins ne souhaitait pas évoquer la période. Ce que son père Georg et Otto, avocats nazis, avaient fait ne semblait pas particulièrement l'intéresser, pas plus que ce qui s'était produit entre Otto et sa mère Helga lorsqu'il lui avait rendu visite après les années passées à la montagne avec Buko. Elle avait lu des choses à propos d'Otto sur Internet, mais elle ne faisait pas confiance à ce moyen de communication.

Otto et Charlotte Wächter, Tyrol, 1948.

Un court moment, des souvenirs refirent surface lorsque Horst montra une photo de ses parents – je ne l'avais jamais vue auparavant – prise chez les Ettingshausen près du petit village tyrolien de Going en 1948. « C'est peut-être mon père qui a pris cette photo, dit-elle, il avait un Leica après tout, et il aimait prendre des photos. »

La photo représentait Charlotte et Otto assis dans l'herbe baignée de soleil, avec au fond le massif du Kaiser. Otto souriait, les mains autour des genoux, la veste et le pantalon portés de manière négligée. Charlotte le regardait amoureusement, une veste traditionnelle drapée autour de ses épaules. La photo incita Irmgard à évoquer Tante Lotte avec chaleur. Toujours joyeuse, toujours avec des cadeaux. « Je me souviens de sa voix, je l'ai encore en tête. » Elle ne savait rien de la mort d'Otto. Non, elle n'avait jamais entendu Charlotte dire qu'il avait pu être empoisonné. Horst était manifestement déçu. « Elle voulait peut-être dire quelque chose », ajouta Irmgard d'un ton encourageant, « mais elle ne l'a jamais fait ».

Je lui ai donné une copie du poème, touchant, écrit avec le cœur, plein d'émotion, qu'Otto avait composé pour Helga. Ce n'était pas un poème d'amour, dit-elle avec emphase. « C'était une époque poétique ; des amis s'écrivaient alors ce genre de choses. »

Nous rendîmes ensuite visite au professeur dont les parents avaient connu Otto et Charlotte, celui qui ne voulait pas révéler son identité. Il était intelligent, humain, et il se montra intéressé lorsque nous évoquâmes la famille et l'amitié. Pourquoi ses parents avaient-ils aidé Otto ? Un geste chrétien, de gentillesse, dit le professeur ; ses parents ne savaient probablement pas ce dont Otto s'était rendu responsable pendant la guerre.

Je lui dis que le contenu des documents permettait une interprétation différente.

Savait-il ce que ses parents avaient fait pendant la guerre ?

« Pas vraiment, reconnut-il.

Avait-il envie de savoir ?

Il me regarda silencieusement pendant un long moment, et répondit finalement « non ». Il ne voulait pas savoir.

Après le bon déjeuner que j'avais promis à Irmgard, nous sommes allés au monastère de la Vigna Pia, quelques kilomètres au sud de la place Saint-Pierre, non loin du coude que forme le Tibre. Créé au milieu du XIXe siècle[1] par le pape Pie IX pour recueillir des enfants nécessiteux, le bâtiment avait été acheté par l'organisation Sacra Familia dans les années 1920 pour héberger vingt-cinq jeunes garçons. À l'arrivée d'Otto, ils étaient cent cinquante. Aujourd'hui, le bâtiment accueille une école internationale.

En compagnie de Rocco Baldassari, un prêtre local qui en assurait le fonctionnement, nous nous sommes retrouvés sous une verrière, dans un large hall qui, comme Otto l'avait justement décrit, avait l'allure d'une aile de prison. « On a tourné beaucoup de films ici », fit remarquer le curé en nous guidant vers l'étage supérieur où une multitude de petites chambres donnaient sur les coursives qui longeaient les quatre côtés du bâtiment. La cellule de moine qui avait peut-être été celle d'Otto avait un plafond voûté, haut et incurvé, et une seule petite fenêtre qui offrait une belle vue sur la ville. « Impossible à maintenir propre », avait écrit Otto. L'ancien mobilier avait disparu, nous devions donc faire appel à notre imagination pour voir le vieux bureau, le prie-dieu vermoulu et le sol couvert de journaux.

Nous sommes allés sur le toit où Otto faisait sa gymnastique du matin « avec vue sur la ville et la Campagna », devant une grande fenêtre cintrée. On distinguait la basilique Saint-Jean, le parc à côté du Colisée et le monument Vittorio Emanuele II connu sous le nom de « machine à écrire ». Le Tibre coulait juste en dessous, à un jet de pierre. On y accédait par un tunnel sous la voie de chemin de fer. « Je ne pourrai pas résister », avait écrit Otto à sa femme en parlant de l'endroit où il aimait nager. Dans le loin, on voyait la Campagna où il aimait courir.

Sur le toit, nous avons entendu les mouettes et vu la fumée rouge, blanche et verte des avions militaires : la République célébrait ce jour-là la fin de la monarchie[2]. Soixante-dix ans plus tôt, Otto avait manqué la parade. « J'étais dans ma cellule, je n'ai entendu que le bruit des avions au-dessus de Rome[3] », avait-il dit à Charlotte.

De retour au rez-de-chaussée, nous sommes allés au réfectoire où Otto buvait du café laiteux le matin et du vin rouge le soir. Notre guide nous a apporté une copie des *Annales de la Vigna Pia*, avec une liste des résidents de l'année 1949[4]. Parmi les noms figuraient Walter Rauff, alias Alfonso, sa femme et ses deux enfants. Le nom d'Otto Wächter se trouvait à la page 651, noir sur blanc.

Le lendemain, nous nous sommes rendus à l'endroit où Otto est mort. À travers les petites rues de la ville nous sommes arrivés sur le pont Vittorio Emanuele II, près du château Saint-Ange ; Horst prit une photo. Nous sommes entrés par les grandes portes d'un long bâtiment en briques et nous nous sommes retrouvés dans une cour intérieure encadrée de colonnes et d'arches, de murs en ocre passée ornés de plaques, de fresques, mais aussi de panneaux indiquant l'itinéraire vers la pharmacie ou la bibliothèque. L'hôpital Santo Spirito[5] date du XVe siècle : immortalisée dans la *Tentation du Christ* de Botticelli en 1480, l'institution incarnait le pouvoir papal de guérison. Michel-Ange et Léonard de Vinci ont visité sa salle d'opération en quête d'inspiration sur la forme du corps humain[6]. La fameuse horloge aux aiguilles représentées par un corps de salamandre nous dominait.

Il n'y avait pas beaucoup de monde et nous avons pu nous promener d'une cour à l'autre jusqu'à la fontaine, et découvrir la plaque qui indique le chemin vers la Sala Baglivi où Otto a passé les derniers jours de sa vie.

Horst venait ici pour la première fois. Il soupirait, mais disait ne pas avoir d'émotions particulières. « Cela changera peut-être quand je verrai la salle où il est mort, celle qu'il a décrite à ma mère. » Il se souvenait de la lettre, de la fin qu'elle annonçait. « Il savait qu'il allait mourir quand il a été admis ici », continua Horst, il a sans doute espéré que sa femme viendrait le voir.

Vers la Sala Baglivi, hôpital Santo Spirito, juin 2017.

Horst réfléchissait à son enfance sans père. « Ma mère était la figure centrale, c'est elle qui incarnait l'autorité et le pouvoir, elle était au centre de ma vie.» Il se demandait comment elle avait réussi à s'en sortir. «Peut-être ses enfants l'ont-ils aidée à vivre?» Il s'était senti responsable d'elle. «Son plus grand souhait était de réhabiliter au mieux mon père – et elle pensait que j'y arriverais, moi, grâce aux documents qu'elle me léguait.»

«Je ne me souviens pas du tout de mon père, parce que je n'avais pas de relation intime avec lui.» À la différence de ses trois frère et sœurs aînés qui avaient passé plus de temps à ses côtés, il avait découvert son père à travers les papiers de sa mère. «J'étais vraiment surpris de constater à quel point ma mère avait fini par occuper le centre de son existence... c'était un homme à femmes, mais il avait compris que ma mère avait abandonné à peu près tout pour lui, faisait tout pour lui et ne le quitterait pas...» Sa voix se brisa, et il reprit aussitôt: «Sa mort n'était pas écrite, il était jeune, il venait d'avoir quarante-huit ans, ce n'est pas un âge pour mourir, vous savez?» Il fit allusion à Hass.

«Pourquoi mentionnez-vous Hass? lui demandai-je.

– Parce que je pense qu'il a assassiné mon père et qu'il a été très bien payé, donc...»

La voix de Horst se brisa une fois de plus lorsqu'un autre souvenir lui revint, celui de l'examen qu'il avait passé l'année de la mort de son père. «Ma mère avait envoyé tous les enfants ailleurs; moi, on m'avait envoyé en Suisse pour l'été, je n'ai donc pas été informé de ce qui était arrivé à mon père.» Horst n'était pas à Salzbourg le jour où sa mère était précipitamment partie pour Rome.

Nous sommes arrivés à l'entrée de la Sala Baglivi, à quelques mètres de l'endroit où Otto était mort, mais nous n'avons pas pu entrer, il y avait des travaux de rénovation.

«Voici la salle, dis-je.

– Ah, c'est la salle.

– Et voici les fenêtres dont parlait votre père.

– Oui, oui.»

Nous les avons comptées, sept de chaque côté, en hauteur, grandes et rectangulaires.

J'ai montré à Horst une photo de l'intérieur prise en 1950.

«Voilà à quoi cela ressemblait quand votre père était ici.

– Oui, oui, oui. »

Horst se tut, puis reprit : « C'était une grande salle, une vaste pièce pour mourir, un espace humain avec tous ces gens autour. »

Nous sommes allés jusqu'au bout du bâtiment. Horst voulait voir la grande porte par laquelle son père était passé après sa mort, mais une barrière en métal haute de deux mètres barrait le chemin. Horst l'escalada doucement sous l'œil protecteur d'Osman, c'était un septuagénaire agile. Un garde armé crut voir un cambrioleur, il arriva en courant. Non, juste un fils qui voulait se raccorder à son père en parcourant le lieu où il était mort des années plus tôt, lui avons-nous expliqué.

Nous nous sommes assis sur un banc et avons lu la lettre de Heidi Dupré à Charlotte. « Je me sens proche de ma mère », dit Horst. « Ce qu'elle a dû endurer, ce fut sans doute le pire moment de sa vie, être ici sans savoir que faire, brisée. »

Gemma, James et moi avons visité les Fosses ardéatines situées dans les faubourgs de Rome. De son côté, Horst avait décidé de rendre hommage à ceux qui avaient perdu la vie sur la via Rasella, près du palais du Quirinal. Le 23 mars 1944, 33 soldats tyroliens chantant le « Horst Wessel Lied » avaient été attaqués et tués lors de leur défilé. Lorsque je suis revenu un an après cette visite, j'ai constaté que les murs de la rue portaient encore les traces des balles.

Pour entrer dans ce lieu de mémoire que sont les Fosses[7], nous sommes passés par les vastes portails en bronze de Basaldella qui évoquent les corps tordus et torturés des 335 Italiens. Les victimes venaient de « toutes les professions et catégories sociales de la population romaine », disait la brochure. Douze d'entre elles n'avaient jamais été identifiées.

Nous avons longé un sentier étroit taillé dans la roche, long de plus de cent mètres, en passant du clair à l'obscur, du chaud au froid ; c'était un lieu glaçant. Les victimes étaient entrées par groupes de cinq dans ce lieu incorporé à la pierre, loin sous la surface ; elles s'étaient agenouillées et avaient reçu un simple coup de pistolet dans la tête. Cela avait duré une journée entière. L'événement était si traumatisant pour les exécuteurs que les nerfs des plus jeunes devaient être calmés au cognac. C'est ici qu'avaient sévi Kappler, Priebke et Karl Hass, âgé alors de trente-deux ans, exécutant l'ordre d'Hitler transmis par le Feldmarschall Albert Kesselring et le général Karl Wolff.

J'ai quitté les Fosses pour rejoindre le mémorial qui renfermait les restes des victimes dans des tombes individuelles disposées en rangées, numérotées de 1 à 335. Il y avait un nom et une photo sur la plupart d'entre elles, certaines étaient fleuries.

Antonio Pisino[8], vingt-six ans, chef de la zone militaire du mouvement communiste, arrêté en janvier 1944, accusé d'espionnage, condamné à une peine de prison de trois ans.

Alessandro Portieri[9], dix-neuf ans, mécanicien, communiste, arrêté dix jours plus tôt pour port d'armes.

Ettore Ronconi[10], quarante-six ans, négociant en vin, arrêté par la SS et la police italienne non loin de la via Rasella le jour même de l'attaque.

Une tombe sans nom, *ignoto*, « inconnu ».

Et ainsi de suite. Quatorze rangées d'êtres humains, de chrétiens et de Juifs, de non-croyants, tous des hommes, tous sélectionnés après les événements de la via Rasella, pas un seul impliqué d'une quelconque manière dans l'attaque.

Un groupe de personnes rassemblées ici parce qu'elles s'étaient trouvées au mauvais endroit au mauvais moment.

44.
Anima

Nous nous sommes retrouvés vicolo della Pace, un petit passage discret, juste en dehors de l'entrée de l'Anima. J'ai sonné, une minuscule religieuse, l'air surpris, a ouvert la porte. Nous avons rendez-vous avec l'archiviste, le Dr Ickx, ai-je expliqué. « Ah oui », répondit-elle. La grande porte en bois s'est ouverte et nous sommes entrés dans la cour, marchant dans les pas de messieurs Rauff, Mengele, Priebke, Stangl et Hass. Otto avait dû lui-même fouler ce sol maintes fois emprunté. Nous avons atteint une grande salle au plafond voûté ; une peinture représentant une mère et sa fille sur l'un des murs, deux statues de marbre aux modèles allongés de l'autre côté de la salle.

Le Dr Ickx[1] arriva, aérien, grand, confiant et hospitalier. Il nous salua avec enthousiasme : *« Guten Tag, guten Tag »*, puis il nous conduisit à son bureau. En haut d'une vieille cage d'escalier, nous passâmes devant le réfectoire où Otto n'avait jamais pris de repas selon l'évêque Hudal. Les portraits des différents recteurs depuis le XIXe siècle étaient affichés dans le long couloir étroit. L'Anima était l'un des plus anciens collèges du Vatican ; dans ce lieu, on étudiait sérieusement, nous expliqua le Dr Ickx en accentuant le terme « sérieusement ». Nous regardâmes un portrait de l'évêque peint en 1943, au faîte de son pouvoir. Il avait arpenté ces couloirs pendant cinquante ans, avant d'être emporté par l'affaire Wächter.

Portrait de l'évêque Hudal, années 1940.

« Un rectorat long, bienveillant et actif », déclara le Dr Ickx. L'évêque était un homme « aux multiples talents ». Son portrait le représente de la manière la plus formelle : tenue noire, calotte rouge, grande croix, anneau, livre, blason. *Ecclesiae et nationi* – les mots figuraient sur la lettre qu'il avait donnée à Charlotte, je me suis souvenu des termes –, « pour l'Église et la nation ». « Ce n'était pas un homme corpulent, il était plutôt mince, pas grand, plutôt petit », ajouta le Dr Ickx. Des yeux bleus, des sourcils fournis, des lunettes sans monture, des cheveux gris, l'allure grave. Les autres recteurs avaient regardé leurs portraitistes, pas l'évêque Hudal. « Il regarde au loin, ajouta le Dr Ickx, c'était un homme de réflexion, il avait des idées sur l'Europe, l'Autriche et l'Église. »

Après quelques minutes passées en sa compagnie, nous comprîmes que le Dr Ickx était un « ardent défenseur », l'expression est faible, de l'évêque Hudal. L'archiviste n'était pas avare de mots lorsqu'il parlait de l'évêque : malgré l'expression solennelle du portrait, Hudal était drôle, engagé et aimé. C'était un intellectuel et un homme de courage, dit Ickx d'une voix douce et rassurante, un être désintéressé qui a caché des individus en tout genre. Un carabinier italien. Un Autrichien en fuite. Deux Néo-Zélandais. Un Australien aidé par la Résistance. Des Juifs et des gauchistes aussi, ajouta-t-il, car le Vatican était un « nid d'antinazis ». Le Dr Ickx ne précisa ni les noms ni les détails. Il se contenta de rappeler le credo de l'évêque : « Je suis prêtre et je dois aider tout le monde, c'est mon devoir. »

Nous avons avancé vers la partie médiévale de l'Anima et pénétré dans un bureau datant du XVIIe siècle. L'atmosphère était saisissante : des murs d'un rouge passé tapissés de livres anciens ; trois fenêtres ; un sol de tommettes, des poutres en bois, une fresque et des boîtes d'archives. Derrière un grand secrétaire, une dame nous observait, telle une chouette. Le lieu renfermait les vestiges des activités de l'évêque et de ses échanges avec les Wächter.

Les archives d'Alois Hudal contenaient des livres, des papiers officiels et sa correspondance privée. Il y avait des documents sur les nazis, les communistes et les capitalistes. L'évêque était « l'expert » résident du Vatican, l'homme qui conseillait l'institution sur ces trois idéologies et les menaces qu'elles représentaient pour l'Église.

Un grand certificat encadré, assorti d'une décoration, occupait un coin de la pièce aux murs rouges. Délivré en 1934, le diplôme honorait la contribution de l'évêque aux négociations qui avaient abouti au concordat entre le Vatican et les nazis[2]. Hudal avait fait le travail préparatoire avec le cardinal Pacelli – secrétaire d'État, futur pape Pie XII – et le vice-chancelier du Reich Franz von Papen[3]. « Il est tellement rare que le diplôme et la décoration soient ainsi réunis », chuchota le Dr Ickx avec fierté.

L'évêque n'était-il pas favorable à la réconciliation entre le Vatican et les nazis ? « Certes », reconnut le Dr Ickx, mais seulement jusqu'en 1938 ; ensuite, sa position a changé. « Il est passé dans l'autre camp, et il a commencé à lutter *contre* l'idéologie national-socialiste. » Cette remarque ne concordait pas avec sa tentative avortée d'organiser un vote en faveur de l'Anschluss en 1938. Mais je me suis tu.

« Et après, n'a-t-il pas aidé un grand nombre de nazis ? » lui demandai-je de la manière la plus neutre possible.

« Vous dites "un grand nombre", mais combien ? » Le Dr Ickx était sensible aux détails.

Je mentionnai Franz Stangl, le commandant de Treblinka.

Le Dr Ickx voulait des chiffres. « De combien de personnes s'agit-il ? de cinq, dix, quinze ou deux cents ? » Le sujet exigeait de la précision, l'excès n'était pas de mise. Horst hocha la tête, il commençait manifestement à aimer ce Dr Ickx. Personne n'a interrompu les activités de l'évêque ou de Draganović, expliqua l'archiviste. Elles étaient tolérées par ceux qui les observaient, les Américains. Mais « je n'ai aucun intérêt personnel dans cette affaire », s'empressa-t-il d'ajouter.

Selon lui, les faits étaient clairs. Les Américains et les Britanniques savaient exactement ce que faisait l'évêque et ils le laissaient faire. Conclusion logique : ils soutenaient ses activités. Ickx alla plus loin encore : « Ce sont les Américains qui ont monté toute cette filière, cela leur a permis de choisir les meilleurs collaborateurs. »

En revanche, précisa-t-il brusquement, et pour être parfaitement clair, l'évêque ne savait pas qu'il était le pion des Américains, qu'il était instrumentalisé. Il aidait simplement tout le monde sans poser de questions, ni avant, ni pendant, ni après la guerre. « Il a même plaidé pour la libération d'un communiste italien arrêté après l'attaque de la via Rasella ! » s'exclama le responsable des archives.

L'évêque connaissait-il la véritable identité de ceux qu'il aidait ? De certains peut-être, reconnut le Dr Ickx, il connaissait Erich Priebke par exemple. Mais les autres, comment pouvait-il savoir s'ils étaient des meurtriers de masse ? « C'est la question », songea l'archiviste. Pour la plupart d'entre eux, il ne savait pas et il ne pouvait pas savoir. De toute façon, il y avait peu de criminels parmi ceux qu'il a aidés : moins de 1 %. « Regardez le flux d'immigrants vers l'Europe », hasarda le Dr Ickx, « tous ne sont pas terroristes, mais il pourrait y avoir un terroriste dans le lot ».

L'archiviste était un soutien manifeste de l'évêque, cet homme intègre qui avait agi sagement et qui proposait son aide sans poser de questions.

« Est-il toujours sage d'aider quelqu'un qui a été condamné pour crimes, un nazi ?

– Quelquefois oui », répondit-il, même si la réponse est difficile pour un prêtre. Si Staline s'était présenté à la porte de l'Anima, l'évêque l'aurait aidé. « Nous faisons tous des erreurs », personne ne devrait juger.

Le Dr Ickx pouvait tout au plus reconnaître que l'évêque avait peut-être été « un peu naïf ». « On accuse l'Église catholique, on accuse Pie XII, et Hudal devient le bouc émissaire. »

Nous sommes passés au cas Otto Wächter. Je lui ai montré la lettre écrite à Charlotte le 30 avril 1949 qui mentionne une première rencontre avec un « monsieur religieux », d'abord réservé puis « très positif » après avoir appris le nom d'Otto. Le Dr Ickx concéda que l'évêque Hudal savait en gros qui était Otto. « Mais la véritable question est *que* savait-il exactement sur Otto von Wächter à ce moment précis ? Nous n'avons pas de réponse à cette question », dit-il en souriant.

Revenant sur le passage qui raconte la mort d'Otto dans les mémoires posthumes de l'évêque, le Dr Ickx reconnut qu'il avait été rédigé avec soin. L'évêque était un homme prudent, il s'était assuré que le soupçon d'empoisonnement par un camarade allemand travaillant pour les Américains était « la version de Wächter ». Incertain lui-même sur la cause du décès, l'évêque s'était ainsi protégé.

Pourquoi avait-il mentionné cette accusation ? L'évêque n'avait apparemment rien dit de l'empoisonnement à Charlotte qui était arrivée deux jours après la révélation d'Otto sur son lit de mort. Charlotte elle-même ne l'avait appris qu'après la publication des mémoires d'Hudal, treize ans après sa mort, en 1976. Le Dr Ickx se montra perplexe. C'était en effet étrange. Que l'évêque ait écrit cela ne signifiait pas nécessairement qu'Otto l'avait dit. L'évêque avait-il des raisons de le faire ? Peut-être, mais le Dr Ickx les ignorait. Il ne savait pas non plus *quand* l'allégation avait été consignée dans son texte. Il avait le manuscrit original, peut-être devrions-nous le regarder ?

Je lui ai dit ce que je savais sur le camarade allemand, Karl Hass, à qui Otto avait rendu visite. Comme beaucoup d'autres Italiens, le Dr Ickx connaissait le nom.

Je lui ai parlé du projet Los Angeles organisé par les Américains et coordonné par Hass. Cette nouvelle sembla sincèrement l'étonner.

Je lui ai expliqué que l'évêque avait travaillé pour Hass et pour les Américains, avec un salaire mensuel de 50 dollars en espèces pendant quatre ans.

Je ne sais si le Dr Ickx a été surpris par cette information. Il n'en a montré aucun signe et a réagi avec agilité. « Cela corrobore ma théorie, dit-il ; cela prouve qu'Hudal était un pion entre les mains des Américains. » C'était troublant.

« L'évêque Hudal savait-il qu'il travaillait pour les Américains ? » Ma question était rhétorique, mais mon interlocuteur enchaîna : « Je ne crois pas. »

Le Dr Ickx n'était pas très cohérent, mais il faisait preuve de sang-froid. Poussé dans ses retranchements, il concéda qu'il n'avait pas connaissance exactement de ce que savait ou ne savait pas l'évêque.

En revanche, trois faits étaient indubitables. L'évêque Hudal avait aidé des nazis à gagner l'Amérique du Sud ; il avait aidé Otto ; il était un agent rémunéré par les Américains.

Si ces faits étaient clairs, leur interprétation était plus difficile. Nous avons donc décidé de regarder les papiers personnels de l'évêque, ceux que le Dr Ickx était autorisé à nous montrer.

Il rassembla un certain nombre de boîtes et les aligna sur la longue table en bois. Je me suis demandé si les papiers de l'évêque avaient, comme ceux de Charlotte et d'Otto, été expurgés et je me suis représenté la chose, la manière dont avaient été retirés les éléments les plus problématiques. Je n'ai pas osé poser la question, mais j'ai plus tard trouvé un article du Dr Ickx confirmant que « certains éléments avaient disparu[4] ».

Horst et moi avons parcouru plusieurs centaines de pages.

Le Dr Ickx était lui-même occupé par le contenu d'une boîte, un article jamais publié sur l'évêque, ami des réfugiés et victime d'un mythe. La « filière » était une invention, conclut le Dr Ickx ; « l'Église a été utilisée par les Américains ».

Nous avons trouvé l'agenda de l'évêque, les affaires courantes, naissances, mariages et décès. Otto avait été inhumé au cimetière de Campo Verano le 16 juillet 1949, l'évêque Hudal avait apparemment officié ce jour-là, nous avons donc vérifié la date. Une messe, une bénédiction pontificale étaient les seules entrées du jour : il n'y avait aucune mention d'un enterrement, ni d'un Wächter, ni d'un Reinhardt.

« L'enterrement n'est pas là-dedans », dit le Dr Ickx, « il est peut-être dans les archives » – mais non, elles ne sont pas accessibles.

Nous avons poursuivi notre dépouillement. Un exemplaire d'*Avanti*, le quotidien du parti socialiste italien, avec un article sur Otto, « Le Boucher de Lemberg[5] ». Un titre affirmant qu'Otto avait passé trois ans à l'Anima ; dans la marge, quelqu'un avait griffonné : *« altra bugia »*. « Encore un mensonge », traduisit le Dr Ickx. Les mots de l'évêque.

Il réagissait aux articles ?

« Toujours. »

Une lettre de remerciements de la femme d'Hartmann Lauterbacher, décembre 1948, pour les jolies choses qu'il avait envoyées. Une lettre de Hans Lauterbacher, avril 1950, qui évoque l'arrestation de son frère et sollicite l'intervention de l'évêque. Une lettre de l'évêque à Lauterbacher s'inquiétant des suites de l'affaire.

Une lettre adressée au général Karl Wolff, aux bons soins de l'évêque Hudal.

Une brochure des Jeunesses hitlériennes datant des années 1930 et sollicitant l'adhésion des jeunes catholiques. L'évêque était « intéressé » par les Jeunesses hitlériennes, lâcha le Dr Ickx. Rien de fâcheux, simplement une collection de documents qui ont permis d'alerter le Vatican sur la politique de recrutement des enfants par les nazis. Je ne pus m'empêcher de glousser, ce qui provoqua l'irritation de mon interlocuteur. « Il n'y a pas de quoi rire. »

L'extrait d'un article de bulletin rédigé par Simon Wiesenthal daté du 9 septembre 1949 reprenant les informations de la presse italienne sur l'aide fournie par l'évêque à Otto Wächter. Le Dr Ickx confirma l'intérêt de Wiesenthal pour cette histoire et celui de l'évêque pour Wiesenthal.

Un autre article d'*Avanti* du 21 avril 1961, date de l'ouverture du procès d'Eichmann à Jérusalem, intitulé « Le Boucher de Léopolis a été empoisonné, il a expiré dans les bras de monseigneur Hudal[6] ». L'article était accompagné d'une photo de l'évêque, celle qui orne le couloir de l'Anima, et d'une déclaration dans laquelle Hudal démentait avoir aidé Eichmann.

« C'est un journal communiste », dit le Dr Ickx gravement. Il lut à voix haute : « Beaucoup de bouchers nazis ont trouvé refuge à l'ombre de l'Anima.

– Cela est vrai, non ?

– Si trois mille personnes sont passées par l'Anima et si, parmi elles, cinq étaient des bouchers, cela fait "quelques-uns", pas "beaucoup". »

Plusieurs lettres d'Amérique latine, de correspondants aux noms allemands qui avaient quitté l'Europe. « Il était en contact avec eux parce qu'il les a aidés à émigrer, les vrais nazis ont fui. »

Une lettre du ministère de la Justice à Rio de Janeiro. J'ai pensé à Laurence Olivier extrayant des dents dans la scène de torture de *Marathon Man*[7]. En réalité, je confondais deux scènes, je pensais à *The Boys from Brazil*.

Une lettre de Nuremberg, décembre 1948, du fils de Franz von Papen qui avait travaillé sur le projet du *Reichskonkordat* avec l'évêque, l'accord entre le Vatican et les nazis. À Nuremberg, Papen avait été acquitté de toutes les charges qui pesaient sur lui, mais il avait été condamné par la suite par une cour ouest-allemande. « Mon père a soixante-dix ans maintenant. Après un séjour de quatre ans en prison, c'est un homme très malade[8] », écrivait von Papen junior. Le père fut relâché l'année suivante à la suite d'une procédure d'appel. Après sa libération, il vécut encore vingt ans.

Une note de remerciement du journaliste Franz Hieronymus Riedl, qui avait aidé Otto à traverser les montagnes, pour le sermon de l'évêque sur « l'affaire Wächter » en septembre 1949. « Je vous remercie de tout mon cœur[9]. »

Les liens avec Otto étaient très nombreux.

Une photo de Charlotte Wächter. « Ma mère », s'exclama Horst !

Une lettre de Charlotte, 19 juillet 1949, trois jours après les funérailles : « Laissez-moi tout d'abord exprimer mon immense gratitude à votre Excellence[10]. »

Horst lut à voix haute, puis il s'arrêta : « Je ne peux continuer.

– Vous ne pouvez pas lire la lettre ? demanda le Dr Ickx.

– Non, je ne peux pas, j'essaierai une autre fois. » Il était incapable pourtant de s'arrêter, il poursuivit donc en silence, sa voix devint un chuchotement, puis il reprit à voix haute : « Mon âme est brisée… votre toujours reconnaissante Lotte Wächter. »

« C'était dur pour moi », confia Horst, puis il demanda en allemand s'il pouvait faire une photo de la lettre.

Enfin, le manuscrit original des mémoires de l'évêque[11].

Le texte était tapé à la machine, il comportait plusieurs centaines de pages et quelques annotations manuscrites. Une date aussi : 1953. L'accusation d'empoisonnement figurait-elle dans l'original ou a-t-elle été rajoutée par l'évêque à la fin de sa vie ? Nous avons parcouru les pages jusqu'au passage où il décrit la scène : Otto dans ses bras, l'allégation d'empoisonnement, l'allusion au camarade. Le paragraphe est identique à celui qui a été publié des années plus tard, bien après la mort d'Hudal. Le passage semble donc avoir été écrit quatre ans seulement après le décès d'Otto, à un moment où l'évêque était toujours en contact avec Charlotte. Et apparemment il ne lui en avait pas parlé.

« La vie n'est jamais simple, rien n'est tout blanc, ni tout noir », déclara le Dr Ickx. Il ne savait pas pourquoi Hudal n'avait pas informé Charlotte de cette accusation.

« L'évêque Hudal n'est pas un personnage gris de l'histoire », poursuivit-il plus doucement, « c'est un personnage blanc foncé ». Il a sauvé des vies pendant la guerre, et, à un autre moment de son existence, il a contribué à sauver quelques « bouchers » passés par l'Anima. « Il ne savait sûrement pas que c'étaient des bouchers », ajouta le Dr Ickx, avec une note d'optimisme. « Il a probablement été trompé, il faisait sans doute partie d'un jeu qui le dépassait, plus important que ce qu'il pouvait imaginer. »

Notre visite prenait fin. Nous remerciâmes le Dr Ickx et partîmes. Juste à l'extérieur de l'Anima, nous passâmes devant un magasin qui vendait des soldats en plomb et des figurines. Disposées dans la vitrine, certaines d'entre elles attirèrent notre attention ; un souvenir de temps anciens et présents.

Soldats miniatures, vitrine de magasin
à Rome, juin 2017.

45.

Café Doney

Je ne suis pas le seul à m'intéresser à la *Ratline*, à la « filière », et j'ai beaucoup bénéficié de recherches faites par d'autres, en particulier le professeur Gerald Steinacher[1], un universitaire autrichien qui enseigne dans le Nebraska. Je l'ai rencontré après avoir quitté l'Anima, il était justement à Rome avec sa femme.

Nous nous sommes donné rendez-vous, sans Horst, via Veneto, au Café Doney, l'établissement mentionné dans les lettres d'Otto, mais aussi dans divers dossiers du CIC. C'est là qu'il rencontrait Heidi Dupré et Hartmann Lauterbacher. Relooké, le Doney n'est aujourd'hui qu'une pâle copie de son illustre passé.

Le professeur Steinacher s'intéresse aux *Nazis en fuite*, c'est le titre de son livre. Sa fascination pour cette période de l'histoire lui vient de l'enfance : il a grandi à côté du site d'un ancien camp de concentration. Dans sa famille, personne ne voulait parler du lieu, ni du passé en général, et ce silence l'a intrigué. Il a donc commencé à fouiller dans l'histoire, s'est préoccupé en particulier du rôle joué par le Vatican pendant la période nazie. Publiée, sa thèse de doctorat éclaire de multiples manières la « filière ». Le professeur est très savant sur les détails, des points d'entrée menant en Italie aux acteurs principaux au sein du Vatican, en passant par les réseaux de coopération dans le Sud-Tyrol. La peur du communisme est au cœur de tous ses récits, une peur qui a conduit des chasseurs de nazis à devenir des recruteurs, et qui a engendré une alliance improbable d'ecclésiastiques, d'espions, de fascistes et d'Américains.

L'évêque Hudal est le personnage principal de cette constellation aux ramifications multiples ; son nom se détache en effet dans l'index du livre riche de plusieurs centaines d'entrées. Bien qu'Autrichien, le professeur a moins d'indulgence que le Dr Ickx pour l'évêque : selon lui, Hudal était un nationaliste allemand, dont la sympathie pour les nazis s'explique par un « antisémitisme chrétien ». L'évêque n'aidait pas tout le monde – « s'il lui est arrivé de le faire, il n'y en a pas beaucoup de preuves », constate le professeur. De multiples indices attestent au contraire qu'il savait exactement ce qu'il faisait et qui il aidait : il n'ignorait pas que certains étaient poursuivis pour les crimes les plus terribles et il s'est attaché à les soustraire à la justice. Il n'agissait pas par miséricorde chrétienne, il n'était ni simple ni naïf, il savait exactement qui était Otto et ce qu'il avait fait.

Dans le livre, un bref passage est consacré à Otto. L'évêque l'a aidé, et cela a porté un « coup fatal[2] » à sa carrière : c'est pour cette raison, dit l'auteur, qu'il a perdu son poste de recteur de l'Anima. Karl Hass est plus longuement cité : intermédiaire entre les Américains et le Vatican, il a aidé des douzaines de camarades dans leur fuite vers l'Amérique du Sud. Le professeur Steinacher n'ignore pas les liens entre Hass et Hudal, Luongo, Lucid et la CIA, leur « front invisible » lors de la guerre froide, leur alliance pour sauver à tout prix « l'Europe chrétienne » et son cœur, l'univers catholique.

Lorsque nous en avons parlé, le professeur Steinacher s'est souvenu du bref passage consacré à l'accusation d'empoisonnement à la fin des mémoires de l'évêque, mais il ne le mentionne pas dans son livre. « Je ne suis pas arrivé à le comprendre » lors de ma première lecture, m'a-t-il expliqué. Le procédé lui avait semblé étrange, unique même : il n'avait trouvé aucune autre occurrence dans ses recherches ; aucun autre nazi en route pour la « filière » n'avait, à sa connaissance, été ainsi éliminé.

Comme moi, il était curieux de savoir pourquoi l'évêque avait écrit cela dès 1953, sans en dire un mot à Charlotte. Otto en avait peut-être parlé, ou pas. L'évêque avait éventuellement tout inventé. Mais pour quelle raison ?

Nous spéculions, tranquillement installés dans un bar de la via Veneto. Gerald pensait avoir une explication, une « théorie » même, comme il disait. L'affaire Wächter avait posé de gros problèmes à l'évêque, il avait subi des attaques provenant de l'intérieur et de l'extérieur du Vatican. Il était sûrement sur la défensive et il devait expliquer pourquoi il avait aidé Otto et les autres, Stangl et Priebke notamment. Une stratégie consistait à prouver qu'Otto était un homme fondamentalement honorable, un bon catholique en danger qui avait besoin d'être défendu. Une autre revenait à transformer le bourreau en victime.

« Suggérer qu'il a été empoisonné ? Quel meilleur moyen de transformer un homme en victime ? » L'image d'une Amérique toute-puissante traquant un homme solitaire et malheureux pouvait faciliter la tâche de l'évêque Hudal : il s'était au fond borné à offrir une aide chrétienne à une pauvre victime poursuivie par un ennemi impitoyable. Il pouvait aussi dire qu'il ramenait Wächter à la foi, cette forme de réconciliation pour laquelle il avait plaidé dans ses écrits des années 1930.

Gerald fit une pause et me regarda. « C'est quand même une énigme étrange et perturbante. »

Je lui ai dit ce que nous savions de l'identité de l'empoisonneur présumé, du week-end passé au lac Albano avec un « vieux camarade », sa femme et sa fille, du projet Los Angeles et du CIC. De Karl Hass aussi, qui était peut-être un agent double travaillant pour les Soviétiques. Je lui ai montré le dossier du CIC établissant que Karl Hass était aux funérailles d'Otto au cimetière de Campo Verano, je lui ai rapporté ses propos, le moment où il avait prétendu avoir empoisonné Otto. Quoi de mieux que ces mots écrits noir sur blanc ?

« Karl Hass », Gerald prononça le nom plusieurs fois. « Une personnalité intéressante. » Il était difficile pourtant de comprendre les raisons d'un empoisonnement. Pourquoi un agent du CIC aurait-il empoisonné un criminel de guerre qui se cachait à Rome tout en travaillant avec d'autres criminels employés par le CIC ? Il était sceptique.

Hass était-il un agent double travaillant pour le compte des Soviétiques ? Je m'étais renseigné auprès d'un expert confirmé des nazis et des Soviétiques. « Je n'ai jamais rien entendu de tel. Des commandos soviétiques éliminant des nazis connus[3] ? » m'avait déclaré le Dr Anton Weiss-Wendt. Dans ses longues recherches sur les tribunaux de guerre soviétiques et les archives du KGB, aucune source ne signalait des Soviétiques cherchant à tuer des responsables nazis en fuite. Sans doute parce qu'il y avait des centaines de milliers de collaborateurs soupçonnés d'être des nazis dans les territoires qu'ils contrôlaient.

Plus tard dans la soirée, Horst et Osman nous ont rejoints pour le dîner. Le repas ne s'est pas bien passé, Horst n'aimait pas les idées du professeur Steinacher. Il regrettait que Gerald, un Autrichien, voie dans son père un criminel de guerre ; pire encore, qu'il doute de l'accusation d'empoisonnement.

Horst avait téléchargé le livre du professeur Steinacher sur son Kindle et il ne l'avait pas apprécié. « J'ai lu ce que vous avez écrit sur mon père, j'ai une interprétation très différente. » Il était irrité. Il y avait des erreurs : son père, par exemple, n'était pas Sturmbannführer.

« Un rang plus élevé ? » demanda Gerald.

« Oui », affirma Horst, et de toute façon son appartenance à la SS n'était qu'« honoraire ». Otto était responsable du gouvernement civil et ne travaillait pas pour l'autre partie, la partie criminelle, celle des SS et de Katzmann. « Je ne puis accepter la théorie selon laquelle mon père était un criminel. »

« Alors pourquoi Otto était-il en fuite, demanda Gerald calmement, et pourquoi voulait-il quitter l'Europe ? »

« Parce qu'il était l'ennemi des Soviétiques, répondit Horst, Staline aurait tout fait pour le tuer. »

Le scepticisme de Gerald était bien enraciné. « Combien d'anciens nazis, experts en renseignements, les Soviétiques ont-ils tués ? » demanda-t-il.

« Mon père était un personnage clé des relations entre Est et Ouest. Il était une cible *parce qu'*il était important. » Disposant de peu de preuves, Horst renvoya Gerald à l'assassinat, en 1943 à Lemberg, de Bauer, l'adjoint de son père, par un agent soviétique habillé en Allemand.

Horst ne croyait pas que son père travaillait pour les Américains. « Une question d'honneur », affirma-t-il ; il n'aurait jamais travaillé pour un ancien ennemi. Si Hass avait tenté de le recruter, comme le suggère l'un des dossiers du CIC, il l'aurait fait pour le compte des Soviétiques. Telle était la logique de Horst : Otto avait décliné l'offre, il fallait donc le tuer. Voilà l'explication du fils, la conclusion qu'il tirait apparemment de nos conversations et de mes recherches.

Au cours du dîner, Gerald et Horst se sont querellés. « Votre père a quitté l'Église catholique », dit Gerald, « il s'est déclaré *gottgläubig* ».

« Il n'a jamais quitté l'Église », répondit Horst avec impatience.

J'ai rappelé que sa déclaration *gottgläubig* figurait dans son dossier SS[4].

« Il faut faire la différence entre la forme et le fond », répliqua Horst. « Il s'est peut-être déclaré *gottgläubig*, mais il n'a jamais quitté l'Église. »

Je pouvais lui montrer le document. « C'est possible, peut-être, mais les derniers mots d'Otto furent pour dire qu'il regrettait ses difficultés avec l'Église catholique. »

Gerald était las, il voulut mettre fin à la conversation. « Mon père était un haut dignitaire, bien plus qu'un simple SS courant partout pour tuer des gens », continua Horst.

Gerald rétorqua brutalement. « Votre père a-t-il jamais, après la guerre, par une voie quelconque, exprimé des regrets pour ce qui s'était passé, l'assassinat de millions de gens par un régime qu'il avait servi dans une position de pouvoir ? »

James Everest, un jeune homme calme et réfléchi, choisit ce moment pour intervenir. « J'ai examiné toute la correspondance entre Otto et Charlotte en 1949. L'Holocauste n'est pas mentionné une seule fois. »

Y avait-il le moindre signe de regret dans les documents que Horst nous avait donnés, demanda quelqu'un d'autre ?

Horst était certain des regrets de Charlotte. « Elle regrettait la maison de Zell-am-See. »

Mais encore ?

« Elle a renoué avec la religion à la fin de sa vie, elle a donc évidemment eu des regrets, comme moi je regrette. »

46.
Lac Albano

Après deux jours passés à Rome, nous sommes allés au lac Albano, un cratère volcanique rempli d'eau. Le lac se trouve à moins d'une heure en taxi de l'endroit où Otto a nagé pour la dernière fois en compagnie de Karl Hass.

Nous étions à la recherche d'informations sur Enrica, la petite fille de Hass, et de sa compagne italienne. Je n'avais presque rien trouvé sur cette femme née en mai 1949 qui devait avoir maintenant plus de soixante ans : seulement une interview, publiée en octobre 2013 dans un journal italien[1], d'un prêtre qui la connaissait. Marco Schrott, le prêtre, avait accepté de faire le service funéraire de Karl Hass, mort en 2004. Il était lié à Enrica depuis l'enfance : « Nous sommes allés à l'école ensemble ; j'ai enterré le père de mon amie, parce que personne d'autre ne voulait le faire. »

Nous avons localisé Marco Schrott, je lui ai parlé au téléphone. Il était aimable et ouvert, mais il était désolé de nous apprendre qu'Enrica était morte peu de temps après son père. Il serait ravi de me parler, avait-il ajouté, si j'étais non loin du lac Albano. Nous nous sommes donc retrouvés, par une chaude matinée de juin, à admirer, depuis la terrasse d'un restaurant, la vue sur le lac.

Marco était plein d'énergie, chaleureux, avec le sens de l'humour et il ne se mettait pas en avant. Il avait des yeux bleus et des cheveux blancs.

Villa Svizzera, Castel Gandolfo, carte, années 1950.

Âgé de soixante-dix ans, il connaissait bien la région où il avait passé presque toute sa vie. Ses parents originaires de Merano, dans le nord de l'Italie, s'y étaient installés et avaient tenu un petit hôtel, la Villa Svizzera, avec un bar et un restaurant où l'on dansait les week-ends.

Après avoir fréquenté une école locale, il était devenu prêtre. Il exerça son ministère d'abord en Italie puis, pendant quelques années, en Sierra Leone. C'est là qu'il avait compris ce qu'étaient le conflit et l'horreur. Depuis son retour, il était responsable, avec un collègue, de trois petites congrégations près de Rome. « Un très vieux prêtre », dit-il avec un sourire ironique, « et nous aimons beaucoup notre travail ».

À dix ans, il avait fait la connaissance à l'école d'Enrica Giustini, le nom de famille utilisé par ses parents. Ils étaient devenus amis, puis voisins lorsque les parents d'Enrica, Karl et Angela (auparavant Anna Maria), avaient emménagé via del Pascolaro à Castel Gandolfo. Marco habitait au numéro 8, Enrica au 12. Il ne savait pas où la famille Hass avait résidé avant 1949. Pas loin du lac, pensait-il, à Poggi d'Oro peut-être.

Il allait souvent chez Enrica, il aimait sa mère Angela, une femme simple et aimable qui cuisinait, jardinait et vivait une vie ordinaire et respectable. « Peut-être pour cacher le travail secret qui se faisait dans cette famille », suggéra Marco avec un nouveau sourire. Enrica adorait son père Karl parce qu'il avait réussi, avait de l'argent et ses entrées en haut lieu. Mais avec Angela, il était différent : « Absolument pas affectueux », dit Marco. Il se souvenait de Hass, installé dans son fauteuil avec son journal, « comme une statue, une momie égyptienne », un homme avare de paroles. Marco pensait qu'il préférait être absent, qu'il « essayait de se cacher ». Il était incapable de se rappeler la moindre conversation avec Hass dans son enfance.

À cette époque, jeune garçon, il ne connaissait ni le passé de Hass, ni sa vie secrète. Il avait appris plus tard qu'il avait été au service des nazis et avait travaillé pour les services de renseignements de différents pays. « Il faisait partie de la communauté, il avait une maison et une vie ordinaires, il faisait attention à ne déranger personne. » La maison était remplie de tableaux simples représentant des fleurs et des montagnes, pas de portraits d'Hitler ou de Mussolini. Marco rit. « Puis, un jour, j'ai lu que le gouvernement italien lui avait donné une pension ! » Il gloussa bruyamment à l'idée qu'un homme accusé de « crimes contre l'humanité » pour des assassinats d'Italiens puisse bénéficier d'une retraite versée par l'État italien. Le monde est fou.

À l'école, Enrica ne s'appelait pas Hass, mais Giustini. Lorsqu'elle avait questionné son père, il lui avait dit qu'il avait le choix entre une série de noms. Marco pensait qu'Enrica ne savait alors rien du passé de son père, mais qu'elle devait soupçonner des difficultés, les enfants sentent cela. Elle souffrait. « Elle était bonne à l'école, elle aimait écrire des poèmes, mais ils avaient souvent pour thème la mort. »

Enrica traversa un moment de crise lors de l'arrestation et du procès de son père en 1998. « Elle a payé le prix fort », se souvint Marco avec tristesse. Son amie d'enfance avait été minée par l'attention publique dont elle faisait l'objet et elle ne s'en était jamais vraiment remise. Elle était aidée par un mari aimant qui la soutenait avec l'aide des avocats, et qui faisait aussi ce qu'il pouvait pour maintenir son beau-père en liberté. Hass avait été condamné pour « crimes contre l'humanité » du fait de sa participation aux assassinats dans les Fosses ardéatines, mais il avait pu purger sa peine à la maison, près du lac Albano, et cela avait été un soulagement. « Pour être en paix les derniers jours de sa vie », commenta Marco avec ironie. Enrica, qui vivait en Suisse, s'inquiétait de la santé de son père et lui rendait souvent visite. « C'était vraiment une bonne fille », ajouta Marco. « Elle connaissait le passé de son père, mais nous sommes une autre génération. »

Marco était déchiré. Il était en principe favorable au procès de Karl Hass ; cela allait dans le sens de la justice. « C'était bien que la vérité se sache, que quelqu'un qui avait commis de terribles crimes fût obligé de reconnaître ce qu'il avait fait. » Mais son amie d'enfance en avait beaucoup souffert; il parlait tendrement d'Enrica, de leur relation durant la période du procès. « Elle m'a demandé de ramener son père dans l'Église, de le convertir au catholicisme. » Hass avait été baptisé luthérien, expliqua Marco. Il lui avait donc rendu visite chez lui, il voulait s'assurer qu'il était conscient de ses responsabilités et de ce qui lui arrivait.

« Il assumait ce qu'il avait fait », dit Marco. « Il l'a clairement affirmé : "Je voulais montrer à mes supérieurs que j'étais véritablement un bon nazi à la guerre, que je pouvais donner l'exemple, j'ai donc tué deux personnes dans les Fosses." Il voulait prouver qu'il pouvait faire exactement ce qu'on lui avait ordonné. »

Hass se sentait-il personnellement responsable de ses actions ?

Prudemment, Marco réfléchit à la question.

« Il a essayé, il a voulu avouer la vérité, mais son esprit était obstrué par l'idéologie nazie, vous ne croyez pas ? »

Donc toujours nazi.

« Oui, bien sûr, confirma Marco. Ils restent tous nazis.

– Et vous avez continué à lui parler ?

– Non, c'était impossible. »

Après leur dernière conversation, Marco avait proposé à Hass de prier avec lui, ce qu'il avait accepté. « Je me suis dit qu'il aimait cela, qu'il avait trouvé du plaisir à prier, une dignité humaine, quelque chose d'important. » Marco n'était cependant pas certain que Hass attachât vraiment de la valeur à la prière.

Hass est mort en 2004, six ans après sa condamnation. Parce qu'il était un ami de la famille, et parce qu'il parlait allemand, l'évêque local avait demandé à Marco de l'enterrer. Les funérailles avaient été une source de conflit : les communistes (« prêts à lancer des pierres ») se tenaient d'un côté ; de l'autre, se trouvaient les fascistes (« qui voulaient accueillir ce héros des nazis »). L'atmosphère était d'autant plus fébrile que l'enterrement se faisait à Castel Gandolfo, lieu de la résidence d'été du pape.

Pour son amie Enrica, Marco avait accepté sans hésiter la demande de l'évêque. La mise en bière avait eu lieu dans le secret le plus total. « Personne ne nous a vus au cimetière de Castel Gandolfo. » Dix ans plus tard, en 2013, les choses s'étaient encore compliquées au moment du décès d'Erich Priebke, la célébration d'une messe dans une église de la ville ou de sa périphérie ayant été interdite par le Vatican. « Impossible de l'enterrer, dit Marco. À ce jour, on ne sait toujours pas où a été inhumé Erich Priebke. »

J'ai fait part à Marco de ce que nous savions sur Hass et sur le projet Los Angeles, je lui ai même montré certains documents. Il était surpris, il semblait ignorer que le père de son amie avait travaillé pour les Américains. « Traiter vos ennemis comme des amis ? C'est une erreur. Les Américains le font à nouveau de nos jours, avec les Saoudiens. »

Nous avons lu ensemble le dossier du CIC qui donnait la liste des sources de Hass.

Caputo ? « Vieux fasciste. »

Albert Griezzar ? « Fasciste recyclé », ricana Marco.

Ali Hussain ? *« Mamma mia ! »*

Monsignor Fioretti du Vatican ? Qu'un membre de la hiérarchie du Vatican puisse être un agent américain n'étonna pas Marco. « Même parmi les religieux certains pensent qu'il vaut mieux aller à droite ou à gauche. »

L'évêque Hudal ? Il ne connaissait pas le nom, ce n'était pas son monde. « J'ai été missionnaire en Afrique », rappela-t-il. Il avait rencontré le pape Pie XII une fois, en 1955, mais il n'avait que sept ans. « Je n'ai aucune relation avec le Vatican », ajouta-t-il. Il ne connaissait pas d'évêques.

Il ne connaissait pas non plus le nom d'Otto Wächter, il ignorait tout de cet homme et de son décès après une baignade avec Karl Hass dans le lac Albano.

« J'étais trop petit pour me rappeler ces choses-là. »

L'accusation d'empoisonnement le surprit. Hass, selon lui, ne pouvait pas avoir joué un tel rôle : « Pas un *serial killer*, pas un homme qui tuerait de son propre chef. »

Marco réfléchit, fit une pause, puis se corrigea : « peut-être après tout » que sous certaines conditions Hass aurait pu tuer. Pour des raisons idéologiques, ou si quelqu'un le lui avait ordonné. « J'en suis convaincu, si quelqu'un lui avait donné l'ordre de tuer, il était capable de suivre l'ordre. » C'était une question de génération, on lui avait enseigné à obéir, à croire que l'obéissance était une bonne chose, pour l'humanité.

Hass était-il un homme faible ?

« Un homme dépourvu d'autonomie », répondit Marco sans hésiter. Un homme qui s'était toujours montré prêt à agir dans l'intérêt d'autres hommes.

Horst, dont le visage s'était éclairé pendant que Marco parlait, l'interrompit brusquement. Face à l'endroit même où son père avait nagé, il était incapable de se contenir.

« Karl Hass était un personnage détestable, un rat qui a tué mon père. »

Marco eut l'air surpris, mais il garda son calme.

Horst poursuivit son raisonnement. « Hass travaillait pour Staline, pour les Soviétiques. Mon père était un homme d'honneur, c'étaient eux ses ennemis. »

« Je vous remercie, vous et votre père, d'être des hommes aussi bons », dit Marco. À l'évidence, il n'avait jamais entendu parler d'Otto Wächter, mais Horst fut ravi de l'entendre.

« Et le prénom de votre père ? » demanda Marco.

« Otto. »

Horst lui montra une photo d'Otto avec Charlotte, prise au cours de l'été 1948, sur fond de montagnes.

« Ils ont l'air d'un gentil couple », remarqua Marco. C'est exactement ce que voulait entendre Horst en ce joli matin de juin dans une petite ville près de Rome.

Nous sommes allés déjeuner dans un restaurant de poisson local. Marco nous a parlé de sa famille, de ses deux frères, Viktor, d'un an et demi son aîné, né en 1946, et Sergio, de cinq ans son cadet. Au cours du repas, il déclara soudainement : « Karl Hass faisait partie de ma famille. »

Cette révélation venait de nulle part, elle n'était précédée d'aucune allusion. Nous devions avoir l'air perplexe. Il poursuivit :

« Mon frère Viktor a épousé Enrica, la fille de Hass. » Notre surprise fut encore plus grande. Ils ont eu un long et heureux mariage, ils ont vécu à Genève où Viktor est resté après le décès d'Enrica, peu de temps après celui de son père, d'une pancréatite. Ils ont un fils qui travaille pour une entreprise de café à Genève.

« Comme George Clooney », ajouta Marco, rayonnant de fierté. Quelle était la relation entre le fils et son grand-père, Karl Hass ? Marco haussa les épaules et sourit. « Leur fils est un homme calme, un vrai Suisse, avare de mots. »

« Et le fils s'appelle Schrott ? » demandai-je sans réfléchir, supposant qu'il portait le même nom de famille que le prêtre, son oncle.

Marco ne répondit pas tout de suite. Il avait l'air pensif, puis il dit : « Non, pas Schrott, Williams. »

Nous nous sommes tus, sans comprendre.

« Oui, mon frère ne s'appelle pas Viktor Schrott, mais Viktor Williams. Ma mère a eu un enfant pendant la guerre. »

Horst toussa.

« Le nom de jeune fille de votre mère est donc Williams ?

– Non, ma mère est née Heyking. Williams est le nom du père de mon frère.

– Il était Gallois ?

– Non, Américain. »

Essayant d'assimiler l'arbre généalogique, nous avons continué de parler.

« En vérité, c'est encore plus compliqué », expliqua Marco, ce curé aimable et doux que nous avions sous-estimé.

Le véritable nom du père de son frère n'était pas Williams. Williams était un nom inventé. Sa mère avait eu une liaison avec un Américain bien connu à Bolzano où elle habitait alors. Elle était tombée enceinte et avait décidé de garder l'enfant. Redoutant un scandale, l'amant américain lui avait demandé de choisir un autre nom. Ils avaient appelé l'enfant Williams.

« Qui était Williams ?

– Un soldat britannique tué pendant la guerre.

– Donc votre frère n'est pas Viktor Schrott, et il n'est pas non plus réellement Viktor Williams ?

– Correct.

– Qui était le père ? »

Un Américain assez bien connu, un homme politique ou quelque chose comme ça, expliqua Marco.

J'insistai pour avoir le nom. D'abord réticent, Marco le révéla au bout d'un moment: «T-o-m-a-s-o L-u-c-i-t-o.» Il prononça le nom doucement. «Quelque chose comme ça.» Tomaso Lucito.

«Thomas Lucid? dis-je ébahi.

– Vous connaissez le nom?» demanda Marco, surpris qu'il me soit familier.

J'ai hoché la tête et lui ai raconté ce que je savais. Thomas Lucid travaillait pour le CIC. Il était l'officier commandant le 430e détachement, l'unité qui recherchait Otto et d'autres nazis, Hass notamment. Lucid avait créé puis dirigé le projet Los Angeles. C'est lui qui avait interrogé puis recruté Hass, c'est encore lui qui en avait fait la source principale du Projet en 1947.

Thomas Lucid, agent des renseignements américains, était devenu le contrôleur de Karl Hass, ancien officier des renseignements de la SS, devenu agent américain.

Marco, Horst et moi-même dûmes digérer les implications de cette histoire.

Le fils de Thomas Lucid avait épousé la fille de Karl Hass.

Le contrôleur et l'agent, l'officier du CIC et l'ancien nazi, liés par le mariage de leurs enfants.

«La situation du fils de votre frère est curieuse», fis-je remarquer à Marco, pendant que j'essayais de comprendre. «Il a deux grands-pères. L'un était un responsable nazi devenu agent secret américain et condamné pour "crimes contre l'humanité" par un tribunal italien. L'autre grand-père était son contrôleur américain.

– L'un des grands-pères contrôlait donc l'autre?

– Correct.»

Il nous fallut un moment pour reconstituer les ramifications de cette affaire. J'ai dessiné un schéma, comme je le fais souvent quand les relations de parenté deviennent compliquées – je comprends mieux lorsque les faits prennent une forme visuelle.

Otto était en fuite en juillet 1949. Il accepta l'invitation de Karl Hass. Celui-ci vivait avec Angela sur le lac Albano et venait d'avoir une petite fille, Enrica.

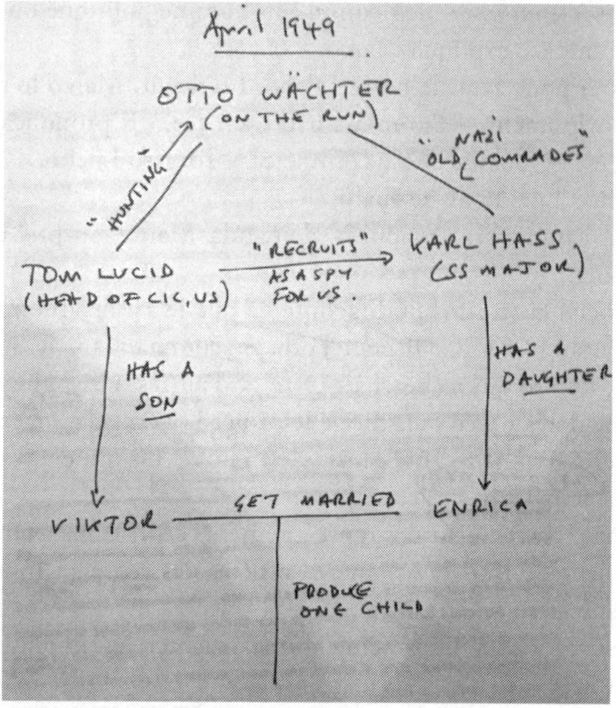

Wächter, Lucid et Hass – schéma dessiné par l'auteur, 2018.

Hass travaillait secrètement pour les Américains en juillet 1949. Il rendait compte de son activité à Thomas Lucid du CIC, l'organisation qui traquait Wächter. Nous n'avons pas de preuve qu'Otto était au courant de l'engagement de Hass au service des Américains. Il venait en effet de mettre en garde Charlotte : on soupçonnait certains de ses camarades allemands de travailler pour les Américains, il fallait les éviter, lui avait-il écrit.

On pouvait donc avancer deux hypothèses : soit les Américains savaient que Wächter était à Rome, parce que Hass, source principale du projet Los Angeles, le leur avait dit ; soit les Américains l'ignoraient, parce que Hass le leur avait tu. Et, question essentielle : dans cette hypothèse, pourquoi Hass n'avait-il pas informé les Américains qu'il était en contact avec Wächter ?

47.
Exhumation

Après notre voyage à Rome, Horst pensa qu'il serait peut-être bon d'exhumer son père. Il m'envoya un document de deux pages[1] que j'avais déjà vu dans les papiers de Charlotte : la copie du dossier d'Otto Wächter trouvé dans les archives de Rome. Horst ne savait pas d'où venait ce papier, une simple copie – non certifiée – d'un document original daté du 14 juillet 1949 et intitulé « Dossier de soins, Ospedale Santo Spirito ».

« Le patient Reinhardt a été admis le 9 juillet 1949. » Quelqu'un avait inscrit le prénom du patient à la main, « Alfred » peut-être, l'écriture n'était guère lisible.

Le dossier contenait des données personnelles contradictoires. La première page mentionnait que le patient était « célibataire » ; la deuxième qu'il était marié et père de cinq enfants.

> Le patient indique qu'il est incapable de manger depuis le 1er juillet, qu'il a développé une forte fièvre le 2 juillet, que des symptômes de jaunisse sont apparus le 7 juillet. Le patient est diabétique, l'examen clinique révèle une maladie du foie : une atrophie jaune aiguë *(icterus gravis).*

Le dossier spécifiait ensuite : « À la suite d'une attaque d'urémie le patient est mort le 14 juillet. »

La date de la mort était différente de celle – 13 juillet – donnée par l'évêque Hudal. J'ai pensé qu'Otto était peut-être mort tard dans la soirée du 13.

Puis le texte du dossier précisait :

> Le même jour (selon l'usage pour tous les décès ayant lieu à l'hôpital), une autopsie a été réalisée. Celle-ci révèle une suspicion de maladie de Weil *(Leptospirosis icterohemorrhagiae)*[2].

Horst n'était pas prêt à accepter ce diagnostic. Il était convaincu qu'il s'agissait d'un meurtre, mais il convenait désormais que les coupables n'étaient pas les Américains. Il pensait maintenant aux Soviétiques, ou peut-être à Simon Wiesenthal, le fameux chasseur de nazis, qui nourrissait, selon Horst, une hostilité particulière vis-à-vis de son père.

Le dossier de deux pages n'emportait plus l'adhésion de Horst. Les mémoires de l'évêque Hudal lui avaient inspiré de nouvelles théories, de même que la conversation entre Charlotte et Hansjakob Stehle dont il ignorait le contenu jusqu'alors. « Lorsqu'elle est arrivée à Rome, il était mort, couché là, noir comme un Nègre », avait dit sa mère à l'historien. « Un corps ne devient généralement pas noir en l'espace de quelques heures », répétait Horst. « On ne devient pas noir quand on meurt. »

Après le voyage à Rome, Horst songeait donc à déterrer son père. Il voulait tester sa théorie : « Si nous l'exhumons, la présence du poison s'imposera. » Il s'exprimait avec la certitude d'un apôtre.

Je doutais des résultats d'une telle entreprise. Otto avait été enterré en 1949, exhumé dix ans plus tard et, après avoir passé quelques années dans le jardin de Charlotte à Salzbourg, il avait été enterré dans le cimetière de Fiederbrunn en 1974, avant d'être à nouveau transporté après la mort de Charlotte en 1985. Ce fut son cinquième et dernier enterrement.

Horst voulut néanmoins s'assurer que l'exhumation était possible. Il contacta un expert[3] de St Johann in Tirol qui fit une enquête préliminaire. L'expert confirma qu'une exhumation était possible, mais il avertit Horst des difficultés qu'il allait rencontrer. L'enquête établit également qu'il n'y avait pas de traces des funérailles d'Otto en 1974 et que la tombe dans laquelle il était enterré avait été « descendue » lors de la mort de Charlotte en 1985. Enfin, la tombe avait été déplacée de vingt centimètres dans le cadre d'un réaménagement général du cimetière en 1993. Ainsi, « il n'était pas possible d'affirmer avec certitude que l'on trouverait les restes de Mr Otto Wächter lors d'une exhumation ». Si des restes existaient, il serait possible de pratiquer une analyse ADN et un examen toxicologique. L'expert donna une estimation du coût de l'opération : entre cinq mille et huit mille euros.

Horst ne fut pas découragé, mais il concéda qu'il était préférable de s'informer davantage avant de s'engager. « Peut-être pourriez-vous trouver un expert ? » suggéra-t-il. Je n'avais guère envie de le faire. Lors d'un dîner à Londres, j'ai cependant rencontré le directeur de la Royal Society, l'Académie des sciences créée au XVIIe siècle. Au moment du dessert, nous avons parlé de l'histoire d'Otto et, dans le fil de la conversation, nous avons évoqué l'analyse de restes humains. Le directeur m'a conseillé de m'adresser à un membre de la Royal Society, Dame Sue Black[4], professeure d'anatomie et d'anthropologie médicolégale à l'Université de Dundee. La professeure Black avait une longue expérience dans ce domaine ; elle avait enquêté sur des « crimes contre l'humanité » et sur le « génocide » en ex-Yougoslavie, en Sierra Leone, en Irak et ailleurs. Je l'ai donc contactée, et nous avons eu deux discussions, en présence de l'une de ses collègues, la professeure Niamh Nic Daéid[5], directrice du centre de médecine légale de l'université.

Les deux professeures m'ont demandé de leur transmettre les éléments que j'avais en ma possession. Je leur ai fait parvenir le document de deux pages, le dossier de soins de l'hôpital, divers bulletins médicaux ainsi que la description des symptômes évoqués par Otto dans sa correspondance avec Charlotte.

J'ai beaucoup appris sur le corps humain *post mortem* au cours de ces échanges. Mes interlocutrices m'ont posé des questions sur l'état des restes d'Otto, sur le cercueil d'origine, le drap mortuaire et les vêtements dans lesquels il avait été enterré. J'avais peu de choses à leur offrir – il avait déjà été exhumé une première fois de sa tombe à Rome, leur ai-je expliqué. Les restes avaient été conservés dans une boîte enterrée dans le jardin de Charlotte, puis transportés vers une autre maison, puis ré-enterrés à Fieberbrunn dans le Tyrol. Si elles ont été surprises par ce que je leur ai raconté, elles n'ont rien laissé paraître.

N'y avait-il que les ossements ? Je ne le savais pas.

Y avait-il des cheveux ou des ongles ? Je ne le savais pas.

Le cercueil d'origine avait-il été levé et enchâssé dans un autre ? Les restes d'Otto avaient-ils été retirés du cercueil et transférés dans un autre récipient ? Le drap mortuaire d'origine avait-il été transporté avec le corps ? Subsistait-il des traces de l'un de ces objets ? Là encore, je ne savais pas.

Les professeures m'ont expliqué pourquoi elles posaient ces questions. Une multitude de facteurs affectent le corps après un enterrement : la profondeur de la tombe, la nature du sol et son acidité, les niveaux d'eau, la présence de rongeurs et d'insectes. Si l'environnement n'est pas humide, les cheveux sont généralement mieux préservés sous des températures chaudes. Le bois du cercueil d'origine, son capitonnage, un drap mortuaire renferment des indices car les fluides corporels – qui contiennent potentiellement du poison – ont pu les imbiber.

Sue m'a fait une démonstration très visuelle : « Lorsque le corps et ses tissus se décomposent, et si les fluides ne sont pas drainés, le corps baigne dans une sorte de soupe de fluides. Ceux-ci sont légèrement acides, ils entament donc les parties molles. Les restes sont osseux, couverts d'une sorte de film brun. Cela ressemble à un glaçage au chocolat – si l'image peut vous aider à imaginer ce qui reste d'un corps. Les fluides suintent et se déposent au fond du cercueil, sur son capitonnage et, s'il y a lieu, sur le drap mortuaire. »

Sue avait donc besoin de plus d'informations sur le contenu exact du cercueil d'Otto Wächter lors de son deuxième enterrement. Horst m'avait dit qu'il n'avait jamais ouvert la boîte que sa mère gardait au fond du jardin ; de toute façon, ajouta Sue, ces informations ne lui permettraient pas de se prononcer sur la cause du décès. Cela relevait de la compétence d'un médecin qualifié. « Nous ne pouvons pas émettre d'opinion sur les causes d'une mort, en particulier parce que la leptospirose ou la maladie de Weil, causes possibles de la mort, sont des maladies cliniques. »

Mon interlocutrice n'était pas non plus experte en poisons – seul un toxicologue pouvait nous renseigner précisément. Certains poisons se manifestent dans les tissus corporels, m'expliqua-t-elle, mais si le seul tissu disponible est osseux, il est difficile d'obtenir un résultat probant. Contrairement aux cheveux ou aux ongles, les os ont un taux de renouvellement cellulaire lent. Dans le cas d'Otto, les os n'avaient sans doute pas pu absorber un poison ayant transité par le système gastro-intestinal dans un temps aussi court : entre l'absorption du poison – peut-être lors du repas avec Karl Hass le samedi 2 juillet – et le moment du décès, seulement onze jours plus tard. « Les os ne se renouvellent pas si rapidement, pas en moins de deux semaines. »

Le temps était donc le facteur clé. Le poison, s'il y a bien eu empoisonnement, a-t-il été administré en une ou plusieurs fois durant les semaines et les mois qui ont précédé la mort ? « Wächter était-il déjà malade, avant d'être empoisonné ? » L'écart entre le moment de la mort et l'analyse des restes est également déterminant, dit la professeure Black. Plus le temps passe, moins il est facile d'identifier un poison. Soixante-dix ans est une période très longue. L'analyse était encore compliquée par le fait que la dépouille d'Otto avait été déplacée et conservée dans des conditions inconnues.

Les chances d'identifier un poison administré sur une période longue, sur plusieurs mois, sont plus importantes, mais tout dépend de sa nature. Tous les poisons ne sont pas également absorbés par les os, les cheveux ou les ongles. « Certains traversent littéralement le système sans laisser de trace. » Il est donc difficile de détecter un poison introduit quelques semaines avant le décès. « Je ne dis pas que ce serait impossible, mais c'est improbable. Des mois consécutifs d'empoisonnement rendraient la tâche plus facile, mais, encore une fois, tout dépend du type de poison. »

Sue m'a expliqué le mécanisme et pourquoi l'analyse des os n'était pas suffisante. Il y a en résumé deux types d'os, « ivoire » et « friable ». Les premiers ressemblent aux « touches de piano » ; ils sont compacts, ainsi le tibia ou le fémur, ou encore l'os entre le coude et le poignet. Le renouvellement des cellules se fait lentement, tous les quinze ans environ ; « identifier un poison dans un os compact est impossible si l'empoisonnement a eu lieu deux semaines seulement avant la mort ».

Les seconds sont spongieux. « Songez à une structure alvéolaire, dit Sue, analogue à l'intérieur d'un bonbon Malteser couvert de chocolat.

Leur tâche est de transférer le poids dans un corps, mais ils sont plus fragiles que les autres. » C'est le genre d'os que l'on casse en tombant. Ils ont un taux de renouvellement de cellules plus élevé – tous les cinq ans –, ce qui veut dire qu'un poison les pénètre plus rapidement. Sue pensait cependant qu'il était « hautement, hautement improbable » qu'un poison, absorbé une ou deux semaines seulement avant le décès, puisse être identifié grâce aux os spongieux.

Un poison administré sur une durée plus longue devient au contraire plus facile à détecter, car il se répand dans l'ensemble du squelette. Il ne reste pas dans un seul os, ou dans une seule zone. Les maladies peuvent se manifester dans les os, expliqua Sue, mais, « en raison du renouvellement cellulaire lent, il s'agit généralement de maladies chroniques ». Sue ne pensait pas que les os d'Otto pourraient répondre à nos questions, surtout dans l'hypothèse d'un empoisonnement unique survenu peu de temps avant la mort. En revanche, si l'on était en présence d'une petite quantité de poison administrée sur une longue période – des mois ou des années –, il serait éventuellement possible de trouver quelque chose, mais sans aucune certitude.

Les cheveux ou les ongles d'Otto pourraient mieux nous renseigner. « Parce qu'il pousse, chaque ongle ou cheveu renferme un dépôt longitudinal d'informations chimiques, même sur un court laps de temps, une ou deux semaines. » L'information qu'il livre peut cependant être limitée.

Quelle est la quantité de cheveux ou d'ongles nécessaire à une analyse concluante ? C'est, selon Niamh, l'affaire du toxicologue. Son travail consiste à prélever les échantillons qui sont ensuite analysés par un spécialiste. Pour détecter la présence d'un produit chimique spécifique dans un ongle, Niamh aurait besoin de l'ongle complet. En effet, lorsque l'empoisonnement s'est produit peu de temps avant la mort, il faut aussi regarder la partie qui, à ce moment, poussait encore. « Si vous vous intéressez aux cheveux, alors il vous faut la partie la plus proche du cuir chevelu. Pour la même raison : c'est là que se dépose le produit chimique. »

La professeure n'avait cependant pas besoin des dix ongles ou d'une poignée de cheveux. Pour l'ongle, il lui suffirait d'analyser la demi-lune plus claire à la base. « C'est là que l'on trouvera le poison. »

Sue résuma: «Si Otto Wächter a été tué par poison, et si celui-ci a été administré en une seule fois environ deux semaines avant sa mort, alors la seule chance réaliste de le découvrir est de disposer d'un cheveu ou d'un ongle.» Les os, elle en était convaincue, ne pourraient suffire.

Sue souleva un dernier point: il y avait deux parties dans cette affaire, le mort et ceux – la famille – qui seraient directement affectés par l'exhumation. Certains pensent qu'une exhumation est un acte intrusif qui trouble les restes mortels, on ne doit y recourir qu'en dernière instance. S'agissant de la famille et des amis, différents facteurs et questions doivent être pris en considération. Que cherche-t-on à découvrir, et pour le compte de qui? Faut-il résoudre un mystère? L'opération mettra-t-elle en cause la responsabilité de quelqu'un? Procède-t-on à l'exhumation pour clore une affaire? Le mort l'aurait-il approuvée? Faut-il prendre en compte la première exhumation qui remonte à plusieurs décennies?

Je lui ai dit que je transmettrais ces questions à Horst.

Sue et Niamh m'ont fait comprendre qu'elles ne participeraient pas à l'enquête ou à l'exhumation si toutes les exigences légales n'étaient pas respectées. Elles voulaient savoir si l'exhumation allait avoir lieu pour de bonnes raisons et si la famille accepterait le résultat, quel qu'il soit.

«À leur place, avant de m'engager, j'aimerais connaître la valeur légale d'une exhumation, à qui elle profite et pourquoi, insista Sue, car il y aura des conséquences légales.»

Elle conclut brutalement. «S'il est mort du typhus ou de la leptospirose, ses restes ne vous diront probablement pas s'il a été effectivement emporté par ces maladies. D'après ce que vous décrivez, il sera extrêmement difficile voire impossible de confirmer l'hypothèse d'une maladie ou celle d'un empoisonnement à l'aide de restes osseux.»

Elle me conseilla de m'adresser à un spécialiste du foie.

48.
Lucid

Alors que je m'interrogeais sur l'utilité de l'exhumation d'Otto, Marco Schrott pensait de son côté à la relation entre son demi-frère et Thomas Lucid. Il me proposa de me présenter à Viktor Williams, le fils de Thomas Lucid – qui, par son mariage avec Enrica, était devenu le gendre de Karl Hass. Je me suis donc rendu à Genève faire la connaissance de Viktor.

Viktor est chimiste, docteur, diplômé de l'Université de Rome, il a fait toute sa carrière dans l'entreprise DuPont. Désormais à la retraite, il m'a invité dans l'appartement élégant et agréable où il avait vécu avec Enrica. Nous nous sommes installés dans le séjour côte à côte sur un grand sofa blanc ; posés sur la table basse, devant nous, un vase de fleurs rouges et blanches, une bougie rouge, deux grands verres d'eau et un cendrier dont il a fait bon usage pendant notre discussion. Vêtu d'un pull noir confortable, c'est un homme barbu, assez petit, solide, aux cheveux blancs. Ses yeux, derrière des lunettes sans monture, sont vivants et concentrés, son allure est volontaire. Il m'a écouté avec attention, s'est montré sensible aux détails, précis dans le choix de ses mots. Il m'a rappelé l'auteur italien Primo Levi. Je l'ai beaucoup apprécié.

Il m'a raconté son histoire. Il a rencontré Enrica Giustini à l'école, en 1953 ; il avait alors sept ans, Enrica quatre ans. L'école était située non loin du lac Albano, là où Otto était lui-même venu quatre ans plus tôt. Son beau-père, Falco Schrott, tenait un bar-restaurant dancing tout près du domicile de la famille Hass. Les deux familles étaient germanophones, les enfants avaient le même groupe d'amis. « Nous avons grandi ensemble, nagé et dansé ensemble. » Enrica s'était fiancée avec un ami de Viktor, mais, à dix-neuf ans, en 1966, il lui a déclaré sa flamme. Ils se sont mariés huit ans plus tard ; leur seul enfant, un fils, est né en 1979.

Angela et Karl Hass sont ainsi devenus ses beaux-parents. Angela venait d'une bonne famille originaire de Parme. Karl était un homme imposant, relativement grand, fort, ni chaleureux ni aimable. « Il avait une drôle de manière d'exprimer son estime, c'était un homme de peu de mots », dit Viktor, soucieux de m'en donner la description la plus précise possible. « Il était difficile, renfermé, et ne parlait jamais de sa vie passée. » Mais il aimait boire et, après quelques verres, il lui arrivait de raconter certaines histoires. À un moment – il ne se souvenait pas exactement quand –, il avait appris que son beau-père avait été commandant dans la SS. Il n'en savait pas plus, aucun détail, et rien évidemment sur des atrocités.

Viktor connaissait son beau-père depuis plus de quarante ans lorsqu'il en apprit davantage sur son passé. Il possédait une photo du début des années 1950 de Karl et d'Angela au côté de leur fille Enrica, mais il ne les connaissait pas encore à l'époque. Il n'apprit toute l'histoire qu'en 1995, après l'arrestation d'Erich Priebke en Argentine, son extradition vers l'Italie et sa condamnation pour « crimes contre l'humanité » en raison de sa participation aux assassinats des Fosses ardéatines. Tout le monde en Italie connaissait cette horreur. Ce fut un désastre pour la famille, se souvint Viktor, un moment terrible.

Hass, Angela et Enrica, lac Albano, *c.* 1952.

La veille de son premier interrogatoire par un procureur militaire italien, à l'hôpital où il se trouvait après s'être blessé en tentant de fuir – il ne voulait plus témoigner au procès de Priebke –, Hass leur avait avoué, à Enrica et à lui-même, qu'il avait pris part aux assassinats des Fosses. « Il nous a dit : “Je dois vous confier quelque chose avant de témoigner. J'étais dans les Fosses ardéatines, j'ai tué une personne[1]." » Jusqu'alors, Karl Hass, père, patriarche et beau-père, avait toujours nié son implication.

« Ce fut un choc pour nous deux. » Viktor s'arrêta pour allumer une cigarette. « Encore plus pour Enrica, comme vous pouvez imaginer. » Elle a été profondément affectée par tout ce qui s'est passé ensuite : le bruit des médias, le procès très public, la condamnation, la résidence surveillée près du lac. Traquée par les journalistes, elle a fait une dépression ; alors Viktor s'est inquiété pour sa mère.

Il se leva pour me guider et ouvrit la porte coulissante en verre qui menait au balcon. « Je craignais qu'elle ne saute d'ici », confia-t-il. Enrica, Karl Hass et lui-même avaient autrefois reçu un journaliste d'*Il Messaggero* sur ce balcon. « Hass avait bu plus d'un verre de grappa, et il a commencé à raconter des histoires. »

Les dernières années de son père ont rongé Enrica. « Ce furent des années terribles, parce que Karl était replié sur lui-même. Le père et la fille s'aimaient, mais il était incapable de lui témoigner son affection. Angela, la femme de Hass, Enrica et Viktor ne l'avaient pourtant pas abandonné ; et Viktor avait même pris en charge les frais d'avocat.

Viktor connaissait donc les activités de Karl Hass après la guerre, son travail pour les renseignements américains et italiens, tout cela avait figuré dans la presse. Il ne savait rien toutefois du projet Los Angeles. Je lui en ai parlé, j'ai évoqué le nom de Joseph Luongo. « Cela me dit quelque chose », reconnut Viktor. Il était le contrôleur de Hass au sein du CIC, le parrain d'Enrica, il était présent à son baptême.

Savait-il à qui Luongo rendait des comptes ? Non.

« Il dépendait de l'officier commandant du 430e détachement du CIC, lui expliquai-je ; cet officier s'appelait Thomas Lucid. » Je dis cela lentement. Viktor me regarda longuement dans les yeux, impassible ; il savait ; puis, très doucement, il répondit : « Ah, ok. »

Il reconnaissait le nom. Il comprit immédiatement que je savais qu'il était le fils de Thomas Lucid, mais il ne releva pas ce que je venais de dire et n'ajouta rien.

Il y eut un long silence durant lequel il reconstitua les liens entre son père, Thomas Lucid, et son beau-père, Karl Hass.

Je rompis le silence.

« Thomas Lucid avait un fils hors mariage qui a épousé la fille de Karl Hass…

– Oui.

– C'est incroyable.

– Oui, en effet.

– C'est vrai ?

– C'est vrai. » Viktor fit une pause. « C'est tout de même une étrange coïncidence, si on peut appeler cela une coïncidence. »

Il rit. Nous cherchions tous deux à mettre des mots sur les ramifications de cette « coïncidence ». Son père n'était pas seulement un espion américain, il était l'espion américain qui avait recruté et contrôlé l'homme qui était devenu son beau-père.

« Extraordinaire : votre fils a deux grands-pères – grand-père numéro un est Américain et le… »

Viktor m'interrompit.

« … contrôleur de grand-père numéro deux. » Il eut un petit rire en complétant ma phrase.

Viktor m'expliqua l'histoire plus en détail. « J'avais quatorze ans lorsque j'ai appris qui était mon père biologique. » Il avait demandé à sa mère pourquoi ses livrets scolaires étaient au nom de Williams et non de Schrott comme ceux de son frère Marco. Sa mère Charlotte lui avait alors raconté son histoire. Incarcérée à Bolzano en avril 1945 pour activités antifascistes, elle avait été relâchée quand les Américains avaient libéré la ville. Comme elle parlait anglais et français, elle avait été recrutée comme secrétaire par un soldat américain, Thomas Lucid. Lucid était marié à Margaret – Peggy –, qui était retournée aux États-Unis. La liaison entre Thomas Lucid et Charlotte von Heyking avait duré quelques mois, jusqu'en septembre 1945. Assez longtemps pour que Charlotte tombe enceinte.

« Ma mère m'a dit : "Je te voulais." » Apparemment, il y avait eu un désaccord sur la poursuite de la grossesse. Mais, malgré les réserves de Lucid, elle ne l'avait pas interrompue ; Viktor est né en mars 1946.

Après leur séparation et la naissance du bébé, Thomas Lucid avait pris des dispositions financières, mais il était parti au bout de quelques mois. Viktor n'eut jamais de contact avec son père, il ne le vit jamais. Mais avec le temps, et surtout après la mort de Hass en 2004, il voulut en savoir davantage. Il tenta même de changer de nom, en prenant celui de von Heyking, le nom de jeune fille de sa mère. Le bruit courait que John Thomas Williams, un soldat allié d'origine irlandaise, avait été tué en roulant sur une mine alors qu'il traversait l'Appenin en moto. Viktor rassembla des indices pour prouver que John Thomas Williams n'avait jamais existé. Le registre de la population irlandaise confirma ne posséder aucune entrée avec ce nom. La commune italienne, lieu apparent de l'accident, l'informa qu'elle n'avait jamais enregistré la mort de cette personne. Les autorités milanaises refusèrent malgré tout la demande de changement de nom. Preuves insuffisantes, lui répondit-on.

Viktor était curieux d'en savoir plus sur Thomas Lucid. Internet lui fournit quelques informations basiques – origine irlandaise, famille catholique arrivée par bateau aux États-Unis en 1887 ; l'année de sa mort, le *Washington Post* a publié une brève notice nécrologique, c'était en 1985[2]. La notice résumait son travail au sein du renseignement – CIA, Organisation Gehlen, Vietnam –, et mentionnait sa famille : marié à Margaret, six enfants, trois fils et trois filles. Rien évidemment sur le septième enfant – le premier en réalité.

Le deuxième enfant de Lucid, le premier qu'il a eu avec Margaret, est né au cours de l'été 1947, un an après Viktor. « Il vit à Albuquerque, au Nouveau-Mexique », ai-je indiqué à Viktor.

« Oh ! » Viktor n'avait aucun contact avec la famille Lucid. « Cela ne m'intéresse pas », poursuivit-il. Selon lui, ils ne savaient pas qu'il existait. Sa mère avait écrit à Lucid en 1963, elle lui avait demandé de l'aider, elle voulait que Viktor poursuive ses études à l'Université. « Elle m'a dit n'avoir jamais reçu de réponse. »

Thomas Lucid, 1961.

Il avait aperçu une photo de Lucid un jour, une certaine ressemblance entre eux se dégageait. Je lui ai montré une autre photo datant de 1961, lorsqu'il travaillait pour la CIA au Vietnam : Lucid et le fils de Viktor avaient tous deux des sourcils broussailleux. « J'ai toujours été ouvert et transparent avec mon propre fils, je lui ai tout dit, il a le droit de savoir. » Viktor n'avait jamais manqué de franchise sur son histoire, même avec les voisins.

Le fils de Viktor ignorait cependant que les deux grands-pères étaient des espions, et que l'un des deux, l'Américain, contrôlait l'autre, l'Allemand.

« Il ne le savait pas parce que je ne le savais pas moi-même. »

Jusqu'à maintenant.

Karl Hass savait-il que le père biologique de son beau-fils était son ancien contrôleur ?

« Il le savait. Il m'a dit un jour : "Je connais ton père." » C'est tout, sans plus de détails. Hass n'avait rien dit de plus sur la nature de sa relation avec le père biologique de Viktor. Il n'avait pas dit qu'il avait autrefois travaillé pour lui, et Viktor n'avait pas posé de questions.

« Karl m'a seulement rapporté qu'il avait été dans une sorte de camp d'entraînement en Autriche où Thomas Lucid était également présent. Il ne m'a jamais dit que Lucid était son supérieur. »

Viktor avait appris que Hass travaillait pour les Américains, mais il ne savait pas qu'il transmettait ses informations à Lucid par l'intermédiaire de Luongo.

« Je suppose que j'aurais pu le savoir, car Lucid était le responsable du camp. Mais savoir qu'il était son supérieur direct ? Non. »

J'ai donné à Viktor les documents d'archives américains sur le projet Los Angeles. Il fut surpris par le nombre de détails, notamment la description vivante de la personnalité de Karl : un homme qui ne renonçait jamais à la mission qu'on lui avait confiée.

« C'est une bonne analyse. »

Il était aussi étonné de lire les noms des collaborateurs de Karl.

« Pino Romualdi ! Oh là là », s'exclama-t-il à propos de cet homme politique fasciste bien connu, membre du Parlement européen, député du *Movimento Sociale Italiano*, le MSI, et vice-président du groupe des partis de droite européens.

« C'est un nom très connu, mon Dieu ! »

Viktor fut encore plus surpris à la lecture du passage expliquant pourquoi les Américains avaient rompu les liens avec Hass en 1951 : la crainte qu'il fût un agent double, travaillant en parallèle pour les Soviétiques.

« Je ne savais pas cela, dit-il en secouant la tête, incrédule, non, ce n'est pas possible. »

Il voulait en savoir plus sur le week-end que son beau-père avait passé avec Otto Wächter au bord du lac Albano en juillet 1949. Je lui ai parlé des mémoires de l'évêque Hudal, d'Otto mort dans ses bras, de l'allégation selon laquelle un commandant – l'homme dont nous savons maintenant qu'il est le beau-père de Viktor – l'avait empoisonné. Je lui ai montré le dossier de la CIA de 1950 indiquant que Karl Hass était présent lors des funérailles de Wächter, et mentionnant la rumeur selon laquelle il avait affirmé avoir empoisonné Otto Wächter.

« Oh mon Dieu ! » s'exclama Viktor.

Son beau-père aurait-il pu faire une chose pareille ? Comme son demi-frère, Viktor ne le pensait pas.

« En 1949, il était toujours employé par les Américains, pourquoi aurait-il pris un tel risque ? Il ne pouvait pas sentir les communistes, vraiment il ne pouvait pas les sentir. »

Était-il au courant de cette supposition ?

« Absolument, mais je serais vraiment très surpris que ce soit vrai – très, très surpris. Une personne intelligente comme lui prête à éliminer quelqu'un, qui prendrait un tel risque ? Non, je ne le crois pas. Comment aurait-il procédé ? L'empoisonner, comment ? »

Je lui ai montré la lettre d'Otto à Charlotte, écrite après la visite à Hass, Angela et Enrica au lac Albano. Viktor s'est souvenu que Hass habitait quelque part entre Genzano et Velletri, dans une villa sur la via Appia. Ils la partagaient avec une autre famille allemande. Cette indication corroborait ce que nous savions du trajet d'Otto en tram ou en bus depuis Poggi d'Oro près du lac Nemi. Viktor n'y était jamais allé, mais il situait à peu près la maison. « Enrica a grandi là, avec les deux filles Dohm », les filles de l'autre famille allemande avec laquelle ils partageaient la maison. Viktor prit quelques photos dans un meuble, l'une d'entre elles était encadrée.

Deux mères, trois enfants. Angela et sa fille Enrica, Frau Dohm et ses deux filles Sybila et Cristina à Poggi d'Oro. Sybila était morte, mais Cristina vivait à Rome, et Viktor lui avait parlé quelques jours avant ma visite. Elle l'avait appelé pour prendre des nouvelles de sa santé. « J'ai un cancer », expliqua-t-il. Bien sûr, il ne manquerait pas de l'interroger sur la maison de Poggi où Otto avait pris son dernier bon repas.

J'ai dit à Viktor que j'espérais rendre visite à Thomas Lucid junior, son demi-frère, à Albuquerque au Nouveau-Mexique. Voulait-il savoir si les enfants Lucid étaient au courant de son existence ? Selon lui, ils ne l'étaient pas. « Si sa femme l'avait su, cela aurait détruit l'image qu'elle avait de son mari, surtout dans une famille très catholique. »

Thomas Lucid, son père, aurait pu maintenir le contact avec lui, mais il avait choisi de ne pas le faire. « C'était sa décision, et franchement, peu importe. Mais si j'avais Thomas Lucid père en face de moi, je serais très en colère. Je lui dirais qu'il a mal agi dans sa vie. Je ne suis pas curieux de rencontrer ses fils. »

Nous avons parlé de la bague avec le *Totenkopf* de Hass, « la bague à la tête de mort » que lui avait offerte Heinrich Himmler, le « collègue » d'Otto. C'était le signe qu'il faisait partie de l'élite de la SS. Joseph Luongo avait emporté cette bague et en avait fait don au musée de la CIA à Washington, des années plus tard. Elle s'y trouve apparemment toujours[3].

Nous nous sommes émerveillés devant les hasards de la vie, ces liens inattendus qu'elle tisse, les ramifications de ces événements. C'était si loin déjà.

Nous avons également partagé notre étonnement à l'idée qu'Otto Wächter, traqué par les Américains, avait été amicalement approché par un ancien camarade de la SS qui travaillait pour les Américains et qui était peut-être un agent double.

49.
Albuquerque, 2018

Quelques semaines après mon entrevue avec Viktor, j'ai pris l'avion pour le Nouveau-Mexique. Je me suis retrouvé dans la cuisine d'une petite maison située dans une rue calme de la banlieue d'Albuquerque. Des documents et des photos d'un autre âge étaient étalés sur la table. J'étais dans la maison de l'un des demi-frères de Viktor; j'ignorais si celui qui m'accueillait savait qu'il avait un demi-frère.

La scène était improbable. J'étais à Albuquerque, je prenais le thé avec le fils d'un agent américain dont l'employeur, la CIA, était responsable à la fois de la traque d'Otto Wächter et du réseau d'espionnage qui avait peut-être tenté de le recruter. Lorsque j'ai rencontré Horst pour la première fois, je ne pouvais l'imaginer.

La cuisine, les papiers appartenaient à Thomas Lucid junior, le deuxième fils de Thomas A. Lucid, officier commandant du 430e détachement du CIC. J'avais trouvé son nom dans un article de journal, et j'avais pu obtenir un numéro de téléphone à Albuquerque. J'ai laissé un message, Thomas Lucid junior m'a aussitôt rappelé. Il serait heureux de me rencontrer et de parler des activités de son père durant la guerre, me dit-il.

Tom junior s'est montré cordial: des yeux chaleureux et pétillants, une masse de cheveux blancs qui m'a rappelé celle de Viktor Williams. Je ne lui ai pas parlé de cette ressemblance sur la route que nous avons empruntée depuis l'aéroport, ni au cours de notre déjeuner fait de tacos épicés, ni même lors du café que nous avons pris dans un restaurant Twisters – celui qui a servi de décor à Los Pollos Hermanos[1], le célèbre fast-food de ma série préférée, *Breaking Bad*. Je me suis tu pour une raison simple : j'ignorais ce que savait Tom junior du premier enfant de son père, le fils qu'il avait laissé en Italie, et je ne savais pas si j'avais le droit de le lui dire.

Tom junior est né en 1947, à Gmunden en Autriche, le QG du 430e détachement du CIC. C'est là que travaillait son père, là que celui-ci avait eu un entretien avec le commandant Hass avant de lui confier la direction du projet Los Angeles – cela s'était passé quelques semaines seulement après la naissance de son deuxième fils (le premier enfant qu'il avait de son épouse). Je n'ai rien dit de cela.

À dix-sept ans, Tom junior a lui-même rejoint l'armée. Il a passé du temps aux États-Unis, puis à Taïwan, avant de s'inscrire à l'Université du Maryland en Allemagne. Lorsqu'il a obtenu son diplôme en 1972, son père, atteint de la maladie de Parkinson, avait déjà pris sa retraite. Tom junior est devenu professeur dans le secondaire à El Paso, au Texas, où s'étaient installés ses parents, avant de déménager à Albuquerque. Il a épousé Michelle Lippman – le père de Michelle, Bruno, poursuivi par Otto et ses collègues qui traquaient les Juifs, avait fui l'Autriche après l'Anschluss. Tom junior a été réserviste au sein de l'armée et de la Garde nationale pendant trente-deux ans ; rappelé le 11 Septembre, il a été instructeur à l'école militaire américaine destinée aux forces spéciales (US Army Special Forces School).

Tom me parla affectueusement de ses parents. « Mon père était toujours au centre des événements, dit-il, affable, un grand sens de l'humour, un patron juste et fiable, très aimé. » Un mémoire d'un collègue de la CIA le décrit comme « un officier professionnel dévoué, extraverti, aimant la fête, Irlandais catholique, doté d'une belle voix de ténor, marié à une belle femme irlandaise qui l'accompagne avec grâce dans sa vie mondaine ».

Il évoqua le souvenir de son père chantant à l'Oktoberfest de Munich, ou mixant un cocktail « désuet » fait de bourbon ou de whisky canadien, d'une touche d'eau, d'Angostura, et de quelques morceaux de fruits. Mais, de son travail, il savait peu de choses. Après leur déménagement à Saïgon, leur mère lui avait cependant avoué : « Papa travaille pour la CIA. » Il avait quelques souvenirs : ainsi se remémorait-il la traversée de l'Atlantique en paquebot au cours de laquelle ils avaient rencontré le shah d'Iran[2] ; celui-ci avait remercié Lucid pour le rôle joué par la CIA qui lui avait permis de rester au pouvoir en 1953 et de « se débarrasser d'un Premier ministre un peu gauchiste ». Tom junior possédait l'autographe du shah sur une carte postale.

Il se rappela aussi un voyage en famille en Italie. Ils avaient visité le petit village de Mondragone entre Naples et Rome. Une famille italienne s'était souvenue du jeune lieutenant Thomas Lucid, le libérateur. Il avait appris que ses parents avaient rencontré le pape Pie XII à Rome en 1946. « Le pape a prédit ta naissance. Il a dit “vous aurez un fils” », lui avait raconté plus tard Peggy. Elle ne savait pas que son mari en avait déjà un. Tom vit le jour neuf mois plus tard.

Né dans une famille catholique irlandaise du New Jersey, Thomas Lucid, après ses études, a rejoint l'armée où il a servi dans le contre-espionnage. Il a épousé en 1943 Margaret Gordon – Peggy –, américaine et écossaise. « Il a peut-être eu d'autres petites amies avant », admit Tom, « mais, après le mariage, ils étaient apparemment fidèles ». Thomas senior a débarqué en Afrique du Nord, puis en Italie où il a servi au sein d'un détachement du CIC de la 88e division de l'infanterie. Le 5 juin 1944, la première division américaine est entrée dans Rome ; elle a provoqué la fuite de Karl Hass qui s'est exilé à Parme.

À la fin de la guerre, Lucid était donc en Italie du Nord. C'est là qu'il a arrêté la femme et la fille d'Heinrich Himmler. Selon le *Jersey Journal* qui s'en est fait l'écho (« Un soldat local contribue à localiser Frau Himmler »)[3], l'arrestation se déroula dans un chalet de montagne bien équipé, à quinze kilomètres au sud de Bolzano.

Thomas senior avait emporté quelques souvenirs de la maison des Himmler, et ils étaient désormais en possession de son fils. Thomas junior me montra une photo en noir et blanc d'une jeune adolescente, Gudrun, la fille d'Himmler (« Confidentiel » avait écrit son père au dos, « la photo est terriblement flatteuse »). Il prit aussi deux cartes de Noël[4] adressées aux Himmler par Adolf Hitler en 1937 et en 1943, signées à l'encre noire.

En 1946, Thomas senior a pris le commandement du 430e détachement basé à Linz. Sa mission : le contre-espionnage, la traque et l'inter-

Thomas et Peggy Lucid, 1946.

rogatoire de hauts responsables nazis. « La priorité n'était plus la justice, rappela Tom junior, mais la chasse à l'information sur les Soviétiques. » Peggy est arrivée en Europe en été 1946. Il avait une photo prise au moment où ses parents se sont retrouvés après trois années de séparation : « Maman arrivant à la gare, juillet 1946. » Le soleil et le bonheur sont palpables. Thomas A. Lucid tient un bouquet de fleurs, Peggy est radieuse, elle paraît enchantée ; elle ignore que son mari a eu un fils.

Le père de Tom a recruté Karl Hass en 1947. Le moment venu, il a rejoint la CIA, et la famille s'est installée au Vietnam. Il a gagné des galons et gravi les échelons.

Tom me montra un cliché : Thomas A. Lucid et le Président Lyndon B. Johnson à une réception. Il énuméra les noms des autres personnes : « Il y a là Allen Dulles, Richard Helms, J. Edgar Hoover[5], et le chasseur de taupes James Jesus Angleton. » Son ton était détaché ; oui, son père fréquentait les plus grands.

Tom junior avait une vision générale du travail de son père, mais il n'en connaissait pas les détails. Il avait, en revanche, un vif souvenir de Joseph Luongo ; son père l'utilisait comme traducteur et ils étaient devenus proches. « Un type drôle, aimable, avec une allure vraiment italienne, il parlait comme un Italo-Américain, il adorait papa. »

Tom junior n'avait jamais entendu parler du projet Los Angeles, ni de Karl Hass ; en revanche, le nom d'Erich Priebke lui rappelait quelque chose.

« Est-ce que papa a été mêlé à l'interrogatoire de Hass ? Et Hass, travaillait-il pour les Américains ? Et d'ailleurs, cela ne signifie pas qu'il travaillait *réellement* pour les Américains. Otto Wächter a peut-être simplement dit qu'il travaillait pour eux. »

Je lui ai expliqué que Hass avait probablement tenté de recruter Otto pour le projet Los Angeles. Tom junior voulait en savoir plus ; je lui ai donc brossé un rapide tableau de la situation. Lorsque j'eus terminé, il me dit : « S'il avait été recruté, Wächter aurait donc survécu ! »

Je lui ai fait part de la théorie de Horst : Otto aurait été empoisonné par Karl Hass.

« L'empoisonnement n'est pas un truc américain, objecta Tom. Tuer par balle peut-être. »

Il y avait une autre piste : que Hass soit un agent double.

« Oh. » Un autre souvenir lui revint. « Je pense que papa a été impliqué dans l'arrestation de Karl Wolff[6] », pendant sa fête d'anniversaire, le 13 mai 1945. Il avait subtilisé la dague de parade de Wolff et l'avait plus tard donnée à son fils ; Tom junior l'avait échangée contre des timbres avec son ancien beau-frère.

Notre conversation durait depuis plusieurs heures, et je n'avais toujours rien dit du premier fils de Thomas senior. Le moment était peut-être venu de partager avec lui ce que je savais. J'ai rappelé à Tom qu'il m'avait demandé dans un e-mail si j'avais une découverte importante à lui annoncer. « Vous n'avez pas de coup de théâtre dans votre manche ? m'interrogea-t-il, vous n'allez pas me dire que la "filière d'exfiltration" était une idée personnelle de papa, par exemple ? »

Son père avait à l'occasion mentionné la filière. Au début des années 1980, lorsque Barbie avait été capturé en Bolivie et extradé pour être jugé en France, le sujet avait fait beaucoup de bruit et déclenché une polémique politique de premier plan. Lucid avait reçu une lettre de Langley[7], le quartier général de la CIA : on voulait l'interroger. Tom junior m'a montré la lettre dans laquelle on demandait à Lucid de coopérer et de dire tout ce qu'il savait. « Peut-être regrettait-il quelque chose qu'il avait fait », s'interrogea Tom. Quelques années plus tard, le Contrôleur général des États-Unis[8] avait publié un rapport accablant sur le recrutement des nazis, et leur fuite en Amérique du Sud avec l'aide de la CIA. La logique était résumée par un officier des renseignements anonyme qui aurait pu être Thomas senior : « L'Ouest mène un combat désespéré contre l'Est – contre les Soviétiques – et nous recruterons quiconque pourra nous aider à vaincre les Soviétiques – quiconque, quel que soit son passé nazi[9]. »

« Puis-je parler ouvertement ? » demandai-je. Barney, le jeune frère de Tom junior, et sa femme nous avaient rejoints. Barney fut le premier à réagir. « Oh, oui. »

« Absolument, répondit Tom.
– Je peux tout dire ?
– Tout », dit Tom.

Je leur ai raconté l'histoire de Viktor Williams. Il y a eu un silence lorsque j'ai évoqué le moment où Marco m'avait dit : « Le nom du père n'est pas Williams, mais Tomaso Lucito. »

Silence, puis : « Ouah ! » s'exclama Tom junior.

Silence encore.

« Si c'est vrai, j'ai un frère, dit Tom junior.
– Demi-frère, c'est ça ? intervint Barney.
– Peu importe.
– Waouh, c'est ce qui s'appelle un scoop, waouh, vraiment... », balbutia Barney.

Les questions arrivèrent dans le désordre. Viktor savait-il qui était son père ? Comment était-il ? Que s'est-il passé exactement en 1945 ? Leur père, dis-je, était loin de la maison, seul, il avait une secrétaire italienne, Charlotte von Heyking, ils ont eu une liaison, elle est tombée enceinte.

Tom m'interrompit : « Vous vous souvenez, je vous ai dit pendant des années qu'il y avait un secret de famille, mais que je ne pouvais pas vous le révéler parce que... »

Il expliqua que son père avait, à la fin de sa vie, raconté son histoire à l'un de ses fils, Bill, un homme très religieux, comme leur père, un fervent Chevalier de Colomb[10].

« Papa regrettait, il avait honte. Il a révélé à Bill qu'il avait un fils en Italie et que Joe Luongo savait tout. »

Thomas senior n'avait pas donné de détails à Bill ; pour protéger Peggy, il lui avait demandé de ne rien dire aux autres membres de la famille. Bill était tombé malade quelques années après la mort de leur père et il avait à son tour confié ce qu'il avait appris à Tom junior. « Ne le répète à personne », lui avait-il dit, et Tom junior avait respecté sa promesse. Bill avait trouvé Joe Luongo, il voulait en savoir davantage, mais Luongo n'avait rien voulu révéler. « J'aurais préféré que ton père ne te raconte rien, c'était son secret. » Ensuite, Tom junior avait essayé de trouver Luongo, sans succès.

« Où habite Viktor ? demanda Barney.

– Nous avons un frère », répéta Tom. Lorsque je l'avais contacté, il s'était interrogé sur ma démarche, il s'était demandé si j'allais « compléter le peu d'informations » dont il disposait. Il était persuadé que son père avait envoyé de l'argent à la mère de Viktor, et il venait d'apprendre qu'il n'en était rien. Cela le préoccupait.

Ils m'ont demandé une photo de Viktor.

« Waouh, il ressemble à Tom, dit Barney.

– Regarde son nez, il a un nez normal, pas comme le mien, objecta Tom. Et sa tête est…

– Elle a plus de cheveux », dit Barney. Mais tout le monde constata la ressemblance.

« Je n'en reviens pas, ajouta Tom, papa avec une dame en Italie. »

Je leur ai montré une photo de Karl Hass.

« Il a l'air méchant », remarqua Tom.

Je leur ai montré une photo d'Otto Wächter, en uniforme SS.

« Il a l'air très méchant », dit Tom.

Ils commençaient doucement à comprendre les liens.

Lucid. Hass. Wächter.

Tom junior, Viktor, Horst.

« Peggy était-elle au courant ? demanda Barney.

– Absolument pas », répondit Tom.

L'ex-femme de Tom, Michelle, nous a préparé un très bon repas et nous avons passé la soirée ensemble. Elle voulait tout savoir sur Hass et Wächter, ces hommes qui avaient fait du mal à son père et à sa famille – ils avaient dû fuir Vienne après l'Anschluss.

« L'histoire aurait pu être différente », dit Tom.

Le vin aidant, les langues se sont déliées.

Tom estimait qu'il avait de la chance : « Mon père a seulement sauté sa secrétaire, s'exclama-t-il. Les pères des autres ont assassiné des centaines de milliers d'individus, ou 335 Italiens.

– Si Thomas Lucid n'avait pas engagé Karl Hass, et si Karl Hass n'avait pas invité Otto Wächter à déjeuner, celui-ci ne serait pas tombé malade, et il aurait peut-être réussi à passer en Amérique du Sud, déclara Michelle.

– Et Horst serait peut-être devenu argentin », ajoutai-je.

50.
Wiesenthal

Horst avait jeté son dévolu sur Karl Hass, mais il avait néanmoins réservé une petite place à un autre homme qu'il détestait ; il était persuadé que cet homme était, d'une manière ou d'une autre, impliqué dans la chute de son père.

« Simon Wiesenthal a haï mon père jusqu'au jour de sa mort », m'a-t-il dit plus d'une fois. Charlotte avait gardé des articles sur les activités de Wiesenthal et, dans l'esprit de Horst, le chasseur de nazis légendaire était tout aussi suspect que Karl Hass ou que les Soviétiques de la mort de son père.

Wiesenthal voulait la peau d'Otto, responsable selon lui de la mort de sa mère qui avait été détenue dans le ghetto de Lemberg, précisa Horst. « Il a décrit mon père en train de mettre sa mère dans le train pour Bełżec le 15 août 1942, ce qui est totalement faux, puisque Otto Wächter n'était pas à Lemberg ce jour-là. Il l'a confondu avec Katzmann de la SS, ils portaient le même uniforme. »

Horst se référait à un passage des mémoires de Wiesenthal publiés en 1967, *Les assassins sont parmi nous*[1]. L'auteur y parle de sa vie à Lemberg, de son séjour dans le ghetto en 1942, et il accuse Otto d'être l'un des deux « principaux coupables » de la mort des Juifs de Galicie, l'autre étant Friedrich Katzmann. Otto tient un rôle important dans un chapitre intitulé sans ambiguïté : « Les meurtriers de Galicie. »

Il y est question du « procès de Lemberg » à la fin des années 1950 ; Wiesenthal assistait alors l'un des procureurs allemands[2]. Quinze prévenus étaient accusés d'avoir participé à une multiplicité d'horreurs au camp de Janowska et ailleurs à Lemberg. Lors du procès, le juge avait déclaré que le génocide était en effet l'« activité officielle » à Lemberg. « Comparés à Wächter, écrit Wiesenthal, les [quinze prévenus du procès] ne sont que menu fretin. »

Wiesenthal voulait voir Wächter et Katzmann sur le banc des accusés, mais, en 1950, tous deux étaient morts. « Je l'ai vu au début de 1942 dans le ghetto de Lwów. C'est lui qui dirigea personnellement le rassemblement de quatre mille personnes âgées dans le ghetto le 15 août 1942 et leur mise en marche vers la gare. Ma mère était l'une d'elles. » Ce passage où l'auteur parle d'Otto irritait Horst et il y faisait régulièrement référence. « Mon père n'était pas à Lemberg le 15 août, dit-il, mais à Cracovie, à une réunion du parti avec le Gouverneur général Hans Frank. » Sur ce point, Horst avait raison : j'ai trouvé une photo d'Otto et de Hans Frank prise ce jour-là au château de Wawel à Cracovie.

Sachant que tous les textes sont ouverts à l'interprétation, j'ai voulu vérifier le témoignage de Wiesenthal. Il affirme avoir vu Otto dans le ghetto « au début de 1942 », mais il ne donne pas de date précise. Dans le passage relatif à la rafle du 15 août dans le ghetto de Lemberg, il écrit simplement qu'Otto était « personnellement » en charge. Il ne dit pas explicitement qu'Otto était physiquement présent, même si l'on peut interpréter ainsi le texte. En revanche, en tant que gouverneur de la Galicie, chargé des rafles en général, il était responsable d'une partie des événements, sinon de la totalité. Le terme « personnellement » est ambigu. Est-ce une référence à sa présence dans le ghetto ou à sa responsabilité de commandement au sens que la théorie pénale donne à ce terme ?

Les doutes de Horst s'appuyaient sur les erreurs manifestes des mémoires. Voici ce qu'écrit Wiesenthal :

> Wächter s'enfuit après la guerre avec l'aide de l'organisation ODESSA et trouva asile dans un collège religieux de Rome grâce à des prêtres slovaques qui ignoraient son identité. Son évasion avait été bien préparée. Il avait même emporté avec lui ses archives de Bavière.

En 1949, il tomba très malade et parut ne pas devoir vivre longtemps. Il révéla à Rome sa véritable identité, demanda à voir sa femme qui vivait sous le nom de Lotte Pohl dans un camp de réfugiés et réclama un prêtre. L'évêque Aloïs Hudal, un Autrichien recteur de l'Église catholique allemande à Rome, lui donna l'absolution et Wächter mourut. Il est inhumé à Rome. Plus tard, un aristocrate autrichien, qui me prêtait parfois son concours, demanda à l'évêque de nous communiquer les dossiers de Wächter. Il refusa[3].

Ce compte rendu ne correspond pas aux faits que j'ai pu établir. Il n'y a pas d'éléments prouvant qu'Otto a pu échapper à la justice grâce à ODESSA[4], le nom de code attribué à une organisation soupçonnée d'avoir aidé les nazis à fuir l'Europe – John le Carré pense qu'une telle organisation aurait pu exister. On peut aussi noter qu'Otto n'a pas été accueilli par des prêtres slovaques, et qu'il n'avait pas ses archives à Rome. Que Charlotte n'a jamais utilisé le nom de « Lotte Pohl » et n'a jamais vécu dans un camp de réfugiés près de Rome. Que les restes d'Otto n'étaient déjà plus à Rome en 1967, mais qu'ils étaient à Salzbourg, dans le jardin de Charlotte, à Haus Wartenberg.

J'ai donc demandé au Centre Simon Wiesenthal de Vienne l'autorisation d'accéder aux dossiers en leur possession sur Wächter. Ma requête a été acceptée et j'ai reçu un certain nombre de documents chez moi.

Dans le paquet que j'ai reçu se trouvait la copie de son dossier déposé au centre de documentation de Berlin que je possédais déjà ; deux déclarations assez longues sous serment de Wiesenthal[5] datant de janvier 1960 et de juin 1961, destinées aux procureurs allemands du procès de Lemberg. Wiesenthal y décrit ses années à Lemberg pendant la guerre, ainsi qu'une série d'actes individuels répréhensibles dont il a été témoin. Il cite des noms et partage ses réflexions sur le rôle joué par Otto Wächter.

Un autre dossier de correspondances, avec, écrit à la main, le titre « localisations des archives Wächter », contenait une série de lettres[6]. La première, manuscrite, datée du 16 juin 1961, émane d'un certain Theodor Faber : elle suggère que l'évêque Hudal détenait des renseignements sur Wächter. Wiesenthal avait transmis l'information à l'un des procureurs allemands du procès de Lemberg. Plusieurs mois s'étaient écoulés, rien ne s'était passé. Puis, en mars 1962, le bureau central pour l'administration de la justice d'Allemagne de l'Ouest avait informé Wiesenthal que l'évêque avait été contacté. Celui-ci n'avait jamais vu d'archives sur Wächter ; il avait « rencontré Wächter pour la première fois après son transport à l'hôpital, mourant, à la suite de son empoisonnement » – mensonge ; il avait été appelé en qualité de recteur de l'Église allemande pour lui administrer les derniers sacrements. Le procureur avait conclu : « Il n'y a aucune raison de poursuivre les investigations ; les informations ci-jointes prouvent que le Dr Wächter est décédé. » L'affaire était close.

Dans un dernier document, reçu par le Centre en 1987, un auteur italien demandait une photo d'Otto Wächter.

Quelques semaines plus tard, le Centre Wiesenthal m'a envoyé d'autres documents provenant des archives viennoises. L'un d'entre eux était particulièrement intéressant. Dix pages tapées à la machine[7], en allemand, apparemment sans date. Se lisant comme une déclaration officielle, il était signé Rosa Stephenson, domiciliée dans le 14e arrondissement de Vienne. J'ai appris que son frère Carl était écrivain et éditeur.

Mademoiselle Stephenson était secrétaire dans les services du gouvernement d'Otto, d'abord à Cracovie, puis à Lemberg. « J'ai oublié les noms, les rues et les lieux à cause du choc que tout cela m'a causé, c'était une succession constante de peur et d'horreur », me confia-t-elle. Elle avait fait des photos, mais elles avaient été volées après son retour à Vienne.

C'est en août 1940 qu'elle arriva à Cracovie pour prendre son poste de dactylo dans le département d'économie. Elle ne pensait pas travailler plus d'un an pour le Gouvernement général, mais elle y était restée quatre ans. « Le Dr Wächter était le gouverneur, écrivit-elle, le même Dr Wächter qui avait fomenté le coup contre Dollfuss. » Elle décrivait le mari de Charlotte et le père de Horst en ces termes :

> Le visage presque juvénile du Dr Wächter offrait un contraste saisissant avec ses yeux et sa manière de parler. Il s'exprimait calmement,

il ne parlait pas spécialement fort, mais sa voix et ses yeux étaient froids comme l'acier. On le savait : ce qu'il disait avait force de loi. Suprêmement ambitieux, il travaillait de manière frénétique et exigeait des autres le même engagement. Extrêmement rigide, il avait un sens de l'organisation extraordinaire. Il savait exactement ce qu'il voulait.

Otto, pour qui elle travaillait, faisait partie des « hommes au pouvoir », ceux qui « œuvraient ensemble à cette tragédie des Juifs ». Pourtant, « aucun de ces messieurs ne s'était sali les mains, ils ne faisaient "que" donner les ordres ».

Elle avait été témoin du discours d'« un certain *Oberbereichsleiter Studentkowski* » devant un groupe de jeunes garçons membres des Jeunesses hitlériennes. « Nous ne sommes pas ici pour penser par nous-mêmes », criait cet homme. « C'est le Führer qui pense pour nous, nous ne faisons que suivre ses ordres. Et même si nous pensons à l'occasion que quelque chose n'est pas bien ou pas juste, nous le faisons quand même ! » Les spectateurs avaient approuvé. « Le Dr Wächter était présent », dit Rosa Stephenson.

En 1941, elle avait été mutée à Lemberg. La situation y était sombre, « un chaos sauvage », un endroit sans ordre et sans hygiène. À son arrivée, le gouverneur était le Dr Lasch ; selon elle, « l'ordre de construction avait été donné à plusieurs reprises », mais, grâce à Lasch, le ghetto n'était pas encore en place en février 1942. Otto était connu pour son bilan : construire puis vider les ghettos ; il prit la succession de Lasch.

« Puis est arrivé Dr Wächter. Le ghetto fut construit, les persécutions commencèrent, et les règles furent durcies. » Des mesures de plus en plus drastiques furent prises : on descendait dans les caves, on perquisitionnait les appartements, on soulevait les parquets, traquant les Juifs et ceux qui les aidaient. « Quand Dr Wächter s'apercevait que ses ordres n'étaient pas suivis à la lettre, il appelait à l'aide. Himmler, le "limier", arrivait, la cruauté personnifiée. Il suffisait de regarder ses yeux pour comprendre qu'il était abject, un homme sans sentiments. C'était un robot, exécutant les ordres impitoyablement. »

Rosa Stephenson avait été témoin des assassinats et avait enregistré une partie de ce qu'elle avait observé :

> Un jour, c'était un samedi, j'ai quitté la ville à vélo pour échapper à tout ça. Je me suis promenée sans but. À l'approche d'un pont, j'ai vu un groupe de personnes, je suis descendue de mon vélo et l'ai poussé pour attendre que le groupe passe [...]. Pendant des semaines, j'ai été hantée par leurs yeux enfoncés remplis de tant de désespoir, d'horreur et de détresse ! C'étaient des Juifs. Kloparov n'était pas loin [Je crois que c'était le nom de l'arrêt avant Lemberg ; une sorte d'entrepôt de matériaux]. [...] La plupart des trains qui arrivaient découplaient leurs wagons – à l'intérieur, il y avait des déportés ; on ouvrait les portes hermétiquement scellées et on jetait les corps suffoqués et morts de faim sur le quai, les autres étaient dirigés sur une voie d'évitement. Le temps du gazage commençait. On introduisait un tuyau dans une petite ouverture et on injectait le gaz [...].

Tout le monde savait ce qui se passait. « Ils savaient tous, tous. » Certains n'y participaient peut-être pas personnellement, mais ils transmettaient les ordres, « jusqu'aux derniers, ceux qui ont finalement été accusés ».

Rosa Stephenson a quitté Lemberg en 1944. On lui avait découvert un grand-parent juif.

Wiesenthal est mort en 2005.

J'ai tout fait pour confirmer la théorie de Horst selon laquelle Wiesenthal était impliqué dans les meurtres de vengeance d'un ou de plusieurs nazis, mais je n'ai rien trouvé. John le Carré m'a confié que de tels groupes de vengeance juifs, chargés de tuer sélectivement, existaient. Il a mentionné quelques livres et exemples, notamment la célèbre tentative d'empoisonnement de la réserve d'eau d'une petite ville utilisée par un million de personnes. Il se souvenait d'un ancien employé de la BBC, beau et grand : il lui avait dit qu'il faisait partie d'un groupe d'assassins juifs ; ils opéraient en Amérique latine et « pendaient généralement » ceux qu'ils attrapaient.

« Personne ne connaît le nombre d'ex-nazis – "méritants" pourrait-on dire – assassinés par des groupes privés », m'a-t-il expliqué. Wiesenthal avait sans doute de « l'imagination et il aimait se vanter », mais John le Carré ne pensait pas que le fameux chasseur de nazis fût impliqué dans de tels meurtres.

« Je l'ai rencontré un jour à Vienne en 1962 », ajouta-t-il. Il avait une allure d'homme d'État, assis derrière un grand bureau, ostensiblement couvert de dossiers, alors qu'un bureau vide est beaucoup plus efficace pour effrayer ses interlocuteurs.

« Pourquoi vivez-vous à Vienne, dans le centre névralgique de l'antisémitisme ? » lui avait demandé John le Carré. Pour me donner la réponse, il prit un accent d'Europe centrale, qui me rappela mon grand-père :

« Pour étudier la maladie, vous devez vivre dans le marécage. »

51.
Foie

Un collègue de l'université m'a présenté le professeur Massimo Pinzani[1], expert mondialement connu des maladies du foie. Basé lui aussi au University College de Londres, il dirige l'Institut du foie et de la santé digestive au Royal Free Hospital, tout à côté de Hampstead Heath où j'habite. Je suis maintes fois passé sous ses fenêtres.

Vêtu d'un beau costume bleu, le professeur Pinzani est un homme corpulent et robuste, aux sourcils prononcés et aux yeux chaleureux. Il m'a demandé de lui communiquer la documentation que j'avais rassemblée sur la maladie contractée par Otto en 1949. Je lui ai envoyé le « dossier de soins », les lettres qu'Otto avait adressées à Charlotte après être tombé malade, le bref compte rendu du Dr Marchesani, et les deux lettres de Heidi Dupré à Charlotte.

Le professeur est un scientifique, il procède de manière méthodique et raisonnée. Il m'a dit qu'il ne s'exprimerait que sur des faits connus et ne ferait pas de spéculations, même s'il était prêt à échanger des potins et à partager des anecdotes. Nous avons donc analysé les lettres d'Otto de manière ordonnée et par ordre chronologique.

Lundi 4 juillet 1949. Otto écrit à Charlotte qu'il a une forte fièvre, 41 ou 42 degrés. « À ce stade, ça peut être n'importe quoi », dit le professeur Pinzani gravement. « Une infection virale, pas nécessairement liée à un repas particulier ou à la natation. »

La fièvre est montée et descendue, Otto a vomi et pris de la quinine. Ce n'était sans doute pas pour traiter la malaria, remarqua le professeur; simplement, il n'y avait pas beaucoup d'aspirine à cette époque. La quinine était la méthode traditionnelle pour faire chuter la température du corps.

Mardi 5 juillet. Otto se sent tellement faible qu'il peut à peine aller aux toilettes. « La maladie progresse », diagnostique le professeur Pinzani.

Mercredi 6 juillet, le quatrième jour, les médecins se demandent s'il a le typhus ou « quelque chose de gastrique ». La jaunisse est mentionnée pour la première fois. « Un médecin constatant les symptômes de Wächter aurait conclu à la maladie la plus commune à cette époque à Rome, ce qui explique la référence au typhus. »

Le professeur Pinzani est italien, il sait qu'il y avait des problèmes d'égouts et beaucoup de rats à Rome. La mention d'un problème « gastrique » lui semblait cependant mystérieuse. « Ce n'est qu'un adjectif, relatif à des problèmes d'estomac, expliqua-t-il. Peut-être a-t-on soupçonné à l'époque une intoxication alimentaire. »

Sur la suspicion de jaunisse : les médecins ont dû repérer la coloration jaune du teint d'Otto. La jaunisse peut avoir deux origines. Une infection sévère d'abord, une « hémolyse intravasculaire », c'est-à-dire l'endommagement des globules rouges par une contamination qui conduit à l'accroissement massif de l'hémoglobine ; celle-ci est ensuite transformée par le foie, d'abord en biliverdine puis en bilirubine. Le foie élimine enfin la bilirubine en l'envoyant dans la bile qui, elle-même, s'introduit dans l'intestin.

La jaunisse peut aussi s'expliquer par un dysfonctionnement du foie, incapable de gérer cette « nouvelle charge ». Mais sans examen biochimique, il était alors impossible de savoir si le foie était atteint. « La bilirubine conjuguée présente dans la bile est le résultat d'un foie endommagé. » Aujourd'hui, lorsque le foie est endommagé, les tests révèlent un taux des enzymes du foie très élevé.

Le professeur Pinzani m'a rappelé qu'en 1949 les modes de traitement étaient en Italie très différents de ceux dont on dispose aujourd'hui. La pénicilline était prescrite depuis peu de temps ; elle était peut-être disponible pour les soldats américains, mais pas pour quelqu'un comme Otto, « une personne ordinaire en Europe ».

Je l'ai interrogé sur la possibilité d'un acte d'empoisonnement. Le professeur n'a pas mordu à l'hameçon – il ne voulait pas anticiper ses conclusions, mais procéder méthodiquement. Il a cependant risqué une interprétation : « Pour être honnête, ça ne ressemble pas à un empoisonnement. »

Les lettres d'Otto décrivent en effet une forte fièvre, un indice probant de réaction immunitaire à une infection. « Un poison peut éventuellement vous faire jaunir et mourir, mais il n'explique pas la fièvre. L'empoisonnement est un événement toxique qui n'a pas d'incidence sur le système immunitaire, or c'est lui qui fait monter la température. »

Un poison peut-il provoquer ces symptômes ? Le professeur évoqua trois possibilités : l'arsenic, le cyanure et, très banalement, la mort aux rats. La mort aux rats est un anticoagulant brutal : absorbé par le rat, il pénètre dans le sang et cause une hémorragie interne. Mais, selon lui, la mort de Wächter n'était pas due à la mort aux rats. Otto était peut-être sur la « piste des rats », en cherchant à fuir, mais ce n'est pas pour autant, pensait le Pr Pinzani, qu'il était mort empoisonné, comme un rat.

« Selon moi, il a été victime d'une grosse infection. »

Otto était en bonne forme, il nageait dans le Tibre et faisait des exercices quotidiens sur le toit du monastère de la Vigna Pia. « La forte fièvre n'est pas incompatible avec sa forme physique. La fièvre est un signe positif émis par un corps sain qui lutte fortement pour se débarrasser d'une bactérie ou d'un parasite. » Buko Rathmann avait dit qu'Otto était en bonne forme et sain. « Ces micro-organismes ne peuvent résister à une température de plus de 37 degrés ; vous les cuisez en quelque sorte en maintenant une température corporelle élevée. »

Nous avons considéré ensuite les autres documents.

La lettre du Dr Marchesani mentionnait aussi la forte fièvre et la possibilité d'une infection intestinale. Il songeait sans doute au typhus.

La lettre de Frau Dupré faisait référence à une infection, « peut-être du foie ». « Elle mentionnait le foie parce qu'il avait une jaunisse, mais la cause était peut-être une défaillance multiviscérale. »

Sa condition se détériorant, on lui avait finalement administré de la pénicilline et du dextrose pour lui redonner des forces. Il ne mangeait presque plus. Mercredi 13 juillet, dans ses dernières heures, il avait salué Frau Depré en lui disant : « Ça va mieux, beaucoup mieux. »

En réalité, il n'allait pas mieux puisqu'il mourut le soir même. Le rapport de l'hôpital Santo Spirito sur la cause du décès indique : « atrophie jaune du foie » et *« icterus gravis »* (jaunisse aiguë), signe de leptospirose ictéro-hémorragique, plus communément appelée maladie de Weil*.

Le rapport de l'hôpital soulignait aussi qu'Otto était diabétique. « Ça veut dire que son pancréas a lâché », m'expliqua le professeur Pinzani. L'infection a conduit à une chute des cellules bêta, provoquant un diabète instantané – mais cela ne signifie pas qu'il était déjà diabétique.

Le professeur réfléchit à haute voix en lisant le dossier de l'hôpital Santo Spirito. Il y avait, selon lui, trois types d'infection possibles.

Le typhus. Improbable, car il n'y avait pas d'autres symptômes que la fièvre.

Une hépatite fulminante due à l'hépatite A, possiblement contractée en nageant dans le Tibre ou dans le lac Albano. Également improbable, car le tableau clinique décrit dans les lettres était trop complexe et excédait la simple défaillance du foie. Quelque chose avait atteint le pancréas. « Il est probablement mort d'une défaillance pulmonaire, d'un arrêt cardiaque. »

La troisième possibilité était la leptospirose, la maladie de Weil : « ça colle avec tous les symptômes », déclara le professeur. Les médecins qui avaient traité Otto étaient arrivés à la même conclusion, preuve qu'ils connaissaient la maladie. En Italie, cette maladie était alors endémique, pas rare du tout, ajouta mon interlocuteur. 90 % des cas étaient bénins et ressemblaient à une mauvaise grippe, 10 % étaient plus sérieux et, en cas de défaillance multiviscérale, quelquefois mortels.

* Adolf Weil, un médecin juif allemand, l'a découverte en 1886 *(NdT)*.

On contracte la maladie de Weil par le contact avec l'eau contaminée d'une rivière ou d'un lac, par exemple par l'urine d'un rat ou d'un chien mort – porteur de la maladie sans être malade lui-même. Otto aurait pu attraper la maladie en nageant, en avalant une petite quantité d'eau, ou par le contact de l'eau avec les yeux ; une plaie superficielle, une coupure de rasoir par exemple, pouvait aussi être à l'origine de l'infection. Il n'en fallait pas plus pour attraper la maladie de Weil. La malchance.

Le professeur Pinzani avait fait ses propres recherches. Il y avait de nombreuses informations en ligne sur les dangers liés à la natation ou à la pratique de l'aviron dans le Tibre. Il mentionna le *Circolo Canottieri Roma*[2], le fameux club d'aviron de Rome. « On m'a invité quelquefois », nota-t-il en riant, « pas le genre d'endroit où l'on va en tongs, ou pour manger une pizza ». Le club était un repaire d'acteurs, de parlementaires et de gens célèbres, avec une plage où l'on pouvait nager, mais dans une eau filtrée et purifiée.

L'eau du lac Albano est certes stagnante, dit-il, mais le fleuve est pire : « Songez à tous ces rats qui peuplaient les égouts de Rome en 1949. »

Il évoqua un autre élément : selon Charlotte, le corps de son mari qu'elle avait vu au funérarium de Campo Verano était « noir comme un Nègre ». L'une des caractéristiques de la leptospirose est un phénomène appelé « coagulation intravasculaire », une forme d'hémorragie sous-cutanée. Au moment de la mort, le corps peut présenter des hématomes. La peau devient plus foncée à cause de l'oxydation de l'hémoglobine qui « provoque une hémorragie sous-cutanée, une coloration noire du corps ; l'issue est fatale ».

La mort d'Otto Wächter s'explique sans doute ainsi, poursuivit le professeur Pinzani. La diffusion de l'hémorragie a été rapide car les vaisseaux sanguins étaient déjà dilatés ; la chaleur de l'été a accéléré ce processus qui progressait par étapes. « Lorsque vous arrivez à ce stade de la maladie, lorsqu'elle affecte les organes internes, vous vous décomposez, vous êtes fini. » Et, ajouta le professeur, vous « finissez tout noir » dans la mesure où l'hémorragie affecte toutes les parties du corps.

Ces symptômes sont-ils compatibles avec un acte d'empoisonnement ?

Il aurait fallu que ce soit un empoisonnement très sophistiqué, fit remarquer le professeur Pinzani. « Je ne vois pas un empoisonneur se procurer un échantillon de *Leptospira japonica* et le mettre dans le café de Wächter. » Il aurait choisi quelque chose de plus simple. Il y a cependant des fous partout, ajouta-t-il, tout est donc possible. « Mais si j'étais moi-même à la tête d'un service d'espionnage, je ne songerais jamais à la leptospirose. Et, face à un criminel nazi, je me dirais : "Arrêtons-le, envoyons-le à Nuremberg et pendons-le", non ? Pourquoi prendre la peine de l'empoisonner ? Il valait mieux l'attraper et le juger publiquement, montrer que l'on avait mis la main sur un criminel nazi. »

Le professeur Pinzani était quasi certain de ses conclusions. Si l'on avait des restes osseux, on pourrait, à l'aide de technologies modernes d'analyse des empreintes, obtenir davantage d'informations. On découvrirait peut-être l'ADN ou l'ARN de la bactérie. Après tout, on a trouvé de l'ADN et détecté des maladies génétiques dans des ossements égyptiens vieux de 3 000 ans. Contrairement à Sue Black, le professeur pensait qu'il était possible de tirer quelque chose des restes osseux datant de 1949.

« Si je devais parier, dit-il, je dirais leptospirose, c'est le diagnostic clinique le plus vraisemblable. » Le diagnostic confirmait l'analyse des médecins romains : « Je doute vraiment qu'une souche de leptospirose ait été déposée dans sa soupe. » Ce n'est pas impossible, mais il faut pour cela posséder un laboratoire bactériologique permettant de créer une culture hautement concentrée, et l'avaler avec un liquide pas trop chaud. « Je n'ai aucune idée de la quantité nécessaire ou du goût que cela peut avoir. »

La conversation touchait à sa fin. « En tant qu'italien, vous savez, je suis captivé par cette histoire. »

Otto n'avait probablement pas été empoisonné. Il était mort parce qu'il aimait nager. Horst serait déçu.

52.

Hagenberg, 2018

Je suis retourné à Hagenberg pour terminer la série de podcasts. Je voulais également partager avec Horst les informations que j'avais glanées sur Karl Hass, lui raconter mon voyage à Albuquerque, lui parler de la famille Lucid, lui faire part enfin des leçons de science que j'avais reçues. Il n'y avait apparemment pas de raison d'exhumer son père une fois de plus. Je voulais aussi aborder un autre sujet avec Horst. Dans le traitement d'un nombre important de documents, il y a en effet toujours quelque chose qui vous échappe : en l'occurrence, une lettre qui semblait avoir été involontairement versée aux archives de Charlotte, un court e-mail que Horst avait envoyé à son neveu Otto, troisième du nom, plusieurs années avant notre rencontre.

Dario, son neveu de Palerme, s'était installé à Hagenberg pour rafraîchir le château qui tombait en ruines. Dario est le fils de Liesl, la sœur de Horst qui devait accueillir les restes d'Otto après son exhumation du cimetière de Campo Verano à Rome, dix ans après son premier enterrement. Le grand hall était propre désormais ; les fenêtres avaient été réparées et nettoyées ; au centre était dressée une grande table couverte d'une nappe blanche avec quatre couverts. Nous avons parlé au cours du déjeuner.

Horst a reconnu qu'une exhumation serait problématique. « Merci de vos efforts continus afin de découvrir la vérité sur la mort de mon père[1] », m'avait-il écrit après l'enquête de l'expert. Il était apparu qu'il n'avait aucun droit sur la tombe de son père parce qu'il n'avait pas participé à son entretien. Une de ses nièces, la fille de sa sœur Traute, avait hérité de la maison de ferme à Fieberbrunn et s'en occupait. Il lui avait demandé la permission d'exhumer le corps, mais il n'avait jamais reçu « la moindre réponse ». La seule solution était d'obtenir une autorisation du maire de Fieberbrunn en le « persuadant de l'importance de mon père et de son destin final ».

Horst était indifférent aux exposés scientifiques des professeurs Black et Pinzani, et sceptique quant à la cause du décès, la leptospirose. L'idée d'un empoisonnement était plus séduisante. « Je ne comprends pas pourquoi Wiesenthal haïssait tant mon père », déclara-t-il une fois de plus, tout en concédant que, selon toute vraisemblance, le chasseur de nazis n'était pas un empoisonneur. Il reconnut aussi que les Américains ne passaient généralement pas leur temps à empoisonner des gens.

Restaient donc les communistes et Karl Hass. Agissant pour les Soviétiques, celui-ci demeurait le principal suspect. « Mon père savait qu'il allait être tué par les Soviétiques », marmonna Horst, parce qu'il préférait les Ukrainiens et qu'il était anticommuniste. « Je suppose que Karl Hass est allé voir mon père pour lui proposer de travailler pour les Américains. » Nous avions déjà évoqué cette possibilité, Horst l'avait alors rejetée, mais c'était désormais une option plausible.

Nous sommes revenus sur les actions de son père, sur la comparaison entre l'exécution publique des 50 Polonais à Bochnia en décembre 1939 et les assassinats des Fosses ardéatines en mars 1944 qui avaient valu à Hass une condamnation pour « crimes contre l'humanité ». Selon Horst, les deux événements étaient différents : Bochnia était un « assassinat de représailles » que toute armée est susceptible d'effectuer. « Ce n'est pas mon père qui a décidé de les tuer, c'est un juge quelconque de la Gestapo. » Mais il y a assisté, ai-je dit, ajoutant que j'espérais retrouver des photos le vérifiant. « Il *devait* être présent » parce qu'il était le représentant du gouvernement de Cracovie, me répondit Horst, et il cita la lettre adressée à Charlotte : « Il a écrit : "demain je dois faire exécuter publiquement 50 Polonais". Il ne disait pas : "je suis heureux de devoir tuer ces gens", ou "je veux les tuer" – il écrivait qu'il *devait* les tuer. » Pour Horst, le texte allemand était sur ce point très clair.

Et la décision de créer le ghetto de Cracovie, d'y enfermer les Juifs ? Horst concéda que c'était un acte grave, et il le regrettait, mais on ne pouvait pas confondre la création du ghetto et le futur destin des Juifs obligés de s'y installer. « On ne savait pas ce qui allait arriver, ce n'était pas un pur acte de meurtre. » À ce stade de notre conversation, Horst ajouta qu'August von Scheindler, le grand-père de Charlotte, était peut-être juif : c'est pour cette raison que sa mère n'avait jamais obtenu son *Ariernachweis*, le certificat d'aryanité.

Notre discussion fut tranchante, nos différends étaient flagrants, mais Horst ne souhaitait pas interrompre notre relation ; il considérait que j'étais un homme ouvert. « Je pensais que vous alliez changer d'avis, évoluer, mais notre relation a tout de même progressé », affirma-t-il. Il voulait être positif. « Je suis satisfait que vous soyez toujours intéressé par toute cette histoire, mon impression est bonne. » Mais il le redit, il n'avait pas aimé le documentaire car celui-ci cherchait à faire de son père un criminel.

Par ailleurs, il espérait que le podcast éviterait les clichés sur les nazis, encouragerait les auditeurs à garder l'esprit ouvert, à comprendre pourquoi Otto était devenu nazi, à apprécier aussi le grand amour qu'avaient vécu ses parents. Le monde devait savoir cela. Otto et Charlotte, ajouta-t-il, aimeraient nous voir lire leurs papiers. Après tout, dit Horst, Charlotte avait passé les dernières années de sa vie à encourager les journalistes et les historiens à en prendre connaissance : « C'est pour cela qu'elle a gardé les documents. » Il pensait qu'un programme de la BBC l'aurait rendue heureuse, car elle adorait l'Angleterre – il avait apparemment oublié que, dans une de ses lettres, sa mère s'était plainte des reportages qu'une station de radio autrichienne avait consacrés à Otto. « Elle a cherché à conserver la mémoire de cette époque, à expliquer à ses enfants et à ses petits-enfants comment c'était, quelle était la réalité. » *Sa* réalité, ai-je peut-être précisé.

La réalité de Charlotte se trouve sur une cassette enregistrée lors du 28e anniversaire de la mort de son mari. Elle l'avait offerte à ses enfants en signe de reconnaissance.

« Otto était un homme sensible, joyeux, optimiste, il était la vie même », leur avait-elle dit.

> Il a pris plaisir à faire ce qu'il pensait être juste. Il est tombé malade lorsqu'on lui a imposé des choses qu'il ne voulait pas faire – en tant que soldat, gouverneur ou haut fonctionnaire responsable d'un pays, la Pologne. Jusqu'à la toute fin, il a refusé de se compromettre, mais parfois il n'a simplement pas pu faire ce qu'il jugeait juste[2].

Elle leur avait adressé un message plus général : « Tout le monde a des côtés clairs et des côtés sombres. Du soleil et une noirceur tourmentée au plus profond du cœur. Nous ne devrions regarder que le bon côté de chacun. » Cette phrase éveilla un souvenir chez Horst : sa mère était persuadée que l'on ne convainc jamais personne que « l'on n'a pas voulu faire du mal ».

Le reste de la famille désapprouvait pourtant ses efforts pour réhabiliter le passé. « Je peux les comprendre », admit Horst. Il se souvint d'une dispute entre Charlotte et son neveu Otto au sujet du tapis qu'elle avait rapporté de Lemberg à la fin de la guerre. L'évocation de son neveu me donna l'occasion de lui parler du document que j'avais trouvé au fond des papiers de sa mère, ainsi que du courriel qu'il lui avait adressé le 4 décembre 2007. J'étais passé à côté de ce papier, peut-être parce qu'il était récent ou parce qu'il était saisi à l'ordinateur, en allemand, alors que je m'étais entraîné à repérer des écritures et des documents plus anciens. Parfois, on ne voit pas ce que l'on a sous les yeux.

Il a immédiatement reconnu la copie que je lui tendais. « Oui, j'ai écrit ça », reconnut-il.

« Lieber N. O. ! (Cher neveu Otto) », Horst lisait en tenant la feuille près de son visage. D'abord pour lui-même, puis à haute voix, en allemand.

> Cher N. O. !
>
> En pièce jointe deux lettres de ton grand-père dont j'aimerais comparer le contenu avec l'agenda d'Himmler le mercredi. Elles l'incriminent davantage que les documents que je connais. Cela n'aide pas. Il savait tout, il a tout observé et il a consenti en principe.
>
> Un triste O. H[3].

« Un triste O. H. » – un triste Onkel Horst, un triste Oncle Horst.

Je connaissais les deux lettres d'Otto à Charlotte d'août 1944 jointes au courriel. La première est de Cracovie et date du 16 août. Horst avait souligné les passages où Otto racontait qu'il y « avait beaucoup à faire à Lemberg[4] » depuis le départ de Charlotte, notamment « envoyer les hommes dans les camps de travail du Reich (250 000 sont déjà partis du district !) et organiser les grandes opérations juives *(Judenaktionen)* ». La lettre se terminait par « Avec Hitler – tout ou rien ».

La seconde, envoyée quatre jours plus tard, portait sur la visite d'Himmler à Lemberg. Tout s'était bien passé ; les nombreux compliments que le Reichsführer lui avait adressés avaient suscité chez Otto « presque de la honte ». « C'était très agréable et amical[5]. »

En 2007, Horst avait saisi les implications de ces lettres, il en avait compris la signification. Otto savait tout, il avait tout vu, il avait consenti. Mais, une décennie plus tard, le malaise était palpable : entre ce qu'il avait écrit alors et ce qu'il avait dit lors de nos conversations précédentes d'une part, et cette manière nouvelle d'enjoliver les faits et d'expliquer les actions de son père d'autre part, la distance était grande.

Une fois de plus, Horst se montra pourtant agile et il trouva rapidement une explication.

« Je ne dirais plus cela aujourd'hui. » À la première lecture, les lettres lui « avaient causé un choc », car Otto disait être en harmonie avec Himmler. Mais sa position avait évolué : « C'est différent aujourd'hui parce que j'en sais tellement plus. » Il pensait aux nouveaux documents prouvant que la responsabilité de son père était limitée. Bien sûr, les lettres avaient laissé une trace, on ne pouvait les négliger. « Il était réellement coupable, il était employé, il suivait les… » Horst ne sut plus quoi dire.

« Je ne dirais pas que mon père a tué 800 000 Juifs ou quelque chose comme ça. Non, je ne le dirais pas. Je ne suis pas d'accord avec Wiesenthal. » Il reprenait le credo familial, les exigences du devoir filial : « Je dois le faire pour mes parents, je dois trouver de bonnes choses. »

Ses paroles m'ont rappelé les plaintes de Charlotte à la journaliste Melitta Wiedemann[6] : « Je ne veux pas que mes enfants voient en leur père un criminel de guerre qui a assassiné des centaines de Juifs, il n'a jamais eu le pouvoir de faire cela, il n'a jamais promu cela, et il n'a pas pu l'empêcher. » Otto avait refusé de visiter les « camps juifs en Pologne », rappela-t-elle : « Je ne peux pas les aider, et si je ne peux pas les aider car j'ai les mains liées, pourquoi m'occuperais-je de cette chose que je ne vois pas d'un bon œil ? » lui avait-il écrit. Il ne voulait pas savoir ce qui ne le concernait pas, suggéra Charlotte. Et, dans une version édulcorée, elle ajouta : « On ne regarde pas les choses quand on sait que des gens sont torturés et assassinés. »

Horst aurait pu détruire les lettres lorsqu'il les avait découvertes en 2007, mais il les avait conservées.

Il avait choisi de les partager avec son neveu Otto, puis avec moi, peut-être par inadvertance.

Horst est un homme ouvert et, d'une certaine manière, il en payait le prix. Je n'ai rien dit, il n'y avait plus rien à dire. Les documents parlaient d'eux-mêmes, à l'époque et aujourd'hui.

Horst revint sur le chemin que nous avions parcouru ensemble. « Un voyage formidable », dit-il, qu'il se devait d'entreprendre et dont il m'était reconnaissant. Cette histoire l'avait incité à parler plus franchement aux autres, à être honnête ; elle lui avait aussi permis de faire réparer le château.

« Ceux qui viennent me disent : “Oh, vous étiez le garçon nazi et vous écrivez votre histoire”, mais ils ne me font pas de reproches, ils ne disent pas que je veux cacher des choses. »

Horst et Otto, *c.* 1942.

ÉPILOGUE

Détail d'une fresque représentant une femme et un enfant,
Sala Baglivi, hôpital Santo Spirito.

« L'idée fixe… a pour effet de fausser l'intelligence sur un point, en laissant souvent toute la raison sur les autres. »

Arthur Conan Doyle, *Les Six Napoléons*, 1903

Rome, 13 juillet 2019

Le podcast a été diffusé en automne, après ma visite à Hagenberg, à raison de deux épisodes par semaine pendant un mois. Cette diffusion a provoqué beaucoup de réactions, certaines inattendues.

Une ancienne étudiante de Haus Wartenberg dans les années 1960 m'a écrit pour raconter ses souvenirs de « la baronne » : rigoureuse et intransigeante, elle prétendait être une bonne catholique et ne rien savoir des nazis[1]. Un autre visiteur, britannique, devenu scénariste, était à Salzbourg au début des années 1980. Il avait écrit une pièce sur « Tante Lotte » intitulée *Unrepentant* [Sans repentance][2].

Peter Scharkow, le fils de la gouvernante de Cracovie, de quelques années l'aîné de Horst, m'a raconté ses souvenirs d'Otto rentrant le soir du travail : le petit garçon aimait faire claquer ses talons au rythme de ceux des gardes. Il m'a envoyé une photo représentant Charlotte et Otto en famille, avec Horst, qui n'était alors qu'un nourrisson.

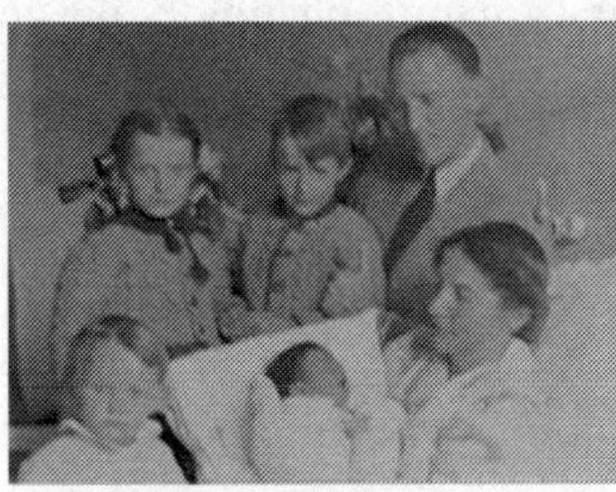
Horst, nouveau-né, Vienne, 1939, avec Charlotte, Otto et trois de ses frère et sœurs.

Le petit-fils d'un soldat britannique[3] m'a fait parvenir des extraits du journal de son grand-père accompagnés d'une photo avec une inscription au dos : « Corps du général SS qui s'est suicidé. » Elle montre Odilo Globočnik, allongé, couvert d'un drap. Le rapport du régiment du grand-père indique qu'il s'est « empoisonné avec de l'acide prussique entre la cour du château (de Paternion) et la prison ».

Une femme m'a raconté le retour de son père à Hanovre[4], vingt-cinq ans après sa fuite en 1934. Il se rappelait la vue de son école, ornée sur l'un des pignons d'un grand panneau publicitaire. Le panneau se trouvait toujours au même endroit : *« Persil bleibt Persil »* – Persil restera toujours Persil. « Cela m'a horrifiée et nous avons quitté Hanovre immédiatement. »

La fausse identité d'Otto a suscité de nombreuses réactions. Pourquoi ne pas demander à la Croix-Rouge si des papiers ont été délivrés à Alfred (ou Alfredo) ? J'ai suivi le conseil et j'ai appris qu'il avait effectivement obtenu en 1947 un laissez-passer de la Croix-Rouge[5]. Il portait la même date de naissance et les mêmes informations que la carte d'identité utilisée par Otto à Rome. J'ai également appris que le Dr Reinhardt était, en 1932, membre du parti nazi de Vienne et qu'il s'était réfugié à Munich après le putsch de juillet. Il était devenu ingénieur et avait contribué à construire le *Kehlsteinhaus*, le nid d'aigle, à Berchtesgaden, près du Berghof d'Hitler à Obersalzberg : le vrai Reinhardt était alors le second de Martin Bormann. Il s'était enfui en 1947 en Argentine, à Salta, où il avait vécu jusqu'à sa mort en 1998.

Des médecins se sont interrogés sur la mort d'Otto. L'un d'entre eux a suggéré le paraquat – un diagnostic erroné, car cet herbicide ne provoque pas les mêmes symptômes et n'était pas disponible à cette époque. Un autre pensait que les symptômes avaient pu être causés par l'amanite phalloïde, un champignon répandu en Italie, mais un expert en Allemagne m'a expliqué que l'empoisonnement par l'amanite ne provoque pas de fièvre immédiate : « Le décès de Wächter est certainement dû à une infection[6]. » L'expert a confirmé le diagnostic du professeur Pinzani : un empoisonnement par la leptospirose. La mort avait dû être « un supplice ». L'expert n'a pas pu s'empêcher d'ajouter une note personnelle : « Je n'ai jamais compris pourquoi les prêtres du Vatican cachaient ces personnes. »

Tom Lucid m'a écrit depuis Albuquerque : « J'étais en train de penser à mon demi-frère. » Il s'inquiétait de la santé de Viktor Williams, espérait qu'ils pourraient se parler un jour, et il se demandait si j'avais une photo de Charlotte von Heyking, la mère de Viktor.

Horst a attendu le sixième épisode avant de se manifester. Il regrettait que le personnage d'Otto fût mal représenté, et il pensait toujours que son père « n'était pas désireux de tuer des Juifs et des Polonais ». Optimiste, mais loin d'être satisfait, il m'a écrit de nouveau après le dernier épisode. La série reflétait les préjugés des autres et ne rendait pas compte de la double administration de la Pologne occupée par les Allemands : d'un côté, le gouvernement civil administré avec humanité par Otto ; de l'autre, le gouvernement meurtrier de la SS. Il serait néanmoins bon d'avoir une dernière conversation avant de mettre fin à cette histoire, me dit Horst. Cela me parut d'autant plus judicieux que j'avais découvert de nouveaux matériaux, et que je souhaitais les partager avec lui.

Je suis donc retourné à Hagenberg au début de l'été, quelques semaines avant le 80e anniversaire de Horst. C'était ma huitième visite. Le nouveau site web du château souhaitait la bienvenue aux « connaisseurs de la mythologie ancienne ». Dario et son oncle m'ont offert un repas, une chambre et une salle de bains, celle dont la réclame pour Persil décorait toujours les murs.

Comme d'habitude, nous nous sommes installés dans la chambre de Horst au premier étage. Le portrait de Josef était toujours au-dessus du lit, à côté d'autres photos : Otto en uniforme SS, le parrain Seyss-Inquart partageant le cadre avec lui, le portrait triste de Charlotte. Peu de choses avaient changé ; seules les gravures de Cracovie avaient disparu. « J'ai tout rendu », m'expliqua Horst.

La période n'était pas facile ; sa belle-sœur, la veuve de son frère Otto, venait de mourir. Elle avait gardé la copie déchirée d'un article que j'avais récemment publié dans un journal australien[7]. Horst n'aurait jamais dû me parler, lui avait reproché un de ses neveux. Il était un « *Sargnagler* », celui qui plante les clous dans un cercueil. Il avait été accueilli froidement à l'enterrement, mais il avait gardé son attitude résolue : « On ne peut rien cacher, les choses ont leur propre rythme, elles finissent par se savoir. »

Nos interprétations étaient différentes, mais il ne regrettait pas notre engagement, même pas le podcast. « Vous m'avez tellement donné pour confirmer l'importance de l'histoire de mes parents. » Ni lui ni moi n'avions changé d'opinion ; la sienne était même encore plus ferme. Il était toujours convaincu qu'Otto n'avait pas pris part à la brutalité nazie. Il allait se consacrer au château, un projet « pratiquement sponsorisé par mon père ». Il lui avait succédé avec le désir de faire « quelque chose de positif ».

J'avais apporté quelques photos qui ne figuraient pas dans les papiers de Charlotte. « Je suis sûr qu'elle a retiré certaines lettres et peut-être même des photos », constata Horst. Une photo représentait Horst Stützen, le jeune soldat dont elle était tombée amoureuse, mais elle avait disparu. L'absence de photos d'Hitler était remarquable, car les deux hommes s'étaient vus à plusieurs reprises. « Mon père n'avait pas d'accès direct à Hitler, il n'était pas proche de lui », dit Horst. Il se rappelait cependant une photo des débuts qui avait également disparu.

Je lui ai montré la grande photo de groupe prise par Josef Hoffmann en 1931 à la Reichsführerschule. Horst l'a observée avec intérêt et il a repéré immédiatement son père : « Je n'ai jamais vu cette photo », nota-t-il quelque peu mélancolique. La deuxième photo avait été prise trois ans plus tard, également en Allemagne, peu de temps avant le putsch de juillet : Otto entre Frauenfeld et Hitler. « Cela pourrait être lui, mais je ne le crois pas », soupira Horst.

Souhaitait-il voir les photos des exécutions de Bochnia ? Je lui ai expliqué que, après de longues recherches, j'avais finalement trouvé la série dans les archives de Varsovie, mais que les images étaient pénibles à regarder. Oui, il voulait les voir. Je lui ai présenté trois clichés. Le premier montre une rangée de jeunes hommes dans un champ, la peur inscrite sur leur visage. Sélectionnés parce qu'ils étaient Polonais et se trouvaient à Bochnia, ils se tiennent debout, les mains sur la tête, devant la figure ou derrière le dos. Certains pleurent. Un autre s'est effondré dans la neige.

La deuxième photo saisit le moment de la mort : des soldats, des fusils, de la fumée. Certaines des victimes sont déjà au sol, d'autres tournent le dos aux bourreaux, la tête baissée. Une poignée de soldats observent la scène ; au loin, on voit une rangée d'officiers en manteaux. L'un d'entre eux est vêtu d'un long manteau noir réfléchissant la lumière de la neige, sur lequel une petite boucle brillante est visible.

Bochnia n° 1, des hommes alignés dans un champ, 18 décembre 1939.

Bochnia n° 2, exécution, 18 décembre 1939.

« Je pense que c'est Otto », dis-je.

Après l'exécution, les officiers aux casquettes à visière attendent. L'un porte un manteau noir avec un col en fourrure, un autre tient un porte-cigarette, un troisième regarde la caméra, inquiet, interrogateur ou craintif. Otto, le chef, se tient nonchalamment au milieu, sans l'ombre d'une émotion, les bras dans le dos, les jambes écartées, le visage résolu, l'image même de l'autorité.

Bochnia n° 3, Otto et des officiers, 18 décembre 1939.

Il avait écrit à Charlotte : « Demain je dois faire exécuter publiquement 50 Polonais. » Et le voici dans son long manteau de cuir noir, dont la boucle brillante est bien en vue. Mission accomplie.

Horst a gardé le silence. Pour une fois, il semblait en quête de mots. Puis il a reconnu doucement : « C'est assurément un manteau de la SS. » Silence. « Oui, il était présent. » Silence. « Seyss-Inquart y était sans doute aussi. » Silence.

L'image a-t-elle provoqué des émotions particulières ? « Je dirais… ma mère a dit quelque part que mon père était très opposé aux exécutions par balle… il n'aurait pas approuvé… il était contre l'exécution de *Geiseln* [otages]… Oui, cette exécution a été relevée dans le procès de Nuremberg… et moi bien sûr… en tant que gouverneur bien sûr… je ne pense pas qu'il ait été très heureux de cela. »

Osman est arrivé pour couper les cheveux de Horst. Pendant qu'il se faisait coiffer nous avons parlé de l'origine de l'antisémitisme de ses parents, de sa famille, et de sa fille Magdalena. « Ma mère l'adorait », dit-il. La relation avec sa fille était devenue plus difficile après sa conversion à l'islam et son mariage avec Galib. Horst était ennuyé parce qu'elle avait récemment exprimé une certaine hostilité vis-à-vis d'Otto. « C'est un manque de respect après tout le travail que j'ai fait. »

Horst était toujours persuadé que Karl Hass avait empoisonné son père. Je résolus donc de lui montrer un nouveau document découvert après la diffusion du podcast. Norman Goda était retourné aux États-Unis, aux archives nationales, pour dénicher le dossier manquant sur Otto Wächter. Il avait trouvé un document[8] qui lui avait échappé lors de ses précédentes recherches. Il l'avait demandé, obtenu, et me l'avait fait parvenir. Aucune explication n'était nécessaire, et Norman n'avait pas fait de commentaires.

Il s'agit d'une lettre de deux paragraphes, rédigée sur le papier à en-tête du 430e détachement du CIC. Le sujet : « Italie – général SS Wächter ». La date : 17 mai 1949, c'est-à-dire trois semaines après l'arrivée d'Otto à Rome.

La lettre fait état d'un message reçu par le CIC provenant de la « source 10/6369 », l'identifiant de Karl Hass. Celui-ci avait obtenu des renseignements d'« un membre du Vatican assez haut placé qui s'intéressait aux réfugiés allemands résidant en Italie », de l'évêque Hudal donc, qui avait lui-même reçu l'information « fin avril 1949 ».

J'ai rappelé à Horst qu'Otto avait rencontré l'évêque, « le monsieur religieux », le 30 avril.

L'information que l'évêque Hudal avait transmise à Karl Hass figure dans le second paragraphe de la lettre :

> On rapporte que l'ex-général SS WAECHTER, autrefois gouverneur de Pologne (KRAKAU) pendant la guerre, réside à Rome. WAECHTER a un passeport international de la Croix-Rouge au nom de REINHARDT, Karl. WAECHTER *alias* REINHARDT aurait contacté un membre des services de renseignements italiens pour lui proposer ses services. WAECHTER aurait affirmé qu'il a rassemblé des groupes de partisans dans les régions montagneuses autrichiennes et allemandes capables de mener une guerre de guérilla contre les troupes communistes le moment venu.

Horst digéra le contenu. Il lut la lettre une deuxième fois. Elle confirmait des années de travail de détective et les liens qui reliaient Hass, Lucid, Hudal et Wächter. L'évêque avait donc transmis instantanément la nouvelle de l'arrivée d'Otto, et les Américains savaient depuis le début qu'il était à Rome. Ils connaissaient même sa fausse identité, son nouveau nom, Reinhardt. La lettre prouvait aussi que les Américains n'avaient pris aucune mesure pour appréhender l'homme recherché pour meurtres de masse. Elle nous apprenait enfin qu'Otto n'avait pas de raison de s'inquiéter de la réaction des Américains. Durant tout son séjour, ils savaient qu'il était à Rome.

Horst ne dit rien ; il venait d'apprendre qu'Otto avait offert ses services aux Italiens, mais il ne réagit pas. Il voulait en finir. Sa seule réaction, quelque peu abrupte fut : « Tout est à peu près fini avec vous et avec mon père. » Il avait un grand projet, la restauration du château, et il allait s'y consacrer pleinement. Il espérait que je pourrais l'aider.

Le lendemain matin, après le petit déjeuner, j'ai remarqué une petite photo en couleur nouvellement accrochée dans le hall d'entrée du château. Prise dans les années 1970, on y voit les six enfants de Charlotte et d'Otto, alignés, du plus jeune au plus âgé, de gauche à droite : Linde, Heide, Horst, Traute, Lieselotte et Otto junior. Charlotte et Otto avaient eu vingt-trois petits-enfants, mais un seul était vraiment prêt à s'engager à mes côtés. Je n'en ai pas parlé à Horst.

Je lui ai dit que j'allais traverser l'Autriche en voiture, en suivant les traces de ses parents, ce qui était vrai. Mais je ne lui ai pas révélé que je ferais le voyage en compagnie de Magdalena et de son mari. Je me suis tu, car elle voulait lui en faire part elle-même, lorsqu'elle serait prête.

Le voyage avec Magdalena fut la suite la plus inattendue du podcast. Nous nous étions vus deux fois : au Purcell Room, cinq ans plus tôt, puis, quelques mois plus tard, au Kunsthistorisches Museum de Vienne où nous avions admiré ensemble *Le Combat entre Carnaval et Carême*. Quelques heures après la diffusion du dernier épisode du podcast, elle m'avait écrit pour la première fois un courriel composé avec soin. En voici l'objet : « Podcast *Ratline*, mon père Horst et mes grands-parents ».

« Je vous écris ce courriel, confiante que vous ne le montrerez pas à mon père » – elle m'a depuis donné l'autorisation de le reproduire. Elle venait de se marier et essayait de comprendre le passé de sa famille. Elle avait suivi plusieurs thérapies, certaines l'avaient aidée. « Je suis arrivée à la conclusion que mon grand-père et ma grand-mère savaient parfaitement ce qu'ils faisaient, et qu'ils ne l'ont jamais vraiment regretté. »

« L'héritage familial a été pour moi un fardeau, et je ne m'en remets que lentement », poursuivait-elle. « Je sais que je ne suis pas personnellement coupable, mais, contrairement au reste de la famille, je ressens la culpabilité familiale. » Elle avait écouté, comme Horst, tous les épisodes de *Ratline*. « Je voulais vous dire que j'ai vraiment aimé la manière dont le podcast est fait. Je suis heureuse que vous ayez brossé un juste portrait de mon père. »

Nous nous sommes parlé au téléphone plus tard dans la journée. Elle espérait pouvoir consulter les documents qui avaient servi à préparer le podcast, les lettres, les enregistrements – elle ne connaissait pas leur existence –, et elle souhaitait me rencontrer. Nous nous sommes retrouvés quelques semaines plus tard près de la Hofburg, le site du *Deutsche Klub* et du putsch de juillet, là où Otto et Charlotte s'étaient tenus au côté d'Hitler, là où Otto avait son bureau. En compagnie de son mari Galib, nous avons descendu les grands escaliers en marbre dans la Hofburg. C'est au pied de ces escaliers que ses grands-parents avaient conclu leur pacte : Otto prendrait le poste de secrétaire d'État et entrerait au gouvernement nazi. Ce moment avait été décisif ; le pacte avait changé la vie d'Otto et de Charlotte, de leurs enfants et de leurs petits-enfants. Un moment bref, essentiel, aux conséquences durables et difficiles.

Nous nous sommes rendus à la maison que Charlotte avait achetée sur la colline de Klosterneuburg Weidling, dans la banlieue de Vienne. Elle était décrépie, mais nous avons profité de la vue et avons admiré les papiers peints, si vieux et si décolorés qu'ils pouvaient dater du temps de Charlotte.

Papier peint, premier étage du 5 Anzengrubergasse, Klosterneuburg, près de Vienne, 2018.

Par-dessus le mur, nous avons observé les grands jardins de la Villa Mendl. Il n'était pas tout à fait vrai, m'a confié Magdlena, que Horst avait restitué toutes les œuvres d'art : il avait gardé le service en porcelaine que Charlotte avait emporté avec elle lorsqu'elle avait quitté la Villa. Plus tard, j'ai suggéré à Horst de le rendre ; il m'a dit qu'il le ferait si je trouvais les héritiers, je les ai trouvés.

J'ai revu Magdalena six mois après notre visite à la Villa Mendl, cette fois dans la petite ville de Mariapfarr dans la région de Lungau où Otto avait rencontré Buko. En la rejoignant, je suis passé devant des panneaux routiers aux noms familiers : Mürzzuschlag, Raingut, Wagrain, Flachau et Mallnitz, lieux où Charlotte et Otto se retrouvaient secrètement, occasion aussi pour Charlotte de lui apporter des provisions. Magdalena et Galib m'attendaient devant le portail en bois de la vieille église. Nous avons admiré la fresque[9] du XVIIe siècle et avons appris que « Douce nuit » avait été composée dans ces lieux.

Le mémorial aux morts des deux guerres mondiales devant lequel nous nous sommes arrêtés respectueusement ne mentionne pas les atrocités commises par la Gestapo à l'encontre des gens du lieu. Au cours du déjeuner, Magdalena m'a rappelé qu'elle n'était pas seulement autrichienne, mais aussi néo-zélandaise: elle était née là-bas, lors de l'escale du *Regentag*, le bateau de Hundertwasser. « L'artiste était mon parrain », m'apprit-elle. Elle m'a parlé de son admiration pour la Première ministre néo-zélandaise qui avait su trouver les mots justes après l'attaque de la mosquée de Christchurch.

Nous avons traversé la vallée jusqu'aux montagnes de Tauern qu'Otto et Buko avaient arpentées pendant trois ans. Nous sommes passés par St Johann im Pongau où ses grands-parents s'étaient retrouvés, par Bad Gastein et ses hôtels renommés, et nous sommes arrivés à l'endroit où Charlotte entamait son ascension vers la Hagener Hütte. Plusieurs passants ont dévisagé Magdalena lors de notre parcours: « C'est comme ça pour une musulmane en Autriche », dit-elle en faisant référence à son voile. « Vous imaginez ce qu'auraient pensé mes grands-parents ? »

Nous étions à un peu moins d'une heure en voiture de Thumersbach, le village où les Wächter s'étaient, en 1940, approprié la maison du gouverneur Rehrl avec l'aide d'Ernst Kaltenbrunner. La maison n'était pas très grande, mais elle offrait une belle vue sur le lac de Zell. Là, alors que nous admirions une sculpture en bois du Christ, datant de 1931, un voisin s'est approché. « Mon grand-père était nazi et s'est emparé de cette maison pendant la guerre », lui expliqua Magdalena ; il fut surpris par sa candeur. Elle appartient toujours à la famille Rehrl[10], nous dit-il, ajoutant qu'il ignorait l'interlude Wächter.

Nous avons fait une halte au Schloss Prielau, le château que Josef Wächter avait voulu acheter après la Première Guerre. Aujourd'hui transformé en hôtel de luxe, il appartient à la famille Porsche. Le site Internet explique son histoire sans mentionner le séjour du sculpteur Josef Thorak avec qui Charlotte avait autrefois visité une réserve d'oiseaux.

Nous avons passé la nuit dans un hôtel à Zell-am-See, à mi-chemin de la Schmittenhöhe, non loin du téléphérique et de la maison – démolie depuis – où les Wächter ont habité après Thumersbach.

Au cours du dîner, nous avons parlé avec un couple assis près de nous, des Israéliens, étonnés d'entendre une musulmane autrichienne leur dire que son grand-père avait construit le ghetto de Cracovie.

Le lendemain matin, nous sommes allés à Fieberbrunn, à une heure de route. Nous avons visité la maison de Charlotte dans la montagne, d'où la vue est belle, et nous nous sommes arrêtés sous le balcon de sa chambre où elle avait inscrit ses initiales, *CHvW*. Magdalena m'a parlé de sa décision de se convertir, de son besoin d'échapper à l'étreinte de cette « famille très catholique ». Nous avons essayé d'imaginer ensemble le moment où, en 1974, les restes d'Otto avaient été acheminés, depuis cette maison avec sa vue magnifique jusqu'au cimetière local que nous avons aussi visité. La pierre tombale de cette cinquième et dernière demeure d'Otto indique : « Freiherr Otto und Freifrau Charlotte ».

Nous avons terminé notre périple à Salzboug. J'ai admiré la plaque *Hauß Wartenberg, 1686-1954* dans la Riedenburger Strasse – apposée sur ce bâtiment aujourd'hui transformé en hôtel à l'aspect négligé : un établissement « non conventionnel et traditionnel », annonce le site Internet – une assez bonne description de la maison. Je suis entré, seul, je n'ai pas vu de clients, juste un jeune homme en chaussettes, un employé qui m'a tendu une carte de visite. En traversant le jardin où Tante Lotte accueillait autrefois ses élèves, je me suis demandé où elle avait placé les restes de son mari après les avoir illégalement transportés ici, depuis le cimetière de Campo Verano.

Nous sommes passés devant la première maison de Charlotte à Salzbourg, la « cabane » de la Anton-Hall-Strasse, aujourd'hui un immeuble à deux étages, datant du milieu du siècle, avec un balcon fleuri de roses blanches. C'est ici que Magdalena m'a raconté l'histoire d'un membre de la famille, un psychanalyste et neurologue, qui s'était occupé d'elle, de Jacqueline et de trois des filles Wächter. Je lui ai parlé, à la demande de Magdalena : il m'a confié que Charlotte était, selon lui, bipolaire, une maladie aux composantes génétiques qui peuvent se transmettre de génération en génération.

Dans le centre de Salzbourg, les touristes attendaient autour du Landestheater la représentation de *La Mélodie du bonheur* de Rodgers et Hammerstein. Nous avons dîné tout à côté, sur la terrasse d'un restaurant italien. Nous avons parlé de famille et d'héritage, de mémoire et de silence, et nous nous sommes demandé comment des gens honorables, bien éduqués, issus de bonnes familles pouvaient se trouver mêlés à des événements terribles, ou les ignorer. « Tous les cousins sont affectés par l'histoire de nos grands-parents », dit Magdalena. J'ai évoqué une conversation que j'avais eue il y a des années avec une ancienne étudiante qui, je l'avais appris, était la femme de l'un de ses cousins. Elle avait attendu que son mari s'absente pour me prier de ne jamais montrer le documentaire en Autriche. Voyant ma surprise, elle avait ajouté : « Pour protéger notre enfant. »

Magdalena m'a posé des questions sur le livre que j'étais en train d'écrire et sur les photos que j'allais y insérer. Pouvait-elle les voir ? Bien sûr, mais, je l'en ai avertie, certaines étaient difficiles à regarder. Elle voulait voir les trois photos prises à Bochnia, celles que j'avais montrées à Horst. Nous avons scruté le visage des victimes, de ces hommes jeunes, certains encore adolescents. L'image a produit un choc, une réaction forte, d'une grande violence, surprenante pour une personne au caractère si doux.

En nous séparant, nous nous sommes dit que, pour elle comme pour moi, ce voyage avait été important. Magdalena et Galib sont rentrés à Vienne, j'ai pour ma part passé la nuit à Salzbourg après avoir visité la maison de Stefan Zweig – voisine du magasin Lanz qui vend toujours les chemises en lin préférées d'Otto.

Ma fille m'a rejoint le lendemain. Nous avons traversé ensemble les montagnes, à pied, en suivant, peut-être, le chemin qu'avait emprunté Otto. Nous nous sommes arrêtés à Berchtesgaden pour admirer l'ascenseur qui monte jusqu'au nid d'aigle, une prouesse que l'on doit à l'ingénieur Alfred Reinhardt. « Pourquoi Wächter a-t-il pris l'identité de quelqu'un qui avait fui en Argentine ? » m'a demandé ma fille. Je n'avais pas de réponse. Aujourd'hui, la retraite d'Hitler est un lieu touristique ; le sombre passé du lieu n'est guère évoqué dans les dépliants.

Nous sommes partis le lendemain matin de bonne heure. Après être passés par la vallée de l'Ötztal, en laissant derrière nous les « lumières dansantes » de Sölden – la dernière vue qu'Otto avait eue de l'Autriche –, nous avons rejoint le village de Vent. La dame de l'office de tourisme nous a assuré que le trek à travers les montagnes était ouvert et facile à pratiquer… elle était optimiste. La première partie, 8 kilomètres marqués par des pierres rouges et blanches, suit le lit d'une rivière, grimpe en longeant des chutes d'eau et aboutit à un refuge en pierre, la Martin-Hütte, sur lequel quelqu'un a gravé ses initiales et l'année, 1949. Là, nous avons pris du jus de sureau et des pâtes, notre première halte à 2 500 mètres. La deuxième partie n'est pas longue – seulement 4 kilomètres –, mais elle grimpe jusqu'à 3 000 mètres. Après les grosses chutes de neige d'avril, et un record de froid au mois de mai, nous nous sommes retrouvés dans la neige jusqu'aux genoux. Devant les difficultés, nous avons renoncé au petit détour qui nous aurait permis de voir le glacier qui avait conservé les restes momifiés d'un homme mort il y a plus de 5 000 ans[11]. L'escalade était raide et la neige si profonde que je m'arrêtais tous les 100 mètres, mais la force et la résolution de ma fille m'ont entraîné. Comment Otto avait-il pu faire ce chemin en février, la nuit, à skis ?

Au sommet, une fois parvenus à la Similaunhütte, nous nous sommes d'abord tournés vers l'Autriche, puis nous avons regardé l'Italie, devant nous. Dans la descente, la neige s'est progressivement transformée en roche. Arrivés au sentier bordé de pâturages, nous sommes tombés sur un ruisseau débordant d'eau de source. Une fois de plus, ma fille a su trouver le chemin et l'endroit propice à la traversée. Quand nous avons atteint la petite ville de Vernago, nous étions épuisés. Plusieurs messages nous attendaient.

Le premier était de Horst. Il voulait me dire que les photos de Bochnia ne constituaient pas une preuve contre son père. Il m'envoyait aussi une photo du service en porcelaine de la Villa Mendl. Il avait encore une fois essayé de le rendre, mais les habitants de la Villa ne voulaient pas entendre parler de lui.

Le deuxième message venait d'un ami espagnol, un écrivain que j'admire beaucoup. « Continue vers Rome », me conseillait-il. Il avait en effet obtenu l'autorisation de visiter la Sala Baglivi de l'hôpital Santo Spirito où Otto était mort. Je n'avais pas encore pu la voir.

Le lendemain, nous sommes allés à Bolzano. C'est à cet endroit, sur le quai de la gare, que Charlotte et Otto s'étaient quittés ; là se trouvait, immuable, la tour d'horloge. Ma fille est descendue à

Vérone, j'ai poursuivi jusqu'à la gare de Termini. J'ai passé quelques jours à Rome et au bord du lac Albano.

Une fois de plus, je n'ai pas réussi à trouver la Villa Emma à Poggi d'Oro.

J'ai visité les archives secrètes du Vatican où j'ai aperçu les papiers de Pie XII, enfermés dans une petite loge, pas encore accessibles au public. J'ai poursuivi ma marche jusqu'au jardin de l'Istituto Teutonico et me suis arrêté devant l'imposante tombe de l'évêque Hudal. La pierre tombale porte l'inscription *« Der Friede sei mit Dir »*, « que la paix soit avec toi ».

Au cimetière de Campo Verano, dans la section 38, j'ai enfin réussi à localiser le lieu du premier enterrement d'Otto. J'ai posé quelques papiers et photos sur la tombe, le vent les a emportés.

À Castel Sant'Angelo, dans le coude du Tibre, j'ai relu la carte postale que Charlotte avait envoyée à Otto depuis Rome en 1929, quelques jours seulement après leur première rencontre. Étrangement, elle représente le lieu de sa mort vingt ans plus tard.

Mon ami écrivain espagnol voulait m'accompagner à l'hôpital Santo Spirito. Assis au milieu d'une foule animée de visiteurs dans l'enceinte du Vatican, je lui ai demandé : « Pourquoi cela t'intéresse-t-il ? » « Il est plus important de comprendre le boucher que la victime. » Voilà ce qu'il m'a répondu. Une belle phrase, qui me paraissait juste.

L'hôpital était tout près. Nous avons traversé les petites rues jusqu'à la via dei Penitenzieri et l'entrée principale de Santo Spirito. Une historienne de l'art qui travaille à la bibliothèque de l'hôpital nous a accueillis. Elle nous a conduits à la Sala Baglivi, plus vaste et plus impressionnante que nous ne pouvions l'imaginer : un espace immense, vide, en fin de rénovation. Là où nous nous trouvions, entre les deux salles, il m'a fallu un moment pour réaliser que, sur la photo prise en 1950, celle qui ouvre ce livre, ce n'est pas la Sala Baglivi que l'on voit, mais sa voisine, la Sala Lancisi.

Au centre de cet espace imposant datant de la Renaissance, à côté de la petite chapelle avec l'autel de Palladio, on imagine le patient dans le lit numéro 9 : un homme qui, on le sait aujourd'hui, se croyait à tort traqué de toutes parts. Nous avons regardé les choses qui ont entouré Otto dans les derniers jours de sa vie : les briques rouges au sol, le plafond à la française, les inscriptions papales, les fenêtres et le nombre important de portes, la lumière et les ombres.

J'ai remarqué des fresques décolorées sur le mur qui sépare la Sala Baglivi des eaux du Tibre, au-dessus d'une porte en bois verrouillée. Elles datent du XVe siècle, mais racontent l'origine de l'hôpital alors vieux de trois siècles : au XIIe siècle, c'était un lieu d'accueil pour enfants abandonnés. Les fresques, représentations violentes de sang versé, sont étonnantes. L'une montre le meurtre d'un enfant. Sur le panneau étaient autrefois inscrits des versets bibliques d'Ésaïe (13,18), depuis longtemps recouverts. Otto avait vu pu voir l'image, mais non le texte.

> De leurs arcs, ils abattront les jeunes gens,
> Et ils seront sans pitié pour le fruit des entrailles :
> Leur œil n'épargnera point les enfants[12].

Les enfants ne sont pas épargnés ; le passé fait son œuvre. De retour chez elle à Vienne, Magdalena, qui venait de parcourir les lieux de mémoire des Wächter en Autriche avait choisi d'affronter ce passé. Contre la volonté de son père, elle publia un bref message sur les réseaux sociaux :

« Mon grand-père était un meurtrier de masse. »

Sala Baglivi, hôpital Santo Spirito, 2019.

Remerciements

Ce livre est le fruit d'un travail d'équipe. Pendant huit ans, j'ai eu la chance de travailler avec des personnes remarquables et de bénéficier du soutien d'institutions tout aussi remarquables. À tous je suis redevable et exprime ma gratitude. Certains m'ont apporté une aide significative et continue, d'autres m'ont aidé de manière plus ponctuelle ou informelle, par un souvenir, et, dans un cas, par un seul mot. Qu'ils soient assurés de ma profonde reconnaissance. Les erreurs ou omissions qui ont pu se glisser dans le texte relèvent de ma seule responsabilité.

Je n'aurais pas pu faire ce voyage sans le soutien actif, engagé et permanent de Horst Wächter ; je le remercie tout particulièrement. Nous n'avons pas toujours été d'accord, sur certains faits nos interprétations divergent profondément. Il n'empêche, Horst a toujours été remarquablement ouvert. Je remercie également Jacqueline, sa femme aujourd'hui disparue, et Magdalena, leur fille, qui est une source d'inspiration par son courage et sa force, ainsi que son mari, le sage et généreux Gernot Galib Stanfel. Qu'Osman Turan (coiffeur et garde du corps) et le neveu Dario soient également remerciés pour leur temps, leurs conseils, et les repas que nous avons partagés. D'autres membres de la famille Wächter avec qui je suis – ou ai été – en contact m'ont fait part de leurs réflexions, précieuses ; quel que soit notre point de vue sur un travail qui porte sur le passé, j'apprécie profondément leurs perspectives et leur intégrité. À mon cher ami Niklas Frank – qui, en me présentant Horst, a été l'instigateur involontaire de cette histoire –, à la merveilleuse Hannelore et à l'exceptionnelle Franziska, j'exprime mon estime familiale.

Le projet a bénéficié de mes conversations avec Liz Jobey, mon amie, autrefois éditorialiste au *Financial Times* qui, avec Caroline Daniel, m'a commandé le premier portrait de Horst. Lors de ce premier voyage, et depuis, j'ai bénéficié de l'œil avisé de Jill Edelstein et de la clairvoyance de Cullen Murphy, qui travaille aujourd'hui pour *The Atlantic*.

Le voyage a suivi une route étrange et sinueuse. Le documentaire *What Our Fathers Did. A Nazi Legacy* et les éclairages de David Evans, Amanda Posey, Finola Dwyer, Nick Fraser et David Sharp ont fait naître des idées nouvelles et inattendues. Le podcast a ensuite fait apparaître des documents nouveaux : mes remerciements vont à Hugh Levinson et Mohit Bakaya à la BBC, à la brillante productrice Gemma Newby, à Joel Lovell, Stephen Fry et Laura Linney, à Sandrine Treiner (France Culture), ainsi qu'à Catrin Finch, Seckou Keita et Tamsin Davies pour leur musique propice à l'imagination. C'est Bea Hemming, mon ancienne éditrice à Weidenfeld, maintenant chez Jonathan Cape, qui a eu l'idée de prolonger le podcast et d'en faire un livre plus approfondi. Elle avait raison.

Dans le monde universitaire, j'ai une grande dette à l'égard de la magnifique et regrettée Lisa Jardine, ma collègue à UCL, et de son compagnon John Hare. J'ai énormément profité du travail diligent de deux chercheurs véritablement exceptionnels, le Dr James Everest et Lea Main-Klingst, mon assistante : ils ont mené cette entreprise gargantuesque de transcription, d'interprétation, de traduction et de compréhension avec humour, sagesse et professionnalisme.

Un groupe fabuleux d'assistants de recherche nous a accompagnés, pour la plupart basés à l'University College de Londres : Felicitas Benziger, Grega Grobovsek, Hannes Joebstl, Benedikt Lucas, Julia Radaszkiewicz, Beatrice Russo, Riccardo Savona Siemens, Bastian Steuwer et Veren Yildiz, ainsi que Rebecca Leinen (Oxford). Mes collègues à UCL, les doyens, les professeurs Piet Eeckhout et Hazel

Genn, le professeur Richard Moorhead, directeur de la recherche avec Luis Monteros Vivoya, et mes collègues du département de Droit international ont tous inconditionnellement soutenu ce projet qui peut sembler inhabituel dans une école de Droit.

En route, j'ai rencontré un grand nombre d'individus remarquables, généreux de leur temps, de leurs idées et de leurs opinions. Je remercie tout particulièrement le professeur Norman Goda (Université de Floride), le professeur David Kertzer (Brown), le professeur Massimo Pinzani (Royal Free), et le professeur Gerald Steinacher (Université du Nebraska). Bronisława (Niusia) Horowitz (Cracovie) et son frère Ryszard Horowitz, ainsi que Michael Katz m'ont fait part de leurs expériences de première main ; tout comme Buko Rathmann et sa fille ; Herta Ettingshausen ; Thomas Lucid et son frère Barney ; David Cornwell ; un ami romain qui souhaite rester anonyme ; le Dr Johan Ickx (Institut de l'Anima) ; Dame Sue Black et le Dr Niamh Nic Daéid (Université de Dundee) ; Pamela Putnam Smith, Friling Tuvia et Stefanie Waske.

J'ai été accompagné sans compter par une belle communauté internationale d'auteurs, de chercheurs, de bibliothécaires, d'archivistes et de conservateurs. Ma gratitude particulière va à Harold Stockhammer, historien-détective originaire d'Innsbruck et avocat fabuleux, qui m'a contacté un jour et ne m'a plus quitté ; et à Mario Tedeschini Lalli à Rome, un collègue épatant et généreux.

En Argentine, Uki Goñi m'a instruit sur la destination finale de la *Ratline*.

En Autriche, j'ai bénéficié de l'assistance de Simon Adler ; de Gerhard Baumgartner, mon condisciple et vieil ami de la période *Cages aux folles* à Cambridge, aujourd'hui directeur du Dokumentationsarchiv des österreichischen Wiederstandes ; de René Bienert (Institut Wiesenthal de Vienne pour l'étude de l'Holocauste, VWI) ; de Barbara Habermann (Wintersport Museum Mürzzuschlag) ; d'Andreas Huber et de Linda Erker (Université de Vienne, sur le *Deutsche Klub*) ; de Ralph Janik (Université de Vienne) ; de Klaus Oblin (entrepreneur de pompes funèbres) ; du Dr Astrid Reisinger Coracini (Université de Vienne) ; et de Kerstin von Lingen (Université de Vienne).

En France, la professeure Astrid von Busekist, ma collègue et extraordinaire traductrice, m'a donné des conseils précieux.

En Allemagne, m'ont aidé le Dr Andreas Eichmüller (NS-Dokumentationszentrum, Munich), Hans Christian Jasch (Wannsee Haus), Dieter Pohl, et ma merveilleuse ancienne éditrice Nina Sillem.

En Italie, ma reconnaissance va à Manfredi Bettoni ; Massimo Coccia ; Gerardo José Fueyo Bros (ambassade d'Espagne auprès du Saint-Siège) et sa femme ; Lutz Klinkhammer (Deutsches Historisches Institut à Rome) ; Ann Pichey, Mauro Canali ; Sandro Portelli ; Patrizia Ricci (hôpital Santo Spirito) ; et l'évêque Paul Tighe.

En Pologne, le Dr Agnieszka Bienczyk-Missala (Instytut Stosunków Miedzynarodowych, Uniwersytet Warszawski), Diana Blonska (Musée national de Cracovie), Bozena Krawczyk (Archiwum Warszawa), Olga Laskowska (IPN), Magdalena Ogorek, Zanna Słoniowska, mon vieil ami et collègue le Dr Adam Redzik, professeur à l'Université de Varsovie, et Jacek Soszynski de l'Institut pour l'histoire de la science m'ont apporté leur aide généreuse.

Pour les renseignements portant sur la Russie, je remercie Nanci Adler, Alla Shevelkina, et Anton Weiss-Wendt, du Centre norvégien pour l'étude de l'Holocauste et des minorités religieuses.

En Ukraine, je suis reconnaissant envers mes chers amis Sofia Dyak (Centre d'histoire urbaine de Lviv) et Ivan Horodyskyy (Université catholique ukrainienne, Lviv).

Au Royaume-Uni, ma gratitude va à Keith Lowry, pour ce que j'ai appris à propos de Höttl ; à mon ancienne professeure de lycée, Laurence Impey ; et à Eddie Reynolds, pour les traductions.

Aux États-Unis, je remercie particulièrement l'archiviste Anatol Steck du Musée du mémorial de l'Holocauste et ses collègues Alla Dvorkin et Alina Skibinska, qui ont trouvé des documents rares dans une archive polonaise. Ma gratitude va également à Eli Rosenbaum et David Rich (département de la Justice des États-Unis), et à Eric van Slander (NARA).

Sur les questions qui portent sur la santé et la médecine, je remercie le Dr Allister Vale (Sandwell and West Birmingham Hospitals NHS Trust) ; le Dr Colin Borland, Kevin Moore (UCL) et le professeur Thomas Zilker (Technische Universität München).

Pour les informations sur la Croix-Rouge, je remercie Naomi Cremasco Rolnick et Deborah Mettraux, ainsi que Fania Khan des archives de la Croix-Rouge Internationale.

Le Dr Jonathan Sklar m'a conseillé sur la psychanalyse; Laurent Naouri sur la musique. Vickie Taylor, Scott Edmonds (Cartographie internationale) et Alex Tait (National Geographic) ont, comme toujours, magnifiquement préparé les cartes. Daniel Alexander avec son sourire ironique m'a prodigué des conseils juridiques.

Des correspondants inattendus m'ont parlé de leurs souvenirs de Haus Wartenberg entre autres: Mark Ballantyne; John Beddington; Deborah Michel; Peter, Melanie, Chris et Erin Westendorf; la famille Scharkow; et Sue Springer.

Un certain nombre d'amis et de collègues méritent une mention particulière.

Adriana Fabra, la plus chère des amies de la famille, a participé au travail de détective à Rome et à Poggi d'Oro, où nous avons cherché, cherché, et quelquefois trouvé. Dans le fin fond du Devon, Louise Rands, avec qui je travaille depuis trente ans, a su décoder mon écriture, et a fait une transcription avisée et professionnelle.

J'ai la chance d'avoir une équipe d'agents littéraires formidables. À Londres, elle est dirigée par Georgia Garrett, chez Rogers, Coleridge & White; elle est toujours là et a toujours raison; ses collègues sont Laurence Laluyaux et Stephen Edwards. À New York, Melanie Jackson, qui m'a toujours éclairé, fait preuve d'une patience divine. Chez Casarotto, Rachel Holroyd est imbattable pour sa précision, elle est assistée de Sophie-Marie Neal.

J'ai également beaucoup de chance de pouvoir travailler avec les meilleurs éditeurs: Jenny Lord chez Weidenfeld & Nicolson m'a prodigué les conseils perspicaces dont on rêve; chez Alfred Knopf, Victoria Wilson a fait le même travail remarquable que sur *Retour à Lemberg*, elle peut compter sur mon éternelle gratitude pour ses remarques magnifiques et stratégiques. Je remercie encore Hélène Monsacré en France (Albin Michel), Silvia Sese et Jane Pilgrem en Espagne (Anagrama), Tanja Hommen en Allemagne (Fischer), et Luigi Brioschi en Italie (Guanda).

Ma gratitude va enfin à ma famille qui m'a accompagné et soutenu, mon cher frère Marc en particulier, le meilleur frère que l'on peut imaginer; ma tante Annie à Paris qui a mouillé sa chemise en faisant des recherches dans le Tyrol; ma tante Ita dans le Devon; et mes parents, toujours patients, Allan et Ruth.

Aux autres membres, le clan resserré des cinq, merci de me supporter maintenant que nous nous éloignons (doucement) de Lviv. Katya a traversé la montagne pour moi, dans la neige jusqu'aux genoux, je ne l'oublierai jamais. Sur les questions relatives à l'identité et au fonctionnement des humains, Lara m'oblige à maintenir la barre. Leo donne à mon sens de l'histoire une traduction plus intelligible. Natalia, enfin, fait brillamment avancer ce petit monde avec chaleur et humour, franchise et amour, s'assurant que nos pieds restent fermement sur terre.

Sources

Comme je l'indique dans les notes, ce livre s'appuie sur une variété de sources considérable : archives, livres, articles, presse et entretiens individuels.

Archives

Les lettres, les journaux et les autres papiers d'Otto et de Charlotte von Wächter appartiennent à Horst von Wächter ; en 2015, il les a rendus publics sous une forme digitalisée, ils se trouvent au United States Holocaust Memorial Museum (USHMM), « Archiv Horst von Wächter », code d'accès 2014.103, numéro RG : RG-17.049.

La plupart de ces documents ont été transcrits et traduits en anglais, sous la supervision de James Everest et avec l'aide en particulier de Lea Main-Klingst. Les dossiers de l'USHMM comportent onze séries et sont ordonnés de la manière suivante :

1. Correspondance, 1944-1945
2. Lettres et cartes postales, 1929-1949
3. Albums photos, 1920-1938
4. Photos de Lemberg (Lviv, Ukraine)
5. Photos diverses, sport à Zakopane (Pologne) et photos du ghetto de Varsovie

6. Notes diverses et correspondance, 1948-1949
7. Collection de négatifs, 1937-1965
8. Documents privés, 1901-1961
9. Journaux, 1923-1984
10. Conversations enregistrées : entre Charlotte von Wächter et les amis et associés d'Otto von Wächter, 1976-1986
11. Collection de journaux et de coupures de presse, 1949-1961

Horst m'a également donné accès à 480 pages de documents supplémentaires qui n'ont pas encore été déposés à l'USHMM.

J'ai également tiré profit de la consultation des archives suivantes :

Autriche

Dokumentationsarchiv des österreichischen Widerstandes, DÖW, Vienne (Centre de documentation de la résistance autrichienne)
Wiener Wiesenthal Institut für Holocaust-Studien (archives Simon Wiesenthal à l'Institut Wiesenthal de Vienne pour l'étude de l'Holocauste), VWI
Österreichisches Staatsarchiv, ÖSTA (Archives de l'État autrichien)
Südtiroler Landesarchiv (Archives de l'État du Sud-Tyrol)
Wiener Stadt und Landesarchiv (Archives de la ville et de l'État à Vienne)

Allemagne

Bundesarchiv, BArch (Archives fédérales allemandes)
Institut für Zeitgeschichte (IfZ), Munich

Israël

Archives de Yad Vashem, dont la base de données répertoriant les noms des victimes de la Shoah

Italie

Archivio Centrale dello Stato (Archives centrales de l'État, Rome)
Santa Maria dell'Anima
Paroisse de Santa Maria in Aquiro, Rome

Pologne

Instytut Pamięci Narodowej, IPN (Institut pour la mémoire nationale)

Archiwum Główne Akt Dawnych (Archives centrales de documents historiques à Varsovie)

Ukraine

Archives gouvernementales de l'Oblast de Lviv

États-Unis

United States Holocaust Memorial Museum

National Archives and Records Administration (Archives nationales et administration documentaire)

Département de la Justice

Royaume-Uni

Archives nationales

Internet

www.jewishgen.org

Élements de bibliographie

Les références plus spécifiques sont indiquées dans les notes. Certaines méritent une mention particulière, car elles comprennent des indications de sources pour les lecteurs intéressés :

Sur la vie à Vienne : Carl E. Schorske, *Fin-de-Siècle Vienna : Politics and Culture*, New York, Alfred Knopf, 1979.

Sur la fuite des nazis passant par l'Italie et le Vatican, je me suis souvent référé à Gerald Steinacher, *Nazis on the Run*, Oxford, Oxford University Press, 2011, et à Uki Goñi, *The Real Odessa : How Perón Brought the Nazi War Criminals to Argentina*, Londres, Granta, 2002.

Sur l'évolution de la position américaine vis-à-vis des criminels nazis, j'ai consulté notamment trois essais de Norman Goda : « The Nazi Peddler », « Tracking the Red Orchestra », « Manhunts », in Richard Breitman *et al.*, *U. S. Intelligence and the Nazis*, New York, Cambridge University Press, 2005 ; ainsi que Kerstin von Lingen, *Allen Dulles, the OSS, and Nazi War Criminals*, New York, Cambridge University Press, 2013.

Sur la relation entre le Vatican et l'État italien jusqu'à 1939, David Kertzer, *The Pope and Mussolini*, Oxford, Oxford University Press, 2014.

Sur les assassinats dans les Fosses ardéatines, la magnifique histoire orale d'Alessandro Portelli, « The Order Has Been Carried Out : History, Memory and Meaning of a Nazi Massacre in Rome », New York, Palgrave Macmillan, 2003 ; Giacomo Debenedetti, *October 16, 1943*, Indiana, University of Notre Dame Press, 2001, avec une préface d'Alberto Moravia.

Sur la vie sous le règne des nazis à Cracovie et Lemberg : Tadeusz Pankiewicz, *The Kraków Ghetto Pharmacy*, Washington, USHMM, 1988 ; David Kahane, *Lvov Ghetto Diary*, Amherst, University of Massachusetts Press, 1990.

Sur la personnalité d'un commandant nazi : Gitta Sereny, *Au fond des ténèbres. Un bourreau parle : Franz Stangl, commandant de Treblinka*, trad. de l'anglais Colette Audry, Paris, Tallandier, 2019.

Les mémoires personnels qui offrent des renseignements pertinents :

Allen Dulles, *The Secret Surrender*, New York, Harper & Row, 1966.

Simon Wiesenthal, *Les assassins sont parmi nous*, trad. de l'anglais Claude-Hélène Sibert, Paris, Stock, 1967.

Joy Adamson, *The Searching Spirit*, San Diego, Harcourt Brace Jovanovich, 1979.

Simon Wiesenthal, *Justice n'est pas vengeance*, trad. de l'anglais Odile Demange, Paris, Laffont, 1989.

Herta Reich, *Zwei Tage Zeit – Die Flucht einer Mürzzuschlager Jüdin 1938-1944*, Graz, Clio, 1998.

James Milano et Patrick Brogan, *Soldiers, Spies and the Rat Line*, Londres, Brassey's, 2001.

Phyllis McDuff, *A Story Dreamt Long Ago*, New York, Bantam, 2003.

Martin Pollack, *The Dead Man in the Bunker : Discovering My Father*, New York, Faber & Faber, 2006.

Aleksander B. Skotnicki, *Bronisława (Niusia) Horowtiz-Karakulska*, Cracovie, Stradomskie Centrum Dialogu, 2012.

Les livres d'histoire sur lesquels je me suis appuyé comprennent :

Steven Beller, *A Concise History of Austria*, Cambridge, Cambridge University Press, 2006.

Kurt Bauer, *Hitlers Zweiter Putsch – Dollfuss, die Nazis und der 25. Juli 1934*, Vienne, Residenz Verlag, 2014.

Evan Burr Bukey, *Hitler's Austria*, Chapell Hill, University of North Carolina Press, 2000.
Christopher Duggan, *A Concise History of Italy*, 2e éd., Cambridge, Cambridge University Press, 2014.
Hans-Christian Jasch et Christoph Kreutzmüller (éd.), *The Participants: The Men of the Wannsee Conference*, New York, Berghahn, 2018.
Robert Katz, *Death in Rome*, Londres, Jonathan Cape, 1967 ; le film *SS Représailles*, 1973, est basé sur ce livre.
Peter Longerich, *Himmler*, trad. de l'anglais Raymond Clarinard, Paris, Héloïse d'Ormesson, 2010.
Marta Marková, *Auf Knopfdruck : Vienna Postwar Flair*, Vienne, LIT Verlag, 2018.
Johannes Sachslehner, *Hitlers Mann im Vatikan : Bischof Alois Hudal*, Vienne, Molden Verlag, 2019.
Michael Salter, *Nazi War Crimes, US Intelligence and Selective Prosecution at Nuremberg*, Abingdon, Routledge, 2007.
Adrian Weale, *The SS: A New History*, Boston, Little Brown, 2010.
Martin Winstone, *The Dark Heart of Hilter's Europe*, Londres, I. B. Tauris, 2015.

Enfin une sélection de romans qui m'ont éclairé, en détail et en couleur, sur la période que j'ai affrontée :

Curzio Malaparte, *Kaputt* (1944), trad. de l'italien Juliette Bertrand, Paris, Gallimard, coll. « Folio », 2014.
Alberto Moravia, *La Belle Romaine* (1949), trad. de l'italien Juliette Bertrand, Paris, Charlot, 1949.
Herbert Zand, *The Last Sortie (Letzte Ausfahrt)*, Londres, Rupert Hart-Davis, 1955.
Elsa Morante, *La Storia*, trad. de l'italien Michel Arnaud, Paris, Gallimard, coll. « Du monde entier », 1977.
Thomas Keneally, *La Liste de Schindler*, trad. de l'anglais (Australie) François Dupuis, Paris, Laffont, 1984.
Wolfgang Koeppen, *La Mort à Rome* (1962), trad. de l'allemand Armand Pierhal et Maurice Muller-Strauss, postface de Johann Chapoutot, Marseille, Les Éditions du Typhon, 2019.
Graham Greene, *Le Troisième Homme* (1950), trad. de l'anglais Marcelle Sibon, Paris, Laffont, 1992.

Notes

Abréviations utilisées dans les notes

D : Journal de Charlotte
L : Lettres
P : Papiers de Charlotte
R : Souvenirs de Charlotte
T : Cassette
EM : Courriel

CB : Charlotte Bleckmann (jusqu'en septembre 1932)
JE : James Everet
EF : Eduard Fischer
HH : Heinrich Himmler
LMK : Lea Main-Klingst
LR : Lothar Rübelt
PS : Philippe Sands
HJS : Hansjakob Stehle
CW : Charlotte Wächter (après septembre 1932)
HW : Horst Wächter
JW : Josef Wächter
OW : Otto Wächter

Prologue
Rome, 13 juillet 1949 (p. 19-24)

1. Salle voisine de la Sala Baglivi où Otto von Wächter fut hospitalisé et trouva la mort. Ph. Sands explique la confusion entre les deux salles p. 402 *(NdÉ).*
2. *P*, *Nachlass*, § 1, p. 66.
3. *Ibid.*
4. *L*, Hedi Dupré à CW, 25.07.1949, p. 7.
5. *L*, Hedi Dupré à CW, 25.07.1949, p. 8-9.
6. *L*, Hedi Dupré à CW, 25.07.1949, p. 9.
7. *L*, Hedi Dupré à CW, 25.07.1949, p. 1.
8. *L*, Hedi Dupré à CW, 25.07.1949, p. 10.

I. AMOUR

1. Hagenberg, 2012 (p. 27-34)

1. Chanson de Leonard Cohen ([Je danserai avec toi à Vienne], 1988).
2. Horst Wessel, né le 9 octobre 1907 à Bielefeld, Allemagne ; mort le 14 janvier 1930 à Berlin, Allemagne. Sturmführer dans la SA ; auteur du « Horst Wessel Lied », devenu l'hymne officiel de la NSDAP (de 1933 à 1945) après son assassinat supposément commandité par un membre du KPD (le parti communiste d'Allemagne).
3. Arthur Seyss-Inquart, né le 2 juillet 1892 à Stannern, Moravie ; mort le 16 octobre 1946 à Nuremberg, Allemagne. Reichskommissar pour les Pays-Bas de 1940 à 1945.
4. Joseph Goebbels, né le 29 octobre 1897 à Rheydt, Allemagne ; mort le 1er mai 1945 à Berlin. Reichsminister de la propagande de 1933 à 1945.
5. Baldur Benedikt von Schirach, né le 9 mai 1907 à Berlin ; mort le 8 août 1974 à Kröv an der Mosel, Allemagne. Chef des Jeunesses hitlériennes de 1931 à 1940 ; gouverneur du Reichsgau de Vienne de 1940 à 1945.
6. *L*, CW à OW, 30.10.1944.
7. Friedrich Stowasser (Friedensreich Hundertwasser), né le 15 décembre 1928 à Vienne ; mort le 19 février 2000 à bord du *Queen Elizabeth II* en provenance de Brisbane, Australie. Peintre, architecte, écologiste.

2. Otto, 1901 (p. 35-39)

1. KuK Hof-Atelier Fritz Knozer.
2. Voir Carl E. Schorske, *Fin-de-Siècle Vienna : Politics and Culture*, New York, Alfred Knopf, 1979.

3. Voir Richard Lein, *Pflichterfüllung oder Hochverrat? Die tschechischen Soldaten Österreich-Ungarns im Ersten Weltkrieg*, Berlin, LIT Verlag, 2011, p. 279-281.
4. L'ordre militaire de Marie-Thérèse est la plus haute distinction de l'Empire autrichien. Voir *Die Dekorierung der Theresienritter* (1918), disponible ici : http://europeanfilmgateway.eu/de/detail/die%20dekorierung%20der%20theresienritter/ofm:933c8187a0b58e80e6260cd76e933e90 (4'40").
5. Voir Steven Beller, *A Concise History of Austria,* Cambridge, Mass., Cambridge University Press, 2006, p. 208 *sq.* ; C. E. Schorske, *Fin-de-Siècle Vienna, op. cit.*
6. Voir Philippe Sands, *Retour à Lemberg*, trad. de l'anglais A. v. Busekist, Paris, Albin Michel, 2017, p. 91 *sq.*
7. Hans Kelsen, né le 11 octobre 1891 à Prague, Empire austro-hongrois ; mort le 19 avril 1973 à Berkeley, États-Unis. Autrichien, juriste, philosophe du droit et philosophe politique, professeur.
8. Voir Antonino Scalone, « Alexander Hold von Ferneck », in Enrico Pattaro et Corrado Roversi (éd.), *A Treatise of Legal Philosophy and General Jurisprudence* (vol. 12), New York, Springer, 2016, p. 129.
9. Stephan Brassloff, né le 18 juin 1875 à Vienne ; mort le 25 février 1943 à Theresienstadt. Professeur de droit romain.
10. Josef Hupka, né le 22 février 1875 à Vienne ; mort le 23 avril 1944 à Theresienstadt. Professeur de droit commercial.
11. *Wiener Ruderverein Donauhort*, 1867-2017.
12. Voir Linda Erker, Andreas Huber et Klaus Taschwer, *Der Deutsche Klub : Austro-Nazis in der Hofburg*, Vienne, Czernin Verlag, 2019.
13. *Antisemitenbund* [Ligue antisémite], 1918-1938, mouvement autrichien créé par Anton Jerzabek, et dissous après l'Anschluss.
14. Voir Bruce Pauley, *From Prejudice to Persecution : A History of Austrian Anti-Semitism*, Chapell Hill, University of North Carolina Press, 1992, p. 82.
15. *P*, Divers, § 1, p. 11.
16. *Deutsche Nationalsozialistische Arbeiterpartei* (DNSAP), le parti national-socialiste du travail allemand, fondé en 1918, fut interdit par le chancelier Engelbert Dollfuss en 1933, et incorporé au parti nazi après l'Anschluss.
17. *P*, Divers, § 1, p. 28 : *Amtszeugnis, Präsidium des Oberlandesgerichts in Wien* (14.12.1925).

3. Charlotte, 1908 (p. 40-45)

1. La route du Semmering fait partie du patrimoine mondial de l'UNESCO depuis 1998. Voir https://whc.unesco.org/en/list/785.
2. Voir Helmut Brenner, *Im Schatten des Phönix: Höhen und Tiefen eines dominierenden Industriebetriebes und deren Auswirkungen auf die Region*, Graz, Weishaupt Verlag, 1993.

3. En possession de l'auteur, *Industriebahnen, Waldbahnen, Touristikbahnen, Landwirtschaftsbahnen usw.*, p. 7.
4. Voir Rolf Steininger *et al.*, *Austria in the Twentieth Century (Studies in Austrian and Central European History and Culture)*, Piscataway, N. J., Transaction Publishers, 2002, p. 88.
5. Voir Margaret MacMillan, *Peacemakers: The Paris Peace Conference of 1919 and Its Attempt to End War*, Londres, John Murray, 2001.
6. Chocolat « Gala Peter » vendu par le chocolatier suisse Daniel Peter depuis 1887.
7. Voir Robert Browning, « Saul », in *Men and Women*, Boston, Ticknor and Fields, 1855.
8. Voir August Scheindler, *Ilias: Text aus der Überlieferung hergestellt und mit Vorrede von August Scheindle*, Vienne, Österreichischer Bundesverlag, 1925. Voir aussi https://www.biographien.ac.at/oebl/oebl_S/Scheindler_août_1851_1931.xml.
9. *R*, CW, 1932-1945, p. 53.
10. *D*, CW, 1923-1926, 26.09.1925.
11. Voir Andrew Lycett, *The Man Who Created Sherlock Holmes – The Life and Times of Sir Arthur Conan Doyle*, New York, Free Press, 2007, p. 436; Anna Lee, *Memoir of a Career on* General Hospital *and in Film*, Jefferson, C. N., McFarland & Company, Inc., 2007, p. 43.
12. Jane Adelaide Rose (Ida) Foley (née Doyle), née le 16 mars 1875; morte le 1er juillet 1937; professeure au collège pour filles de Cheltenham de 1901 à 1915, puis proviseure à Granville House, Eastbourne.
13. *D*, CW, 1923-1926: 20.10.1925; 22.10.1925; 28.12.1925; 29.12.1925; 04.01.1926; 05.01.1926; 06.01.1926; 11.01.1926.
14. La grève générale a été lancée par le Conseil général de l'union syndicale (TUC) en solidarité avec les 1,2 millions de mineurs, du 3 au 12 mai 1926; les grèves de sympathie furent bannies par le Trades Disputes Act de 1927, voir https://www.bbc.co.uk/news/uk-13828537.
15. Marie (Mizzi) Fischer (née Getreuer), née le 21 décembre 1912; morte le 9 août 1944 à Stutthof. Voir Wolfgang Scheffler et Diana Schulle, *Buch der Erinnerung – Die ins Baltikum deportierten deutschen, österreichischen und tschechoslowakischen Juden*, Munich, K. G. Saur, 2003, p. 476.
16. *D*, CW, 1923-1926, 27.07.1926.
17. La *Wiener Frauenakademie* fut créée en 1897. École d'art pour femmes, à l'origine appelée *Kunstschule für Frauen und Mädchen*, à l'époque où les femmes n'avaient pas le droit de s'inscrire dans les écoles d'art. La *Modeschule Wien im Schloss Hetzendorf*, fondée en 1946, est considérée comme l'héritière de la *Frauenakademie*.
18. Josef Hoffmann, né le 15 décembre 1870 à Brtnice, Moravie; mort le 7 mai 1956 à Vienne. Architecte et designer, il a créé les *Wiener Werkstätte* avec Koloman Moser en 1903.

4. Vienne, 1929 (p. 46-56)

1. Herma Szabo, patineuse née le 22 février 1902 à Vienne ; morte le 7 mai 1986 à Rottenmann, Autriche.
2. *R*, CW, *Meine Liebesjahre* 1929, p. 8-9, 12.
3. La Fischerhütte est un refuge pour skieurs à 2049 mètres d'altitude.
4. *R*, CW, *Meine Liebesjahre* 1929, p. 16.
5. CB à OW, 04.05.1929 ; *R*, CW, *Meine Liebesjahre* 1929, p. 17.
6. *R*, CW, *Meine Liebesjahre* 1929, p. 20-23.
7. Viktor s'est ensuite marié avec Friederike Gessner qui a fui l'Autriche nazie, a divorcé et a épousé un garde-chasse au Kenya. Devenue Joy Adamson, elle a écrit un livre intitulé *Born Free*, l'histoire d'Elsa la lionne assassinée en 1980.
8. *R*, CW, *Meine Liebesjahre* 1929, p. 37.
9. *R*, CW, *Meine Liebesjahre* 1929, p. 40-42.
10. *R*, CW, *Meine Liebesjahre* 1929, p. 47.
11. *R*, CW, *Meine Liebesjahre* 1929, p. 51.
12. *R*, CW, *Meine Liebesjahre* 1929, p. 64-67.
13. *R*, CW, *Meine Liebesjahre* 1929, p. 69.
14. Hans Fischböck, né le 24 janvier 1985 à Geras, Autriche ; mort le 3 juillet 1967 à Marbourg, Allemagne. Reichsminister pour les Pays-Bas de 1940 à 1945.
15. En possession de l'auteur : « *Durch Kampf & Liebe dem Sturme trotz an's Ziel!* ».
16. BArch (*Bundesarchiv*, archives fédérales allemandes), R 9361-II/1173907 ; *Waechter, Lotte – Personenbezogene Unterlagen der NSDAP/Parteikorrespondenz.*
17. BArch, R 9361-III/561695 ; *Waechter, Otto – Personenbezogene Unterlagen der SS und SA.*
18. *EM*, Andreas Huber à PS, 23.12.2018.
19. Franz Hieronymus Riedl, né le 2 avril 1906 à Vienne ; mort le 2 avril 1994 à Lana, Italie. Journaliste.
20. Ernst Kaltenbrunner, né le 4 octobre 1913 à Ried im Inkkreis, Autriche ; mort le 16 octobre 1946 à Nuremberg, Allemagne. Chef du bureau central de la sécurité du Reich de 1943 à 1945.
21. Hanns Blaschke, né le 1er avril 1896 à Vienne ; mort le 25 octobre 1971 à Salzbourg, Autriche. Maire de Vienne de 1943 à 1945.
22. Voir Heinz Fischer, *Einer im Vordergrund : Taras Borodajkewycz*, Vienne, Europa Verlag, 1966, p. 104.
23. Voir Paul Hoser, « Sturmabteilung (SA), 1921-1923/1925-1945 », *Historisches Lexikon Bayerns*, 14.11.2007 ; voir également https://www.historisches-lexikon-bayerns.de/Lexikon/Sturmabteilung_(SA),_1921-1923/1925-1945.

24. *L*, OW à CB, 17.08.1931.
25. Voir Fritz Erler, « Adolf Hitler en uniforme SA » (30.08.1931), voir également sur le site de la Galerie d'Art allemande : http//www.germanartgallery.eu/m/Webshop/0/product/info/Fritz_Erler,_Adolf_Hitler&id=44.
26. *D*, CB, 1931, 01.09.1931 ; D, CB, 1931, 13.09.1931.
27. *L*, CB à OW, 10.09.1931.
28. *L*, CB à OW, 24.10.1931
29. La Calico Printers' Association Ltd est une compagnie de textile britannique, fondée en 1899, qui comprenait 46 entreprises d'impression et 13 marchands de tissu.
30. *L*, CB à OW, 24.10.1931.
31. *L*, CB à OW, 28.10.1931 ; *L*, CB à OW, 07.11.1931.
32. *L*, CB à OW, 04.11.1931.
33. *R*, CW, *Meine Liebesjahre* 1929, p. 85.
34. Dr Georg Freiherr von Ettingshausen, né le 16 septembre 1896 à Baden, Autriche ; mort en 1958. Président du conseil des avocats de Vienne, de la Basse-Autriche et du Burgenland ; conseiller légal du consulat général de Hongrie à Vienne.
35. Lothar Rübelt, né le 8 avril 1901 à Vienne ; mort le 4 août 1990 à Reifnitz, Autriche. Photographe de sport et de presse.
36. Revisionsschrift der klagenden Partei (Eingereicht von Otto Gustav Wächter beim Landesgerichts für Z.R.S. Wien, G.Z.16 CG 552/31), 14.04.1932, disponible ici : http://www.kraus.wienbibliothek.at/content/revisionsschrift-der-klagendenpartei-eingereicht-von-otto-gustav-waechter-beim.
37. Voir Adrian Weale, *The SS : A New History*, Hachette Digital, 2010.
38. Voir Peter Melichar, *Otto Ender 1875-1960*, Vienne, Böhlau Verlag, 2018, p. 161-162.
39. 31e Congrès international eucharistique, Dublin, 22-26 juin 1932, célébrant le 1 500e anniversaire de l'arrivée de saint Patrick en Irlande. La messe finale à Phoenix Park fut l'une des plus grandes messes de l'histoire du Congrès au XXe siècle.
40. *R*, CW, *Meine Liebesjahre* 1929, p. 113.
41. *R*, CW, *Meine Liebesjahre* 1929, p. 102.

5. Hagenberg, 2013 (p. 57-63)

1. Voir Thomas Jorda, « Horst Wächter – Sagen, wie es ist », *Nön*, 13 décembre 2010, disponible ici : https://www.noen.at/niederoesterreich/gesellschaft/adel-verpflichtet/sagen-wie-es-ist-4901171.
2. Hermès Trismégiste, associé au dieu grec Hermès et au dieu égyptien Toth, serait l'auteur de textes mystico-philosophiques et aurait influencé la tradition ésotérique occidentale.

3. Voir Michael James Melnyk, *The History of the Galician Division of the Waffen-SS – On the Eastern Front. April 1943 to July 1944* (vol. I), *Stalin's Nemesis* (vol. II), Brimscombe, Fonthill Media, 2016.
4. Voir Andreï Kourkov, *Ukraine Diaries*, Londres, Harvill Secker, 2014; voir aussi « Ukraine's revolution : Making sense of a year of chaos », *BBC News*, 21 novembre 2014, disponible ici : https://www.bbc.co.uk/news/worldeurope-30131108.
5. « Austrian Rout in Great Battle », *New York Times*, 2 septembre 1914, disponible ici : https://timesmachine.nytimes.com/timesmachine/1914/09/02/120283470.pdf.
6. *L*, Erwin Axer à HW, 06.09.2006.
7. *EM*, HW à PS, 26.02.2013.
8. Ludwig Losacker, né le 29 juillet 1906 à Mannheim, Allemagne ; mort le 23 juillet 1990 à Heidelberg. Vice-gouverneur du District de Cracovie de 1943 à 1945, responsable de l'administration centrale du Gouvernement général de 1943 à 1945. Voir Ludwig Losacker, « Von der Schwierigkeit, ein Deutscher zu sein – Erinnerungen an das besetzte Polen – Schilderung der Erlebnisse als Angehöriger der deutschen Verwaltung im besetzten Polen », non publié, *c.* 1980, extraits en possession de l'auteur.
9. Thomas Sandkuehler, « Arbeitsgemeinschaft Holocaust », *Die Zeit*, 27 octobre 1995, disponible ici : https://www.zeit.de/ 1995/44/Arbeitsgemeinschaft_Holocaust.
10. Friedrich (Fritz) Katzmann, né le 6 mai 1906 à Bochum, Allemagne ; mort le 19 septembre 1957 à Darmstadt, Allemagne. SS de haut rang, responsable de la police du District de Galicie de 1941 à 1945.
11. Note du 13 février 1942 ; avec en annexe une note sur la « Relocalisation des Juifs » du 9 janvier 1942 ; ordre portant sur « L'emploi des Juifs » du 13 mars 1942 ; *L*, Himmler à Stuckart, 25.08.1942, en possession de l'auteur.
12. Voir Philippe Sands, « My Father, the Good Nazi », *Financial Times*, 3 mai 2013, disponible ici : https://www.ft.com/content/7d6214f2- b2be-11e2-8540-00144feabdco.
13. *EM*, HW à PS, 26.02.2013.
14. *EM*, HW à PS, 05.05.2013.

6. Vienne, 1933 (p. 64-69)

1. Voir William L. Shirer, *Le Troisième Reich des origines à la chute*, trad. fr., Paris, Stock, 1961 ; Thomas Childers, *The Third Reich : A History of Nazi Germany*, New York et Londres, Simon & Schuster, 2018.
2. Voir Andreas Predikaka, *Ferdinand Pawlikowski – Ein Realpolitiker der Zwischenkriegszeit?*, Mémoire de Master, Université de Vienne, janvier 2013, p. 87-88, disponible ici : http://othes.univie.ac.at/26100/1/2013-01-

30_9210170.pdf. Pawlikowski, qui avait exprimé son opposition au national-socialisme (*ibid.*, p. 84), récite des passages de la lettre dans une conférence pastorale des prêtres militaires à Vienne en novembre 1932 (*ibid.*, p. 88).
3. *R*, CW, *Meine Liebesjahre* 1929, p. 112 ; *T*, CW et HJS, cassette 3, face 1, 28.09.1984.
4. *L*, CW à OW, 30.01.1945.
5. Voir R. Steininger *et al.*, *Austria in the Twentieth Century*, *op. cit.*, p. 139.
6. Voir « Die ausgehobene Nazizentrale », *Der Abend*, 04.08.1933, p. 2, disponible ici : http://anno.leac.at/cgicontent/anno?aid=abd&datum=19330804&query=%2225+Personen%22+%22Wächter%22&ref=anno-search&seite=2.
7. Rudolf Weydenhammer, né le 1er mai 1890 à Wilhelmshaven, Allemagne ; mort en 1972. Entrepreneur allemand.
8. Dossier en possession de l'auteur, *Das Kleine Blatt*, 19.11.1933, p. 8.
9. *L*, CW à OW, 01.12.1933.
10. *D*, CW, 10.05.1934.
11. Theodor Habicht, né le 4 avril 1898 à Wiesbaden, Allemagne ; mort le 31 janvier 1944 à Newel, Union soviétique. Maire de Witten de 1937 à 1938 ; maire de Coblence à partir de 1939.
12. Il rencontre à Coblence Gerhard Köpke (né en 1873, mort en 1953). Responsable des départements Ouest et Sud du service des Affaires étrangères à partir de 1923. Il prit une retraite forcée en 1935.
13. Voir Dokument 868-D, « Aufzeichnung über mündlichen Bericht des Österreichischen Baron Wächter im Auswärtigen Amt Berlin », 31.05.1934, en possession de l'auteur.
14. Voir Erwin Peterseil, *Der Weg in den FASCHISMUS – Österreich 1933-1938*, Berlin, Antifa-Info, 2003, p. 42, disponible ici : https://www.atheisten-info.at/downloads/WEG.pdf.
15. Fridolin Glass, né le 14 décembre 1910 à Lemberg ; mort le 21 février 1943 à Dniprodserschynsk, Union soviétique. L'un des leaders du putsch de juillet.
16. Voir Philip Scheriau, *Mediale Reaktionen auf den Juliputsch 1934 in In- und Ausland*, Mémoire de Master, Université de Vienne, 2014, p. 11, disponible ici : http://othes.univie.ac.at/32646/1/2014-04-07_0808067.pdf ; l'auteur cite Gerhard Jagschitz, *Der Putsch. Die Nationalsozialisten 1934 in Österreich*, Graz, Styria, 1976, p. 80 *sq.*
17. Voir Kurt Bauer, *Hitlers Zweiter Putsch – Dollfuss, die Nazis und der 25. Juli 1934*, Vienne, Residenz Verlag, 2014.
18. Voir Howard M. Sachar, *The Assassination of Europe, 1918-1942 : A Political History*, Toronto, University of Toronto Press, 2015, p. 212 ; K. Bauer, *Hitlers Zweiter Putsch – Dollfuss, die Nazis und der 25. Juli 1934*, *op. cit.*
19. Voir H. M. Sachar, *The Assassination of Europe*, *op. cit.*, p. 214.
20. *Ibid.*, p. 212.

21. Helene Bertha Amalie (Leni) Riefenstahl, née le 22 août 1902 à Berlin ; morte le 8 septembre 2003 à Pöcking, Allemagne. Réalisatrice, actrice et productrice allemande. A tourné *Der weisse Rausch (L'Ivresse blanche)* en 1931, un film sur la montagne et le ski.
22. *T*, CW et HJS, cassette 3, face 1, 28.09.1983.
23. *T*, CW et Lola Matsek, cassette 1, face 1, 19.12.1976.

7. Berlin, 1934 (p. 70-78)

1. *T*, CW et HJS, cassette 3, face 1, 28.09.1983.
2. Voir Peter Broucek, *Ein General im Zwielicht : Die Erinnerungen Edmund Glaises von Horstenau*, vol. 76, Vienne, Böhlau, 1998, p. 458.
3. Arthur Kornhuber, né le 22 juin 1901 ; mort le 24 mars 1993. Journaliste.
4. BArch, R 9361-III/561695 : Dienstlaufbahn.
5. *L*, OW à CW, 28.09.1934.
6. Kurt Alois Josef Johann Schuschnigg, né le 14 décembre 1897 à Riva del Garda, Autriche-Hongrie ; mort le 18 novembre 1977 à Mutters, Autriche. Chancelier d'Autriche de 1934 à 1938.
7. Voir Günter Bischof, Anton Pelinka et Alexander Lassner (éd.), *The Dollfuss/Schuschnigg Era in Austria – A Reassessment*, Abingdon, Transaction-Routledge Publishers, 2003.
8. Voir Geoffrey Moorhouse, « Hitler's eyrie : a visit to Berchtesgaden », *The Guardian*, 21.02.1970, disponible ici : https://www.theguardian.com/world/2017/feb/21/hitler-eyrie-berchtesgaden-nazi-1970.
9. Voir « Das Geheimnis der Putschautos vom 25 Juli », *Illustrierte Kronen Zeitung*, 02.02.1935, p. 9, disponible ici : http://anno.onnéleac.at/cgicontent/anno?aid=krz&datum=19350202&query=%22Gustav+Wächter%22&ref=anno-search&seite=9.
10. Voir Amy Newman, *The Nuremberg Laws : Institutionalized Anti-Semitism*, Lucent Books (Open Library), 1999.
11. *D*, CW, 13.02.1936.
12. Gabriele Volsansky, *Pakt auf Zeit : das Deutsch-Österreichische Juli-Abkommen 1936*, Vienne, Böhlau, 2011, p. 83 *sq.*
13. Edmund Glaise-Horstenau, né le 27 février 1882 à Braunau am Inn, Autriche ; mort le 20 juillet 1946 au camp militaire de Langwasser près de Nuremberg. Vice-chancelier d'Autriche en 1938 ; ministre fédéral de l'Intérieur de 1936 à 1938. Voir aussi : Peter Broucek, *Ein General im Zwielicht : Die Erinnerungen Edmund Glaises von Horstenau*, Vienne, Böhlau Verlag, 1983, vol. 2, p. 445.
14. Voir *Die zwei Wiener Illegale Nazis – Dr Otto Wächter und Rudolf Pavlu*, Haifa, Inst. of Documentation in Israel for the Investigation of Nazi War Crimes, 2002. OW à SS Gruppenführer Alfred Rodenbücher (11.10.1936) ;

SS-Gruppenführer Alfred Rodenbücher à Reichsführer-SS Heinrich Himmler (15.10.1936) ; *EM*, LMK à PS, 17.12.2018.

15. *Ibid.* Déclaration SS Standartenführer Josef Fitzthum (21.09.1936).
16. *R*, CW, 1932-1945, p. 12-13.
17. Voir A. Weale, *The SS: A New History*, *op. cit.* BArch, R 9361-III/561695 ; *Personenbezogene Unterlagen der SS und SA – Otto Wächter. Personalbericht & Beurteilung*, s.d.
18. *R*, CW, 1932-1945, p. 13.
19. La *Schutzstaffel* (SS), l'unité initialement créée pour fournir les gardes du corps d'Hitler, devint ensuite un groupe paramilitaire. La SD, *Sicherheitsdienst*, fut l'agence de sécurité et de renseignements de la SS, essentiellement destinée à recueillir des renseignements sur l'opposition et à localiser puis à neutraliser les opposants internes et externes au parti nazi. La Gestapo, *Geheime Staatspolizei*, considérée comme l'organisation sœur de la SD, fut la police secrète de l'État chargée d'identifier les opposants. SD et Gestapo étaient des subdivisions de la SS.
20. Reinhard Tristan Eugen Heydrich, né le 7 mars 1904 à Halle (Saale), Allemagne ; mort le 4 juin 1942 à Prague. Directeur du bureau central de la sécurité du Reich de 1939 à 1942 ; vice-protecteur du Reich en Bohême et Moravie de 1941 à 1942.
21. Heinrich Luitpold Himmler, né le 7 octobre 1900 à Munich ; mort le 23 mai 1945 à Lunebourg, Allemagne. Reichsführer-SS de 1929 à 1945 [chef suprême de la police du Reich] ; président du RSHA de juin 1942 à janvier 1943 ; ministre de l'Intérieur d'août 1943 à avril 1945.
22. BArch, R58/7074, *Zeichnung mit Signen durch Mitarbeiter des SD-Hauptamts, Signenverzeichnis, 1.1.1937 ; Stabsbefehl Nr. 3/37 vom 15 Jan. 1937.*
23. Otto Adolf Eichmann, né le 19 mars 1906 à Solingen, Allemagne ; mort le 1er juin 1962 à Ramla, Israël. SS-Obersturmbannführer.
24. Karl Hass, né le 5 octobre 1912 à Elmschenhagen, Allemagne ; mort le 21 avril 2004 à Castel Gandolfo, Italie. SS-Sturmbannführer.
25. R, CW, *Lebensgeschichte* 1932-1945, p. 13.
26. BArch, R 9361-III/561695 ; *Personenbezogene Unterlagen der SS und SA – Otto Wächter. OW an die Personalkanzlei RFSS*, 15.04.1937.
27. Voir Richard Steigmann-Gall, *The Holy Reich – Nazi Conceptions of Christianity, 1919-1945*, Cambridge, Mass., Cambridge University Press, 2003, p. 218 *sq.*
28. Rudolf Pavlu, né le 15 juillet 1902 à Vienne ; mort en 1949 à Römlinghoven, Allemagne. Maire de Cracovie de 1941 à 1943.
29. BArch, R 9361-III/561695 ; *Personenbezogene Unterlagen der SS und SA – Otto Wächter. Personalbericht*, 16.02.1935.

30. *R*, CW, 1932-1945, p. 17.
31. Voir Kurt von Schuschnigg, *Austrian Requiem*, Londres, Victor Gollancz Ltd, 1947, p. 47.
32. Le crâne et les os en croix *(Totenkopf)* fut l'insigne des SS, l'organisation paramilitaire nazie.
33. *R*, CW, 1932-1945, p. 19.
34. Éric Vuillard, *L'Ordre du jour*, Arles, Actes Sud, 2017.
35. K. von Schuschnigg, *Austrian Requiem*, *op. cit.*, p. 44-55.
36. Voir Bruno Simma et Hans-Peter Folz, *Restitution und Entschädigung im Völkerrecht; Die Verpflichtungen der Republik Österreich nach 1945 im Lichte ihrer außenpolitischen Praxis*, Vienne, Böhlau, 2004, p. 200.
37. *R*, CW, 1932-1945, p. 22.

II. POUVOIR

8. Vienne, 1938 (p. 81-86)

1. *R*, CW, 1932-1945, p. 19.
2. *R*, CW, 1932-1945, p. 19-21.
3. *R*, CW, 1932-1945, p. 21.
4. *R*, CW, 1932-1945, p. 22-29.
5. *T*, CW et LR, cassette 1, face 2, s.d.
6. *R*, CW, *Lebensgeschichte* 1932-1945, p. 29.
7. *Deutsche Klub* (1908-1939), fondé à Vienne au sein d'un mouvement nationaliste allemand plus large; un grand nombre de ses membres furent impliqués dans le putsch de 1934 et soutinrent l'Anschluss en 1938.
8. Odilo Globočnik, né le 21 avril 1904 à Trieste, Autriche-Hongrie; mort le 31 mai 1945 à Paternion, Autriche. Gauleiter de Vienne de 1938 à 1939; responsable SS de la police de Lublin de 1939 à 1943.
9. Voir A. Predikaka, *Ferdinand Pawlikowski*, *op. cit.*, p. 84.
10. Josef Bürckel, né le 30 mars 1895 à Lingenfeld, Allemagne; mort le 28 septembre 1944 à Neustadt an der Weinstrasse, Allemagne. Membre du Reichstag de 1930 à 1944; Gauleiter de Vienne de 1939 à 1940.
11. Voir Alexandra-Eileen Wenck, Gabriele Anderl et Dirk Rupnow, *Die Zentralstelle für jüdische Auswanderung als Beraubungsinstitution*, Munich, Oldenbourg, 2004.
12. Ph. Sands, *Retour à Lemberg*, *op. cit.*, p. 65.
13. Voir « Der Staatskommissar beim Reichsstatthalter in Österreich », *Völkischer Beobachter, Berliner Ausgabe*, 23.03.1938.
14. Voir « NAZIS LIST 1,742 JAILED IN AUSTRIA; Public Believes That Total in "Protective Custody" Is Five Times That Number », *New York*

Times, 23.03.1938, disponible ici: https://www.nytimes.com/1938/03/23/archives/nazis-list-1742-jailed-in-Autriche-public-believes-that-total-in.html?searchResultPosition=4.

15. Voir « Stifter des Neuen Reiches », *Neue Freie Presse*, 09.04.1938, disponible ici : http://anno.onnéleac.at/cgi-content/anno?aid=nfp&datum=19380409&seite=1&zoom=33.
16. *D*, CW, 09.04.1938.
17. Karl Renner, né le 14 décembre 1870 à Untertannowitz, Moravie; mort le 31 décembre 1950 à Vienne. Chancelier de l'Autriche de 1918 à 1920 et en 1945 ; président de l'Autriche de 1945 à 1950.
18. Voir Oskar Veselsky, *Bischof und Klerus der Diözese Seckau unter nationalsozialistischer Herrschaft*, Graz, Dbv-Verlag, 1981, p. 308.
19. Archives du dirigeant SS du Reich et du chef de la police allemande, NARA, RG 242, microfilm T175, rouleau 32. Himmler à Standartenführer Dr Wächter, 09.06.1938.
20. Sur l'arrestation de Kaltenbrunner et son destin à Nuremberg, voir: https://www.cia.gov/library/center-for-the-study-of-intelligence/kent-csi/vol4no2/html/v04i2a07p_0001.htm.
21. Hermann Neubacher, né le 24 juin 1893 à Wels, Autriche; mort le 1er juillet 1960 à Vienne. Maire de Vienne de 1938 à 1940.
22. Norbert Gürke, né le 14 mars 1904 à Graz, Autriche-Hongrie; mort le 29 juin 1941 à Vienne. Professeur de droit international de 1936 à 1939; auteur de *Der Einfluss jüdischer Theoretiker auf die deutsche Völkerrechtslehre* [L'influence des théoriciens juifs sur l'approche allemande du droit international].
23. *L*, CW à OW, 29.07.1938.
24. *D*, CW, 31.07.1938.
25. *R*, CW, 1932-1945, p. 36.

9. Londres, 2014 (p. 87-91)

1. Voir Andreï Kourkov, *Ukraine Diaries: Dispatches from Kiev*, Londres, Harvill Secker, 2014, p. 108.
2. Voir Guy Walters, « Haunted by the sins of their Nazi fathers », *Daily Telegraph*, 18 février 2014, disponible ici: https://www.telegraph.co.uk/history/world-war-two/10644048/Haunted-by-the-sins-of-their-Nazi-fathers.html.
3. Voir « Poland Indicts 10 in 400,000 Deaths; They Head Roster of 3,000 War Criminals to be Brought to Trial After Peace », *New York Times*, 17 octobre 1942, disponible ici: https://timesmachine.ny-times.com/timesmachine/1942/10/17/85600360.pdf.

10. Vienne, 1938, suite (p. 92-99)

1. Georg Lippert, né le 27 janvier 1908 à Vienne ; mort le 14 octobre 1992 à Vienne, Autriche. Architecte autrichien.
2. *Ankerbrot*, boulangerie fondée en 1891 par Fritz et Heinrich Mendl.
3. *R*, CW, 1932-1945, p. 31.
4. Voir Phyllis McDuff, *A Story Dreamt Long Ago*, Londres, Bantam, 2003, p. 191.
5. *Ibid.*
6. *R*, CW, 1932-1945, p. 32.
7. Voir Max Domarus, *Hitler : Speeches and Proclamations*, vol. II, *1935-1938*, Mundellein, Ill., Bolchazy-Carducci Publishers, 1997, p. 1150 *sq.*
8. Les Sudètes : région située en Tchécoslovaquie habitée par les Sudètes allemands, incorporée à la Tchécoslovaquie après le démantèlement de l'Empire austro-hongrois. À la suite de l'Anschluss, Hitler se déclara protecteur des Sudètes et encouragea l'autonomie de la région. La région des Sudètes fut cédée au Reich allemand à l'issue des négociations entre Hitler, le Premier ministre britannique Chamberlain et le Premier ministre français Daladier. Voir aussi *D*, CW, 23.09.1938.
9. Voir W. E. Yates, *Theatre in Vienna : A Critical History, 1776-1995*, Cambridge, Cambridge University Press, 1996, p. 224.
10. Voir Alan E. Steinweis, *Kristallnacht 1938*, Cambridge, Mass., Harvard University Press, 2009.
11. *D*, CW, 09.11.1938 ; 10.11.1938.
12. *R*, CW, *Meine Kinderjahre*, p. 63.
13. RGBl I 1938, Nr. 87, p. 607 *sq.* : *Verordnung zur Neuordnung des östereichischen Berufsbeamtentums* (31.05.1938).
14. Victor Kraft, né le 4 juillet 1880 à Vienne ; mort le 3 janvier 1975 à Vienne. Restauré dans ses anciennes fonctions de bibliothécaire en 1945. Voir https://gedenkbuch.univie.ac.at/index.php?id=435&no_cache=1&L=2&no_cache=1&person_single_id=33353.
15. Voir Michael Dippelreiter, « Beamtenentlassungen in den höchsten Dienstklassen nach der nationalsozialistischen Machtübernahme 1938/39 », disponible ici : https://www.univie.ac.at/zeitgeschichte/cms/uploads/Paper-Dippelreiter.pdf. Le document cite *Rot-Weiss-Rot-Buch, Gerechtigkeit für Österreich*, partie 1, Vienne (ministère de l'Intérieur), 1946, p. 77.
16. Friedrich Wilhelm König, né le 1er juillet 1897 à Adlerkosteletz, en Bohème ; mort le 5 février 1972 à Vienne. Maître de conférence en histoire, voir : https://gedenkbuch.univie.ac.at/index.php?id=435&no_cache=1&L=2&no_cache=1&person_single_id=33313.
17. Voir ÖSta/AdR, BKA, BBV, Der Staatskommissar beim Reichsstatthalter, Otto Wächter an König, 05.06.1939.

18. Voir Michael Dippelreiter, « Beamtenentlassungen in den höchsten Dienstklassen nach der nationalsozialistischen Machtübernahme 1938/39 », partie 1, Vienne (ministère de l'Intérieur), 1946, p. 77.
19. Voir Peter Broucek, *Ein General im Zwielicht : Die Erinnerungen des Edmund Glaises von Horstenau, Vol. 2 : Minister im Ständestaat und General im OKW*, Vienne, Böhlau, 2005, p. 279 (von Horstenau décrit Wächter comme étant « meilleur que sa réputation » et rapporte avoir vu des documents où « Wächter aurait résisté aux désirs de certains membres du parti », p. 333).
20. Robert Winterstein, né le 26 juin 1874 à Gitschin, Bohème ; mort le 13 avril 1940 au camp de concentration de Buchenwald. Procureur général de 1932 à 1935 ; ministre autrichien de la Justice de 1935 à 1936.
21. Voir Werner Winterstein, *Anmerkung : Prominent – Die Geschichte der Familie Winterstein 1867-1945*, Vienne, Böhlau, 2008, p. 121.
22. *R*, CW, 1932-1945, p. 33.
23. *T*, CW et LR, cassette 1, face 2. *R*, CW, 1932-1945, p. 33.
24. *R*, CW, 1932-1945, p. 33.
25. Voir « Peace Key is Held by Foes, Nazis Say », *New York Times*, 1er mai 1939, disponible ici : https://timesmachine.nytimes.com/timesmachine/1939/05/01/113344548.pdf.
26. Le Pacte Molotov-Ribbentrop, signé par le Reich et l'Union soviétique à Moscou le 23 août 1939, consigna la promesse de ne pas se faire la guerre ou de s'allier avec un ennemi des signataires. Le Reich mit une fin unilatérale à l'accord le 22 juin 1941 lors du lancement de l'Opération Barbarossa et de l'invasion de l'Union soviétique.
27. Voir « The First Pictures of Germany's Invasion and Bombardment of Poland », *New York Times*, 2 septembre 1939, disponible ici : https://timesmachine.nytimes.com/timesmachine/1939/09/02/93952902.pdf.
28. Hans Michael Frank, né le 23 mai 1900 à Karlsruhe, Allemagne ; mort le 16 octobre 1946 à Nuremberg. Gouverneur général de Pologne de 1939 à 1945. Voir Ph. Sands, *Retour à Lemberg*, *op. cit.*, p. 270.
29. Voir Martyn Housden, *Hans Frank : Lebensraum and the Holocaust*, New York, Palgrave Macmillan, 2003 ; Dieter Schenk, *Hans Frank : Hitlers Kronjurist und Generalgouverneur*, Berlin, Fischer, 2006 ; Karl Baedeker, *Das Generalgouvernement : Reisehandbuch*, Ostfildern, Karl Baedeker Verlag, 1943.
30. OW, CV et biographie, p. 18, en possession de l'auteur (document fourni par HW).
31. *R*, CW, 1938-1942, I, p. 11.

11. Cracovie, 1939 (p. 100-111)

1. *R*, CW, 1932-1945, p. 34-35.
2. Voir Paul R. Bartrop et Eve E. Grimm, *Perpetrating the Holocaust : Leaders, Enablers and Collaborators*, Santa Barbara, ABC-CLIO, 2019, p. 301.

3. *R*, CW, 1932-1945, p. 43.
4. *T*, CW et EF, ancien SS-Hauptsturmführer, cassette 8, face 2, 24.11.1976.
5. La villa était située Jodłowa 13, 30-251, à Cracovie, en Pologne. Connue aujourd'hui sous le nom de château de Przegoraly, la bâtisse fut construite dans les années 1920 par l'architecte polonais Adolf Szyszko-Bohusz pour servir de résidence à sa famille. Le château fut réclamé par le Reich allemand, agrandi pour la famille Wächter, et devint le « Schloss Wartenberg ». Il abrita l'Institut d'Études européennes et le Centre d'Études de l'Holocauste de l'Université Jagellonne. C'est aujourd'hui un hôtel-restaurant. Voir http://www.uziyada.pl/#.
6. *R*, CW, 1932-1945, p. 45.
7. Krzeszowice (Kressendorf, pendant l'occupation allemande entre 1941 et 1945), ville de la banlieue de Cracovie. Le palais Potocki fut connu sous le nom de Haus Kressendorf et servit de résidence à la famille de Hans Frank.
8. *R*, CW, 1932-1945, p. 46.
9. *R*, CW, 1932-1945, p. 47-49.
10. Depuis 1633, la crypte impériale de l'église des Capucins abrite les restes des membres de la famille Habsbourg.
11. *R*, CW, 1932-1945, p. 54-55.
12. Voir David M. Crowe, *Oskar Schindler: The Untold Account of His Life, Wartime Activities, and the True Story Behind the List*, New York, Basic Books, 2004, p. 141.
13. Voir Doron Rabinovici, *Eichmann's Jews*, trad. de l'allemand N. Somers, Londres, Polity Press, 2011.
14. Friedrich-Wilhelm Krüger, né le 8 mai 1894 à Strasbourg; mort le 10 mai 1945 à Gundertshausen, Autriche. Responsable SS de la police au sein du Gouvernement général de 1939 à 1943.
15. *R*, CW, 1932-1945, p. 56.
16. *R*, CW, 1932-1945, p. 57.
17. *Sonderaktion Krakau* fut le nom de code donné à l'opération nazie visant les universitaires de l'Université de Cracovie.
18. *Verbatim* du procès de Nuremberg, vol. 12, 23 avril 1946, séance du matin, p. 106, disponible ici : https://avalon.law.yale.edu/imt/04-23- 46.asp.
19. Voir D. M. Crowe, *Oskar Schindler*, *op. cit.*, p. 144.
20. Voir *Anordnung – Kennzeichnung der Juden im Distrikt Krakau* (18.11.1939).
21. Walther Funk, né le 18 août 1890 en Prusse orientale; mort le 31 mai 1960 à Düsseldorf, Allemagne. Reichsminister des Affaires économiques de 1938 à 1945.
22. Voir *Wiener Bild*, 10 janvier 1940, p. 21. L'article rapporte la visite de la Philharmonie dirigée par Hans Knappertsbusch ; voir aussi Fritz Trümpi,

The Repertoire of the Vienna Philharmonic in the Nazi Era, disponible ici : http://wphdata.blonélecore.windows.net/documents/Documents/pdf/NS/ns_truem_05_repertoire_en_v01a.pdf.

23. *L*, OW à CW, 17.12.1939.
24. Voir Instytut Pamięci Narodowej (Institut de la Mémoire nationale), album de photos prises à Bochnia le 18 décembre 1939 ; référence de la commande en possession de l'auteur (BUWa-I-541-277/18).
25. Voir P. Broucek, *Ein General im Zwielicht*, *op. cit.*, p. 445.
26. *R*, CW, 1932-1945, p. 38-39.
27. Gerti von Hofmannsthal acheta le château de Prielau en 1932. La famille fut dépossédée pendant la Seconde Guerre – la propriété passa à Josef Thorak. Après la guerre, le château fut restitué à la famille Hofmannsthal. La famille Porsche l'acheta en 1987 pour le transformer en hôtel.
28. Josef Thorak, né le 7 février 1889 à Vienne ; mort le 25 février 1952 à Hartmannsberg, Allemagne. Sculpteur.
29. Franz Rehrl, né le 4 décembre 1890 à Salzbourg ; mort le 23 janvier 1947 à Salzbourg. Gouverneur de Salzbourg de 1922 à 1938.
30. *R*, CW, 1932-1945, p. 43.
31. *R*, CW, 1932-1945, p. 43-44.
32. *R*, OW, *Tagebuchblätter Aufenthalt im Sowjetgebiet vom 29.4. bis 2.5.1940 (04.05.1940)* (Visite au territoire soviétique du 29 avril au 2 mai 1940).
33. Voir Antony Beevor, *La Seconde Guerre mondiale*, trad. de l'anglais R. Clarinard, Paris, Calmann-Lévy, 2012. *D*, CW, 15.05.1940 ; 18.05.1940 ; 19.05.1940 ; 23.06.1940.
34. *R*, CW, 1932-1945, p. 44-45.
35. *R*, CW, 1932-1945, p. 40.
36. *L*, OW à CW, 13.11.1940.
37. Voir BArch, R 9361-III/561695 ; *Waechter, Otto – Personenbezogene Unterlagen der SS und SA. OW an den Reichsführer SS ; Betrifft : Dortiges Schreiben vom 18.III.1940, ZK-ECK/0*, 01.04.1940.
38. 25 novembre 1940. Voir http://www.holocaustresearchproject.org/ghettos/krakow/krakow.html.
39. Voir *Krakauer Zeitung*, 3 mars 1941. Voir aussi Dieter Schenk, *Krakauer Burg : die Machtzentrale des General-gouverneurs Hans Frank, 1939-1945*, Berlin, Christoph Links Verlag, 2010, p. 144, ainsi que D. Crowe, *Oskar Schindler*, *op. cit.*, p. 144-145.
40. Voir D. Crowe, *Oskar Schindler*, *op. cit.*, p. 145.
41. *Ibid.*, p. 146.
42. *Ibid.*
43. Voir Curzio Malaparte, *Journal secret (1941-1944)*, Paris, Quai Voltaire, 2019, p. 45.

44. Voir *Corriere della Sera*, 22 mars 1942, p. 3 ; *Corriere della Sera*, 17 et 22 février 1942.
45. Voir Curzio Malaparte, *Kaputt*, trad. de l'italien J. Bertrand, Paris, Gallimard, coll. « Folio », 2014, p. 149-158 et p. 273-275.
46. *D*, CW, 02.04.1941.

12. Bronisława (p. 112-114)

1. Cecilia Gallerani, 1473-1536, maîtresse du duc de Milan ; Léonard de Vinci fit son portrait, *La Dame à l'hermine*, *c.* 1489.
2. Le palais Potocki fut construit pour Alfred II Potosky, l'ancien gouverneur de Galicie de 1875 à 1883.
3. Bronisława Horowitz, née le 22 avril 1930 à Cracovie, Pologne, matricule 76307.
4. Voir Hans-Christian Jasch et Christoph Kreutzmüller (éd.), *The Participants : The Men of the Wannsee Conference*, New York, Berghahn, 2018.
5. VWI-SWA Galizien 1_Augenzeugenbericht_Galizien3729-7, Rosa Stephenson.
6. Amon Leopold Göth, né le 11 décembre 1908 à Vienne ; mort le 13 septembre 1946 à Cracovie. Commandant du camp de concentration de Płaszów entre 1943 et 1944.
7. Oskar Schindler, né le 28 avril 1908 à Zwittau, Allemagne ; mort le 9 octobre 1974 à Hildesheim, Allemagne. Chef d'entreprise.
8. KZ-Aussenlager Brünnlitz, 1944-1945. Brünnlitz fut le site de la prétendue usine d'armement de Schindler, qui employa des Juifs et empêcha leur déportation.

13. Cracovie, 1941 (p. 115-119)

1. *L*, gouvernement de Cracovie à Otto Schremmer, 21.04.1941.
2. *L*, OW à JW, 22.04.1941.
3. Voir David Stahel, *Operation Barbarossa and Germany's Defeat in the East*, Cambridge, Cambridge University Press, 2009.
4. Karl Lasch, né le 29 décembre 1904 à Kassel, Allemagne ; mort le 1er juin 1942 à Breslau ou à Auschwitz. Gouverneur du district de Radom entre 1939 et 1941 et gouverneur du district de Galicie de 1941 à 1942.
5. *D*, CW, 30.05.1941.
6. *D*, CW, 07.06.1941.
7. *L*, CW à OW, 1941, s.d.
8. *L*, CW à OW, 15.10.1941.
9. *D*, CW, 15.11.1941.
10. Elly Ney, née le 27 septembre 1882 à Düsseldorf, Allemagne ; morte le 31 mars 1968 à Tutzing, Allemagne. Pianiste.
11. *D*, CW, 22.11.1941.

12. BArch, NS 19/806. *Wächter Differenzen mit dem höheren SS- und Polizeiführer Ost, Krüger*.
13. Voir Bogdan Musial, *Deutsche Zivilverwaltung und Judenverfolgung im Generalgouvernement*, Wiesbaden, Harrassowitz Verlag, 1999, p. 196.
14. Les dates principales concernant Bełżec sont consultables ici : https://encyclopedia.ushmm.org/content/en/article/belzec-key-dates.
15. *Procès des grands criminels de guerre devant le tribunal militaire international*, Nuremberg 14/11/1945-1/10/1946, textes officiels, tome 22, débats, 27 août-1er octobre 1946, disponible ici : https://www.legal-tools.org/doc/512713/pdf/.
16. *L*, OW à Hans Frank, 20.12.1941.
17. Josef Bühler, né le 16 février 1904 ; mort le 21 août 1948. Secrétaire d'État et vice-gouverneur du Gouvernement général de 1939 à 1945.
18. Le procès-verbal de la conférence est disponible ici : http://d-d.natanson.pagesperso-orange.fr/wannsee.htm.
19. Voir Ph. Sands, *Retour à Lemberg*, *op. cit*, p. 274.
20. Voir « Dr Waechter Gouverneur von Galizien », 24.01.1942, document en possession de l'auteur.
21. *T*, CW avec EF, cassette 8, face 1, partie 1, 24.11.1976.

14. Lemberg, 1942 (p. 120-130)

1. Voir Ph. Sands, *Retour à Lemberg*, *op. cit.*, p. 13-14, 105-106.
2. *P*, 5.9, 1942, p. 55 : « *Anordnung über den Arbeitseinsatz von Juden* » (Ordre relatif à l'emploi des Juifs), 13.03.1942, en possession de l'auteur.
3. La rue s'appelle aujourd'hui « Ivana Franka », voir : https://www.lvivcenter.org/en/streets/Leuthenstrasse/.
4. *R*, CW, 1938-1942, I, p. 28.
5. *L*, OW à JW, 12.02.1942.
6. Egon Ambros Höller, né le 16 juillet 1907 à Kritzendorf, Autriche-Hongrie ; mort le 9 août 1991 à Kreuth, Allemagne. Stadthauptmann de Lemberg de 1942 à 1944.
7. Otto Bauer, né le 1er avril 1888 à Ravensburg, Allemagne ; mort le 9 février 1944 à Lemberg. Abteilungsleiter Innere Verwaltung de 1941 à 1944.
8. Theobald Thier, né le 12 avril 1897 à Stuttgart ; mort le 12 juillet 1949 à Cracovie. SS-Brigadeführer et major général de la police de 1942 à 1945.
9. Erich Koch, né le 19 juin 1896 à Eberfeld, Allemagne ; mort le 12 novembre 1986 à Barczewo, Pologne. Gauleiter de la Prusse orientale de 1928 à 1945.
10. Andrei Sheptytsky, né le 29 juillet 1865 à Prylbychi, Empire autrichien ; mort le 1er novembre 1944 à Lviv, Ukraine. Métropolite de l'Église ukrainienne grecque orthodoxe de 1901 à 1944.
11. *Das Reich* (1940-1945), quotidien allemand fondé par le ministre de la Propagande Joseph Goebbels.

12. *L*, OW à CW, 20.04.1942.
13. Voir Peter Longerich, *Heinrich Himmler*, Oxford, Oxford University Press, 2011, p. 570.
14. *L*, OW à CW, 05.06.1942 ; *L*, CW à OW, 08.06.1942.
15. *D*, CW, 01.02.1942.
16. *D*, CW, 04.03.1942.
17. *D*, CW, 06.03.1942.
18. *D*, CW, 07.05.1942
19. *D*, CW, 21.06.1942.
20. Voir Ph. Sands, *Retour à Lemberg*, *op. cit*, p. 287-289.
21. *Ibid.*, p. 288-290, 314-315.
22. *D*, CW, 23.09.1942.
23. *L*, CW à OW, 15.06.1942.
24. Lemberg, 08.08.1942.
25. Voir Ph. Sands, *Retour à Lemberg*, *op. cit.*, p. 293-295.
26. Note sur la réunion du 6 août 1942, Relocalisation des Juifs, présents : Losacker, Katzmann, Bauer, Gereis, document en possession de l'auteur.
27. *L*, OW à CW, 16.08.1942.
28. *L*, OW à CW, 20.08.1942.
29. 96 *L*, OW à CW, 20.08.1942.
30. Martin Bormann, né le 17 juin 1900 à Halberstadt, Allemagne ; mort le 2 mai 1945 à Berlin, Allemagne. Responsable de la chancellerie du parti nazi de 1941 à 1945.
31. Abschrift, Beauftragter des Reichsleiters M. Bormann (13.09.1942).
32. *L*, CW à OW, 23.08.1942.
33. Voir « Karajan : Fast wäre er ein Zeller geworden », *Salzburger Nachrichten*, 23.08.2017, disponible ici : https://www.pressreader.com/Autriche/salzburger-nachrichten/20170823/282282435421614.
34. L, CW à OW, 23.08.1942.
35. *L*, CW à OW, 27.08.1942.
36. *L*, OW à CW, 29.08.1942.
37. *L*, OW à CW, 10.09.1942.
38. *L*, CW à OW, 15.08.1942.
39. BArch, R 9361-III/561695 ; Waechter, Otto – *Personenbezogene Unterlagen der SS und SA. Der Reichsführer SS Einschreiben an SS-Brigadeführer Gouverneur Dr. Wächter*, 19.01.1943.
40. Karl Friedrich Otto Wolff, né le 13 mai 1900 à Darmstadt ; mort le 15 juillet 1984 à Rosenheim, Allemagne. Commandant de la SS et des forces de police en Italie de 1943 à 1945.
41. *New York Times*, 17 octobre 1942.

15. Michael (p. 131-134)

1. Voir Dieter Pohl, « Ivan Kalymon, the Ukrainian Auxiliary Police, and the Nazi Anti-Jewish Policy in L'viv, 1941-1944 », rapport pour l'Office of Special Investigations, US Department of Justice, 31 mai 2005 ; Dieter Pohl, *Nationalsozialistische Judenverfolgung in Ostgalizien 1941-1944*, 2e éd., Berlin, Oldenbourg, 1997.
2. *Anordnung über den Arbeitseinsatz von Juden*, 13.03.1942, Drohobyz, en possession de l'auteur.
3. *L*, Myron Taylor au cardinal Maglione, 26.09.1942, NARA, en possession de l'auteur.

16. Lemberg, 1943 (p. 135-138)

1. *Der SS u. Polizeiführer im Distrikt Galizien, Lösung der Judenfrage in Galizien*, 20.06.1943, disponible ici : http://nuremberg.law.harvarmortleedu/documents/4404-cover-letter-à-ss ?q=katzmann#p.1 (en anglais).
2. Voir Olesya Khromeychuk, *Undetermined Ukrainians : Post-War Narratives of the Waffen SS « Galicia » Division*, Bern, Peter Lang, 2013, p. 3.
3. *EM*, HCJ à PS, 12.09.2018.
4. *R*, CW, 1932-1945, p. 66.
5. Voir Geoffrey Roberts, *Victory at Stalingrad*, Londres, Routledge, 2013. *D*, CW, 03.02.1943.
6. *R*, CW, 1932-1945.
7. *D*, CW, 07.03.1943.
8. *D*, CW, 05.05.1943.
9. Voir Christopher Duggan, *A Concise History of Italy*, Cambridge, Cambridge University Press, 2e éd., 2014.
10. *D*, CW, 28.08.1943.
11. *D*, CW, 28.09.1943 ; 23.09.1943 ; 30.09.1943.
12. *T*, CW et EF, cassette 2, face 2, 24.11.1976. Voir aussi « Law Report of Trials of War Criminals », *The United Nations War Crimes Commission*, vol. VII, 1948, p. 3, procès du Haupsturmführer Amon Leopold Goeth, disponible ici : https://www.loc.gov/rr/frd/ Military_Law/pdf/Law-Reports_Vol-7.pdf.

17. Lviv, 2014 (p. 139-145)

1. La bataille de Brody (1944) fut une bataille de chars opposant l'Armée rouge et les forces allemandes entre les villes ukrainiennes de Brody, Dubno et Lutsk.
2. Voir Ph. Sands, *Retour à Lemberg*, *op. cit.*, p. 46-50.

3. *Svoboda*, le parti nationaliste et antisémite ukrainien créé en 1995.
4. Le château de Podhorce est situé à 80 km de Lviv; construit entre 1635 et 1640, il fut le palais résidentiel de Stanisław Koniecpolski, un commandant militaire fortuné polonais.

18. Lemberg, 1944 (p. 146-149)

1. Voir Michael James Melnyk, *The History of the Galician Division of the Waffen-SS*, volume I: *On the Eastern Front, April 1943 to July 1944*, Brimscombe, Fonthill Media, 2016, p. 156.
2. *L*, OW à JW, 01.03.1944.
3. Le camp de concentration de Janowska à Lviv fonctionna de septembre 1941 à novembre 1943. On estime qu'environ 100 000 prisonniers y furent internés; environ 40 000 d'entre eux périrent.
4. *R*, CW, 1932-1945, p. 70-71.
5. Voir Alessandro Portelli, *The Order Has Been Carried Out*, New York, Palgrave Macmillan, 2003; Robert Katz, *Death in Rome*, Londres, Jonathan Cape, 1967. *SS Représailles*, le film inspiré du livre, est sorti en 1973.
6. *R*, CW, 1932-1945, p. 72.
7. *D*, CW, 17.04.1944.
8. BArch, R 9361-III/561695; *Waechter, Otto – Personenbezogene Unterlagen der SS und SA. Führerhauptquartier*, 16.05.1944.
9. BArch, R 9361-III/561695; *Waechter, Otto – Personenbezogene Unterlagen der SS und SA. Dr. Otto G Wächter an den Reichsführer-SS und Chef der Deutschen Polizei*, 03.06.1944.
10. Voir Edward Kennedy, « Nazis Wreck Area in Front of Rome », *New York Times*, 04.06.1944, disponible ici: https://timesmachine.nytimes.com/timesmachine/1944/06/04/85157507.pdf; Milton Bracker, « Road in Rome Hard Fought Yet Crowded with Civilians », *New York Times*, 05.06.1944, disponible ici: https://timesmachine.nytimes.com/timesmachine/1944/06/05/86725571.pdf; Herbert L. Matthews, « Conquerors' Goal Reached by Allies », *New York Times*, 05.06.1944, disponible ici: https://timesmachine.nytimes.com/timesmachine/1944/06/05/86725572.pdf.
11. *L*, CW à OW, 04.07.1944.
12. Voir Hans Royce, *20. Juli 1944*, Bonn, Berto Verlag, 1961, p. 180-181; *D*, CW, 20.07.1944; 21.07.1944.
13. *Das Diensttagebuch des deutschen Generalgouverneurs in Polen*, Stuttgart, Deutsche Verlags-Anstalt, 1984, 26 juillet 1944, p. 890.
14. *L*, OW à CW, 27.07.1944.
15. *R*, CW, 1932-1945, p. 74.

19. Bolzano, 1944 (p. 150-154)

1. Voir *Fernschreiben des SS-Reichsführer an Gouverneur SS-Gruppenführer Wächter*, 01.08.1944, en possession de l'auteur.
2. *R*, CW, 1932-1945, p. 75.
3. Melitta Wiedemann, née le 2 avril 1900 à Saint-Pétersbourg, Russie ; morte le 13 septembre 1980 à Munich. Journaliste et éditrice de *Die Aktion* de 1939 à 1944.
4. *R*, CW, 1932-1945, p. 76-77.
5. *L*, OW à CW, 20.08.1944.
6. *L*, CW à OW, 26.08.1944.
7. Télégramme, HH à OW, 13.10.1944, en possession de l'auteur.
8. *R*, CW, 1932-1945.
9. *L*, OW à CW, 06.09.1944.
10. *L*, OW à CW, 20.09.1944.
11. Télégramme à OW, 02.09.1944, en possession de l'auteur.
12. *L*, OW à OW jr, 26.08.1944 ; *L*, OW à CW, 10.09.1944. Globočnik avait transféré la plupart des hommes qui avaient travaillé pour l'*Aktion Reinhardt* au sein du Gouvernement général à Trieste, où ils formèrent l'*Abteilung R*. Leur tâche : rafler les Juifs et les partisans. Voir Stefano di Giusto et Tommaso Chiussi, *Globočnik's Men in Italy, 1943-1945 : Abteilung R and the SS-Wachmannschaften of the Operationszone Adriatisches Küstenland*, Atglen, Penns, Schiffer, 2017.
13. BArch, R/70/Italien/3 – *Tagebuch des Führungsstabes*.
14. *L*, OW à CW, 17.11.1944 ; *L*, OW à CW, 25.11.1944.
15. *L*, CW à Brigitte Frank, 17.11.1944.
16. *L*, OW à Hella Jasper-Leithe, 16.12.1944.
17. Voir *Weihnachtsrede des Gruppenführers Dr. Wächter bei der A.O. der NSDAP Ortsgruppe Fasano*, 17.12.1944, en possession de l'auteur.
18. *L*, CW à OW, 09.12.1944.

20. Thumersbach, 1945 (p. 155-163)

1. *L*, CW à OW, 06.01.1945 ; *L*, OW à CW, 10.01.1945.
2. *L*, CW à OW, 06.01.1945.
3. *L*, CW à OW, 14.01.1945.
4. *L*, OW à CW, 08.02.1945.
5. *L*, OW à CW, 14.01.1945 ; *L*, OW à CW, 19.01.1945 ; *L*, OW à CW, 23.01.1945.
6. *L*, OW à CW, 15.01.1945.
7. *L*, CW à OW, 24.01.1945.

8. *L*, CW à OW, 26.01.1945.
9. *L*, CW à OW, 30.01.1945.
10. *L*, OW à CW, 31.01.1945.
11. *L*, CW à OW, 17.02.1945.
12. *L*, OW à CW, 11.02.1945.
13. *L*, OW à CW, 09.02.1945.
14. *L*, OW à CW, 08.02.1945.
15. *L*, OW à CW, 17.02.1945.
16. *L*, OW à CW, 10.02.1945.
17. Karl Hermann Frank, né le 24 janvier 1898 en Bohème; mort le 22 mai 1946 à Prague. Reichsminister pour la Bohème et la Moravie de 1942 à 1945.
18. Gottlob Christian Berger, né le 16 juillet 1896 à Gerstetten, Allemagne; mort le 5 janvier 1975 à Stuttgart. Chef du bureau principal de la SS de 1940 à 1945.
19. Télégramme de Berger à Himmler, daté du 28 janvier 1945, en possession de l'auteur.
20. Télégramme d'Himmler à Wolff, daté du 30 janvier 1945, en possession de l'auteur.
21. L'Armée de libération russe, plus connue sous le nom de l'Armée Vlassov, opérationnelle entre 1944 et 1945, composée de déserteurs russes, d'anciens prisonniers de guerre soviétiques et de volontaires russes qui s'étaient engagés dans l'armée allemande.
22. *L*, OW à CW, 28.01.1945.
23. *L*, OW à CW, 24.03.1945.
24. Pavlo Shandruk, né le 28 févier 1889 à Volhynia; mort le 15 février 1979 à Trenton, N. J., États-Unis. Responsable du CNU; commandant de l'Armée nationale ukrainienne en 1945.
25. La conférence de Yalta, réunissant les Américains, les Britanniques et les Soviétiques, eut lieu du 4 au 11 février 1945 et décida de l'avenir de l'Europe après la guerre.
26. *L*, OW à CW, 19.03.1945.
27. L'Armée nationale ukrainienne (ANU), créée en mars 1946 pour rassembler les forces ukrainiennes opposées à l'armée soviétique, fut une sous-division du Comité national ukrainien (CNU), unique représentant de l'Ukraine, fondé en mars 1945.
28. Fritz Freitag, né le 28 avril 1894 à Allenstein, Prusse Orientale; mort le 10 mai 1945 à Graz, Autriche. Commandant SS de la Division Galicie de 1943 à 1944.
29. Voir O. Khromeychuk, *Undetermined Ukrainians*, *op. cit.*, p. 19.
30. Voir Michael Melnyk, *The History of the Galician Division of the Waffen-SS*, vol. II, *Stalin's Nemesis*, Brimscombe, Fonthill Media, 2016.

31. Voir Kerstin von Lingen, *Allen Dulles, the OSS, and Nazi War Criminals: The Dynamics of Selective Prosecution*, Cambridge, Cambridge University Press, 2013.
32. BArch R 70/Italien/3 – *Tagebuch des Führungsstabes* (Journal du chef de cabinet, *c.* 28 avril 1945); *EM*, JE à PS, 08.04.19.
33. Certificat de mariage, Dernières volontés, Testament politique, disponibles ici: https://catalog.archives.gov/id/6883511.
34. Karl Dönitz, né le 16 septembre 1891 à Grünau, Allemagne; mort le 24 décembre 1980 à Aumühle, Allemagne. Commandant en chef de la marine de 1943 à 1945, ministre de la Guerre et président du Reich allemand en 1943.
35. Voir «The End of Hitler», *New York Times*, 2 mai 1945, disponible ici: https// timesmachine.nytimes.com/times machine/1945/05/02/313695522.pdf.
36. Voir Pavlo Shandruk, *Arms of Valor*, New-York, R. Speller, 1959, p. 273; sur la présence d'Otto à Timau, voir Pier Arrigo Carnier, «Storia della Chiesa di "Christo Re" – Timau», in *Asou Greats*, n° 51, avril 2006, p. 11-14, disponible ici: https://drive.google.com/file/d/0BwYsaQ_4psX7QX-cycWYocDBock1RWE5XMXFCZ3NVMDhzNE5v/view; et «Storia di una Donazione Tedesca, Verificatasi Durante la Ritirata in Carnia, 2 Maggio 1945» (23 août 2013), disponible ici: http://pierarrigocarnierstoricoe-giornalista.blogspot.com/2013/08/storia-di-una-donazione-tedesca.html (référence au Dr Franz Hradetsky, le SS-Hauptsturmführer du commando Waffen-SS «Adria» à Trieste et à Ernst Lerch, le SS-Sturmbannführer et ancien Stabsführer d'Odilo Globočnik à Lublin puis à Trieste).
37. Voir P. Shandruk, *Arms of Valor*, *op. cit.*, p. 277-280.
38. *R*, CW, 1932-1945, p. 93.
39. *R*, CW, 1932-1945, p. 94.
40. Voir St. Beller, *Concise History of Austria*, *op. cit.*, p. 245 *sq.*
41. *R*, CW, *Geburtsbuch*, p. 174.
42. *R*, CW, 1932-1945.
43. Voir Stephen Ambrose, *Band of Brothers*, New York, Simon & Schuster, 1992, p. 274.
44. *R*, CW, 1932-1945, p. 98.
45. *R*, CW, 1932-1945, p. 100-102.
46. *R*, CW, 1932-1945, p. 103.
47. *R*, CW, 1932-1945, p. 104-105.
48. *R*, CW, 1942-1945, II, p. 32-33; *R*, CW, 1945-1947, III, p. 5-6.
49. Voir Kerstin von Lingen, *Kesselring's Last Battle: War Crimes Trials and Cold War Politics, 1945-1960*, Lawrence, University Press of Kansas, 2009.
50. *L*, F. Ostheim à CW, 1948.
51. P. Shandruk, *Arms of Valor*, *op. cit.*, chapitre 29.

III. FUIR

21. New York, 2015 (p. 167-174)

1. Voir Pat Padua, « What Our Fathers Did : A Nazi Legacy brings up a difficult conversation », *Washington Post*, 12 novembre 2015, disponible ici : https://www.washingtonpost.com/goingoutguide/movies/what-our-fathers-did-a-nazi-legacy-brings-up-a-difficult-conversation/2015/11/12e2484c4e-84ab-11e5-a7ca-6ab6ec20f839_story.html?utm_term=.dec177429fdb.
2. Voir Peter Bradshaw, « My Nazi Legacy review – the poison of the past lives on », *The Guardian*, 19 novembre 2015, disponible ici : https://www.theguardian.com/film/2015/nov/19/my-nazi-legacy-review-the-poison-of-the-past-lives-on.
3. Voir Leba Hertz, « Two sons of Nazi fathers take two views », *SF GATE*, 12 novembre 2015, disponible ici : https://www.sfgate.com/movies/article/Two-sons-take-two-views-of-their-Nazi-fathers-6625367.php.
4. Voir Deborah Ross, « What's it like to have a Nazi for a father ? », *Spectator*, 21 novembre 2015, disponible ici : https://www.spectator.co.uk/2015/11/whats-it-like-à-have-a-nazi-for-a-father/.
5. Voir Justin Chang, « Film Review : What Our Fathers Did : My Nazi Legacy », *Variety*, 10 novembre 2015 : https://variety.com/2015/film/reviews/what-our-fathers-did-review-a-nazi-legacy-1201637890/.
6. Voir Ken Jaworowski, « Review : What Our Fathers Did : My Nazi Legacy », *New York Times*, 5 novembre 2015, disponible ici : https://www.nytimes.com/2015/11/06/movies/review-what-our-fathers- did-a-nazi-legacy.html.
7. Voir Lizzie Crocker, « Forgiving my Nazi Father : A Horrific Past Made Present », *Daily Beast*, 17 avril 2015, disponible ici : https://www.thedailybeast.com/forgiving-my-nazi-father-a-horrific-past-made-present ; Teo Bugbee, « What It's Like Growing Up With a Nazi », *Daily Beast*, 8 novembre 2015, disponible ici : https://www.thedailybeast.com/what-its-like-growing-up-with-a-nazi.
8. *EM*, Kerstin von Lingen à PS, 23.05.2019.
9. *R*, CW, 1938-1942, I, p. 2.
10. *T*, CW et Melitta Wiedemann, cassette 2, face 2, 02.04.1977.
11. Voir Lisa Jardine, *Temptation in the Archives : Essays in Golden Age Dutch Culture*, Londres, UCL Press, 2015, p. 1-17.

22. Hagener Hütte, 1945 (p. 175-186)

1. Voir St. Beller, *Concise History of Austria*, *op. cit.*, p. 247 *sq.*
2. *R*, CW, 1932-1945, p. 109 et 113.
3. Voir A. Predikaka, *Ferdinand Pawlikowski*, *op. cit.*, p. 91.

4. Voir S3.1030 ZE Otto et Charlotte Wächter ; Gouvernement militaire – Autriche, Cadastre, disponible ici : www.fold3.com/image/306459764 ; « Ratskammerbeschluss », *Wiener Zeitung*, 29 décembre 1946, en possession de l'auteur.
5. *R*, CW, 1932-1945, p. 127-128.
6. *R*, CW, 1932-1945, p. 129-136.
7. *R*, CW, 1938-1942, I, p. 5-7.
8. En possession de l'auteur. *Beiligendes Schreiben an Landeshauptmann Machold*, 150/Vw/R/Md, 04.09.1945.
9. Voir *London Information of the Austrian Socialists in Great Britain*, 15 décembre 1945, p. 7-8.
10. Voir « Österreich klagt an ! », *Oberösterreichische Nachrichten*, 4 décembre 1945, disponible ici : http://anno.onb.at/cgi-content/anno?aid=oon&datum=19451204&seite=1&zoom=33&.
11. Voir David Lester, *Suicide and the Holocaust*, Hauppauge, NovaScience, 2005, p. 11.
12. Voir Nicolas Patin, *Krüger : un bourreau ordinaire*, Paris, Fayard, 2017, p. 207. Voir également D. Lester, *Suicide and the Holocaust*, *op. cit.*, p. 11.
13. Voir James MacDonald, « Arch Criminal Dies », *New York Times*, 25 mai 1945, disponible ici : https://timesmachine.nytimes.com/timesmachine/1945/05/25/88233713.pdf ; « Frau Himmler Calm at News of Husband », *New York Times*, 13 juillet 1945, disponible ici : https://timesmachine.nytimes.com/timesmachine/1945/07/13/94856204.pdf.
14. Voir « Local Soldier Helps Locate Frau Himmler », *Jersey Journal*, 16 mai 1945.
15. Voir Ph. Sands, *Retour à Lemberg*, *op. cit.*, p. 261-262, 339-343, 389.
16. Voir « The Last Days of Ernst Kaltenbrunner », voir https://www.cia.gov/library/center-for-the-study-of-intelligence/kent-csi/vol4no2/html/v04i2a07p_0001.htm.
17. Voir « Canadians Arrest Nazi Trojan Horse », *New York Times*, 9 mai 1945, disponible ici : https://timesmachine.nytimes.com/timesmachine/1945/05/09/88225382.pdf.
18. Voir Telford Taylor, *The Anatomy of the Nuremberg Trials : A Personal Memoir*, New York, Knopf, 1992.
19. Voir « Sketches of the 11 Nazi Leaders Who Paid With Their Lives at Nuremberg for War Crimes », *New York Times*, 16 octobre 1946, disponible ici : https://timesmachine.nytimes.com/timesmachine/1946/10/16/107146522.pdf.
20. Voir Thomas Darnstädt, « Der Zweite Weltkrieg : Ein Glücksfall der Geschichte », *Der Spiegel*, 4 avril 2005, disponible ici : https://www.spiegel.de/spiegel/print/d-39916258.html.
21. Voir « Nazi Hanged in Poland ; Buehler Convicted in Killing 2 Million, Vast Deportation », *New York Times*, 23 août 1948, disponible ici : https://timesmachine.nytimes.com/times machine/1948/08/23/96597127.pdf.

22. Voir Bernd A. Rusinek, *Der Fall Greifeld, Karlsruhe – Wissenschaftsmanagement und NS-Vergangenheit*, Karlsruhe, KIT – Scientific Publishing, 2019, p. 311.
23. USHMM, Hans Fischböck Papers, Coupures 1966-1967, disponible ici: https://collections.ushmm.org/search/catalog/irn652282#?rsc=187553&cv=2&xywh=-1015%2C0%2C4567%2 C3195&c=0&m=0&s=0.
24. Voir Thomas Sandkühler, *« Endlösung » in Galizien. Der Judenmord in Ostpolen und die Rettungsinitiativen von Berthold Beitz 1941-1944*, Berlin, Dietz, 1996, p. 426 *sq*.
25. Voir Ronen Bergman, *Rise and Kill First: The Secret History of Israel's Targeted Assassinations*, New York, Random House, 2018; voir également Ian Black, « Rise and Kill First: The Secret History of Israel's Targeted Assassinations – review », *The Guardian*, 22 juillet 2018, disponible ici: https://www.theguardian.com/books/2018/jul/22/rise-kill-first-secret-history-israel-targeted-assassinations-ronen-bergman-review-mossad.
26. Voir Sanye Romeike, « Transitional Justice in Germany after 1945 and after 1990 », *International Nuremberg Academy Principles*, Occasional paper n° 1, 2016, p. 19-22.
27. Voir Gabriel N. Finder et Alexander V. Prusin, *Justice Behind the Iron Curtain: Nazis on Trial in Communist Poland*, Toronto, University of Toronto Press, 2018.
28. Voir Michael Salter, *Nazi War Crimes, US Intelligence and Selective Prosecution at Nuremberg*, Abingdon, Routledge, 2007.
29. Voir Winston Churchill, *Sinews of Peace*, 5 mars 1946, disponible ici: https://winstonchurchill.org/resources/speeches/1946-1963-elder-statesman/the-sinews-of-peace/.
30. *R*, CW, 1932-1945, p. 153.
31. Voir Frederick Taylor, *Exorcising Hitler: The Occupation and Denazification of Germany*, Londres, Bloomsbury Press, 2011; Perry Biddiscombe, *The Denazification of Germany 1945-1948*, Cheltenham, The History Press, 2006.
32. John Agnew et J. Nicholas Entrikin (éd.), *The Marshall Plan Today – Model and Metaphor*, Abingdon, Routledge, 2004.
33. *L*, F. Ostheim à CW, 1945.
34. *R*, CW, 1932-1945, p. 106-107.
35. *R*, CW, 1945-1947, III, p. 1-2, p. 7.
36. *P*, OW, *Identitätskarten*, p. 1-2.
37. *P*, OW, 3.1, p. 2, en possession de l'auteur.
38. *P*, OW, *Identitätskarten*, p. 3-4.
39. *R*, CW, 1932-1945, p. 141.
40. *OW*, s.d., « Une histoire lugubre », en possession de l'auteur.
41. *L*, OW à CW, s.d., *P*, *Nachlass*, § 1. p. 144.
42. *R*, CW, 1932-1945, p. 131.

43. Lukas Hansel est également mentionné in *R*, CW, 1945-1947, III, p. 14.
44. Voir « Goering Yields to 7th Army », *New York Times*, 10 mai 1945, disponible ici : https://timesmachine.nytimes.com/timesmachine/1945/05/10/3137160 12.pdf.
45. *R*, CW, 1932-1945, p. 146.

23. Buko (p. 187-194)

1. Sur l'histoire militaire des Karstjäger, voir : Sergio Corbatti et Marco Nava, *Karstjäger : Du SS-Karstwehr-Bataillon à la 24. Waffen-Gebirgs-Division der SS*, Rheine, Heimdal, 2009, en particulier p. 391.
2. *R*, CW, 1932-1945, p. 107, 140.
3. La 24e division de chasseurs alpins SS Karstjäger, créée par Odilo Globočnik, était une division d'infanterie de montagne, opérationnelle de 1944 à 1945, chargée de combattre les partisans dans la région du plateau de Karst situé dans les régions frontalières de l'Autriche, de l'Italie et de la Yougoslavie.
4. Transcription de l'interview de Buko du 04.01.2017, en possession de l'auteur.
5. Fritz Wächtler, né le 7 janvier 1891 à Triebes, Allemagne ; mort le 19 avril 1945 à Waldmünchen, Allemagne. Gauleiter de Bayreuth de 1935 à 1945.
6. Transcription de l'interview de Buko du 04.01.2017.
7. *Ibid.*
8. *Ibid.*
9. *Ibid.*
10. *Ibid.*
11. *Ibid.*
12. Voir S. Corbatti et M. Nava, *Karstjäger*, *op. cit.* Burkhardt Rathmann apparaît sur les photos des pages 17, 18, 21, 27, 135, 162, 164, 165, 275 ; pour plus d'informations sur lui, voir p. 391.
13. Transcription de l'interview de Buko du 04.01.2017.
14. Voir *Atlante delle Stargi Naziste e Fasciste in Italia*, produit par une commission d'historiens germano-italienne créée en 2009. Voir http://www.straginazifasciste.it/?page_id=297&ricerca=33&lang=en.
15. Il s'agit du livre de contes *Der Goldene Deutsche Märchenschatz*, Munich, ADAC Verlag, 2004.

24. Salzbourg, 1948 (p. 195-198)

1. *R*, CW, 1932-1935, p. 150 ; *R*, CW, 1947-1949, p. 14, 25-26.
2. *R*, CW, 1947-1949, p. 18.
3. Voir Barbara Sauer et Ilse Reiter-Zatloukal, *Advokaten 1938. Das Schicksal der in Österreich verfolgten jüdischen Rechtsanwälte und Rechtsanwältinnen*, Vienne, MANZ, 2010. Entre 1 775 et 1 834 avocats juifs ont été exclus du barreau. Voir http://www.erinnern.at/bundeslaender/oesterreich/e_bibliothek/miscellen/

barbara-sauer-ilse-reiter-zatloukal-advokaten-1938-das-schicksal-der-in-den-jahren-1938-bis-1945-verfolgten-osterreichischen-rechtsanwaltinnen-und-rechtsanwalt.

4. *L*, OW à Helga Ettingshausen, Noël 1948.
5. Le *Goldene Hirsch* existe depuis 1564, c'est aujourd'hui un hôtel 5 étoiles.
6. *R*, CW, 1932-1945, p. 151-152.
7. Albert Schnez, né le 30 août 1911 à Abtsgmünd, Allemagne, mort le 26 avril 2007 à Bonn. Officier de l'armée allemande.
8. *T*, CW et HJS, cassette 3, face 2, 28.09.1984.
9. *T*, CW et HJS, cassette 3, face 2, 28.09.1984.

25. Bolzano, 1949 (p. 199-204)

1. *R*, CW, 1932-1945, p. 154.
2. *L*, OW à CW, 12.02.1949.
3. *L*, OW à CW, 18.02.1949.
4. *L*, OW à CW, 20.03.1949.
5. Eleonore « Nora » Oberrauch von Hösslin, née le 27 novembre 1905 ; date de décès inconnue.
6. *L*, OW à Richard Woksch, 18.03.1949.
7. Franz Hieronymus Riedl, journaliste.
8. *L*, OW à CW, 24.03.1949.
9. *L*, OW à CW, 24.03.1949 ; *L*, OW à CW, 29.03.1949. La maison de Völs am Schlern est un mélange d'Art nouveau et d'arts et métiers traditionnels. Une reproduction in Renate Brenn-Rammlmair, *Stadtbaumeister Gustav Nolte : der Heimatstil in Bozen*, Bozen, Athesia Verlag, 2007.
10. *L*, CW à Richard Woksch, 21.04.1949 ; *R*, CW, 1932-1945, p. 158-159.

26. Varsovie, 2016 (p. 205-210)

1. Voir « Enquête sur le Dr. OTTO, WAECHTER Gustaw, Gauleiter de Cracovie, puis du district de Galicie, accusé d'avoir donné des ordres d'exécutions de masse et d'actions dirigées contre le peuple juif », Dossier n° 176, 41 pages, IPN, Institut pour la mémoire nationale, Varsovie : fichier d'enquêtes et de documentation de la Commission principale d'investigation des crimes nazis en Pologne (connu sous le nom d'archives B.d) ; USHMM (RG-15.155M), en possession de l'auteur.
2. Voir Günther W. Gellermann, *... und lauschten für Hitler – Geheime Reichssache : die Abhörzentralen des Dritten Reiches*, Coblence, Bernard & Graefe, 1991.
3. *L*, Edward Tuszkiewicz à l'ambassade de Pologne à Prague, 13.12.1945, voir dossier 176, Document 10.

4. *L*, Rzeczpospolita Polska (Pologne), ministère des Affaires étrangères à la Commission centrale d'enquête sur les crimes de guerre, 11.01.1949, voir Dossier 176, Document 21.
5. Voir Tadeusz Zaderecki, *Lwów under the Swastika – The Destruction of the Jewish Community Through the Eyes of a Polish Writer*, Jérusalem, Yad Vashem, 2018.
6. Voir Dieter Schenk, *Hans Frank: Hitlers Kronjurist und Generalgouverneur*, Francfort, Fischer, 2006.
7. *EM*, Dieter Schenk à HW, août 2014.

27. Vigna Pia, mai 1949 (p. 211-224)

1. Les élections pour le premier parlement républicain eurent lieu le 18 juin 1948, à l'issue du référendum qui mit fin à la monarchie. Les élections de 1948 furent remportées par les chrétiens-démocrates (soutenus par le Vatican et les États-Unis), et le front populaire démocratique composé des partis socialiste et communiste italiens. Le parti chrétien-démocrate obtint une majorité absolue dans les deux chambres, mais il forma une coalition avec les libéraux, les républicains et les sociaux-démocrates.
2. *L*, OW à Walter Ladurner, 06.05.1949 ; *L*, OW à CW, 30.04.1949.
3. *L*, OW à CW, 04.05.1949.
4. *L*, OW à CW, 20.06.1949 ; *L*, Hedi Dupré à CW, 25.07.1949.
5. Vigna Pia, via Filippo Tajani 50, Rome, voir http://www.vignapia.com/edificio-storico/. L'historique du monastère passe les années d'après-guerre sous silence.
6. *L*, OW à CW, 05.05.1949.
7. *L*, OW à CW, 22.05.1949.
8. *L*, OW à CW, 05.05.1949.
9. *L*, CW à OW, 09.05.1949.
10. *L*, OW à CW, 22.05.1949.
11. *L*, OW à CW, 05.05.1949.
12. *L*, OW à CW, 29.06.1949 ; *L*, OW à CW, 12.05.1949.
13. Walter Rauff, né le 19 juin 1906 à Köthen, Allemagne ; mort le 14 mai 1984 à Santiago du Chili. Commandant de la SS.
14. *L*, Walter Rauff à OW, 25.05.1949.
15. Voir Kevin Freeman, « Wiesenthal Center Releases Documents Which Link Rauff to Important Figures in the Catholic Church in Italy », *JTA – Daily News Bulletin*, 10 mai 1984, disponible ici : http://pdfs.jta.org/1984/1984-05-10_089.pdf?_ga=2.161615551.2063636335.1564532125-115840253.1564532105.
16. Voir Klaus Wiegrefe, « SS Colonel Walter Rauff – West German Intelligence Protected Fugitive Nazi », *Spiegel Online*, 27 septembre 2011, disponible ici : https://www.spiegel.de/international/Allemagne/ss-colonel-walter-rauff-west-german-intelligence-protected-fugitive-nazi-a-788348.html.
17. *L*, OW à CW, 22.05.1949.

18. *L*, OW à Walter Ladurner, 06.05.1949 ; *L*, OW à CW, 29.06.1949.
19. Le dichlorodiphényltrichloroéthane, ou DDT, fut développé pour combattre les insectes en 1939. Il est aujourd'hui banni pour ses effets néfastes sur l'environnement.
20. *L*, CW à OW, 07.05.1949 ; *L*, CW à OW, 26.05.1949.
21. *L*, OW à Nora Oberrauch von Hösslin, 06.05.1949 ; *L*, OW à CW, 12.05.1949 ; *L*, CW à OW, 21.05.1949 ; OW à CW, 27.05.1949.
22. Josef Alois Krips, né le 8 avril 1902 à Vienne ; mort le 13 octobre 1974 à Genève. Chef d'orchestre.
23. *Egmont* (1788) est le nom d'une pièce de Goethe. Elle fut reçue comme un manifeste politique : le personnage principal, le comte Egmont, guerrier flamand, se bat pour l'indépendance nationale contre le duc d'Albe, représentant l'envahisseur espagnol. Egmont fut condamné à mort.
24. *L*, OW à CW, 16.05.1949.
25. Manfred, le fils de Leithe, que j'ai rencontré au Kunsthistorisches Museum de Vienne le 31 octobre 2015, était le responsable de la salle du trésor. Voir *EM*, HW à PS, 27.03.17.
26. Les *Salzburger Nachrichten* est un quotidien lancé en juin 1945 par les forces d'occupation américaines. La *Neue Front-Zeitung der Unabhängigen* a été créée en 1945 par le VdU (le prédécesseur du FPÖ) ; elle est devenue la *Neue Freie Zeitung* en 1973.
27. Voir *Italie centrale et Rome*, Leipzig, Karl Baedeker, 16e édition, 1930.
28. *L*, OW à CW, 22.05.1949.
29. *L*, CW à OW, 28.05.1949 ; *L*, CW à OW, 12.06. 1949.
30. *L*, OW à CW, 04.06.1949.
31. *L*, OW à Herbert Gündel, 08.05.1949 ; *L*, OW à CW, 16.04.1949 ; *L*, Franz Hieronymus Riedl à OW, 15.05.1949 ; *L*, OW à CW, 27.05.1949.
32. *L*, OW à Herbert Gündel, 08.05.1949.
33. *L*, OW à CW, 05.05.1949.
34. Le Comité international de la Croix-Rouge délivrait des documents de voyage provisoires après les crises humanitaires et les guerres pour permettre aux destinataires de demander l'asile ou de rentrer chez eux. Ils tenaient lieu de papiers d'identité officiels et n'étaient généralement valides que pour un seul voyage. Après la Deuxième Guerre, de nombreux nazis se sont déclarés réfugiés pour pouvoir en bénéficier. Voir https://www.icrc.org/en/doc/resources/documents/article/other/57jpu5.htm.
35. Un *embarcó libre* était un document utilisé pour entrer dans certains pays d'Amérique du Sud ; mentionné in *L*, OW à Walter Ladurner, 10.05.1949, et *L*, Sepp Breitenberger à OW, 31.05.1949.
36. *L*, OW à Walter Ladurner, 10.05.1949.
37. *L*, OW à Walter Ladurner, 10.05.1949.

38. *L*, Walter Ladurner à OW, 12.05.1949.
39. *L*, Sepp Breitenberger à OW, 31.05.1949.

28. Art (p. 225-229)

1. *Le Combat entre Carnaval et Carême* (1559), tableau de Pieter Brueghel l'Ancien (1525-1569). Voir Hanns Swarzenski, « The Battle between Carnival and Lent », *Bulletin of the Museum of Fine Arts*, vol. 49, n° 275, février 1951, p. 2-11.
2. Voir Diana Błonska, *O Muzeum Narodowym w Krakowie w czasie drugiej wojny światowej* (*Klio. Czasopismo pos'wie ̨cone dziejom Polski i powszechnym*, t. 28, 1, 2014), p. 85-128, disponible ici : http://apcz.umk.pl/czasopisma/index.php/KLIO/article/view/KLIO.2014.005.
3. Kajetan (Kai) Mühlmann, né le 26 juin 1898 à Uttendorf, Autriche-Hongrie ; mort le 2 août 1958 à Munich. Représentant spécial pour la protection des œuvres d'art dans les territoires occupés de l'Est de 1939 à 1943 *(Sonderbeauftragter für den Schutz und die Sicherung von Kunstwerken in den besetzten Ostgebieten).*
4. Feliks Kopera, né le 12 mai 1871 à Cracovie, mort le 27 mars 1952 à Cracovie. Professeur à l'Université Jagellonne de 1910 à 1950 ; directeur du Musée national de 1901 à 1950.
5. *L*, Feliks Kopera à la Commission des crimes de guerre, 09.12.1946, en possession de l'auteur.
6. *R*, CW, 1932-1945, p. 72.
7. Voir Uki Goñi, « Son of Nazi governor returns art stolen from Poland during second world war », *The Guardian*, 26 février 2017, disponible ici : https://www.theguardian.com/artanddesign/2017/feb/26/nazi-art-stolen-poland-returned-horst-waechter.
8. Voir Henry Foy, « Nazi claims spur fight between Vienne and Kraków over Bruegel », *Financial Times*, 21 octobre 2015, disponible ici : https://www.ft.com/content/d1eaf34e-7810-11e5-933d-efcdc3c11c89.
9. Veit Stoss (*c.* 1450-1533). Sculpteur allemand.

29. Rome, juin 1949 (p. 230-238)

1. Le *Verband der Unabhängigen* (Fédération des indépendants, VDU), le parti nationaliste allemand en Autriche de 1949 à 1955, est le prédécesseur du FPÖ.
2. Voir Thomas Riegler, « Wie der US-Geheimdienst Ex-Nazis anheuerte und so die FPÖ-Gründung förderte », *Profil*, 4 décembre 2013, disponible ici : https://www.profil.at/oesterreich/history/wie-us-geheimdienst-ex-nazis-fpoe-gruendung-370249 ; *L*, CW à OW, 01.06.1949.
3. Le *Freiheitliche Partei Österreichs* (parti autrichien de la liberté, FPÖ), est un parti de droite conservateur fondé en 1956. Il a participé à la coalition gouvernementale autrichienne en 2017, et a été dissous en mai 2019.

4. Les Lanz Trachten [costumes traditionnels], magasin fondé en 1922, fabricant de vêtements traditionnels autrichiens et allemands du Sud. Voir http://www.lanztrachten.at/lt/geschichte/.
5. *L*, CW à OW, 12.06.1949; *L*, CW à OW, 13.06.1949.
6. *L*, OW à CW, 18.06.1949.
7. *L*, OW à CW, 04.06.1949.
8. *L*, Hedi Dupré à CW, 25.07.1949.
9. *L*, OW à CW, 09.06.1949.
10. *La Forza del Destino (La Force du destin)*, 1950, film italien d'après un opéra de Verdi.
11. *Donne senza nome (Femmes sans nom)*, 1950, film italien dont le décor est un camp de personnes déplacées à la fin de la Deuxième Guerre. Le réalisateur, Géza von Radványi, né le 26 septembre 1907 à Kaschau, en Autriche-Hongrie, est mort le 27 novembre 1986 à Budapest.
12. Alois (Luis) Franz Trenker, né le 4 octobre 1892, à St Ulrich in Gröden, en Autriche-Hongrie, mort le 12 avril 1990 à Bolzano, Italie. Réalisateur, architecte et athlète.
13. *L*, OW à CW, 29.06.1949; *L*, OW à CW, 09.06.1949; *L*, CW à OW, 04.07.1949.
14. *L*, OW à CW, 04.06.1949.
15. *L*, CW à OW, 24.06.1949.
16. *L*, OW à CW, 16.06.1949.
17. *L*, Walter Ladurner à OW, 23.06.1949.
18. Déclaration sous serment de Willhelm Höttl, *Procès des grands criminels de guerre devant le tribunal militaire international, Nuremberg, 14 novembre 1945-1er octobre 1946, textes officiels*, vol. 3, 14.12.1945, séance du matin, disponible ici: https://avalon.law.yale.edu/imt/12-14-45.asp.
19. *L*, OW à CW, 29.06.1949; *L*, OW à CW, 18.06.1949.
20. *L*, Egon Höller à OW, 15.06.1949.
21. *L*, OW à CW, 29.06.1949; *L*, OW à CW, 20.06.1949.
22. *L*, OW à Lothar Rübelt, 30.06.1949.
23. Ruggero Vasari, né le 6 février 1898 à Messine, Italie, mort le 1968 à Messine. Dramaturge et poète.

30. Santo Spirito, juillet 1949 (p. 239-246)

1. Voir *Il Tempo*, 2 juillet 1949, en possession de l'auteur.
2. Voir *Les Forçats de la gloire* (1945), film de guerre américain d'après le livre du correspondant de guerre Ernie Pyle, embarqué dans un régiment d'infanterie, lauréat du prix Pulitzer. *Le Procès*, 1948, film autrichien inspiré de l'affaire Tiszaeszlár sur la disparition d'une jeune fille catholique, les accusations de meurtre rituel juif et les sentiments antisémites dans les années 1880 en Hongrie.

3. *L*, OW à CW, 04.07.1949.
4. *L*, OW à CW, 04.07.1949.
5. Une limonade purgative et laxative composée de citrate de magnésium inventée par le pharmacien Rogé-Delabarre en 1883 ; voir Armand Trousseau et Hermann Pidoux, *Traité de thérapeutique et de matière médicale*, vol. 1, Paris, Bechet Jeune, 1858.
6. *L*, Traute Wächter à OW, 04.07.1949 ; *L*, CW à OW, 04.07.1949.
7. *L*, OW à CW, 04.07.1949 ; *L*, OW à CW, 05.07.1949.
8. *L*, OW à CW, 06.07.1949.
9. La pénicilline, découverte en 1928 par un scientifique écossais, Alexander Fleming, ne fut utilisée pour traiter des infections bactériennes qu'à partir de 1942.
10. Dr Willi Marchesani, né le 12 novembre 1896 à Trieste ; date de décès inconnue. Médecin.
11. *L*, OW à CW, 06.07.1949.
12. L'Ospedale di Santo Spirito est le plus ancien hôpital d'Europe. Voir Sivigliano et Luisa Alloisi, *Santo Spirito in Saxia*, Rome, Istituto nazionale di studi romani, 2002.
13. *L*, CW à OW, 10.07.1949.
14. *L*, CW à OW, 10.07.1949.
15. *L*, CW à OW, 11.07.1949.
16. *L*, CW à OW, 12.07.1949.
17. *L*, Willi Marchesani à CW, 12.07.1949.
18. *L*, CW à OW, 13.07.1949.
19. *T*, CW et HJS, cassette 3, face 2, 28.09.1984.
20. Hotel Victoria. Voir https://www.hotelvictoriaroma.com/en/.

IV. MORT

31. Les cinq enterrements d'O. W. (p. 249-253)

1. Alois Hudal, né le 31 mai 1885 à Graz ; mort le 13 mai 1963 à Rome. Recteur de Santa Maria dell'Anima de 1923 à 1952 ; document en possession de l'auteur.
2. *L*, Theodor Körner à CW, 11.11.1949. Körner fut président de l'Autriche de 1951 à 1957.
3. *L*, Hans Fischböck à CW, 11.6.1956 (depuis Buenos Aires) ; *L*, Hans Fischböck à CW, 22.12.1964 (depuis Essen).
4. Voir « Lebt der Juliputschist Wächter noch ? », *Arbeiter Zeitung*, 6 mars 1951, p. 4.
5. *T*, CW et HJS, cassette 3, face 1, 28.09.1984.
6. Voir Archivio centrale dello Stato (ACS), Ministero dell'Interno (MI), Direzione Generale di Pubblica Sicurezza (DGPS), Divisione Affari Riservati

(AARR), Categorie permanenti, Ctg. O, Stranieri pericolosi per la sicurezza delle istituzioni, fascicoli personali 1949-1965, Busta 108, Fascicolo « Wächter Otto Gustav fu Josef ».

7. *EM*, Riccardo Savona Siemens à JE, 03.07.2017.
8. Voir « Interpol sucht eine Leiche – die Spur führt nach Berlin », *Berliner Zeitung*, 27 avril 1961.
9. Voir « I Nazisti sono fra noi – Waechter "Boia" di Leopoli veramente sepolto a Testaccio ? », *Avanti*, 08.04.1961. disponible ici : https://avanti.senato.it/avanti/js/pdfjs-dist/web/viewer.htm-l?file=/avanti/files/reader.php?f%3DAvanti%20 1896-1993%20PDF/Avanti-Lotto2/CFI0422392_19610408_84.pdf.
10. *T*, CW, enterrement, cassette 12, face 1, 04.01.1974.

32. Hagenberg, 2016 (p. 254-258)

1. USHMM, *Archiv Horst von Wächter 1901-1965* (n° d'accès 2014.103 ; n° RG : RG-17.049).
2. *L*, John Beddington à PS, 8.09.2017, avec le journal de Charlotte Beddington, 09.01.1961.

33. Testament (p. 259-262)

1. Prof. Dr Giangaleazzo Bettoni, mort en novembre 2008 ; voir http://studio bettoni.org.
2. Jan Bucko, né le 1er octobre 1891 à Hermaniv, Autriche-Hongrie ; mort le 21 septembre 1974 à Rome. Visiteur apostolique pour l'Ukraine en Europe de l'Ouest de 1945 à 1971.
3. Dr Puccio Pucci, né le 12 avril 1904 à Florence ; mort en 1985 à Florence. Avocat et athlète.
4. En possession de l'auteur.
5. Il s'agit du *Corpo Ausiliario delle Squadre d'azione di Camicie nere*, plus connu sous le nom de Brigades noires, un groupe paramilitaire italien actif dans la République de Salò entre 1944 et 1945.
6. Voir Richard Breitman et Norman J. W. Goda, *Hitler's Shadow : Nazi War Criminals, U.S. Intelligence, and the Cold War*, États-Unis, Archives nationales, administration documentaire, 2010, p. 77.
7. Voir Christopher Simpson, *Blowback : America's Recruitment of Nazis and its Destructive Impact on our Domestic and Foreign Policy*, New York, Weidenfeld & Nicolson, 1988, chap. 13.
8. *EM*, Manfred Bettoni à PS, 20.04.2017.
9. Voir Klaus Wiegrefe, « Files Uncovered : Nazi Veterans Created Illegal Army », *Der Spiegel*, 14 mai 2014, disponible ici : http://www.spiegel.de/international/Allemagne/wehrmacht-veterans-created-a-secret-army-in-west-Allemagne-a-969015.html.

34. Septembre 1949 (p. 263-267)

1. L'article du *Giornale d'Italia* est mentionné in « Si Tratta dell'attentatore di Dollfussi – Contrastanti ipotesi sul passato di Otto Wächter », *Il Quotidiano*, 3 septembre 1949, en possession de l'auteur.
2. Voir « Otto Waechter Dies ; Former Nazi Official Planned Assassination of Dollfuss », *New York Times*, 02.09.1949, disponible ici : https://www.nytimes.com/1949/09/02/archives/otto-waechter-dies-former-nazi-official-planned-assassination-of.html?searchResultPosition=3.
3. Voir « L'assassino di Dollfüss viveva nascosto nell'Istituto Cattolico Teutonico », *L'Unità*, 3 septembre 1949.
4. Voir « Contrastanti ipotesi sul passato di Otto Wachter », *Il Quotidiano*, 3 septembre 1949.
5. Voir « Il Caso Waechter », *Il Paese*, 03 septembre 1949.
6. « I trascorsi di mons. Hudal protettore del nazista Waechter », *L'Unità*, 6 septembre 1949.
7. *Ibid.*
8. Voir « Il partito nazista ricostituito negli istituti religiosi teutonici », *L'Unità*, 4 septembre 1949.
9. Voir « Wächter aveva documenti regolari al nome die Reinhard », *Il Giornale d'Italia*, 06 septembre 1949.
10. Voir Aristide Raimondi, « Come viveva a Roma il capo degli assassini di Dollfuss – *"Quo vadis Germania?"* ultima fatica di Otto Wächter », *Il Gazzettino*, 12 septembre 1949.
11. *Ibid.*
12. Voir « Il partito nazista ricostituito negli istituti religiosi teutonici », *L'Unità*, 4 septembre 1949.
13. Hartmann Lauterbacher, né le 24 mai 1909 à Reutte, Autriche ; mort le 12 avril 1998 à Seebruck, Allemagne. Gauleiter de Hanovre-Braunschweig-Sud, de 1940 à 1945, et commissaire défenseur du Reich de 1942 à 1955.
14. Saverio Polito, né le 1881 ; mort le 12 mai 1959. Chef de la police de Rome.
15. Voir Archivio centrale dello Stato (ACS), Ministero dell'Interno (MI), Direzione Generale di Pubblica Sicurezza (DGPS), Divisione Affari Riservati (AARR), Categorie permanenti, Ctg. O, Stranieri pericolosi per la sicurezza delle istituzioni, fascicoli personali 1949-1965, Busta 108, Fascicolo « Wächter Otto Gustav fu Josef », note du 2 septembre 1949.
16. Voir Archivio centrale dello Stato (ACS), *ibid.*
17. *Ibid.*
18. Voir « Die katholische Caritas in einer Zeitenwende – Predigt, gehalten am 11. September 1949 in der Deutschen Nationalkirche der Anima zu Rom », *Anima Stimmen*, vol. IV, mars 1951, p. 25-30, en possession de l'auteur.

19. *Ibid.*, p. 25-29.
20. *EM*, Mario Tedeschini à PS, 28.02.2019.

35. L'ÉVÊQUE (p. 268-274)

1. Voir Alois Hudal, *Die Grundlagen des Nationalsozialismus. Eine ideengeschichtliche Untersuchung*, Vienne, Johannes Günther Verlag, 1937.
2. Voir Anna Pawlikowska, « Watykański agent III Rzeszy », 14 octobre 2010, disponible ici : https://www.znak.org.pl/?lang1=pl&page1=people&subpage1=peopleoo&infopas-sid1=333&scrt1=sn.
3. Voir *Pontificia Commissione di Assistenza* (Commission d'assistance pontificale), créée en avril 1944 par le pape Pie XII pour subvenir aux besoins fondamentaux des réfugiés et leur délivrer des papiers d'identité pendant et après la guerre.
4. Karl Johannes (Carlo) Bayer, né le 13 février 1915 à Obernigk, Pologne ; mort le 16 janvier 1977 à Rome. Secrétaire général de Caritas Internationalis de 1951 à 1970.
5. Voir Gitta Sereny, *Au fond des ténèbres. Un bourreau parle : Franz Stangl, commandant de Treblinka*, trad. de l'anglais C. Audry, Paris, Tallandier, 2019.
6. Voir Ph. Sands, *Retour à Lemberg*, *op. cit.*, p. 76-77.
7. Voir G. Sereny, *Au fond des ténèbres*, *op. cit.*, p. 17.
8. Simon Wiesenthal, né le 31 décembre 1908 à Buczacz, Galicie ; mort le 20 septembre 2005 à Vienne. Chasseur de nazis.
9. G. Sereny, *Au fond des ténèbres*, *op. cit.*, p. 452-454, 457-460.
10. Josef Mengele, né le 16 mars 1911 à Günzburg, Allemagne ; mort le 7 février 1979 à Bertioga, Brésil. Médecin au camp de concentration d'Auschwitz de 1943 à 1945.
11. Voir G. Sereny, *Au fond des ténèbres*, *op. cit.*, p. 460, 462.
12. Voir Guy Walters, *Hunting Evil*, Londres, Bantam Press, 2009, p. 246.
13. Gerald Steinacher, *Nazis on the Run*, Oxford, Oxford University Press, 2011, p. 128.
14. Voir « I Nazisti sono fra noi – Il "Boia" di Leopoli avvelenato spirò fra le braccia di mons. Hudal », *Avanti*, 21 avril 1961, p. 2.
15. *Ibid.*
16. Jakob Weinbacher, né le 20 décembre 1901 à Vienne ; mort le 15 juin 1985 à Vienne. Recteur de Santa Maria dell'Anima de 1952 à 1961.
17. James Carroll, *Constantine's Sword*, Boston, Houghton Mifflin, 2002, p. 505 et 512 ; l'auteur cite le cardinal Faulhaber.
18. Voir Alois C. Hudal, *Römische Tagebücher. Lebensbeichte eines alten Bischofs*, Vienne, Leopold Stocker Verlag, 1976.
19. Voir Hansjakob Stehle, « Des "braunen Bischofs" Abschied », *Die Zeit*, 24 décembre 1976, disponible ici : https://www.zeit.de/1976/53/des-braunen-bischofs-abschied.

20. Voir Rolf Hochhuth, *Le Vicaire*, trad. de l'allemand Fr. Martin et J. Amsler, Paris, Seuil, 1963.
21. Voir A. Hudal, *Römische Tagebücher*, *op. cit.*, p. 262-263, 298.
22. *L*, CW à Alois Hudal, 19.07.1949.
23. *L*, Hedi Dupré à CW, 25.07.1949.
24. *T*, CW et HJS, cassette 3, face 1, 28.09.1984.

36. Guerre froide (p. 275-280)

1. David Kertzer, né en 1948, professeur d'anthropologie et d'études italiennes à l'Université Brown, États-Unis.
2. Voir David Kertzer, *Le Pape et Mussolini*, trad. de l'anglais par A. Forterre de Monicault, Paris, Les Arènes, 2016.
3. Conversation avec le Dr Lutz Klinkhammer de l'Institut allemand de Rome ; voir aussi Lutz Klinkhammer, *Zwischen Bündnis und Besatzung – Das nationalsozialistische Deutschland und die Republik von Salò 1943-1945*, Tübingen, Niemeyer, 1993, p. 94. Pour la période allant de l'été 1944 au début de l'année 1945 (qui correspond à son activité, au côté de Globočnik, sous l'autorité du général Wolff), Wächter est mentionné trois fois dans l'ouvrage.
4. Voir Christopher Duggan, *A Concise History of Italy*, 2e éd., Cambridge, Cambridge University Press, 2014.
5. Palmiro Togliatti, né le 26 mars 1893 à Gênes ; mort le 21 août 1964 à Yalta, Crimée. Fondateur, puis secrétaire général du parti communiste italien de 1927 à 1967.
6. Voir Felix Nikolaus Bohr, « Flucht aus Rom. Das spektakuläre Ende des "Falles Kappler" im August 1977 », *Vierteljahrshefte für Zeitgeschichte* 60, Munich, IFZ, 2012, p. 111-141, disponible ici : https://www.ifz-muenchen.de/heftarchiv/2012_1_5_bohr.pdf.
7. Herbert Kappler, né le 29 septembre 1907 à Stuttgart ; mort le 9 février 1978 à Soltau, Allemagne. Chef de la police allemande dans Rome occupée de 1943 à 1945.
8. Erich Priebke, né le 29 juillet 1913 à Hennigsdorf, Allemagne ; mort le 11 octobre 2013 à Rome. Commandant de la SS.
9. Albert Kesselring, né le 30 novembre 1885 à Marktsteft, Allemagne ; mort le 16 juillet 1960 à Bad Nauheim, Allemagne. Maréchal de camp de la Luftwaffe.
10. Voir « Jewish Museum of Rome Displays Mirko Basaldella Sketch for Holocaust Remembrance Day », Getty Images, disponible ici : https://www.gettyimages.de/fotos/jewish-museum-of-rome-displays-mirko-basaldella-sketch-for-holocaust-remembrance-day?sort=mostpopular&mediatype=photography&phrase=jewish%20museum%20of%20rome%20displays%20mirko%20basaldella%20sketch%20for%20holocaust%20remembrance%20

day. Mirko Basaldella, né le 28 septembre 1910 à Udine, Italie; mort le 24 novembre 1969 à Cambridge, Massachusetts. Artiste.

11. Le Mouvement social italien (*Movimento Sociale Italiano*, MSI) est un parti post-fasciste fondé en 1946 par les supporteurs de Benito Mussolini. Après sa dissolution en 1995, l'Alliance nationale (AN) prit le relais et fusionna avec le Peuple de la liberté, le parti créé par Berlusconi, et disparu depuis.
12. Lajos Markos, né en 1917 à Marosvásárhely, Hongrie; mort en 1993 à Houston, Texas. Artiste.
13. Ezio Maria Gray, né le 9 octobre 1885 à Novara, Italie; mort le 8 février 1969 à Rome. Homme politique fasciste, journaliste, directeur de publication du journal de Mussolini, *Il Pensiero*.
14. Krunoslav Stjepan Draganović, né le 30 octobre 1903 à Matići, Autriche-Hongrie; mort le 3 juin 1983 à Sarajevo, Yougoslavie. Prêtre catholique et membre de l'organisation fasciste des Oustachis.
15. Santiago Luis Copello, né le 7 janvier 1880 à Buenos Aires; mort le 9 février 1967 à Rome. Archevêque de Buenos Aires de 1932 à 1959.
16. Juan Perón, né le 8 octobre 1895 à Buenos Aires; mort le 1er juillet 1974 à Buenos Aires. Président argentin de 1946 à 1955 et de 1973 à 1974.
17. Nikolaus (Klaus) Barbie, né le 25 octobre 1913 à Godesberg, Prusse; mort le 25 septembre 1991 à Lyon, France. Officier de la SS et de la Gestapo.
18. Giovanni (Vanni) Pozzo Teodorani Fabbri, né en 1916; mort en 1964. Journaliste et homme politique.
19. Baron Folco Aloisi, né le 1905 à Paris; date de décès inconnue.
20. Marianne Leibl, née le 24 avril 1898 à Merano, Italie; morte le 5 juin 1988 à Rome. Actrice.

37. Wollenweber (p. 281-283)

1. La Villa Francesco se situe via Monti Parioli 64, Rome; voir http://www.villasanfrancesco.org.
2. Rudolf Nadolny, né le 12 juillet 1873 à Groß Stürlack, empire allemand; mort le 18 mai 1953 à Düsseldorf. Diplomate.
3. Voir Robert Katz, *The Battle for Rome*, New York, Simon & Schuster, 2003, p. 103.
4. *Ibid.* Voir également Dennis McManus, « A Brief Note on the Significance of the "Graham Archives" », disponible ici: http://legacy.ptwf.org/Downloads/Grahamnotes9%2008.pdf.
5. Giacomo Debenedetti, *October 16, 1943*, préface d'Alberto Moravia, Indiana, University of Notre Dame Press, 2001.
6. Voir Michael Phayer, *Pius XII, The Holocaust, and the Cold War*, Bloomington, Indiana University Press, 2008, p. 76.
7. Voir A. Hudal, *Römische Tagebücher*, *op. cit.*, p. 261.

8. Voir CIA, « Forwarded Italian-Slanted report on Eugene Dollmann », 8 février 1950, p. 7.
9. *EM*, Pamela Putnam-Smith à LMK, 04.01.2017.
10. *EM*, *ibid.*

38. CIC (p. 284-290)

1. Voir Norman Goda *et al.*, *U.S. Intelligence and the Nazis*, New York, Cambridge University Press, 2005.
2. *R*, CW, 1932-1945, p. 131.
3. Voir CIC Center, « History and Mission of the Counter Intelligence Corps in World War II », disponible ici : https://fas.org/irp/agency/army/cic-wwii.pdf.
4. Hermann Julius Höfle, né le 19 juin 1911 à Salzbourg ; mort le 21 août 1962 à Vienne. Adjoint d'Odilo Globočnik dans l'*Aktion Reinhardt* de 1940 à 1945 ; voir N. Goda *et al.*, *U.S. Intelligence and the Nazis*, *op. cit.*, p. 450-452.
5. Voir Michael V. Korda, « Beginning the Cold War », *New York Review of Books*, 29 décembre 1966, disponible ici : https://www.nybooks.com/articles/1966/12/29/be ginning-the-cold-war-1/.
6. Kerstin von Lingen, *Allen Dulles, the ISS, and Nazi War Criminals : the Dynamics of Selected Prosecution*, New York, Cambridge University Press, 2013, p. 155-198 et 287-294.
7. Voir N. Goda *et al.*, *U.S. Intelligence and the Nazis*, *op. cit.*, p. 456.
8. *Ibid.*, p. 317-336.
9. *Ibid.*, p. 153.
10. Thomas A. Lucid, né en 1917 ; mort en 1985.
11. Voir N. Goda *et al.*, *U.S. Intelligence and the Nazis*, *op. cit.*, p. 274. Voir également CIA, « Net Project – Mount Vernon » et CIA, « Net Project – Montgomery ».
12. Voir CIA, « Illegal Emigration Movements In and Through Italy », 15 mai 1947.
13. Reinhard Gehlen, né le 3 avril 1902 à Erfurt, Allemagne ; mort le 8 juin 1979 à Starnberg, Allemagne. Major général *(Generalmajor)* de 1944 à 1945. Président du Service fédéral de renseignements (BND) de 1956 à 1968. Voir N. Goda *et al.*, *U.S. Intelligence and the Nazis*, *op. cit.*, p. 307-308.
14. Sur Höttl, voir Norman Goda, « The Nazi Peddler : Willhelm Höttl and Allied Intelligence », in N. Goda *et al.*, *U.S. Intelligence and the Nazis*, *op. cit.*, p. 265-292.
15. *EM*, Norman Goda à PS, 01.02.2017.

39. Lauterbacher (p. 291-296)

1. *T*, CW et HJS, cassette 3, face 2, 28.09.1983.
2. Voir *Procès des grands criminels de guerre devant le tribunal militaire international, Nuremberg, 14 novembre 1945-1er octobre 1946, textes officiels*, tome 14,

24 mai 1946, disponible ici : https://avalon.law.yale.edu/imt/05-27-46.asp#l auterbacher.
3. Voir Hartmann Lauterbacher, *Erlebt und mitgestaltet. Kronzeuge einer Epoche 1923-1945 : zu neuen Ufern nach Kriegsende*, Preussisch Oldendorf, K. W. Schütz, 1984.
4. Voir « Nazis at Eton », *The Times*, 9 mars 2010, lettre de Guy Walters, disponible ici : https://www.thetimes.co.uk/article/nazis-at-eton-r8nmqfv5brd
5. Voir NARA, IRR Personal Name File Hartmann Lauterbacher, XE008169WJ.
6. *Ibid.*
7. Joseph Luongo, né le 3 mai 1916 à New Haven, États-Unis ; date de décès inconnue. Membre du CIC et des renseignements militaires américains.
8. Le dossier m'a été transmis par Stefanie Waske, *Bundeszentrale für die Unterlagen der Staatssicherheit der DDR* (Stasi), AV 2/83 partie 1/2, p. 155.
9. Voir CIA, « Germans in Italie », 24.08.1950.

40. *Persilschein* (p. 297-303)

1. David John Moore Cornwell (John le Carré), né le 19 octobre 1931 à Poole, Angleterre. Auteur de romans d'espionnage.
2. Voir John le Carré, *Un pur espion*, trad. de l'anglais N. Zimmerman, Paris, Seuil, 1987.
3. *Persilschein* est une expression idiomatique allemande que l'on pourrait traduire par « blanc-seing ». Le titulaire d'un *Persilschein* est libre de vaquer à ses occupations même si sa propre moralité, ou celle de ses occupations, est douteuse. Le terme vient de la marque de lessive Persil, qui « lave plus blanc que blanc », et fut inventé après la Deuxième Guerre lors de la dénazification organisée par les alliés.

41. Los Angeles (p. 304-308)

1. Voir CIA, « HASS Karl, aka "Carlo" 0006 », 28.08.1950.
2. Voir Michael Wildt, *Generation des Unbedingten : das Führungskorps des Reichssicherheitshauptamtes*, Hambourg, Hamburger Edition, 2003.
3. Voir Archives nationales britanniques (UK), WO 204/12798.
4. Voir N. Goda *et al.*, *U.S. Intelligence and the Nazis*, *op. cit.*, p. 274.
5. Voir CIA, « Net Project – Los Angeles » et CIA, « HASS Karl, aka "Carlo" 0006 », 28.08.1950.
6. L'Ufficio Affari Riservati (UAR – l'office des dossiers classifiés) a été restructuré à la fin de la guerre et incorporé au ministère de l'Intérieur pour surveiller les activités des étrangers sur le territoire italien. Ulderico Caputo, directeur du bureau des dossiers classifiés de 1959 à 1951 ; Alberto Barletta, né à Naples, directeur du bureau des dossiers classifiés de 1948 à 1958.
7. Il n'existe pas davantage d'informations sur Albert Griezzar.

8. Giuseppe (Pino) Romualdi, né le 24 juillet 1913 à Predappio, Italie; mort le 21 mai 1988 à Rome. Homme politique.
9. La *Repubblica Sociale Italiana*, plus connue sous le nom de République de Salò, est l'État fantoche allemand dans le nord de l'Italie. La République de Salò, dirigée par Mussolini, vécut de septembre 1943 à mai 1945. CIC, « Net Project – Los Angeles », p. 2, 6, 7, 10, 21.
10. Il n'existe pas davantage d'informations sur Monsignor Fioretti.

42. Hass (p. 309-313)

1. Voir CIA, « HASS Karl, aka "Carlo" 0006 », 28.08.1950.
2. Anna Maria Fiorini, née le 1er mai 1914 à Parme; date de décès inconnue. Elle s'appelait peut-être Berengere Giglioli, née le 25 avril 1914. Épouse Karl Hass le 15 juillet 1945.
3. Enrica Erna Williams (née Giustini), née le 18 mai 1949; date de décès inconnue.
4. En possession de l'auteur.
5. *L*, OW à CW, 04.07.1949.
6. Voir CIA, « HASS Karl, aka "Carlo" 0006 », 28.08.1950.
7. Hass a été lâché par le CIC le 1er janvier 1953; voir CIA Karl Hass, 0002, 0038.
8. L'organisation internationale des réfugiés (IRO) fut une organisation intergouvernementale créée en 1946 pour faire face aux mouvements importants de réfugiés après la Deuxième Guerre. Elle a été remplacée par le Haut-Commissariat des Nations Unies pour les réfugiés (HCNUR).
9. L'organisation centralisée du mouvement communiste international (Kominform) fut créée en 1947 pour servir de forum officiel au mouvement communiste international.
10. Voir *Londres appelle Pôle Nord* (1956), film d'espionnage italien dans lequel les nazis envoient des faux signaux radio pour saper le travail des renseignements britanniques; le film de Luchino Visconti, *Les Damnés* (1969), raconte la collusion d'une riche famille d'industriels allemands avec le parti nazi.
11. Voir « Nazi Capt. Erich Priebke: An Order Was an Order », *ABC News*, 5 mai 1994, disponible ici: https://abcnews.go.com/International/video/nazi-captain-erich-priebke-found-abc-news-20575216 (05:48).
12. Voir Sentenza della Corte Militare di Appello di Roma, 07.03.1998, disponible ici: https://www.difesa.it/Giustizia_Militare/rassegna/Processi/Priebke/Pagine/11Sentenza070398.aspx (en italien).
13. Voir Sentenza della Corte Suprema di Cassazione, 16.11.1998, disponible ici: https://www.difesa.it/Giustizia_Militare/rassegna/Processi/Priebke/Pagine/12Sentenza161198.aspx (en italien); et ici en anglais: http://www.internationalcrimesdatabase.org/Case/1104/Hass-and-Priebke/.

14. Erich Priebke fit appel de sa condamnation, par les cours italiennes, pour crimes de guerre, devant la Cour européenne des droits de l'homme pour manque d'impartialité des tribunaux italiens et autres éléments relatifs à un procès inéquitable. Voir *Erich Priebke v. Italie* (décembre), n° 48799/99, 5 avril 2001.

43. Rome, 2017 (p. 314-321)

1. Voir http://www.vignapia.com/edificio-storico/.
2. Le Jour de la République *(Festa della Repubblica)* est célébré le 2 juin, il commémore la fin de la monarchie italienne à l'issue du référendum de 1946.
3. *L*, OW à CW, 05.05.1949; *L*, OW à CW, 22.05.1949; *L*, OW à CW, 04.06.1949.
4. La photocopie des pages concordantes est en possession de l'auteur.
5. Voir Carla Keyvanian, *Hospitals and Urbanism in Rome, 1200-1500*, Leyde, Brill, 2016, p. 349.
6. Voir Garabed Eknoyan, « Michelangelo : Art, anatomy, and the kidney », *Kidney International*, vol. 57/3, mars 2000, p. 1190-1201, disponible ici : https://www.sciencedirect.com/science/article/pii/S0085253815468516
7. Le *Mausoleo Fosse Ardeatine* est situé dans la banlieue de Rome ; c'est là que 335 hommes furent assassinés le 24 mars 1944 en représailles d'une attaque de partisans sur un groupe de soldats allemands défilant via Rasella le 23 mars 1944.
8. Antonio Pisino, né le 26 mai 1917 à Maglie, Italie ; mort le 24 mars 1944. Arrêté pour espionnage.
9. Alessandro Portieri, né le 17 juillet 1924 à Rome, Italie ; mort le 24 mars 1944. Déjà condamné pour possession d'armes.
10. Ettore Ronconi, né le 23 septembre 1897 à Rome ; mort le 24 mars 1944. Arrêté sans raison.

44. Anima (p. 322-330)

1. Johan Ickx, né le 5 juillet 1962 à Wilrijk, Belgique. Directeur de la section II des Archives historiques consacrées aux relations entre le secrétariat d'État du Vatican avec les États depuis 2010.
2. L'accord du Concordat *(Reichskonkordat)* du 20 juillet 1933 fut négocié par l'Allemagne nazie et le Vatican. Cosigné par Eugenio Pacelli (le futur pape Pie XII) et Franz von Papen, il reconnaît l'Église catholique romaine dans l'ensemble du Reich.
3. Franz von Papen, né le 29 octobre 1879 à Werl dans l'empire allemand ; mort le 2 mai 1969 à Sasbach, Allemagne. Chancelier allemand en 1932, vice-chancelier de 1933 à 1934.
4. Voir Johan Ickx, « The Roman "non possumus" and the Attitude of Bishop Alois Hudal towards the National Socialist Ideological Aberrations », note 2, in Lieve

Gevers et Jan Bank (éd.), *Religion under Siege* – volume I, *The Roman Catholic Church in Occupied Europe (1939-1950)*, Louvain, Peeters Publishers, 2007.

5. Voir « I Nazisti sono fra noi – Il "Boia" di Leopoli avvelenato spirò fra le braccia di mons. Hudal », *Avanti*, 21 avril 1961.
6. *Ibid.*
7. *Marathon Man* (1976), film américain d'après le roman de William Goldman, dans lequel Laurence Olivier, récompensé par un Oscar pour le meilleur second rôle, joue un criminel nazi caché en Amérique du Sud. *The Boys from Brazil* (1978), film américain d'après le roman d'Ira Levin, dans lequel Laurence Olivier joue le rôle d'un chasseur de nazis à la poursuite du Dr Joseph Mengele.
8. *L*, Franz von Papen Jr à Alois Hudal, 12.12.1948.
9. *L*, Franz Hiernoymus Riedl à Alois Hudal, 02.10.1949.
10. *L*, CW à Alois Hudal, 19.07.1949.
11. Voir Alois Hudal, *Römische Tagebücher* (manuscrit, 1953) ; extraits en possession de l'auteur.

45. Café Doney (p. 331-335)

1. Voir G. Steinacher, *Nazis on the Run*, *op. cit.*
2. *Ibid.*, p. 127.
3. *EM*, Anton Weiss-Wendt à PS, 14.02.2019.
4. BArch, R 9361-III/561695 ; *Waechter, Otto – Personenbezogene Unterlagen der SS und SA : Otto von Wächter an die Personalkanzlei RFSS*, 15.04.1937.

46. Lac Albano (p. 336-344)

1. Voir « Così depistai tutti ai funerali di Hass », *Il Tempo*, 20 octobre 2013, disponible ici : https://www.iltempo.it/cronache/2013/10/20/news/cosi-depistai-tutti-ai-funerali-di-hass-911504.

47. Exhumation (p. 345-351)

1. En possession de l'auteur.
2. La leptospirose est une infection transmise par l'urine de rongeurs, présente dans l'eau ou le sol.
3. *L*, Bestattung Helmuth Treffer à HW, 28.02.2017.
4. Dame Susan Margaret Black, née le 7 mai 1961 à Inverness, Écosse, légiste.
5. Professeure Niamh Nic Daéid, chercheuse en médecine légale.

48. Lucid (p. 352-359)

1. Le témoignage de Hass rapporté par Marco Schrott (p. 339) fait état de deux victimes. Le souvenir de Viktor Williams diverge *(NdÉ)*.

2. Voir « Obituaries – Thomas A. Lucid », *Washington Post*, 28 mai 1985, en possession de l'auteur.
3. Voir Kevin Ruffner, « World War II Artifacts Donated to Exhibit Centre », in *Centre for the Study of Intelligence Bulletin*, printemps 1999, n° 9, disponible ici : https://forum.axishistory.com/viewtopic.php?t=33217.

49. Albuquerque, 2018 (p. 360-366)

1. *Breaking Bad* (2008-2013), série TV américaine dans laquelle le personnage principal, Walter White, professeur de chimie dans l'enseignement secondaire, ayant appris qu'il est atteint d'un cancer en phase terminale, fabrique et vend de la métamphétamine.
2. Mohammad Reza Pahlavi, né le 26 octobre 1919 à Téhéran ; mort le 27 juillet 1980 au Caire. Shah d'Iran de 1941 à 1979.
3. Voir « Local Soldier Helps Locate Frau Himmler », *Jersey Journal*, 16 mai 1945.
4. Berlin, décembre 1937, en possession de l'auteur.
5. Allen Welsh Dulles, né le 7 avril 1893 à Watertown, États-Unis ; mort le 29 janvier 1969 à Washington D. C. Directeur de la CIA de 1953 à 1961. Richard McGarrah Helms, né le 30 mars 1913 à St Davids, États-Unis ; mort le 23 octobre 2002 à Washington D. C. Directeur de la CIA de 1966 à 1973. John Edgar Hoover, né le 1er janvier 1895 à Washington D. C, mort le 2 mai 1972 à Washington D. C. Directeur du FBI de 1924 à 1972.
6. Voir Kerstin von Lingen, *SS und Secret Service : « Verschwörung des Schweigens » : die Akte Karl Wolff*, Paderborn, Schöningh, 2010, chap. 1, note 14.
7. *L*, Charles A. Briggs à Thomas A. Lucid, 30.08.1983, en possession de l'auteur.
8. Voir le Rapport du Contrôleur général des États-Unis, « Nazis and Axis Collaborators Were Used to Further U.S. Anti-Communist Objectives in Europe », 28 juin 1985, disponible ici : https://www.cia.gov/library/readingroom/docs/CIA-RDP87M01152R000300410001-8.pdf.
9. *Ibid.*, p. 24.
10. Les Chevaliers de Colomb doivent leur nom à Christophe Colomb. Il s'agit d'une organisation fondée dans le Connecticut en 1882, destinée à aider les ouvriers immigrants et les communautés catholiques aux États-Unis ; elle compte environ 2 millions de membres en 2020.

50. Wiesenthal (p. 367-373)

1. Voir Simon Wiesenthal, *Les assassins sont parmi nous*, trad. de l'anglais Cl.-H. Sibert, Paris, Stock, 1967.
2. Voir Wendy Lower, *Diary of Samuel Golfard and the Holocaust in Galicia*, Lanham MD, AltaMira, 2011, p. 119, le passage cite R. W. Kempner,

« “Genocide as Official Business” : The Judgment in the Lemberg Trial », *Aufbau*, New York, 10 mai 1968, p. 7 (traduit de l'allemand).
3. Voir S. Wiesenthal, *Les assassins sont parmi nous*, *op. cit.*, p. 358, 356-357.
4. Voir Uki Goñi, *The Real Odessa : How Perón Brought the Nazi War Criminals to Argentina*, Londres, Granta, 2002 ; John Cornwell, *Le Pape et Hitler*, trad. de l'anglais Chr. Beslon, J. Carlier, P.-E. Dauzat, Paris, Albin Michel, 1999, p. 334-335.
5. Voir VWI-SWA, Ritschek Viktor, _Zeugen-aussage Wiesenthal_7249.
6. Voir VWI-SWA, Waechter Otto, Korresp Verbleib Archiv 8193.
7. Voir VWI-SWA, Galizien_1_Augenzeugenbericht_Galizien3729, Rosa Stephenson.

51. Foie (p. 374-379)

1. Professeur Massimo Pinzani, directeur de l'Institut du foie et de la santé digestive à l'UCL depuis 2012.
2. Il s'agit du club d'aviron de Rome fondé en 1919.

52. Hagenberg, 2018 (p. 380-385)

1. *EM*, HW à Klaus Oblin, 05.05.2018.
2. *T*, CW, 12.07.1977 (cassette 10).
3. *EM*, HW à OW Jr, 04.12.2007.
4. *L*, OW à CW, 16.08.1942.
5. *L*, OW à CW, 20.08.1942.
6. *T*, CW et Melitta Wiedemann, cassette 2, face 2, 02.04.1977.

Épilogue
Rome, 13 juillet 2019 (p. 389-403)

1. *EM*, Sue Springer à PS, 12.11.2018.
2. Voir Simon van der Borgh, *Unrepentant* (pièce de théâtre), 2018.
3. *EM*, Charlie Barne à PS, 13.11.2018 ; transcription du journal de guerre de la 4e division des Hussards, 31 mai 1945. (« L'homme soupçonné d'être Glovocnik *(sic)* a avoué sa véritable identité grâce à la ruse du major Ramsey qui l'a appelé par son nom dans la cour », Journal du lieutenant-colonel Anthony Barne, 30 mai 1945 ; voir Anthony Barne, *Churchill's Colonel*, Barnsley, Pen and Sword Books, 2019.)
4. *EM*, Deborah Michel à PS, 15.10.2018 (cite son père, Frank Michel). Voir aussi Ernst Klee, *Persilscheine und falsche Pässe – Wie die Kirchen den Nazis halfen*, Francfort, Fischer, 1991.
5. Je dois cette information à Harald Stockhammer ; voir Florian Beierl, *Hitlers Berg*, Berchtesgaden, Verlag Beierl, 2004, p. 47 et 260. Grâce à un intermé-

diaire, j'ai pu contacter Peter Reinhardt, le fils d'Alfred Reinhardt ; âgé de quatre-vingt-trois ans, il m'a fait savoir qu'il ne connaissait pas le nom de Wächter et ne souhaitait pas en savoir plus.

6. *EM*, Professor Dr Thomas Zilker à PS, 23.04.2019, 25.04.2019.
7. Voir Gabriel Rath, « Ich rieche die Gefahr », *Die Presse*, 08 décembre 2018, disponible ici : https://diepresse.com/home/ausland/aussenpolitik/5543143/Ich-rieche-die-Gefahr.
8. Voir Italie-SS General Waechter, NARA, XA205194.
9. Voir Klaus Heitzmann, « Aspekte der Kriegs- und Frühen Nachkriegsgeschichte im Lungau um 1945 », *Salzburg, Geschichte und Politik*, 1999, vol. 2/3, p. 13, disponible ici : http://www.lechner-forschungsgesellschaft.at/files/zeitschrift/1999_2_3A.pdf.
10. Le cadastre confirme que les Wächter étaient propriétaires du bien, du 18 avril 1940 au 19 avril 1948, avant qu'il ne soit transféré d'abord à la Commission de restitution, puis aux filles du gouverneur Rehrl à la mort de leur père, le 21 juin 1948. Document en possession de l'auteur.
11. Sur Ötzi, l'homme de glace, voir Brenda Fowler, *Iceman : Uncovering the Life and Times of a Prehistoric Man Found in an Alpine Glacier*, Chicago, University of Chicago Press, 2001.
12. Voir Erika Longmuir, *Imagining Childhood*, New Haven, Yale University Press, 2006, p. 44 ; voir également Diana Bullen Presciutti, « Dead Infants, Cruel Mothers, and Heroic Popes : The Visual Rhetoric of Foundling Care at the Hospital of Santo Spirito, Rome », *Renaissance Quarterly*, vol. 64, 2011, p. 752-799.

Sources des illustrations

Jill Edelstein (p. 58)
Eunice D. Howe (p. 387)
IPN (p. 393)
International Mapping (p. 24, 183, 201, 223)
Thomas Lucid (p. 179, 356, 363)
NARA (p. 285, 306)
New York Times (p. 129, 263)
Erwin Peterseil (p. 67)
Provincia Autónoma Di Bolzano (p. 202)
Burkhardt Rathmann (p. 193)
Philippe Sands (p. 143, 156, 185, 194, 204, 214, 240, 247, 293, 300, 318, 323, 330, 337, 344, 397, 403)
Santo Spirito Hospital (p. 17)
Archive de Ian Sayer (p. 53)
Famille Scharkow (p. 389)
Mario Tedeschini Lalli (p. 234, 310)
United States Holocaust Memorial Museum (p. 114, 205)
Université de Vienne (p. 97)
Horst Wächter (p. 25, 32, 35-37, 41-42, 47, 50, 71, 75-77, 79, 88, 92, 94, 96, 104, 107-108, 121, 124, 128, 151, 165, 184, 197, 211, 228-229, 244, 246, 249-250, 264, 266, 268, 316, 385)
Viktor Williams (p. 353)

Index

(Les numéros donnés en italiques renvoient aux illustrations.)

Table

II. Pouvoir

III. Fuite

IV. Mort

Épilogue

Du même auteur

Retour à Lemberg, traduit par Astrid von Busekist,
Paris, Albin Michel, 2017.

Bowett's Law of International Institutions (avec Pierre Klein),
6e édition, Londres, Sweet & Maxwell, 2009.

Torture Team. Deception, Cruelty and the Compromise of Law,
Londres, Allen Lane, 2008.

Lawless World. America and the Making and Breaking of Global Rules,
Londres, Allen Lane, 2005.

Justice for Crimes Against Humanity (éd. avec Mark Lattimer),
Oxford et Portland, Hart Publishing, 2003.

From Nuremberg to The Hague. The Future of International Criminal Justice (éd.), Cambridge, Cambridge University Press, 2003.

Principles of International Environmental Law (et *al.*, 3 vol.),
Manchester, New York, Manchester University Press, 1995.

Film

What Our Fathers Did. A Nazi Legacy, 2015.

Lecture musicale [Performance]

East West Street: A Song of Good and Evil, 2014.

Podcast/Radio

The Ratline

Impression : Normandie Roto Impression s.a.s. en août 2020
Éditions Albin Michel
22, rue Huyghens, 75014 Paris
www.albin-michel.fr
ISBN : 978-2-226-43720-4
N° d'édition : 23151/01 – N° d'impression : 2003037
Dépôt légal : octobre 2020
Imprimé en France